알기 쉽고 보기 편한

민법기초 Ⅱ

- 채권법 일반론(총론편) -

류 승 훈 저

선문대학교
SUN MOON UNIVERSITY

〈서 문〉

현대 생활에 있어서 법률분야 특히 그 중에서도 민사법 분야는 상당히 중요한 지위를 점하고 있다. 실생활에 있어서 이제는 모든 것이 법적 문제로 화할 만큼 우리 사회는 법률 사회화 하고 있다. 이는 결국 생활의 기본법이라 할 수 있는 민사법에 대한 이해가 법학전공자뿐 아니라 일반인에게도 더더욱 요구되고 있음을 의미한다.

본서는 민사법, 특히 채권법 분야에서의 기본 개념 및 이론 그리고 현재의 판례의 입장을 보다 쉽게 이해할 수 있도록 구성하였다. 학설과 판례는 다시 도표로 하여 정리함으로써 다시 한번 확인할 수 있도록 하는 구성을 취하였다. 특히 주제 별로 최신 판례를 수록하여 현실적 해결책이 무엇인지 확인할 수 있도록 하였다. 즉 최신 판례와 함께 정리해 보는 이해하기 쉽게 쓰여진 채권법 이론서라 하겠다.

본서를 발간함에 있어 후학들의 도움이 컸다. 특히 정 상 철 군이 교정작업을 도와주어 큰 도움이 되었다. 아울러 본서 발간에 도움을 준 선문대학교 출판부 관계자에게도 고마움을 표한다.

현재는 로스쿨과 사법시험제도가 혼재하는 시기이다. 이는 법학에서의 체계를 세우는 것이 그만큼 중요해지고 있음을 말한다. 본서가 이러한 어려움을 해결하는 데 미력하나마 도움이 되기를 바란다. 미흡한 부분은 지속적인 개정작업을 통해 보완할 것을 약속드리며, 독자들의 건승을 기대해 본다.

2011. 2.

세 용이 머무는 곳에서

류 승 훈

<주요 참고문헌>

곽윤직, 채권총론, 서울: 박영사, 2003; 2007
김대정, 채권총론, 서울: 피데스, 2007
김상용, 채권총론, 서울: 법문사, 2003; 2006
김용한, 채권총론, 서울: 박영사, 2006
김주수, 채권총론, 서울: 삼영사, 2003
김준호, 민법강의, 서울: 법문사, 2010
김증한 · 김학동, 채권총론, 서울: 박영사, 1998
김형배, 민법강의, 서울: 박영사, 2008
류승훈, 신민사소송법, 서울: 한국학술정보, 2010
송덕수, 신민법강의, 서울: 박영사, 2008
윤철홍, 채권총론, 서울: 법원사, 2006
이은영, 채권총론, 서울: 박영사, 2006
이은영, 채권각론, 서울: 박영사, 2007
이은영, 민법 Ⅱ, 서울: 박영사, 2005
이은영, 민법학강의, 서울: 박영사, 1996
정기웅, 채권총론, 서울: 박영사, 2000
황적인, 현대민법론Ⅲ(채권총론), 서울: 박영사, 1989
황적인, 현대민법론Ⅳ(채권각론), 서울: 박영사, 1987

<약 어>

가담법	가등기담보 등에 관한 법률
공탁	공탁법
대부업법	대부업의 등록 및 금융이용자 보호에 관한 법률
민집	민사집행법
부등기	부동산등기법
상	상법
소송촉진 등	소송촉진 등에 관한 특례법
약관법	약관의 규제에 관한 법률
주택임대차보호	주택임대차보호법
채무자회생	채무자회생 및 파산에 관한 법률

차 례

제1절

채권법 개관

Ⅰ. 채권법이란

채권법은 채권을 둘러싼 채권자와 채무자 사이의 사법적 법률관계를 규율하는 법이다. 즉 채권법은 물권법과 더불어 재산법의 2대 분야를 구성하는 법이다. 여기에서의 채권이라 함은 특정인(채권자)이 특정인(채무자)에 대하여 특정의 행위(급부·급여)를 청구할 수 있는 권리를 말한다. 따라서 채권관계는 2인 또는 그 이상의 다수인이 채권자 또는 채무자로서 서로 일정한 행위를 요구할 수 있는 권리를 갖고 그에 대응하는 의무를 부담하여 대립하는 법률관계이다.

Ⅱ. 채권법의 구성

채권법의 중심을 이루고 있는 것은 민법 제3편 채권(제373조 내지 제766조)이며, 총칙·계약·사무관리·부당이득·불법행위의 5장 394개조로 되어 있다. 그 가운데 제1장 총칙은 채권일반에 관한 통칙을 규정하고 있으며, 강학상 이를 「채권법총론」이라 하고, 제2장 계약 이하의 4개 장은 각종의 채권의 발생원인에 관하여 규정하고 있으며, 이를 보통 「채권법각론」으로 분류하고 있다.

Ⅲ. 채권법의 특징

채권법은 다음과 같은 특징을 갖는다.

1. 임의 법규성

채권은 배타성이 없는 상대적 권리이므로, 그의 성립이나 내용을 당사자의 의사에 맡기더라도, 제3자의 이익을 해할 위험이 적다. 따라서 채권법의 법규는 당사자의 의사를 보충하거나 또는 의사해석의 기준이 되는 임의법규가 그 대부분을 차지한다.

2. 국제적 보편성

자본주의 경제는, 그의 경제기구를 합리화하고 능률화하기 위하여, 특히 재산적 법률제도를 가장 기술적으로 합리화하려하고 있다. 그 가운데 국제화 내지 보편화의 경향이 특히 강한 것은 채권법 가운데에서도 매매를 중심으로 하는 재산거래의 계약관계와 국제거래의 직접적인 영향을 받는 노동관계 등이다.

3. 신뢰관계

채권은 채권자가 채무자의 특정의 행위를 청구하는 권리이나, 그 특정의 행위는 장래의 행위인 경우가 많다. 따라서 채권은 채권자와 채무자와의 사이의 신뢰관계를 전제로 하여 그 위에 성립하는 권리라 할 수 있다.

Ⅳ. 채권법의 법원

민법의 법원은 채권법의 법원에 대해서도 원칙적으로 타당하다. 채권법의 법원에도 성문법과 불문법이 있다.

1. 성문법

민법 제3편 채권 관련 규정(제373조 내지 제766조)이 채권법의 가장 중요한 일반적 법원이다. 특별법 가운데 채권법의 법원이 되는 것이 많이 있다. 예를 들어, '주택임대차보호법', '상가건물임대차보호법', '할부거래에 관한 법률', '방문판매 등에 관한 법률', '약관의 규제에 관한 법률', '이자제한법', '대부업의 등록 및 금융이용자 보호에 관한 법률', '신원보증법', '어음법', '수표법', '공탁법', '농지법', '제조물책임법', '자동차손해배상보장법', '국가배상법' 등이 있다.

2. 불문법

관습법도 채권에 관한 것은 채권법의 법원이 된다. 또한 판례는 채권법의 법원이 아니라고 보는 것이 다수설의 입장이나, 살아있는 법으로서 중요한 기능을 담당하고 있다.

제2절
채권이란

Ⅰ. 개 념

1. 의 의

특정인(권리자)이 다른 특정인(의무자)에 대하여서 특정의 행위(급부, 급여)를 청구할 수 있는 권리, 다시 말하면 특정인으로 하여금 특정의 행위를 하게 하는 권리를 채권이라 한다. 채권에 대응하는 의무, 즉 특정의 행위(지급)를 하여야 할 의무를 채무라 한다.[1] 권리(채권)를 가지는 지를 채권자, 반대로 의무를 가지는 자를 채무자라 한다.

이러한 채권에 있어서의 특정인에 대한 관계에 한정된 성격을 상대성이라 하며, 그러한 의미에서 이를 상대권이라고도 한다.

2. 채권과 물권과의 구별

---

1) 예를 들면 매매계약을 체결했을 때 매도인은 물건의 인도를 해야 하는 채무와 동시에 매매대금의 청구권을(채권) 가진다. 반대로 매수인은 매매대금의 지급의무(채무)를 지는 동시에 물건의 인도청구권을(채권) 가지게 된다.

물권은 물건을 직접 지배하는 지배권이므로 배타성이 있으나 채권은 채무자에 대한 청구를 내용으로 하는 청구권에 지나지 않으므로 배타성이 없고, 채권의 경우에는 같은 채무자에 대하여 여러 개의 채권이 성립 할 수 있으나 물권의 경우에는 같은 물권에 대하여 같은 내용의 물권이 동시에 한 개 이상 성립할 수 없다.

물권은 배타성이 있으므로 물권법정주의에 의하여 그 종류가 한정되고 또한 등기, 인도라는 공시방법이 있으나 채권은 배타성이 없으므로 그 내용은 계약자유의 원칙에 의하여 당사자가 임의로 정할 수 있고, 또한 채권은 당사자 간에만 주장할 수 있는 절대권이므로 그것이 침해되면 물리적 청구권이 생기게 된다.

채권도 예외적으로 대항요건을 갖추어 물권과 비슷한 배타적 효력을 가질 수 있는데, 이러한 제3자에게 주장할 수 있는 채권의 효력을 대항력이라고 한다. 이는 제3자에 대한 관계에서도 자기의 권리를 승인받아 그의 실현을 관철할 수 있는 권한을 말한다. 현행법상 대항력을 가질 수 있는 대표적인 채권은 임차권이다. 일반적으로 부동산에 대한 임차권은 부동산등기부에 등기함으로써 제3자에 대한 효력을 취득한다(제621조; 부등기 제156조). 건물의 소유를 목적으로 한 토지임차권은 건물등기만으로 제3자에 대해 효력을 갖는다(제622조 제1항). 주택임차권은 등기가 없더라도 임차인이 주택의 인도와 주민등록을 마친 때에 그 다음날부터 제3자에 대해 효력이 생긴다(주택임대차보호 제3조 제1항).

Ⅱ. 불완전채권의 유형

불완전채권이란 일반적으로 채권이 갖는 속성 중에서 한, 두 가지의 것을 결여한 채권을 말한다. 종류로서는 소구력과 집행력을 결여한 소구불능채권, 집행력과 채권자취소권을 결여한 집행불능채권 등을 들 수 있다.

1. 소구불능의 채권

소구할 수 없는 채권을 말하며, 소구력과 집행력을 제외한 모든 내용을 가진다. 종래부터 소구불능채무를 자연채무라 하였다. 자연채무란 채권자가 채무자에 대하여 급부를 청구할 권리와 채무자가 제공한 급부를 수령하여 보유할 권리는 인정하지만, 그 채권을 기초로 하여 소송을 제기하여 이행판결을 받거나 강제집행을 청구하는 것이 금지되는 경우를 말한다. 자연채무가 어느 정도의 범위까지 허용될 것인가와 관련해서는 그간 학설상의 대립이 있어 왔다. 먼저 제1설(협의설)은 유효한 채무로서 제소가 금지되는 경우에 한정하여 자연채무를 좁게 인정하려는 입장이다. 협의설에서는 자연채무 역시 법적 채무라는 점을 근거로 법률상 의의가 있는 것에 한정한다. 자연채무로서 인정되기 위해서는 급부의 반환청구가 배제되는 것만으로는 부족하고, 그 채무가 경개·준소비대차의 기초가 되거나, 담보가 설정될 수 있는 등 법률적 의미를 가져야 한다고 한다. 따라서 단순한 도덕상의 의무는 원칙적으로 법이 관여할 사항이 아니므로 채무가 되지 않고, 사회질서에 위반한 법률행위는 무효이므로 그에 의해 발생할 예정인 채무는 성립하지 않는다고 한다.[2] 제2설(광의설)은 제소금지의 채무 이외에 도덕상 의무나 불법급여의 경우까지 자연채무에 포함시키려는 입장이다.[3] 광의설에서는 채무자의 임의이행이 있으면 그 수령물의 반환을 법적으로 청구하지 못하는 경우를 모두 자연채무라고 보았다.[4]

이러한 자연채무 내지 소구불능의 채권을 기초로 한 소송은 이행판결에 이르지 못하는데, 그 대표적인 예로서 부제소합의를 들 수 있다. 부제소합의가 성립하기 위해서는, ① 법률행위의 요건을 갖출 것(행위능력, 의사표시, 목적의 적법성 등), ② 법률관계의 특정, ③ 당사자의 자유로운 처분권이 인정되어야 한다. 법적 성질은 사법계약설과 소송계약설로 나뉜다.[5] 사법계약설은 실체법의 규율을 받는다는 입장이다(다수설, 판례의 입장). 소송계약설은 소송상의 법률효과 발생으로 소송계약으로 보는 입장이다. 부제소의 합의가 있음에도 이에 반하여 제소한 경우에 우리 판례는 권리보호의 이익이 없다 하여 부적법 각하하고 있다.

---

2) 곽윤직, 채권총론, 서울: 박영사(2007), 56면; 김상용, 채권총론, 서울: 법문사(2003), 84면; 김용한, 채권총론, 서울: 박영사(1988), 93면; 김증한·김학동, 채권총론, 서울: 박영사(1998), 61면.

3) 이은영, 채권총론, 서울: 박영사(2006), 50면 이하.

4) 이 입장에 따르면 자연채무에 세 유형이 포함된다. 첫째, 제소금지의 채무, 둘째, 도덕적 의무도 의무자가 착오로 이행하면 그에 대한 반환청구가 금지되므로 자연채무에 해당한다(제744조). 소멸시효완성의 효과에 관해 절대적 소멸설을 취하면 시효완성 후에 채무자는 도덕적 의무만을 지게 되고, 그를 알고 이행하면 반환청구 할 수 없다. 그러나 상대적 소멸설을 취하면 채무자의 원용이 있기까지 채무로서 존속한다. 타인을 위하여 사무를 처리한 사무관리의 경우에 타인은 법적으로는 사무관리자에게 비용상환의무만을 지고 보수지급의무는 지지 않는다. 그러나 사무관리자의 노고가 커서 타인이 그에게 사례하는 것이 도덕상 요구되는 경우에는 보수지급에 관한 도덕적 의무가 부과된다. 셋째, 반사회적 행위 및 불공정한 법률행위로 인한 의무도 양 당사자에게 불법원인이 있으면 반환청구가 금지되므로 자연채무에 해당된다(제746조). 불륜관계에 대한 대가, 도박을 위해 빌린 돈, 이자제한법의 제한이율을 초과하는 이자, 채무액을 초과하는 대물변제의 예약 등이 이에 해당한다.

5) 류승훈, 신민사소송법, 서울: 한국학술정보(2010), 588면 이하.

소송법상 채권자의 제소가 금지되는 경우로는, ① 당해 채권에 대한 확정판결, 제소전 화해, 소송상 화해, 민사조정, 중재판정이 있었던 경우, ② 채권자가 승소의 종국판결 후 소를 취하한 경우, ③ 파산자의 면책결정 확정시, ④ 법원이 채권자집회의 채무면제의 화의를 인가하여 확정된 경우 등을 들 수 있다.

2. 집행불능(또는 집행제한)의 채권

집행불능의 채권(또는 책임 없는 채무)이란 집행력을 갖지 않으며, 그밖에 청구력, 급부보유력, 소구력을 갖는다. 그러나 이행의 소를 통해 이행판결을 얻는다 해도 그로서 강제집행을 하지 못한다. 또한 보통 채무자는 그의 전 재산을 가지고 집행에 복종하지만, 예외적으로 법률의 규정에 의하여 채무자의 재산 중 한정된 범위의 재산만으로 집행범위를 제한할 수 있다. 이러한 채무는 채무범위가 한정되는 것이 아니라 집행범위만이 한정되는데 이를 집행제한의 채권이라 한다.

당사자 간에 행하여지는 부집행계약의 효력과 관련하여 학설이 나뉘고 있다.[6] 먼저 제1설(소송계약설)은 채권자가 부집행합의가 있었음에도 불구하고 강제집행을 하려고 하면, 그에 대해 채무자가 집행에 관한 이의(민집법 제16조)를 신청할 수 있다는 입장이다.[7] 제2설(사법계약설)은 부집행합의를 단순히 상대방에 대하여 집행하지 않을 부작위채무를 발생시키는 사법상의 계약으로 파악하는 입장이다.[8]

우리 판례는 부집행계약은 사법상의 계약으로서 채권자가 이에 위반하여 강제집행을 할 경우 채무자가 집행을 저지할 수 있는 사유로 내세울 수 있으나, 소송절차에서 이를 주장하여 판결의 집행력을 배제할 사유는 되지 못한다고 한다.[9] 그리고 부제소합의는 합의당사자가 처분할 권리 있는 범위 내의 것으로서 특정한 법률관계에 한정될 때 허용되며, 그 합의 시에 예상할 수 있는 사항에 관한 것이어야 유효하다고 한다.[10]

---

6) 류승훈, 589면.

7) 부집행합의를 소송법상의 합의로 이해하여 합의에 위반한 집행행위에 대해 집행방법의 이의를 신청하도록 한다는 입장이다.

8) 합의에 위반한 집행은 부당한 집행이 되므로 채무자가 그에 대해 청구에 관한 이의의 소를 제기하여야 한다고 한다.

9) 서울고판 1996. 10. 15, 96나22947: 경매대금에 대한 배당이익의 소를 제기하여 본안판결이 있는 때에는 위 이의의 대상이 되었던 채권의 존부와 순위 등에 관한 다툼은 종국적으로 해결된 것으로 취급되어 다시 배당액을 부당이득이고 주장하는 부당이득반환청구소송으로 다툴 수 없다.

▣ 반사회적 행위로 인한 자연채무(제103조) ▣

부정설	사회질서에 위반한 법률행위는 무효이므로, 그에 의해 발생할 예정인 채무는 처음부터 성립하지 않으므로 자연채무도 성립할 여지가 없다는 입장이다. 민법 제746조는 이 때 임의의 급부가 있으면 반환청구를 인정하지 않지만 이는 사회적 타당성 없는 행위의 결과를 꾀하는 자에게 협력을 거절하려는 법정책적 입법이라고 한다. 자연채무는 법적 개념이므로 법률상 채무로서 다룰 의의가 있는 것에 한정된다고 한다. 자연채무로서 인정되기 위해서는 급부의 반환청구가 배제된다는 것만으로는 부족하고, 그 채무가 경개·준소비대차의 기초가 되거나 담보가 설정될 수 있는 등 법적 의의를 가져야 하기 때문이라고 한다. 그러므로 자연채무는 부제소합의가 있는 경우와 소송법상 제소가 금지되는 경우에만 성립한다고 한다.	곽윤직
제한적 긍정설	법률행위의 반사회성의 정도에 따라 자연채무로서 성립하는 것과 자연채무조차 성립하지 않는 것으로 구분하여 그 무효의 효과에 차등을 두어야 한다는 입장이다.[11] 반사회성이 경제적, 질서·행정적 질서의 위반에 기인한 것으로서 질서위반의 정도가 미약한 경우에, 그 법률행위를 전면적으로 무효로 할 필요 없이 아직 이행되지 않은 급부를 소송상 이행청구할 수 없도록 하는 것으로 충분한 경우가 있다. 이러한 경우에 그 효력이 제한되는 법률행위에 의해 발생하는 채무는 자연채무가 된다. 반사회적 계약에 관하여 이행강제를 거부할 뿐이지 당사자 간의 임의이행까지 부인할 필요가 없다고 판단되는 경우에는 그 반사회적 행위로 인한 채무를 자연채무로 방치하는 것도 법정책상 현명한 판단이다. 이렇게 기이행급부는 보유시키고 미이행급부의 이행청구만을 금지시킨다는 취지를 강행법규에서 명문으로 정할 수도 있고 민법 제103조의 법해석상 이러한 결론을 도출할 수도 있을 것이다.	김상용 이영준

10) 대판 1999. 3. 26, 98다63988.

11) 반사회적 행위의 효과를 이행단계에 따라 차등을 두는 이러한 이론을 이행단계설이라고 한다.

판 례	과거 판례가 이자제한법의 최고이율제한을 초과한 이자약정은 아직 이행되지 않는 것에 한하여 무효라고 한 것은 그 제한초과 이자채무를 자연채무로 파악한 것이다. 가등기담보법에서는 이 법 시행(1984년) 전에 성립한 담보계약에 대하여는 이 법을 시행하지 않는다고 규정하므로, 법 시행 전에 채권자가 청산금을 지급하지 않고 담보부동산의 소유권이전 본등기를 경료한 것은 학설에 따라 유효라거나 일부무효라고 해석된다. 청산 없는 본등기 이후에 채무자가 채권자에 대하여 채무를 변제하고 부동산소유권의 반환청구권을 갖는 것은 법 시행 전에는 보장되지 않았으므로 그 반환채무는 자연채무가 된다.	대판 1960. 6. 30. 4292민상 838

Ⅲ. 채권의 효력

채권이라 함은 특정인이 특정인에게 특정의 행위를 청구할 수 있는 권리로서 채권자는 채무자에 대해서 청구적 효력, 즉 청구력과 채무자의 급부를 수령하고 이를 적법하게 보유할 수 있다. 채무자가 만약 채무의 이행을 하지 않아서 채권의 목적을 달성할 수 없을 때에는 채권자는 채무자에 대하여 계약을 해제하거나 법의 절차에 의한 강제집행과 손해배상청구를 할 수 있다. 채권의 효력은 채권의 내용을 실현하기 위하여 채무자에 대한 관계에서 주어지는 효력(채권의 대내적 효력)과 채무자에 속하는 일반재산의 유지·회복을 위한 권한(책임재산보전의 효력) 그리고 제3자의 위법한 침해에 대한 법적보호(채권의 대내적 효력)로 구분할 수 있다.

1. 채권의 대내적 효력

채권의 대내적 효력은 청구력, 급부보유력, 강제이행 그리고 손해배상청구를 들 수 있다.

(1) 청구력과 급부보유력

채권의 본래적 효력은 채무자에 대하여 급부를 청구하고, 채무자가 행한 급부를 수령하여 이를 적법하게 보유하는데 있다. 이는 채권의 기본적 효력 내지 최소한도의 효력이다.[12)]

(2) 강제이행

채무자가 채권자의 이행청구에 대하여 임의이행을 하지 않는 경우에, 채권자에게는 채권의 실현을 위하여 이행강제수단이 마련되지 않으면 안 되는데, 이것이 바로 강제이행이다.

(3) 손해배상

강제이행이 가능한 경우라 해서 채권자는 반드시 강제이행에 의하여 채권내용을 실현해야 할 구속을 받는 것은 아니며, 강제이행에 의할 것인지 손해배상을 청구할 것인지를 채권자가 임의로 선택할 수 있다.

(4) 해 제

채무자의 불이행에 대한 채권자의 구제수단으로서 강제이행 및 손해배상 이외에 쌍무계약에 의한 채권관계에 있어서는 계약의 해제가 있다.

2. 채권의 대외적 효력

채무자의 일반재산은 채권자의 최후의 담보가 되므로 민법은 채무자의 일반재산의 부당한 감소를 방지하기 위해(즉 채무자의 책임재산을 보전하기) 채권자에게 채권자대위권과 채권자취소권의 두 제도를 두고 있다. 즉 채권의 실질적 가치는 책임재산의 유무에 의하여

---

12) 곽윤직, 52면; 김상용, 79면; 김용한, 87면; 김증한・김학동, 59면; 김형배, 채권총론, 서울: 박영사(1998), 104면.

결정되는데, 채무자가 책임재산의 유지를 태만하게 함으로써 채권의 실질적 가치를 상대적으로 감소시킬 때에 채권자에게 그 책임재산을 유지·회복시키는 법적수단이 채권자에게 주어지게 된다. 그 대표적 예가 바로 채권자대위권(제404조 이하)과 채권자취소권(제406조 이하)이라 하겠다.

채무와 책임의 구별

채무에 대한 개념으로서의 책임은 '채무자의 재산이 채권자의 강제집행에 복종하는 상태'라고 할 수 있다. 통설은 책임을 '채무자의 재산이 채권자의 강제집행에 의한 공취에 복종하는 상태'라고 한다. 현재 우리 법에서 채무와 책임은 다음의 경우 분리되고 있다.

1) **책임 없는 채무 :** 채권의 당사자자는 채권을 발생시키면서 또는 기존의 채권에 대하여 강제집행을 하지 않기로 하는 특약을 할 수 있는데, 이러한 특약은 유효하다. 따라서 이러한 특약이 있는 경우에 채권자가 특약에 반하여 강제집행을 하는 경우 채무자는 법원에 집행에 관한 이의를 신청할 수 있다. 이 경우 이러한 특약은 '책임 없는 채무'에 대한 특약이라 하겠다.

2) **책임이 한정되는 채무 :** 채무자는 채무의 전액에 관하여 그의 모든 재산으로써 책임을 지는 것이 원칙인데, 이를 인적 책임 또는 무한책임이라고 한다. 그런데 이러한 책임에는 법률 또는 당사자의 특약에 의하여 예외가 인정된다. 즉 예외적으로 책임이 채무자의 일정한 재산에 한정되거나 또는 일정한 금액의 한도로 제한되는 경우가 있는데, 전자의 경우를 물적 유한책임이라고 하고, 후자의 경우를 금액 유한책임이라고 한다.

3) **채무 없는 책임 :** 물상보증인이나 저당부동산의 제3취득자는 채무를 부담함이 없이 책임만을 진다. 그러나 이 경우 채무가 전혀 존재하지 않고 책임만이 있는 것은 아니며, 채무의 주체와 책임의 주체가 분리되어 있을 뿐이다.

Ⅳ. 제3자에 의한 채권침해

채권침해라 함은 채권의 내용실현이 방해되는 것을 말하는데, 이러한 채권침해는 내용실현을 방해하는 자, 즉 침해자가 누구인가에 따라 채무자에 의한 침해와 제3자에 의한 침해로 나눌 수 있다. 이 가운데 전자는 채무불이행이라 하여 채권침해와 따로 다루어지며, 보통 채권침해라 하면 후자의 경우를 말한다.

1. 책임의 성립 여부

채권은 채무자에 대하여 그 이행을 요구하는 권리이므로 제3자에 대하여 어떤 작위나 부작위를 요구할 권리를 갖지 않는다. 채권자와 채무자 사이에 채권관계가 존재한다는 사실은 대외적으로는 공시되지 아니 하고 또한 제3자가 그 채권관계의 존재를 알았다고 하더라도 그에 구속되지 않는다. 단지 채권에 의해서는 목적물에 대한 소유권이나 목적한 노무급부에 대한 지배권을 아직 취득하지 아니 한 상태이므로 비록 제3자에 의해 그 물건이나 노무의 취득이 위협받더라도 채권자에게 이를 배제할 권리가 주어지지는 않는다.

2. 불법행위책임의 성립

제3자가 타인의 채권을 위법하게 침해함으로써 채권자에게 손해를 입힌 경우에 그 제3자는 불법행위책임의 손해배상의무를 진다.

(1) 제3자 채권침해의 모습

1) 제3자의 변제수령

제3자가 채권의 준점유나 영수증소지를 기화로 마치 채권자인 양 변제를 받은 경우에 채무자는 준점유자에 대한 선의변제로서 면책되므로 채권이 소멸한다. 이때 채권자는 변제수령자인 준점유자에 대해 부당이득반환청구권을 갖는다(제741조). 또한 제3자가 부정한 목적(예를 들어 자기가 그 수령금을 횡령할 목적)으로 변제받아 그 수령액을 가로챈 경우에는 고의로 채권침해로서 불법행위책임이 발생한다.

2) 제3자의 채권 처분

제3자가 채권자의 대리인을 사칭하여 채권의 입질, 양도 등의 처분행위를 하였는데, 그 행위의 상대방이 표현대리의 상대방으로서 보호받아 처분이 유효하게 된 경우에 채권자는 채권을 상실하게 된다. 이때 제3자의 행위는 채권침해에 해당한다.

3) 증권적 채권에서 증서의 훼손 · 절취

타인의 지시증서(어음, 수표 등)나 무기명증서(자기앞수표, 상품권 등)를 파손시키는 것은 채권자의 증권적 채권의 행사를 곤란하게 하므로 채권침해에 해당할 수 있다.

4) 인도채권의 급부불능

특정물의 인도를 목적으로 하는 채권에 있어서 제3자가 목적물을 멸실하게 하거나, 또는 채무자의 행위를 목적으로 하는 채권에 있어서 제3자가 채무자를 감금하여 이행할 수 없게 한 경우에는, 채무는 채무자에게 책임 없는 이행불능으로 되어 소멸하지만, 채권자는 불법행위의 요건이 갖추어 지는 경우에 제3자에 대하여 손해배상을 청구할 수 있다.

5) 제3자와 채무자의 공동행위

제3자가 채무자와 공모하여 채권의 목적물을 파괴하거나, 또는 제3자가 채무자를 교사, 방조하여 혹은 채무자와 공동으로 채권자의 권리행사를 방해하였다면, 채무자는 채무불이행책임을 지게 되므로 채권은 손해배상청구권으로 변하여 존속한다. 그러나 이 경우에도 불법행위의 성립을 인정하여야 할 것이다.

관련판례

1) 대판 2009. 11. 26, 2008다24494

"제3자가 채무자에 대한 채권자의 존재 및 그 채권의 침해사실을 알면서 채무자와 적극 공모하였다거나 채권행사를 방해할 의도로 사회상규에 반하는 부정한 수단을 사용하는 등 채권침해의 고의·과실 및 위법성이 인정되는 경우 제3자에 의한 채권의 침해가 불법행위를 구성할 수 있다(대법원 2007. 9. 6. 선고 2005다25021 판결 참조). 한편, 채무자의 재산을 은닉할 목적하에 채무자의 재산 중 일부를 허위로 양수받은 후 이를 처분하는 방법으로 이루어진 채권침해의 경우, 그러한 처분행위로 인하여 은닉된 재산의 가액을 정확히 알 수 없게 되어 손해액에 대한 입증이 불충분하더라도, 법원은 그 이유만으로 손해배상청구를 배척할 것이 아니라 그 손해액에 관하여 적극적으로 석명권을 행사하고 입증을 촉구하여 이를 밝혀야 할 것이고, 경우에 따라서는 직권으로 합리적이고 객관성 있는 손해액을 심리·판단할 필요도 있다고 할 것이다(대법원 2003. 3. 28. 선고 2002다63190 판결 참조)"

2) 대판 2009. 10. 29, 2008다82582

"제3자의 행위가 채권을 침해하는 것으로서 불법행위에 해당한다고 할 수 있으려면, 그 제3자가 채권자를 해한다는 사정을 알면서도 법규를 위반하거나 선량한 풍속 기타 사회질서를 위반하는 등 위법한 행위를 함으로써 채권자의 이익을 침해하였음이 인정되어야 하고, 이때 그 행위가 위법한 것인지 여부는 침해되는 채권의 내용, 침해행위의 태양, 침해자의 고의 내지 해의의 유무 등을 참작하여 구체적·개별적으로 판단하되, 거래자유 보장의 필요성, 경제·사회정책적 요인을 포함한 공공의 이익, 당사자 사이의 이익균형 등을 종합적으로 고려하여 판단하여야 하고(대법원 2007. 9. 21. 선고 2006다9446 판결 등 참조), 이미 분양된 아파트에 대하여 이중분양계약에 기한 금융기관의 대출과 근저당권설정행위가 최초 수분양자의 분양계약에 기한 채권을 침해하는 것으로서 불법행위에 해당하기 위해서는 그 금융기관의 임직원이 이중분양사실을 안다는 것만으로는 부족하고, 분양자의 이중분양행위에 적극 가담하여, 이중분양을 요청하거나 유도하여 계약에 이르게 하거나 그와 같이 평가될 수 있는 정도에 이르러야 한다(대법원 2002. 9. 6. 선고 2000다41820 판결 등 참조)"

3) 대판 2009. 6. 11, 2007다68862

"일반적으로 제3자에 의한 채권의 침해가 불법행위를 구성할 수는 있으나, 제3자의 채권침해가 반드시 언제나 불법행위로 되는 것은 아니고 채권침해의 태양에 따라 그 성립 여부를 구체적으로 검토하여 정하여야 하는바, 제3자가 채무자의 책임재산을 감소시키는 행위를 함으로써 채권자로 하여금 채권의 실행과 만족을 불가능 내지 곤란하게 한 경우 채권의 침해에 해당한다고 할 수는 있겠지만, 그 제3자의 행위가 채권자에 대하여 불법행위를 구성하려면 단순히 채무자 재산의 감소행위에 관여하였다는 것만으로는 부족하고 제3자가 채무자에 대한 채권자의 존재 및 그 채권의 침해사실을 알면서 채무자와 적극 공모하였다거나 채권행사를 방해할 의도로 사회상규에 반하는 부정한 수단을 사용하였다는 등 채권침해의 고의·과실 및 위법성이 인정되는 경우라야만 할 것이며, 여기에서 채권침해의 위법성은 침해되는 채권의 내용, 침해행위의 태양, 침해자의 고의 내지 해의의 유무 등을 참작하여 구체적, 개별적으로 판단하되, 거래의 자유 보장의 필요성, 경제·사회정책적 요인을 포함한 공공의 이익, 당사자 사이의 이익균형 등을 종합적으로 고려하여 신중히 판단하여야 할 것이다(대법원 1975. 5. 13. 선고 73다1244 판결, 대법원 2001. 5. 8. 선고 99다38699 판결, 대법원 2003. 3. 14. 선고 2000다32437 판결, 대법원 2007. 9. 6. 선고 2005다25021 판결 등 참조)"

(2) 책임 성립요건

제3자의 채권침해가 불법행위로 되려면 채권침해가 가능한 것만으로는 부족하며, 그 외에 일반불법행위의 요건도 구비하여야 한다. 그 중에 특히 문제로 되는 것이 고의·과실과 위법성의 문제이다.

1) 고의·과실

제3자의 채권침해가 불법행위로 되려면 가해자인 제3자의 고의 또는 과실이 있어야 한다(제750조). 즉 채권침해를 적극적으로 의욕하였거나(고의) 또는 부주의로 말미암은 것이어야 한다(과실). 그런데 채권에는 일반적으로 공시방법이 없으므로 제3자가 채권을 침해했다 하더라도 그가 채권의 존재를 알지 못하는 한 고의는 물론이고 과실도 인정하기 어려울 것이다. 따라서 제3자의 채권침해가 불법행위로 되려면 우선 제3자가 채권의 존재를 알고 있을 것이 필요하다.

2) 위법성

제3자의 채권침해가 불법행위로 되려면 그 침해행위가 위법하여야 한다(제750조).[13] 그런데 채권에는 배타성이 없기 때문에 채권침해에 위법성이 없다고 인정되는 경우가 적지 않다. 특히 2중 매매의 경우 그러하다.

(3) 효 과

제3자의 채권침해가 불법행위로 되는 경우 그 효과로서 손해배상청구권을 발생을 들 수 있다. 그러나 채권자는 경우에 따라서는 그가 가지게 되는 채무불이행으로 인한 손해배상청구권, 부당이득반환청구권, 대상청구권도 행사할 수 있다.

---

13) 곽윤직, 64면; 김상용, 93면; 정기웅, 198면.

제3절

채권의 목적

Ⅰ. 개 념

1. 의 의

채권의 목적이라 함은 채권자가 채무자에 대하여 청구할 수 있는 일정한 행위, 즉 채무자의 행위를 말하는데,[14] 채무자의 행위는 일정한 급부를 의미하므로, 결국 채권의 목적은 급부를 말한다.

2. 목적의 요건

채권의 목적은 급부에 의하여 실현된다. 따라서 급부는 채권의 목적을 실현하는 수단으로서 채권의 목적에 관한 요건에 의하여 제약된다. 결국 급부나 채권의 목적이나 모두 법률행위의 목적인 범위 내에서만 허용된다. 따라서 채권의 목적의 요건은 적법하고, 사회적 타당성을 가지며, 가능하고, 확정할 수 있는 것이어야만 한다.

14) 종래 다수설의 개념 정의로서, 곽윤직, 20면; 김상용, 31면; 김주수, 45면; 김형배, 43면.

(1) 확정성

채권의 목적, 즉 급부는 확정되어 있거나 적어도 확정될 수 있어야 한다. 급부가 이행기까지 확정될 수 없는 경우에는 채권은 성립하지 않으며 그 채권을 발생시키는 법률행위도 무효이다. 급부의 확정은 법률행위 특히 계약에 의해 발생하는 채권에 관하여만 문제된다. 이는 법률에 의해 발생하는 채권의 경우에는 법률이 급부의 확정기준도 정하기 때문이다.

(2) 실현가능성

급부는 실현가능한 것이어야 한다. 실현이 불가능한 급부를 목적으로 하는 채권은 성립하지 않으며, 그러한 채권을 발생시키는 계약은 무효이다. 이는 채권성립시를 기준으로 하여 그 당시 이미 실현불능이 확정된 경우에만 계약이 무효이고 채권이 성립하지 않는다. 가능, 불능의 여부는 사회 거래관념에 의해 판단하여야 한다. 사회통념상 불능이기만 하면 그것이 일반인 모두에게도 불능인지(객관적 불능)아니면 채무자 본인에게만 불능인지는(주관적 불능) 묻지 않는다.

(3) 적법성

급부는 적법한 것이어야 한다. 즉 강행법규에 위반해서는 안 되는데, 범죄행위의 실행, 법률상 양도가 금지되어 있는 물건(마약 등)의 인도를 목적으로 하는 채권은 성립하지 않으며, 그와 같은 약속을 한 계약은 무효이다.

(4) 사회적 타당성

급부는 사회적 타당성이 있는 것이어야 하므로, 선량한 풍속 기타 사회질서에 반해서는 아니 된다(인신매매 또는 남녀 간의 불륜관계를 맺는 것을 약속하는 등).

(5) 재산적(금전적) 가치

금전으로 가액을 산정할 수 없는 것이라도 채권의 목적으로 할 수 있다(제373조).

3. 목적(급부)의 분류

채권의 내용에 의한 급부의 분류는 작위급부와 부작위급부로 나눌 수 있고, 작위급부는 다시 주는 급부와 하는 급부로, 주는 급부는 특정물급부와 불특정물급부로, 불특정물급부는 금전급부와 기타의 종류물급부로 나눌 수 있다. 부작위급부는 단순 부작위와 인용으로 나눌 수 있다.

(1) 작위급부 · 부작위급부

급부의 내용이 적극적 행위, 즉 작위인 경우를 작위급부라 하고(적극적 급부; 매도인의 소유권이전의무), 소극적 행위인 경우를 부작위급부(소극적 급부; 종업원의 경업금지의무)라고 한다.

(2) 주는 급부 · 하는 급부

급부가 작위인 경우, 즉 작위급부는 다시 '주는 급부'와 '하는 급부'로 나눌 수 있다. '주는 급부'는 물건의 인도를 내용으로 하는 것이고, '하는 급부'는 그 밖의 작위를 내용으로 하는 것이다. '주는 급부'의 경우에는 급부결과가 중요하고 급부행위 자체는 중요하지 않다. 이에 비해 '하는 급부'의 경우는 채무자 자신의 급부행위가 중요하다.

(3) 특정물급부 · 불특정물급부

'주는 급부'는 인도할 물건이 특정되어 있느냐의 여부에 의해 특정물급부와 불특정물급부로 나눌 수 있다. 양자의 구별은 특정을 요하느냐의 여부, 이행의 방법과 장소, 위험부담 등에 있어 그 실익이 있다.

(4) 가분급부 · 불가분급부

급부는 그것의 본질 또는 가치를 손상함이 없이도 분할하여 실현할 수 있느냐에 따라 가분급부와 불가분급부로 나눌 수 있다. 불가분급부에는 성질상 불가분인 것(예; 말 1필의 인도), 성질상으로는 가분이지만 당사자의 의사표시에 의해 불가분인 것(예: 금전 100만원을 한꺼번에 지급하기로 한 경우)이 있다. 급부가 가능한지의 여부는 먼저 당사자의 의사표시의 해석에 의하여 결정되고, 특별한 의사표시의 존재가 인정되지 않으면 급부의 객관적 성질에 의하여 정하여지게 된다.

양자의 구별은 채권자 또는 채무자가 다수인 경우에 그 구별실익이 있다.

(5) 일시적 급부 · 계속적 급부 · 회귀적 급부

일시적 급부는 1회 또는 수회의 작위 또는 부작위에 의하여 완결되는 급부를 말한다(건물의 인도, 대금의 지급). 이는 반드시 1회에 의해 행하여지는 것만을 의미하는 것이 아니며, 수회에 걸쳐 나누어 급부되는 경우일지라도 시간이 급부의 범위가 아니고 단지 급부의 방법만을 결정하고 있는 때에는 일시적 급부라 하겠다.

계속적 급부는 채무자가 급부를 완료하려면 계속적으로 작위, 부작위를 하여야 하는 급부로서(임대인의 의무, 수치인의 보관의무, 피용자의 노무제공의무), 계속적 채권관계에서의 급부이다.

회귀적 급부는 일정한 시간적 간격을 두고 일정한 행위를 반복하여야 하는 급부이다(매일 신문을 배달하거나 매월 이자를 지급하는 경우 등).

(6) 대체적 급부 · 부대체적 급부

대체적 급부는 채무자 이외에 제3자도 행할 수 있는 급부이고, 부대체적 급부는 채무자만이 할 수 있는 급부를 말한다. 대체적 급부의 경우 제3자에 의한 변제(제469조 제1항), 대체집행(제389조 제2항 후단), 채무인수가 가능하다.

채무자의 의무

1) 제1차적 급부의무 · 제2차적 급부의무

채무자의 의무는 제1차적 급부의무와 제2차적 급부의무로 나눌 수 있다. 전자는 채권이 성립할 당시에 발생한 급부의무이고(예: 매도인의 재산권이전의무, 매수인의 대금지급의무), 후자는 제1차적 급부의무에 장애가 생긴 경우에 그 대신에 또는 그와 병존하여 발생하는 급부의무이다(예: 매도인의 손해배상의무, 계약해제 후의 원상회복의무).

2) 본래의 급부의무 · 기타의 행위의무

본래의 급부의무는 이행의 소나 부작위의 소에 의하여 이행이 강제될 수 있는 의무를 말하고, 기타의 행위의무는 당해 의무의 이행이 없는 경우에는 단지 불완전이행 또는 법률상의 보호의무 위반을 이유로 한 손해배상청구권만이 주어질 수 있는 경우의 의무를 말한다.

본래의 급부의무는 다시 주된 급부의무와 부수적 급부의무로 나눌 수 있다. 전자는 채권관계의 종류를 결정하고 또 그에 대한 합의가 없으면 그러한 종류의 채권관계가 유효하게 존재할 수 없는 본질적인 급부의무이다. 부수적 급부의무는 부수적인 의미만을 갖는 것으로, 법률(제683조 수임인의 보고의무), 계약 또는 신의칙에 의해서도 발생할 수 있다.

기타의 행위의무는 그 발생원인을 불문하고 단지 손해배상청구권만에 의하여 제재를 당하는 의무이다. 그 예로서 특정물채무자의 선관주의 보존의무(제374조) 등을 들 수 있다.

▣ 행위채무 ▣

민법은 채권의 목적에 관한 규정을 인도채무만을 대상으로 하여 규정하고 행위채무에 관한 규정은 전혀 두고 있지 않다. 그러므로 행위채무에 관한 법률관계는 학설과 판례에 의해 해결해야 하는데, 아직 그에 관한 논의가 충분히 전개되지 않고 있다.

(1) **채무자의 성실의무** : 행위채무에서 채무자는 맡은 일을 성실히 수행해야 할 성실의무를 진다. 성실의무의 구체적인 내용은 노무공급을 채무자가 직접 해야 하는 경우나, 다른 사람을 시켜서 해도 되는 경우이냐에 따라 다르다. 후자의 경우에도 채무자의 지휘・감독을 받는 자에게 시키는 경우냐, 독립하여 업무를 수행하는 자에게 시키느냐에 따라 법률효과에 차이가 있다. 행위채무에 관하여는 최근 채무자나 그의 이행보조자가 노무의 제공 시에 갖추어야 할 기능・자격・전문지식을 결여함에 따른 채무불이행책임이 주로 문제된다.[15]

(2) **채권자의 협력의무와 보호의무** : 채권자는 채무자가 원활하게 작업할 수 있도록 재료・설비를 준비하여 제공하고 적당한 작업지시를 해야 할 의무를 진다. 채무자의 노무는 채권자가 수령하지 않으면 가치를 상실하게 되며 저장했다가 다음 기회에 판다는 일이 불가능하므로, 채권자지체에 따른 책임이 무겁게 된다. 그 밖에 채권자는 채무자의 생명・건강을 해치지 않을 작업조건을 마련해 줄 보호의무를 진다. 채권자가 협력의무나 보호의무를 위반한 경우에는 채권자지체 또는 불법행위책임이 발생하며, 채무불이행책임으로 처리되지 않는 것이 원칙이다.

(3) **위험영역** : 행위채무에서는 채무불이행책임・채권자지체・위험부담의 한계설정이 매우 어려운데, 이 판단은 각 당사자의 위험영역에 비추어 판단되어야 한다.[16] 그리고 행위채무의 불이행이 채무자의 귀책사유로 인한 것인가, 채권자의 수령불능으로 인한 것인가, 불가항력으로 인한 것인가의 판단은 각 행위채무의 특성에 맞게 하여야 한다.

(4) **취소의 소급효 제한** : 행위채무에 있어서는 그의 기초가 되는 노무공급계약이 무효・취소되더라도 이미 제공한 노무를 없었던 것으로 하는 소급효는 제한된다. 계약당사자는 이미 제공된 노무 부분에 해당하는 보수청구권을 갖는다.

(5) **입법론** : 현대의 산업구조가 1·2차 산업에서 3차 산업으로 이동하게 됨에 따라 서비스 제공계약의 이용이 급격히 증가하고 있다. 서비스이용의 법률관계에 관하여는 노무제공계약으로서 이미 민법전에 도급·고용·위임·임치 등의 전형계약이 규정되어 있긴 하지만, 규정내용이 매우 빈약할 뿐 아니라 그러한 계약에서 발생하는 채권관계를 포용할 수 있는 총칙 규정이 없다.[17] 이에 대한 보완입법이 요구된다.

Ⅱ. 채권의 종류

1. 특정물채권

(1) 의 의

특정물채권이란 특정물의 인도를 목적으로 하는 채권을 말한다. 먼저 특정물은 구체적 거래에 있어서 당사자의 의사에 의하여 동종의 다른 물건으로 바꿀 수 없게 한 물건을 말한다. 그리고 특정물의 인도라고 하면 특정된 물건의 점유를 이전하는 것을 뜻하지만[18] 특정물 채권이라고 하는 것은 물건의 점유의 이전뿐만 아니라 소유권까지 이전하는 경우를 포함한다.

목적물이 특정물이냐 불특정물이냐에 따라서 특정물 채권과 종류채권으로 나누어진다. 특정물이란, 예컨대 이 말이라든가 1번지의 토지라고 함과 같이 구체적인 거래에 있어서

15) 상법 제382조의 3에는 이사의 충실의무가 규정되어 있는데, 이는 성실의무, 선관의무의 일종이라고 해석된다.

16) 예를 들어 버스회사의 파업으로 작업장에 출근하지 못한 경우에는 채무자의 위험영역에서 사고가 발생한 것이므로 채무자가 위험을 감수해야 하지만, 작업장에 단전, 단수로 인해 작업이 불가능한 때에는 채권자의 위험영역에서 생긴 사고이므로 채권자가 그 위험을 감수하고 채무자에게 보수를 지급해야 한다.

17) 프랑스민법은 작위·부작위채무에 관하여 제1142조 내지 제1145조에서 통칙을 두고 있다.

18) 대판 1981. 5. 26, 80다211; 특정물매매에서 목적물이 인도되지 않았다면 매수인이 대금지불을 지체하여 매도인은 인도시까지의 관리보존비의 상환이나 대금의 이자 상당액의 손해배상청구를 할 수 없다.

당사자가 지정하고 있는 물건을 말한다. 이에 반하여 예컨대 쌀 다섯 가마니라고 함과 같이 일정한 종류와 수량으로써 정하고 있는 것이 불특정물(종류물)이다. 특정물, 불특정물이라고 하는 구별은 어떤 거래에 있어서의 당사자의 주관적 입장에 기인하는 분류이며, 거래상 일반적으로 그 물건의 개성에 중점을 두느냐의 여부를 기준으로 하는 대체물, 부대체물과는 다르다. 객관적으로는 대체물이라도 당사자가 특히 이 물건이라고 지정한 때는 특정물이 된다.[19]

특정물채권은 증여, 매매, 교환, 사용대차, 임대차, 임치 등에 의하여 발생하는 경우가 많다.

(2) 특정물채권의 효과

1) 선량한 관리자의 주의의무

특정물채권에 있어서의 「채무자는 그 물건을 인도하기까지 선량한 관리자의 주의로 보존하여야 한다」(제374조). 이와 같이 특정물채권의 채무자에게 선관주의의무를 요구하는 것은 거래안전의 보호를 위한 것이다. 이러한 주의의무에 위반하여 목적물이 멸실, 훼손된 경우에는 손해배상의 의무를 부담하여야 한다. 물론 이것은 강행법규가 아니기 때문에 이에 반하는 특약을 하는 것은 유효하다.

가. 선관주의란 : 선관주의라 함은 채무자의 사회적 지위, 직업 등에 비추어 거래상 일반적으로 평균인에게 요구되는 정도의 주의를 말한다. 이러한 일반적·객관적 표준에 의한

19) 대판 1969. 12. 16, 67다1525; "수임인이 위임사무를 처리함에 있어 받은 물건으로 위임인에게 인도할 목적물은 그것이 대체물이더라도 당사자 간에 있어서는 특정된 물건과 같은 물건으로 보아야 할 것이다. 원고와 피고 사이에 비료수입대행계약을 체결하고 피고가 원고를 위하여 비료수입사무를 대행하여 피고명의로 수입한 비료를 원고에게 인도치 못하였음이 원·피고 사이에 다툼이 없는 이 사건에 있어서 원심이 그 대행계약이 대리권을 수반하지 않는 위임관계로 피고명의로 본건 비료를 수입하였다 하더라도, 수임자인 피고는 그 사무처리의 효과인 비료에 관한 권리를 위임자인 원고에게 이전할 의무가 있다할 것이므로, 대행수입된 비료는 목적물의 종류만을 정한 매매의 경우와는 달리, 비록 그것이 대체물이라 하더라도 원고에 대한 이행의 목적물로 특정되었다 할 것이라고 판시하였음은 정당하고, 상고논지는 원고는 어떤 종류의 비료의 정량만을 받을 채권이 있는 자로, 이는 특정되지 아니한 종류채권이라 함을 전제로 하는 것으로 채용할 수 없다".

주의의 정도를 하는 것을 「추상적 과실(객관적 과실 개념)」이라고 한다. 이에 대하여 구체적인 사람에 의한 개인차를 인정하는 「구체적 과실」이 있다. 이것은 행위자의 구체적 주관적인 주의능력에 따른 주의만을 요구한다. 그 자가 항상 자기의 사무를 취급함에 있어서 행하는 정도의 주의를 말한다. 민법은 이러한 주의를 「자기재산과 동일한 주의」(제695조: 무상수취인의 주인의무), 「자기의 재산에 관한 행위와 동일한 주의」(제922조: 친권자의 주의의무), 「고유 재산에 대하는 것과 동일한 주의」(제1022조: 상속인의 상속 재산의 관리의무)라고 표현하고 있다. 이러한 주의를 하는 것을 「구체적 과실(주관적 과실 개념)」이라고 한다.

나. 선관주의의 존속 : 선관주의는 특정물 채권의 성립과 동시에 생기는 것이 보통이지만 임대차, 사용대차, 임치 등과 같은 경우에는 그 목적물의 인도를 받았을 때에 선관주의의무가 발생하는 것으로 해석한다.[20] 선관주의의무는 이행기 이후에 있어서도 인도하기까지는 선관주의의무를 진다. 다만 이행지체나 수령지체의 경우에는 채무자의 주의의무가 가중되기도 하고 경감되기도 한다. 그 이외에는 이행기에 있어서의 불이행의 불가항력으로 인한 경우 또는 불확정기한의 도래를 채무자가 모르고 있는 동안이라든가, 유치권 또는 동시이행의 항변권을 가지는 경우와 같이 이행의 지연을 정당화시킬 수 있는 사유가 있는 경우라 하더라도 채무자는 선관주의의무를 부담한다.

다. 선관주의 의무위반의 효과 : 계약이 성립한 후 인도할 때까지 채무자가 선관주의의무를 위반하여 목적물을 멸실 또는 훼손한 경우에는 채무의 내용에 좇은 이행을 하지 않은 것이 되기 때문에 손해배상의 책임을 져야 한다(채무불이행에 의한 손해배상책임; 제390조). 특정물채권에 있어서 채무자가 선관주의의무를 다하였음에도 불구하고 목적물이 멸실 또는 훼손된 때에는, 그 불이익은 채권자가 지게 된다. 즉 멸실의 경우에는 인도의무를 면하고, 훼손의 경우는 그 상태로 인도하면 충분하며 어느 경우에도 손해배상의무는 없다. 그러나 이것이 쌍무계약에 있어서의 대가위험부담의 이론적 귀결이 되는 것이 아님을 유의하여야 한다. 즉 여기에서의 위험은 급부의 위험이라 하겠다.

---

20) 대판 1962. 3. 8, 4294민상17.

관련판례

대판 2006. 6. 9, 2004다24557

"신탁법 제28조에 의하면, 수탁자는 신탁의 본지에 따라 선량한 관리자의 주의로써 신탁재산을 관리 또는 처분하여야 하고, 이러한 주의의무는 민법상 위임에 있어서 수임인의 주의의무와 같은 개념으로 이해할 수 있으며, 따라서 토지신탁계약의 수탁자는 우선적으로 위탁자의 지시에 따라 사무처리를 하여야 하나, 그 지시에 따라 신탁사업을 추진하는 것이 신탁의 취지에 적합하지 않거나 경제성이 없는 것으로 판단되어 위탁자에게 불이익할 때에는 그러한 내용을 위탁자에게 알려주고 그 지시를 변경하도록 조언할 의무를 진다"

▣ 임차인의 선관의무 ▣

임차인은 임대인으로부터 임차물을 인도받은 때부터 그 임대물을 반환할 때까지 선량한 관리자의 주의로써 임차물을 보존할 의무를 진다. 임차인의 과실로 임차물을 반환할 수 없을 때에는 채무불이행에 따른 손해배상의무를 지게 된다. 임차목적물이 멸실·훼손된 경우 임차인이 그 책임을 면하려면 그 임차건물의 보존에 관하여 선량한 관리자의 주의의무를 다하였음을 입증하여야 한다. 화재로 인하여 임차물을 반환할 수 없게 된 사례에서, 임차인은 임차물 자체의 반환불능으로 인한 채무불이행책임이 임대인 소유물의 파손으로 인한 불법행위책임의 두 가지 책임을 부담하게 되는 경우가 있다. 채무불이행책임이 문제되는 경우에, 임차인은 자기가 선관의무를 다하였음을 입증해야 하며 이를 입증하지 못하면 손해배상의무를 지게 된다(대판1994. 10. 14, 94다38182).

2) 보 존

보존한다는 것은 자연적 또는 인위적인 멸실, 훼손으로부터 물건을 보호하여 그의 경제적 가치를 유지하는 것을 말한다. 따라서 보존을 위하여 필요한 행위는 물건의 성질 또는 경제적 효용에 따라서 사회통념에 따라서 구체적으로 결정할 수밖에 없다.

보존비용은 채무자가 부담한다. 그러나 채권자가 목적물을 수령하지 않음으로 인하여 증가된 비용은 채권자가 부담하여야 한다(430조).

3) 인도의무

가. 현상인도의무 : 원칙적으로 채무자는 목적물을 선관주의로써 보존한 후에 인도할 때의 현상 그대로 인도하면 충분하고 훼손에 대한 책임을 지지 않는다(제462조). 제462조는 채무의 목적물인 특정물의 동일성의 범위를 확장하는 규정이다. 즉 「채권성립당시의 현상」과 「이행기의 현상」 사이의 변화가 채무자의 과실에 의한 것이 아니면 이행기의 현상대로 인도하면 족하다. 즉 채무자의 선관주의의무위반에 의하여 생긴 것이 아닌 흠 또는 숨겨진 원시적 하자가 있는 경우에는 그 흠 또는 하자가 특정물의 법적 동일성을 파괴하지 않는 한, 채무자는 이행기의 현상대로 그 물건을 인도할 수 있다.

i) 손해배상책임 : 채무자가 선관주의의무에 위반하여 목적물을 훼손한 경우에는 채무자는 손해배상의 책임을 질뿐이고, 훼손된 물건을 수선하여 인도할 의무는 부담하는 것은 아니다. 민법은 손해배상에 관하여 금전배상주의를 취하고 있으며 원상회복을 요구하지 않는다(394조).

ii) 하자담보책임 : 계약성립 당시에 이미 하자가 있는 특정물을 인도 받은 경우에 채권자는 채무자에 대하여 하자담보책임을 물을 수 있다.

나. 이행기 이후의 과실의 인도의무 : 특정물을 인도할 때까지 목적물로부터 생긴 천연과실은 원물에서 분리된 때에 이를 수치할 권리자에 귀속하는 것이 원칙이다(제102조 제1항). 따라서 특정물채무자가 과실수취권을 가지는 경우에는 이행기까지의 천연과실을 수취하고 채권자에게 인도할 필요가 없다. 그러나 이행기 이후의 과실은 목적물과 함께 채권자에게 인도해야 한다(통설).

▣ 현상인도의 원칙 ▣

완 전 이행설	민법 제462조는 채무자가 선관주의로서 보존했음에도 불구하고 훼손된 물건은 이행기의 현상대로 인도하면 충분하다는 것을 규정한 것이라고 보는 입장이다. 이 경우 흠 있는 물건의 인도로 완전한 이행이 된 것으로 해석한다.	곽윤직; 김증한・김학동; 김현태; 주석 채권각칙(상), (이영준 집필 부분)
변 제 제공설	특정물에 생긴 변화가 동일성을 잃을 정도에 이르지 않은 경우에 물건의 현상인도는 유효한 변제의 제공이 된다는 의미로 해석하는 입장이다. 물건의 훼손에 따른 채무불이행책임(불완전이행)이나 담보책임은 이와 별개로 고찰되어야 한다고 한다. 민법 제462조가 이행기의 현상대로 인도해야 한다는 규정을 둔 의미는 채권자의 수령거절을 막는 데 있다고 해석된다. 채무자는 특정물을 이행기의 현상대로 인도할 의무를 지고 채권자는 그 수령을 거절할 수 없으며, 인도 시에 존재하는 흠이 채무자의 과실로 인하여 생긴 것일 때에는 그 부분에 대하여 채무불이행책임을 져야 한다. 이행기에 발견된 특정물의 흠이 계약 이전부터 존재하던 것인가(원시적 하자) 또는 계약 이후에 생긴 것인가는 중요하지 않고, 채무자는 그 흠에 대한 채무불이행칙임이나 담보책임을 진다고 해석된다. 다만 계약 당시에 채권자가 흠의 존재를 안 때에는 목적물이 흠 있는 물건으로 특정된 것이므로 채무불이행책임을 지지 않는다.	김용한; 김형배; 남효순; 송덕수; 이은영

다만 매매의 경우에는 매수인이 이행기에 목적물의 대금을 지급하지 않은 경우에는 이행기 이후라도 인도 전에 목적물로부터 생긴 과실은 매도인에게 속한다(제587조). 그러나 매수인이 이미 대금을 지급하고 있는 때에는 이행기 이후에는 목적물을 인도하기 전이라도

매도인은 과실을 수취하지 못한다. 그리고 이 규정은 다른 유상계약에 준용되고 있다(제567조).

다. 인도장소 : 특정물 채권에 있어서 그 목적물이 부동산인 경우는 성질상 그 부동산의 소재지가 인도 장소가 될 것은 당연하다. 목적물이 동산인 경우에는 인도의 장소는 당사자의 의사표시에 의하여 결정될 것이고 ,당사자 사이에 특별한 의사표시가 없는 경우에는 채권의 성립당시에 그 특정물이 있었던 장소가 인도장소로 한다(제467조 제1항).

4) 기타의 효과

특정물채권은 위험부담, 하자담보채권, 채권자대위권, 채권자취소권, 이중매매 등과 관련하여 특수한 문제를 발생시킬 수 있다.

관련판례

대판 1991. 3. 27, 90다13888

"원고와 피고들 간에 체결된 아파트분양계약이 아파트의 6층 607호, 1층 102호 등으로 특정된 아파트 1동씩을 특정하여 매매한 것이므로 이는 수량을 지정한 매매가 아니라 특정물을 목적으로 한 매매로서 설사 분양안내 카타로그가 잘못되어 피고들이 분양받은 아파트의 실제면적이 분양계약서상에 표시된 분양면적보다 다소 넓다 하더라도 피고들이 법률상 원인없이 이득을 얻은 것이라 할 수 없다"

▣ 특정물 매매에서의 물건의 하자 ▣

우리 민법 제462조는「특정물의 인도가 채권의 목적인 때에는 채무자는 이행기의 현상대로 그 물건을 인도하여야 한다」고 규정하고 있다. 그 해석은 각각의 학설의 입장에 따라 다르게 행하여지고 있다.

법정책임설	① 법정책적 목적에서 인정된 채무불이행책임과 무관한 책임 ② 원시적 불능 → 채무가 발생하지 않는다는 전제 ⇒「원시적 하자의 부분에 관하여는 채무가 발생하지 않으므로 채무불이행책임을 물을 수 없다.」 ⇒ 제580조의 책임은 법정책임으로 봄 ③ 매도인의 현상인도를 채무불이행으로 볼 수 없다. ⇒ 현상의 인도로 특정물 이행의무는 다한 것으로 봄 ④ 손해배상청구시 → 신뢰이익의 배상청구만 可
채무불이행책임설	① 채무불이행의 그 하자가 원시적 하자인가 후발적 하자인가는 채무불이행책임을 지는 데에 그 영향을 주지 않음 ② 원시적 하자가 있더라도 매도인은 계약한 대로 하자 없는 완전물을 인도할 채무를 지며 그 채무불이행에 대한 책임은 → 하자담보책임이라고 함 ③ 담보책임도 → 계약상 당사자에 의해 약정된 급부의무의 불이행에 해당 ④ 특정물의 현상인도 규정은 채무자가 이행기의 현상대로 특정물을 인도하려고 변제제공을 한 경우에 → 채권자는 하자있음을 이유로 그 수령을 거절할 수 없다는 취지 → 민법 제462조는 특정물에 있어서의 인도 방법만을 정한 것일 뿐 원시적으로 하자가 있는 물건을 그대로 인도하였다고 해

	서 완전한 이행의 효과가 발생하는 것은 아님 → 민법 제462조를 폐지해야 한다는 입법의견이 제시됨 ⑤ 손해배상의 범위 → 이행이익의 배상 포함 → 제393조 적용
수정된 채무불이행설	① 하자담보책임의 본질 → 채무불이행책임설을 취함 ② 그러나, 손해배상의 범위에 대해서는 → 신뢰이익의 배상 또는 신뢰이익과 이행 이익 중 어느 하나로 할 수 있다는 입장 ⇒ 책임의 본질과 배상범위 구분(김형배) ⇒「하자담보책임이 무과실책임이므로 그 배상범위를 과실책임에 의한 경우보다 축소해야 한다」는 입장

관련판례

1) **대판** 1981. 5. 26, 80다211

"특정물의 매매에 있어서 그 목적물이 매수인에게 인도되지 않았다면 매수인이 대금지급을 지체하여도 매도인은 매수인에게 그 인도가 이루어지기 이전의 기간 동안의 목적물의 관리보존비의 상환이나 매매대금의 이자 상당액의 손해배상청구를 할 수 없다"

2) **대판** 1980. 11. 25, 80다508

"임차물의 건물이 화재로 인하여 소실됨으로써 임차인의 건물반환의무가 이행불능이 된 경우에 임차인은 그 이행불능이 자기가 책임질 수 없는 사유에 인한 것이라는 입증을 다하지 못하면 그 이행불능으로 인하여 생긴 손해배상책임을 면할 수 없고, 임차인이 그 책임을 면하려면 적어도 그가 점유하는 임차물의 보존에 관하여 선량한 관리자의 주의의무를 다하였다는 입증을 하여야 한다"

2. 종류채권

(1) 개 념

1) 의 의

종류채권이라 함은 일정한 종류에 속하는 물건의 일정량의 인도를 목적으로 하는 채권이다. 즉 인도하여야 할 물건의 종류와 수량은 정하여져 있으나, 그 종류에 속하는 물건 가운데에서 어느 것을 인도할 것인지가 아직 특정되어 있지 않은 채권이다. 예로서, 5kg짜리 쌀 20포대 또는 맥주 10박스의 급부를 목적으로 하는 채권을 들 수 있다.

종류채권은 상품의 대량거래에서 많이 발생하나, 보통의 매매, 증여, 교환, 소비대차, 임대차, 소비임치, 혼장임치, 유증을 원인으로 해서도 발생한다. 대개의 경우 대체물이 종류채권의 목적물로, 부대체물이 특정물채권의 목적물로 되어 있다.[21]

2) 재고채권(한정종류채권)

한정된 범위의 종류물 가운데 일정량의 물건의 급부를 목적으로 하는 채권을 재고채권 또는 한정종류채권이라고 한다. 예를 들어, 특정창고에 있는 보리 50포대 중 10포대를 급부하기로 한 경우 또는 보유주식 중 일정 수량을 담보로 제공하기로 한 경우 등을 들 수 있다.

재고채권도 일종의 종류채권이나, 처음부터 일정한 재고로만 급부의무를 부담하는 점에서 보통의 종류채권과 다르다

(2) 특정이 있기 전의 위험부담

종류채권의 채무자는 급부할 물건을 선택할 수 있는 자율을 가지는 반면에, 그가 급부하려고 준비한 물건이 멸실되어도 급부의무를 면하지 못한다. 급부의 목적물이 확정되지 않

---

21) 부대체물도 종류채권의 목적물로 될 수 있는데, 예를 들어 특정 화가가 그린 그림 20점을 매수하는 경우를 들 수 있다.

은 동안에는 채무자는 같은 종류에 속하는 다른 물건을 다시 마련하여 급부하여야 한다(조달채무). 이러한 의무는 종류물이 모두 멸실된 경우에는 없어진다. 그러나 종류물이 존재하더라도 '사회통념상' 급부가 불능으로 인정되는 때에는(모든 종류물이 압수, 수입금지 또는 생산이 중단된 경우) 채무자는 급부의무를 면한다고 하여야 할 것이다.

(3) 목적물의 품질

민법 제375조 제1항은 "법률행위의 성질이나 당사자의 의사에 의하여 품질을 정할 수 없는 때에는 채무자는 중등 품질의 물건으로 이행하여야 한다"고 하고 있다. 이는 목적물의 품질이 법률행위의 성질에 의하여 정하여 질 수 있으며, 당사자의 의사에 의하여 정하여 질 수 있음을 말한다.

이상의 방법으로 정하여진 품질에 미달하는 물건을 채무자가 제공하는 경우에는 특정은 일어나지 않는다. 따라서 채권자는 그러한 물건을 수령할 필요가 없으며, 수령을 거절하고 적합한 품질의 물건을 급부할 것을 요구할 수 있다. 만약 그가 수령하였다고 하더라도 그것이 채무내용에 좇은 이행으로 되지 못한다(제390조).

(4) 종류채권의 특정

1) 특정의 의의

종류채권의 목적물은 종류와 수량에 의하여 추상적으로 정하여져 있을 뿐이므로 종류채무가 실제로 이행되려면 그 종류에 속하는 물건 가운데 일정한 물건이 채권의 목적물로서 구체적으로 확정되어야 한다. 이를 종류채권(정확하게는 종류채권의 목적물)의 특정 또는 집중이라고 한다.

2) 특정의 방법

특정의 방법으로는, '채무자가 이행에 필요한 행위를 완료'하는 것과, 채무자가 '채권자의 동의를 얻어 이행한 물건을 지정'하는 것이다(제375조 제2항). 그러나 계약자유의 원칙상 당사자가 계약으로 특정방법을 정할 수 있으며, 이때에는 제375조 제2항은 적용되지 않는다. 이를 구체적으로 살펴보면 다음과 같다.

가. 채무자가 이행에 필요한 행위를 완료하는 경우 : 채무자가 이행에 필요한 행위를 완료하는 것이란 '채무의 내용에 따라서' 채무자가 이행을 위하여 하여야 하는 행위를 다하는 것을 말한다. 그 구체적인 시기는 채무의 종류에 따라 다르게 된다.

i) 지참채무의 경우 : 지참채무란 채무자가 목적물을 채권자의 주소지 또는 합의된 제3의 장소에서 급부하여야 하는 채무이다. 민법은 급부장소에 대하여 당사자가 특별히 정하지 않는 한 특정물채무 이외의 채무는 지참채무를 원칙으로 한다고 하고 있다(제467조). 이러한 지참채무에 있어서는 채무자가 채권자의 주소지 또는 합의된 제3의 장소에서 적시에 채무의 내용에 좇아 현실적으로 변제의 제공을 한 때, 즉 목적물이 채권자의 주소지 또는 합의된 제3의 장소에 도달하여 채권자가 언제든지 수령할 수 있는 상태에 놓여진 때에 비로소 특정이 생긴다(제460조 본문). 그러나 채권자가 미리 수령을 거절한 경우에는 목적물을 분리하고 구두의 제공을 하면 된다(제460조 단서).

ii) 추심채무의 경우 : 추심채무는 채권자가 채무자의 주소지 또는 합의된 제3의 장소에 와서 목적물을 추심하여 변제받아야 하는 채무이다. 추심채무에 있어서는 채권자의 추심행위가 필요하므로, 채무자가 목적물을 분리하여 채권자가 추심하러 온다면 언제든지 수령할 수 있는 상태에 놓아두고 이를 채권자에게 통지하여 수령을 최고한 때, 즉 구두의 제공을 한 때에 특정이 생긴다(제460조 단서).

iii) 송부채무의 경우: 송부채무는 채무자가 목적물을 채권자의 주소지 또는 합의된 제3의 장소에 송부하여야 하는 채무이다. 이러한 송부채무에서는 채무자로서는 목적물을 분리하여 운송기관에 맡겨 송부하기로 한 장소로 송부하면 이행에 필요한 행위를 다한 것이 된다. 즉 목적물의 발송의 위탁으로 특정이 생긴다. 채권자가 목적물의 수령을 거절하면 구두의 제공만으로 특정이 생긴다고 하여야 할 것이다.

관련판례

서울고판 1977. 3. 18, 76나2960(제5민사부)

“원고의 이행채무가 지참채무로서 피고의 주소지에서 이를 지급하기로 약정한 경우 원고가 이행기일에 채무금을 지참하고 피고의 주소지를 방문하였으나 피고가 만나주지 아니하여 이를 지급하지 못하였다면 특단의 사정이 없는 한 이로서 현실의 제공을 한 것이라고 보아야 할 것이며 약정된 날자 장소에 불참한 피고를 기다려서까지 이를 지급하여야 할 의무가 있다고는 보여지지 아니 한다”

나. 합의에 의한 특정 : 당사자는 언제든지 합의에 의하여 목적물을 선정할 수 있고 그러한 경우에 특정이 이루어진다. 이 경우에 특정은 합의만으로 생기지 않으며 사실상 목적물을 분리하여야 한다.

다. 약정된 방법에 의한 특정(채무자에게 지정권이 부여된 경우) : 종류채권의 당사자는 특정방법을 약정할 수 있으며, 이때에는 약정된 방법에 의하여 특정이 이루어진다. 이와 같은 특정방법의 하나로 당사자가 계약에 의하여 당사자의 일방 또는 제3자에게 종류채권의 목적물을 구체적으로 결정할 수 있는 지정권을 부여할 수 있다. 이러한 경우에는 지정권자의 지정권의 행사에 의하여 특정이 생긴다.

어떤 자에게 지정권이 주어졌음에도 지정권자가 이를 행사하지 않은 경우에 선택채권에 관한 제381조, 제384조를 유추적용할 것인가 하는 것이다. 우리 판례는 제한종류채권(재고채권)에 있어서 채무자가 이행에 필요한 행위를 하지 않거나 지정권자로 된 채무자가 이행할 물건을 지정하지 않은 경우에는 제381조를 준용할 것이라고 한다.[22]

라. 목적물의 멸실에 의한 특정 : 종류에 속하는 물건이 멸실되어 이행에 필요한 수량만

22) 대판 2003. 3. 28, 2000다24856.

남은 경우에는 종류채권은 특정물채권으로 변한다고 하여야 할 것이다. 종류물이 급부하여야 할 양에 미달하는 경우에도 같다.

관련판례

1) 대판 2009. 1. 30, 2006다37465

"제한종류채권에서 급부목적물의 특정은, 원칙적으로 종류채권의 급부목적물의 특정에 관한 민법 제375조 제2항이 적용되므로, 채무자가 이행에 필요한 행위를 완료하거나 채권자의 동의를 얻어 이행할 물건을 지정한 때에는 그 물건이 채권의 목적물이 되지만, 당사자 사이에 지정권의 부여 및 지정의 방법에 관한 합의가 없고, 채무자가 이행에 필요한 행위를 하지 아니하거나 지정권자로 된 채무자가 이행할 물건을 지정하지 아니하는 경우에는, 선택채권의 선택권 이전에 관한 민법 제381조를 준용하여, 채권의 기한이 도래한 후 채권자가 상당한 기간을 정하여 지정권이 있는 채무자에게 그 지정을 최고하여도 채무자가 이행할 물건을 지정하지 않으면 지정권이 채권자에게 이전한다"

2) 대판 2007. 12. 13, 2005다52214

"제한종류채권에 관하여 당사자가 합의하여 급부 목적물을 특정하거나 특정방법 또는 지정권자를 정하는 경우에는 그에 따라야 하고, 그러한 약정이 없는 경우에는 민법 제375조 제2항에 따라 채무자가 이행에 필요한 행위를 완료하거나 채권자의 동의를 얻어 이행할 물건을 지정한 때에 그 물건을 채권의 목적물로 하는 것이다"

3) 특정의 효과

종류채권의 목적물이 특정되면 그 특정된 물건이 채권의 목적물로 된다(제375조 제2항). 종류채권은 특정으로 그 동일성을 유지하면서 특정물채권으로 변하게 된다. 그 결과 급부의 위험은 채무자로부터 채권자에게 이전한다. 따라서 채무자는 특정된 물건이 불가항력으로 멸실한 경우에는 같은 종류의 다른 물건이 있어도 더 이상 급부할 의무가 없다. 특정된 물건이 채무자에게 책임 있는 사유로 멸실한 경우에도 다른 물건으로 급부할 의무가 없고 단지 손해배상의무만을 부담한다. 특정된 물건이 훼손된 때에도 다른 물건을 급부할 필요가 없으며, 훼손된 그 물건을 급부하면 된다.

3. 금전채권

(1) 의 의

일종의 종류채권이라 할 수 있는데, 급부되는 금전 자체에는 별로 의미가 없고, 그것이 표시하는 일정금액, 즉 화폐가치에 중점을 두는 데에 그 특징이 있다. 따라서 금전채권이라 함은 일정액의 금전의 인도를 목적으로 하는 채권, 이른바 금액채권을 의미한다. 이것도 일종의 종류채권이지만 수량으로써 표시된 일정한 화폐가치를 목적으로 하는 데 그 특색이 있다. 금전채권에는 경제적 변혁이 생기지 않는 한, 이행불능의 상태가 생길 수 없으며 채무불이행 또는 불법행위에 의한 손해배상에서는 금전배상을 원칙으로 하고 있다(제394조).

(2) 금전채권의 종류

1) 금액채권

지급될 통화의 종류에 제한 없이 일정액의 금전 지급을 목적으로 하는 채권이다(예: 단순히 금 100만원의 지급을 목적으로 하는 채권). 여기서의 금전은 가치측정의 기준적 재화교환의 매개물로서 다루어진다. 따라서 금전은 강제통용력을 가지는 한 금전의 종류는 이를 묻지 않으며, 그 결과 위험의 문제도 생기지 않는다. 금액채권에 대하여 채무자는 자기의 자유로운 선택에 따라서 각종의 통화로써 지급할 수 있다.

2) 금종채권

당사자 사이의 특약으로 일정한 종류에 속하는 통화의 일정량의 지급을 목적으로 하는 채권(1,000원짜리 지폐로 10만원을 지급하여야 할 채권)이 금종채권으로서 절대적 금종채권과 상대적 금종채권으로 구분할 수 있다.

가. 절대적 금종채권 : 절대적 금종채권이란 당사자가 절대적으로 일정 종류의 금종을 급부할 것을 목적으로 하는 채권이다. 예컨대 수집을 위해 1994년 발행의 1만원 권 10매에 대한 매매계약에 의하여 발생한 채권이 이에 해당한다. 절대적 금종채권은 그 종류의 통화가 전혀 존재하지 않으면 이행불능이 되지만, 강제통용력을 잃은 경우에도 채무자는 그 통화를 급부하여야 한다.

나. 상대적 금종채권 : 어떤 종류의 금전(예: 1만원 권 지폐)을 가지고 일정금액의 지급을 목적으로 하지만, 법률의 개정과 같은 사유에 의하여 채권의 목적인 특종의 통화가 변제기에 강제통용력을 잃은 경우에는 다른 강제통용력 있는 통화로 변제하여야 하는 채권이다.

3) 특정금전채권

일정량의 특정화폐의 인도를 목적으로 하는 채권이다. 이는 화폐의 기능인 지불수단 또는 교환수단으로 금전을 지급하는 것이 아니라 특정된 물건으로서 금전의 인도를 목적으로 하는 채권이다. 예컨대 진열, 운송, 임치 등의 목적으로 특정인이 봉함 또는 분리해서 보관중이던 화폐 또는 주화를 급부할 것을 목적으로 하는 채권이 이에 속하며 이는 금전채권의 일종이라기보다는 특정물 채권 중 특정물이 금전인 것에 지나지 않는다. 따라서 이에는 특정물 채권에 관한 법리가 적용된다.

4) 외화채권

외국통화(예컨대 미국의 달러화, 중국의 위엔화, 일본의 엔화)의 지급을 목적으로 하는 채권을 말한다. 채권의 목적이 외국의 통화로 지급하여야 하는 경우에 특약이 없는 한 채무자는 그 선택에 따라서 그 외국의 각종의 통화로 변제할 수 있고, 외국의 특종의 통화의 지급을 목적으로 하는 외국금종채권에서는 그 특종의 통화가 변제기에 강제통용력을 잃은 때에는 그 외국의 다른 통화로 변제하여야 한다(제377조). 다만 당사자 사이에 외국의 통화로 지급한다고 합의한 경우에도 채무자는 역시 국내의 통화로 지급할 수도 있다(제378조).[23)]

관련판례

1) 대판 2007. 7. 12, 2007다13640

"채권액이 외국통화로 지정된 금전채권인 외화채권을 채권자가 대용급부의 권리를 행사하여 우리나라 통화로 환산하여 청구하는 경우 법원이 채무자에게 그 이행을 명함에 있어서는 채무자가 현실로 이행할 때에 가장 가까운 사실심 변론종결 당시의 외국환시세를 우리나라 통화로 환산하는 기준시로 삼아야 한다"

2) 대판 2000. 6. 9, 99다56512

"채권액이 외국통화로 정해진 금전채권인 외화채권을 채무자가 우리나라 통화로 변제하는 경우에 그 환산시기는 이행기가 아니라 현실로 이행하는 때, 즉 현실이행시의 외국환시세에 의하여 환산한 우리나라 통화로 변제하여야 하고, 우리나라 통화를 외화채권에 변제충당할 때도 특별한 사정이 없는 한 현실로 변제충당할 당시의 외국환시세에 의하여 환산하여야 한다"

---

23) 대판 1991. 3. 12, 90다2147; "채권액이 외국 통화로 지정된 금전채권의 외화채권을 채무자가 우리나라 통화로 변제함에 있어서는 민법 제 378조가 그 환산시기에 관하여 외화채권에 관한 민법 제376조, 제377조 제 2항의 [변제기]라는 표현과는 다르게 [지급할 때]라고 규정한 취지에서 새겨 볼 때, 그 환산시기는 이행기가 아니라 현실로 이행하는 때, 즉 현실이행시의 외국환시세에 의하여 환산한 우리나라 통화로 변제하여야 한다고 풀이하여야 할 것이다. 채권자가 위와 같은 외화채권을 대용급부의 권리를 행사하여 우리나라 통화로 환산하여 청구하는 경우에도 법원이 채무자에게 그 이행을 명함에 있어서는 채무자가 현실로 이행할 때에 가장 가까운 사실심변론종결 당시의 외국환시세를 우리나라 통화로 환산하는 기준시로 삼아야 할 것이다".

(3) 금전채권의 특칙

1) 금전채무불이행에 대한 특칙

금전채권은 일정액의 금전의 인도를 목적으로 하는 가치채권이므로 통화제도가 존재하는 한, 이행불능의 상태가 발생하지 않는다. 금전채무의 불이행에 대하여는 채무불이행에 대한 특칙이 있다. 금전채무의 불이행에서는 채권자는 그 손해를 증명할 필요가 없고, 채무자는 과실 없음을 항변할 수 없다(제397 제2항). 그러므로 금전채권의 채무자는 불가항력을 가지고 항변할 수 없고, 만일 이행지체가 채무자의 책임 없는 사유로 발생한 경우에도 손해배상책임이 있다. 금전채무의 불이행에 의한 손해배상액은 원칙적으로 법정이율에 의하여 정하고, 다만 법령의 제한에 위반하지 않는 약정이율이 있으면 그 약정이율에 의하여 손해배상액을 산정한다(제397조 제1항).

거래계에서는 미리 불이행에 대비해 일정비율이나 일정액의 배상금을 예정하는 경우가 빈번한데, 그를 연대이자 또는 위약금이라고 부른다(제398조 제1항). 이 연대이자는 소비대차의 약정이자와 성격이 다르다. 민법 제397조는 임의규정이라고 해석되므로 그의 적용을 배제하는 연체이자의 약정은 유효하다. 그러나 연체이자나 위약금이 부당히 과다한 경우에는 법원이 적당히 감액할 수 있다. 그리고 고객에 대하여 부당하게 과중한 지연손해금을 부담시키는 약관조약은 무효이다. 위약금이 부당히 과소한 경우에 그를 증액할 수 있는 조치도 입법론적으로서 고려해 볼 필요가 있다.[24)]

2) 화폐가치의 변동과 금전채권

화폐가치는 불변이 아니고, 시간의 경과에 의하여 혹은 평가절하나 평가절상에 의하여 변동된다. 그러나 인플레이션에 의하여 화폐가치에 변동이 있는 경우에도 금전채권은 원칙적으로 영향을 받지 아니하여 100만원의 채권에 대하여는 100만원을 지급하면 된다. 화폐가치의 변동에 의하여 당연히 화폐의 구매력은 영향을 받지만, 금전채권에서는 원칙적으로

---

24) 대판 1987. 10. 28, 87다카1409; "이식부 소비대차에 있어서 채권자가 변제기 일후의 약정이율에 따른 금원의 지급을 구하고 있다면, 비록 그에 관한 청구원인을 밝히지 아니하였다 하더라도 이는 대여원금에 대한 지연손해금을 구하고 있는 것이라고 보지 못할 바 아니다".

계약체결 당시에 합의된 금액을 지급하면 채무의 내용에 좇은 이행이 된다. 예외적으로 계약시와 이행시 사이에서 화폐가치의 변동이 극단적인 경우에는 신의칙에 의한 사정변경의 원칙에 따라서 금전채권을 증액 평가할 필요가 있다고 하는 문제가 제기되는데 대법원은 현행법의 해석으로는 금전채무의 불이행의 경우에 사정변경의 원칙을 적용 할 수 없다 라는 판결을 내린 바 있다.[25]

25) 인플레이션으로 인한 사정변경의 원칙에 대해, 우리 판례는 "매매계약을 맺은 때와 그 잔대금을 지급할 때와의 사이에 장구한 시일이 지나서 그 동안에 화폐가치의 변동이 극심하였던 탓으로 매수인이 애초에 계약할 당시의 금액표시대로 잔대금을 제공한다면 그 동안에 앙등한 매매목적물의 가격에 비하여 그것이 현저하게 균형을 잃은 이행이 되는 경우라 할지라도 민법상 매도인으로 하여금 사정변경의 원리를 내세워서 그 매매계약을 해제할 수 있는 권리는 생기지 않는다" 고 판시하였다(대판 1963. 12, 63다452).

■ 금전채무불이행으로 인한 손해배상의 특칙 중 실손해의 배상 ■

부정설	금전 채무불이행의 손해배상액은 실제로 발생한 손해액에 관계없이 법정이율로 한정된다는 입장이다. 채권자는 실제손해액이 법정손해액보다 크다는 것을 증명하여 초과분을 청구할 수 없으며, 채무자는 실제손해액이 적다는 것을 증명하여 감액을 항변할 수 없다고 한다.	곽윤직; 김증한·김학동; 정기웅
긍정설	금전채권자가 법정이율보다 많은 손해가 발생했음을 입증하면 그 초과손해도 배상받을 수 있다는 입장이다. 민법 제397조의 취지는 금전 채무불이행의 경우 전형적인 손해는 통상이자로 보전된다는 것이지, 그 밖의 손해를 채권자가 민법 제390조에 의거 일반손해배상의 일환으로 청구하는 것을 배척하는 것은 결코 아니라고 한다. 법정이율을 초과하는 손해의 배상을 금지하는 것은 채무자가 악의로 이행을 지연하게 만드는 요인이 되며, 이러한 지연의 경우에 채권자는 불이익을 입을 수밖에 없어 부당하다. 소송촉진법이 소제기 이후에 높은 이율의 지연배상을 명함으로써 금전채무의 고의적 지체를 방지하는 기능을 담당함에도 불구하고, 소제기 이전에 발생한 실 손해를 전보시켜 줄 필요는 여전히 존재한다.	백태승; 제철웅
판 례	채무자가 고의·과실로 이행을 지체한 경우에, 채무불이행책임의 법리에 따라 상당인과관계의 범위 내의 손해를 배상청구 할 수 있다고 해석함이 타당하다고 한다. 판결에서는 "집주인 이씨는 원고 김씨가 다른 집을 계약한 사실을 알고 있었고 전세금(4천 5백만원)을 그 날짜에 빼 주기로 약속한 만큼 약속을 지키지 않을 경우 원고가 계약금(6백만원)을 떼일 것이라는 사실을 알고 있었다고 보여지므로 손해가 발생한 계약금까지 지불해야 한다"고 판시하였다.	서울지판 98가합31399

▣ 화폐가치의 하락과 금전채무의 이행 ▣

변경설	사정변경에 따른 계약의 수정을 인정하여 화폐가치 하락에 따른 등가관계의 파괴를 보완하자는 입장이다. 법률의 규정이나 가치보장약관이 없는 경우에도 판결에서 급부와 반대급부의 등가관계가 현저히 불균형을 이루어 당사자가 인수한 위험을 초과한 때에는 「물가변동에 따른 금전채무액의 수정」을 하여야 한다고 한다.	백태승; 정조근
고정설	정부의 채무액 변경에 관한 긴급조치, 행정명령 등이 없는 한 단순히 현행법의 해석론에 의해 채무액을 변경하는 것은 사회적 불안정을 야기하므로 피해야 한다.	이은영
판 례	판례는 "채무자가 금전채무를 이행하지 않는 동안에 경제사정이 변화하여 화폐가치가 떨어지고 물가가 올라간 경우에도 그러한 사정을 감안하여 원 채권액보다 많은 금액을 청구할 수 없다"고 함으로써, 인플레이션이라는 사정변경에 의한 채무변경을 불허한다(대판1955. 9. 22, 4289민상161). 대판1963. 9. 12, 63다452에서는 원고가 1948년 국가로부터 부동산을 매수한 후, 6·25를 겪어 화폐가치가 폭락한 후 제기한 소유권이전등기청구 사건에서 "매매계약을 맺은 때와 그 잔대금을 지급할 때와의 사이에 장구한 시일이 지나서 그 동안에 화폐가치의 변동이 극심하였던 탓으로 매수인이 애초에 계약할 당시의 금액표시대로 잔대금을 제공한다면 그 동안에 앙등한 매매목적물의 가격에 비하여 그것이 현저하게 균형을 잃은 이행이 되는 경우라 할지라도 민법상 매도인으로 하여금 사정변경의 원리를 내세워서 그 매매계약을 해제할 수 있는 권리는 생기지 않는다"고 하였다. "부동산매매계약 후 잔대금지급이 이루어지지 않은 채 9년과 19년이 경과하여 부동산의 가격이 올랐다 하더라도 그것만으로 소유권이 전등기청구가 신의칙에 위반된다고 볼 수 없다"고 판시하여 고정설의 입장을 취하고 있다.	대판 1991. 2. 26, 90다19664; 대판 1992. 6. 12, 92다12384·12391

4. 이자채권

(1) 개 념

1) 의 의

이자채권이란 이자의 급부(지급)를 목적으로 하는 채권을 말한다. 이자는 금전 기타의 대체물로 지급되므로 이자채권은 일종의 종류채권이고, 특히 이자가 금전인 경우에는 금전채권에 속하게 된다. 이자채권은 당사자 사이의 특약이나 법률의 규정에 의하여 발생한다. 이자채권을 발생시키는 특약은 소비대차, 소비임치에 수반하여 행하여지는 것이 보통이나, 매매대금이나 임차보증금의 전부 또는 일부의 지급을 유예하면서 이자를 지급하기로 약정하는 경우도 있다.

2) 법적 성질과 종류

가. 법적 성질 : 이자채권은 한편으로 원본채권에 의존하는 성질, 즉 종속성 내지 부종성을 가지면서, 한편으로는 원본으로부터의 독립성을 갖는다. 먼저, 이자채권은 원본채권의 종된 권리로서 주된 권리인 원본채권의 존재를 전제로 한다. 그 결과 이자채권은 성립과 존속에 있어서 원본채권에 존속하게 된다. 즉 원본채권이 성립하지 않으면 이자채권은 발생하지 않으며, 원본채권이 소멸하면 이자채권도 소멸한다. 또한 원본채권이 양도 또는 포기된 경우에는 이자채권도 양도 또는 포기되는 것으로 되며, 원본채권이 압류되면 그 효력이 이자채권에도 미치며, 원본채권에 대하여 전부명령이 발하여지면 이자채권도 압류채권자에게 이전한다. 그러나 이러한 부종성은 '이미 변제기가 된 이자채권'의 경우에는 부분적으로 상당히 완화되는데, 이러한 이자채권은 원본채권이 변제 또는 면제로 인해 소멸되었더라도 원칙적으로 존속한다. 원본채권의 양도 또는 포기는 특별한 의사표시가 없는 한 변제기가 된 이자채권에 대하여는 영향을 미치지 않는다.

이자채권은 하나의 권리로서 원본채권으로부터의 독립성도 갖는다. 따라서 원본채권과 별도로 소를 제기할 수 있고, 양도, 담보제공 및 압류도 가능하다.

나. 종 류 : 이자채권은 원본액에 대한 일정비율과 사용기간에 따라 산정되는 이자를 정기적으로 발생시키는 기본적 이자채권과 현실로 발생된 개별이자의 지급을 목적으로 하는 지분적 이자채권으로 구별된다.

기본적 이자채권은 원본액을 전제로 하기 때문에 원본채권이 소멸하면 이자채권도 소멸한다. 변제기가 도래한 지분적 이자채권은 원본액과 기본적으로 독립하여 별개의 법적 취급을 받는데 이자채권만 따로 변제·양도·소송·소멸시효의 목적이 된다. 또한 채무자가 원본과 이자를 모두 소멸시키기에 부족한 금액의 지급을 한 경우, 이자·원본의 순서로 변제에 충당된다(제479조). 예를 들면 원금 100만원을 1년간 소비대차하는 계약과 함께 1분의 이자를 매월 말일 지급받기로 약정을 한 경우, 그 약정에 의해 하나의 기본적 이자채권과 매월 말 지급받을 1만원씩의 지분적 이자채권 12개가 발생한다.

(2) 이자란

1) 의 의

이자란 유동자본인 일정한 원본에 대한 사용대가로서 원본액과 사용기간에 비례하여 지급되는 금전 기타의 대체물을 말한다. 이자채무는 원본채무에 부종하여 일정비율의 이자를 지급해야 하는 채무로 매기마다 정기적으로 지급되어야 하는 계속적 채무이다.

이자와 구별하여야 할 개념으로 고정자본의 사용대가인 토지사용의 지료 및 임료·사용대가 아닌 월부상환금·주식배당금·손해배상인 지연이자·원본채권이 없는 종신정기금 등을 들 수 있다.

2) 발생원인

이자는 이자를 발생시키기로 하는 당사자 사이의 특약이나 또는 법률의 규정이 있는 경우에만 발생한다. 이 가운데 당사자 사이의 특약에 의해 발생하는 이자를 약정이자라고 하고, 법률규정에 의하여 발생하는 이자를 법정이자라고 한다.

3) 이 율

이자는 원본액에 대한 사용기간과 일정비율에 의하여 산출되는데, 일정비율을 이율이라 한다. 이율에는 약정이율과 법정이율, 복리가 있다.

가. 약정이율 : 자금수효의 정도, 당사자의 신용도를 고려하여 당사자 간에 자유롭게 약정할 수 있다. 그러나 건정한 국민생활의 유지·발전을 위하여 각국은 금전소비대차에 관하여 법률로 최고이율을 정하여 규제해 왔다.

나. 법정이율 : 당사자가 별도의 합의가 없는 경우에는 법이 정한 이율이 적용된다. 민법은 연 5%로 하고 있고(제379조), 상행위에 관한 법정이율은 연 6%이다(상법 제34조). 법정이율은 이자의 산정 외에 금전채무불이행으로 인한 손해배상, 즉 지연이자의 산정에도 관여한다. 금전채무의 전부 또는 일부의 이행을 명하는 판결을 선고할 경우에 금전채무불이행으로 인한 손해배상액 산정의 기준이 되는 법정이율은 그 금전채무의 이행을 구하는 소장 또는 이에 준하는 서면이 채무자에게 송달된 날의 다음날부터는 연 100분의 40 이내의 범위에서 은행법에 의한 금융기관이 적용하는 연체금리 등 경제여건을 감안하여 대통령령이 정하는 이율에 의하며(소송촉진 등 제3조 제1항), 그 이율은 현재는 연 2할이다.

다. 복 리(중리) : 복리라 함은 이자의 이자, 즉 변제기가 도래한 이자를 원본에 산입하여 그에 대한 이자를 다시 붙이는 것을 말하며, 당사자의 합의에 의한 약정복리와 법률의 규정에 의한 법정복리가 있다. 우리 민법은 복리금지에 대한 규정이 없으므로 금전소비대차의 경우 당사자의 합의에 의해 복리를 약정할 수 있다. 그러나 복리에 의해 산출된 최종적인 이자가 이자제한법의 제한을 초과한 경우 초과한 부분은 무효이다.

4) 선이자의 약정

선이자는 원본사용 전에 미리 지급되는 이자로, 우선 선이자를 지급한다는 특약이 있는 당사자 간의 소비대차계약 자체의 유효여부와 선이자특약 소비대차계약상의 약정이율이 이자제한법상의 제한이율을 초과한 경우 문제가 된다.

가. 선이자특약부 소비대차계약 : 이자는 원본 사용대가이므로 후불임이 원칙이나, 선이자특약을 금지하는 법률이 없으므로 특별히 부정할 필요는 없다. 또한 선이자율이 이자제한법을 초과한 경우의 문제(초과부분의 무효, 임의지급분의 반환청구, 원본충당 등)는 후불이자와 특별히 다를 게 없다.

나. 선이자공제 소비대차계약 : 이자제한법상 제한이율을 초과한 이율로 이자를 계산하여 약정 원본액에서 미리 공제하고 잔액만을 채무자에게 인도한 경우에는 그 공제액이 채무자가 실제 수령한 금액을 원본으로 하여 제한이율에 따라 계산한 금액을 초과하는 때에는 그 초과부분은 원본에 충당한 것으로 본다(이자제한법 제3조).[26]

(3) 이자의 제한

1) 개 설

우리나라는 종래 이자제한법(1962년 법 제971호)을 제정하여 약정이자를 규제하여 왔으나, 1997년 IMF사태에 직면하면서 IMF의 요구에 의해 폐지되었다(1998. 1. 13). 이후 IMF의 통제를 벗어나게 되었고, 이후 고리대금업자의 폭리행위가 사회적으로 문제되자 '대부업의 등록 및 금융이용자 보호에 관한 법률'이 제정되었다. 그런데 동 법의 적용을 받지 않는 일반 사인 간의 대차에 있어 이자가 제한되지 않음으로 인해 여러 문제가 발생하면서 다시 이자제한법 제정의 필요성이 대두케 되었다. 이와 관련하여 우리 대법원은 전원합의체 판결로, "사회통념상 허용되는 한도를 초과하는 이율의 이자를 약정하여 지급받는 경우에는 차주는 그 이자의 반환을 청구할 수 있다"고 판시하였다.[27] 이에 과거의 이자제한법과 유사한 내용의 새로운 이자제한법이 제정되었다(2007. 3. 29. 공포, 2007. 6. 30. 시행).

26) 대판 1993. 11. 23, 93다23459; "이자제한법의 제한을 초과하는 이자를 선이자로 공제한 경우 그 제한초과부분은 무효이므로 채무자는 실재로 교부받은 대여금액에다가 이 금액에 대한 변제기까지 위 법 제한범위 내의 이자액을 합산한 금액만을 변제기일에 대여원금으로 변제할 의무가 있고 이 금액과 약정대여원금액과의 차액은 무효이다".

27) 대판 2007. 2. 15, 2004다50426(전원합).

현재의 이자의 제한은 따라서 이자제한법과 대부업법에 의해 2원화되어 운용되고 있다.

2) 이자제한법에 의한 제한

가. 적용범위 : 이자제한법은 금전대차, 즉 금전의 소비대차에 있어서의 약정이자에 적용된다(제2조 제1항). i) 대차관계에 기하지 않고서 생긴 금전채권에는 적용되지 않는다. ii) 금전의 소비대차인 한 이자가 금전이 아니라도 적용된다. iii) 이자가 확정된 금액으로 약정된 경우에도 적용된다. iv) 대차원금이 10만원 미만인 대차의 이자에 대해서는 적용되지 않는다(제2조 제5항).

이자제한법은 다른 법률에 의하여 인가, 허가, 등록을 마친 금융업 및 대부업에는 적용하지 않는다(제7조). 따라서 대부업법은 종전과 같이 효력을 갖는다.

나. 제한이율 : 금전대차에 관한 계약상의 최고이자율은 연 40%를 초과하지 않는 범위 안에서 대통령령으로 정한다(제2조 제1항). 대통령령에 따르면 현재의 최고 이자율은 연 30%이다. 금전의 대차와 관련하여 채권자가 받은 사례금, 할인금, 수수료, 공제금, 체당금 그 밖의 명칭에도 불구하고 이를 이자로 본다(제4조).

다. 제한위반의 효과 : 이자가 제한이율에 따라 산정된 금액을 초과하는 경우에는 그 초과부분의 이자는 무효이다(제2조 제3항). 따라서 초과부분의 이자지급의무는 성립하지 않으며, 채권자는 제한초과이자를 재판상 청구할 수 없다. 제한초과이자를 원금에 포함시키는 계약을 하거나 준소비대차계약 또는 경개계약을 하여도 그 초과부분에 관하여는 효력이 생기지 않는다. 채무자가 제한초과이자를 임의로 지급한 경우에는 초과 지급된 이자 상당 금액은 원본에 충당되고, 원본이 소멸한 때에는 그 반환을 청구할 수 있다(제2조 제4항).[28]

---

28) 이자에 대하여 다시 이자를 지급하기로 하는 복리약정은 제한이율을 초과하는 부분에 해당하는 금액에 대해서는 무효로 본다(이자제한법 제5조).

3) 대부업법에 의한 제한

가. 제한이율 : 대부업자가 개인 또는 대통령령이 정하는 소규모법인에게 대부하는 경우 이자율은 연 100분의 50 범위 내에서 대통령령이 정하는 이율을 초과할 수 없다(제8조 제1항). 현재의 최고이율은 연 100분의 44이며, 월이자율 및 일이자율은 연 100분의 44를 단리로 환산한다(시행령 제5조 제2항). 대부와 관련하여 사례금, 할인금, 수수료, 공제금, 연체이자, 선이자 등 그 밖의 명칭에도 불구하고 모두 이자로 본다(제8조 제2항 본문). 다만 당해 거래의 체결과 변제에 관한 부대비용으로서 대통령령이 정한 사항은 그렇지 않다(제8조 제2항 단서).

나. 제한위반의 효과 : 대부업자가 제한을 위반하여 대부계약을 체결한 경우 제한이율을 초과하는 부분에 대한 이자계약은 무효이며, 채무자가 그 초과부분에 대한 이자를 변제하였을 경우에는 그 초과지급된 이자상당 금액은 원본에 충당하고 원본에 충당되고 남은 금액이 있으면 그 반환을 청구할 수 있다(제8조 제3항, 제4항).

다. 규정의 준용: 대부업자에 대한 이자의 규제는 대부업의 등록을 하지 않고 사실상 대부업을 영위하는 자에게도 준용된다(제11조).[29]

관련판례

1) 대판 2009. 6. 11, 2009다12399

[1] 금전채무불이행의 경우에 발생하는 원본채권과 지연손해금채권은 별개의 소송물이므로, 불이익변경에 해당하는지 여부는 원금과 지연손해금 부분을 각각 따로 비교하여 판단하여야 하고, 별개의 소송물을 합산한 전체 금액을 기준으로 판단하여서는 아니 된다.

[2] 비용, 이자, 원본에 대한 변제충당에 있어서는 민법 제479조에 그 충당 순서가 법정되어 있고 지정 변제충당에 관한 민법 제476조는 준용되지 않으므로 원칙적으로 비용,

이자, 원본의 순서로 충당하여야 하고, 채무자는 물론 채권자라 할지라도 위 법정 순서와 다르게 일방적으로 충당의 순서를 지정할 수는 없다. 그러나 당사자 사이에 특별한 합의가 있는 경우이거나 당사자의 일방적인 지정에 대하여 상대방이 지체 없이 이의를 제기하지 아니함으로써 묵시적인 합의가 되었다고 보이는 경우에는 그 법정충당의 순서와는 달리 충당의 순서를 인정할 수 있다.

[3] 이자제한법 제2조 제1항, '이자제한법 제2조 제1항의 최고이자율에 관한 규정'에 의하면 금전대차에 관한 계약상의 최고이자율은 연 30%로 제한되고, 구 이자제한법(2009. 1. 21. 법률 제9344호로 개정되기 전의 것) 제7조는 다른 법률에 따라 인가·허가·등록을 마친 금융업 및 대부업에는 이자제한법을 적용하지 아니한다고 규정하고 있는바, 위 규정의 문언 내용, 국민경제생활의 안정과 경제정의의 실현을 목적으로 하는 이자제한법의 입법 취지, 미등록 대부업체의 등록을 유도하기 위한 입법 경위 등에 비추어 보면, 구 대부업의 등록 및 금융이용자보호에 관한 법률(2009. 1. 21. 법률 제9344호로 개정되기 전의 것) 제3조의 규정에 의한 대부업의 등록을 하지 아니하고 사실상 대부업을 영위하는 자에 대하여는 이자제한법이 적용되어 이러한 대부업자가 대부를 하는 경우의 최고이자율은 연 30%로 제한된다.

[4] 금전 소비대차계약과 함께 이자의 약정을 하는 경우, 그 이자 약정이 대주가 그의 우월한 지위를 이용하여 부당한 이득을 얻고 차주에게는 과도한 반대급부 또는 기타의 부당한 부담을 지우는 것이어서 선량한 풍속 기타 사회질서를 위반한 사항을 내용으로 하는 법률행위로서 무효라고 보기 위해서는, 양쪽 당사자의 경제력의 차이로 그 이율이 당시의 경제적·사회적 여건에 비추어 사회통념상 허용되는 한도를 초과하여 현저하게 고율로 정하여졌다는 사정이 인정되어야 한다.

2) **대판** 2008. 10. 23, 2008다37742

"이자제한법 시행 전 체결한 금전소비대차계약상의 복리약정이 같은 법 제한최고이율인 연 30%를 초과하는 경우 같은 법 시행일인 2007. 6. 30.부터 그 초과 부분이 무효가 되므로, 위 복리약정에 따라 계산한 이자가 위 시행일 전에 연 30%를 초과하고 있다면 그 시행일부터, 위 시행일 후에 연 30%를 초과하고 있다면 그때부터 그 초과 이자 부분이 무효가 된다"

3) 대판 1998. 10. 13, 98다17046

"계약상의 이자로서 이자제한법 소정의 제한이율을 초과하는 부분은 무효이고 이러한 제한초과의 이자에 대하여 준소비대차계약 또는 경개계약을 체결하더라도 그 초과 부분에 대하여는 효력이 생기지 아니 한다"

4) 대판 1994. 8. 26, 94다20952

"이자제한법 소정 이율을 초과한 이자를 임의로 지급한 경우에 그 이자의 지급을 무효라고 하여 다시 그 반환을 청구할 수 있는 것은 아니다"

5) 대판 1988. 9. 27, 87다카422(본소), 423(반소)

"이자제한법 초과이자는 그 후의 이자나 다른 이자에 전환시켜 계산해야 한다는 전제하에 원심이 설시한 계산근거를 비난하고 있으나 소론 공탁이 원심설시 원금에 대한 1984. 4. 6.까지의 지연손해금으로 공탁된 것임은 관계증거에 비추어 넉넉하게 알 수 있고 이자제한법의 제한초과이자도 임의지급된 경우에는 이를 무효라 할 수는 없는 것이어서 이 점에 관한 소론도 받아들일 수 없다"

---

29) 위의 이자의 제한규정은 2008. 12. 31까지만 적용된다; 대부업법 부칙(2002. 8. 26.)(개정) 제2조 제1항.

(5) 선택채권

1) 의 의

선택채권이라 함은 여러 개의 급부 가운데에서 선택에 의해 정해지는 한 개의 급부를 목적으로 하는 채권을 말한다. 즉 선택이 있을 때까지는 선택되어야 할 수개의 다른 급부가 선택적으로 채권의 목적이 되며, 선택으로 그 수개의 급부 가운데의 어느 하나가 목적으로 확정되는 채권이다. 예를 들어, A건물·BMW승용차·금전 1억원 중 어느 하나의 급부를 목적으로 하는 경우를 들 수 있다.

선택채권은 복수의 채권이 아니고 하나의 채권이며, 따라서 그로부터 하나의 청구권만 생긴다. 그러나 선택채권의 경우에는 급부가 선택적으로 정하여져 있어 채무자가 이행을 하려면 선택에 의하여 어느 하나의 급부로 특정되어야 한다. 이로 인해 채권의 강제집행도 가능해 진다.

2) 구 별

선택채권은 급부가 확정되어 있지 않다는 점에서 종류채권과 같다. 그러나 i) 급부의 수가 한정되어 있다는 점, ii) 급부의 개성이 중요시된다는 점, iii) 이행불능에 의한 특정이 인정된다는 점, iv) 선택에 소급효가 있다는 점 등에서 종류채권과 구별된다.

3) 선택채권의 특정

선택채권에 있어서 채무가 이행되려면 급부가 하나로 확정되어 단순채권으로 변경되어야 하는데, 이를 선택채권의 특정이라 한다. 민법은 선택채권의 특정방법으로 선택에 의한 특정과 급부불능에 의한 특정 두 가지를 규정하고 있다.

가. 선택에 의한 특정

i) 선택권 : 선택채권의 목적인 수개의 급부 가운데 하나의 급부를 선정하는 의사표시가 선택이고, 이 선택을 할 수 있는 법률상의 지위가 선택권이다. 선택권은 일종의 형성권이다.

ii) 선택권자 : 누가 선택권을 가지는가는 선택채권의 발생원인인 법률행위 또는 법률의 규정에 의하여 정하여지는 것이 보통이다. 따라서 채권자나 채무자 외에 제3자도 선택권자가 될 수 있다. 만약 선택권자를 정하는 법률규정이나 당사자의 약정이 없으면 선택권은 채무자에게 속한다(제380조)

iii) 선택권의 이전 : 선택권은 권리이지 의무가 아니므로 선택권자에게 선택권의 행사를 강요하지는 못한다. 그러나 선택권자가 선택권을 행사하지 않으면 선택권은 이행될 수 없으므로, 민법은 일정한 경우에는 선택권이 타인에게 이전되는 것으로 정하고 있다.

① 당사자의 일방이 선택권을 가지는 경우 : 선택권 행사의 기간이 정해져 있는 때에 선택권자가 그 기간 내에 선택권을 행사하지 않으면, 상대방은 상당한 기간을 정하여 그 선택을 최고할 수 있고, 선택권자가 그 기간 내에 선택하지 않으면 선택권은 상대방에게 이전한다(제381조 제1항). 선택권 행사의 기간이 정해져 있지 않은 때에는, 채권의 기한이 도래한 후 상대방이 상당한 기간을 정하여 그 선택을 최고하여도 선택권자가 그 기간 내에 선택하지 않으면, 선택권은 상대방에게 이전한다(제381조 제2항).

② 제3자가 선택권을 가지는 경우 : 선택할 제3자가 선택할 수 없는 때에는 선택권은 곧바로 채무자에게 이전한다(제384조 제1항). 제3자가 선택할 수 있음에도 불구하고 선택하지 않는 때에는 채권자나 채무자는 상당한 기간을 정하여 그 선택을 최고할 수 있고, 제3자가 그 기간 내에 선택하지 않으면 선택권은 채무자에게 이전한다(제384조 제2항).

ⅳ) 선택권의 행사 : 채권자나 채무자가 선택권을 가지는 경우에는 선택은 상대방에 대한 의사표시로 하여야 하며(제382조 제1항), 그 의사표시는 상대방의 동의가 없으면 철회하지 못한다(제382조 제2항). 제3자가 선택권을 가지는 경우에는 선택은 채무자 및 채권자에 대한 의사표시로 하여야 하며(제383조 제1항), 그 의사표시는 채권자 및 채무자의 동의가 없으면 철회하지 못한다(제383조 제2항). 선택은 일방적인 의사표시이므로 원칙적으로 조건이나 기한을 붙이지 못한다.

ⅴ) 선택의 효과 : 선택이 행하여지면 선택채권은 하나의 급부를 목적으로 하는 단순채권으로 변한다. 그러나 반드시 특정물채권으로 되는 것은 아니며, 선택된 급부의 성질에 따라 특정물채권, 종류채권, 금전채권 또는 '하는 급부'를 목적으로 하는 채권으로 된다. 선택에 의해 종류채권으로 변한 경우 다시 특정을 하여야 한다.
선택은 그 채권이 발생한 때에 소급하여 효력이 생긴다(제386조 본문). 그 결과 채권이 발생한 때부터 선택된 급부를 목적으로 하는 채권이 성립하였던 것이 된다.

나. 급부불능에 의한 특정 : 민법은 제385조에서 급부불능에 의한 특정을 규율하고 있다. 제1항에서는 원시적 불능과 후발적 불능의 경우에 대하여 잔존급부에 특정된다고 하는 원칙을 규정하고, 제2항에서는 후발적 불능 가운데 선택권 없는 당사자의 과실에 의하여 불능이 생긴 경우에 대하여 그 예외를 인정하고 있다.

ⅰ) 원시적 불능의 경우 : 수개의 급부 가운데 채권이 성립할 당시부터 원시적으로 불능한 것이 있는 때에는 채권은 잔존하는 급부에 관하여 존재한다(제385조 제1항).즉 잔존급부에 특정이 일어나게 된다.

ⅱ) 후발적 불능의 경우 : 선택권 없는 당사자의 과실로 급부가 후발적으로 불능으로 된 때에는 잔존급부에 특정되지 않는다(제385조 제2항). 따라서 채권자가 선택권자인 경우 그는 채무자의 과실로 불능으로 된 급부를 선택하여 채무자에게 책임 있는 이행불능을 이유로 손해배상을 청구할 수 있다. 채무자가 선택권자인 경우 그는 채권자의 과실로 불능으로 된 급부를 선택하여 채무자에게 책임 없는 이행불능을 이유로 책임

을 면할 수 있다. 선택권자이 있는 당사자의 과실에 의하여 또는 당사자 쌍방의 과실 없이 급부가 후발적으로 불능으로 된 때에는, 채권은 잔존하는 급부에 존재한다(제385조 제1항). 당사자의 공동과실로 불능으로 된 때에는 채권은 잔존하는 급부에 존재한다고 하겠다(제385조 제1항).

관련판례

인천지판 2002. 5. 30, 2001나8165

"민법 제382조 제2항, 제383조 제2항에 의하면 선택의 의사표시는 상대방(채권자나 채무자가 선택권자인 경우) 또는 채권자 및 채무자(제3자가 선택권자인 경우)의 동의가 없으면 철회하지 못한다고 규정되어 있는바, 그 취지는 선택채권에 있어서의 선택은 선택권자의 일방적인 의사표시로써 채권의 목적이 되는 급부의 내용을 정하는 것으로 일단 선택권이 행사되면 채권의 목적이 확정되고 상대방은 이를 신뢰하여 채무의 이행 또는 채권의 수령에 대한 기대를 가지게 되는데, 그 후에 선택권자가 이를 임의로 변경하게 되면 상대방에게 예측할 수 없었던 손해를 줄 염려가 있기 때문에 이를 방지하기 위한 것이므로, 선택권자가 선택의 의사표시를 한 뒤라도 상대방의 방해행위 등으로 선택의 목적을 달성할 수 없고, 급부의 내용을 변경하더라도 상대방에게 불이익을 입힐 염려가 없는 등의 특별한 사정이 있는 경우에는 선택권자가 상대방의 동의 없이도 선택의 의사표시를 철회하고 새로운 선택을 할 수 있다고 보아야 할 것이다"

(6) 임의채권

선택채권과 비슷하나 그것과 성질을 달리한다. 즉 채권의 목적은 본래 한 개의 급부에 특정하고 있으나, 다른 급부로써 본래의 급부에 갈음할 수 있는 권리(대용권 내지 보충권)를 가지는 채권을 말한다(계약 또는 법률의 규정에 의함; 제378조, 제443조, 제764조). 하나의 급부가 본래의 목적이며, 다른 급부는 보충적이라 하겠다. 이러한 점에서 수개의 선택적 급부가 동등한 지위를 갖고 있는 선택적 채권과는 구별된다.

관련판례

대판 1991. 3. 12, 90다2147(전원합의체판결)

“채권액이 외국통화로 지정된 금전채권인 외화채권을 채무자가 우리나라 통화로 변제함에 있어서는 민법 제378조가 그 환산시기에 관하여 외화채권에 관한 같은 법 제376조, 제377조 제2항의 "변제기"라는 표현과는 다르게 “지급할 때”라고 규정한 취지에서 새겨 볼 때 그 환산시기는 이행기가 아니라 현실로 이행하는 때 즉 현실이행시의 외국환시세에 의하여 환산한 우리나라 통화로 변제하여야 한다고 풀이함이 상당하므로 채권자가 위와 같은 외화채권을 대용급부의 권리를 행사하여 우리나라 통화로 환산하여 청구하는 경우에도 법원이 채무자에게 그 이행을 명함에 있어서는 채무자가 현실로 이행할 때에 가장 가까운 사실심 변론종결 당시의 외국환 시세를 우리나라 통화로 환산하는 기준시로 삼아야 한다(다수의견).

우리 민법은 제378조에서 외국통화의 채무자에게 우리나라 통화로 변제할 수 있는 이른바 대용권을 인정하면서도 채권자에게는 그에 관한 아무런 규정을 두고 있지 아니하므로 채무자에게만 임의채권으로서의 대용권을 인정하고 있는 우리나라 민법체계에서는 채권자는 특별한 사정이 없는 한 본래의 급부목적인 외국통화의 지급만을 청구할 수 밖에 없으며, 가사 이 사건에서와 같이 원심에서 원고가 청구한 대로 우리나라 화폐의 지급을 명하는 판결이 선고되고 이에 대한 피고의 상고가 없어 우리나라 통화에 의한 청구를 용인할 수 밖에 없다 하더라도 민법 제378조가 정한 그 환산시기는 재판상의 청구와 재판외의 청구를 가릴 것 없이 현실지급시로 보아야 하되 이는 같은 법조에 의하여 채무자가 대용권을 행사하는 경우에 그렇다는 것에 그치므로 이사건에 있어서와 같이 원고가 그 급부의 목적인 외국통화의 지급을 구하지 아니하고 우리나라 통화에 의한 지급을 구하는 경우에는 민법 제378조에 의할 것이 아니라 “청구할 때”를 환산시기로 잡는 것이 옳다(소수의견)”

▣ 채권의 종류 ▣

<table>
<tr><td>특정물
채 권</td><td>① 구체적인 거래에 있어서 당사자가 정한 물건을 그 내용으로 함 (당사자의 주관적 입장에 기인함)
② 선관주의의무 : 목적물 인도 시까지 선관주의로 보호
(이행기 이후에 있어서도 동일)
③ 현상인도의무 : 목적물인도시의 현상대로 인도
→ 동일성을 잃으면 반환의무 면함
③ 인도장소 : 채권성립당시에 그 물건이 있던 장소</td></tr>
<tr><td>종류채권</td><td>① 목적물이 종류와 수량만으로 정해져 있는 물건의 인도를 목적으로 하는 채권
② 어떠한 물건을 인도할 것인가 : 당사자의 의사나 법률행위의 성질에 의해 정해지거나 중등 품질의 물건으로 이행
③ 종류채권의 특정 : 지참채무(원칙)
추심채무
송부채무
④ 특정의 효과 :
→ • 특정목적물에 대해서만 채무부담
• 특정 후 선관주의로 보관할 의무
• 위험부담시 채무자 부담 요</td></tr>
<tr><td>금전채권</td><td>① 금전의 지급을 목적으로 하는 채권 : 일정액의 금전지급을 목적
② 금전채권의 이행시 : 이행불능 ×
• 언제나 채무자의 지체사유에 의한 이행지체
• 채무자가 과실 없음을 항변하지 못함.
→ 불가항력의 항변이 허용되지 않음
• 손해배상시 실 손해의 증명 불요
• 손해배상의 액은 → 법정이율에 의함</td></tr>
</table>

이자채권	① 금전기타의 대체물(원본)의 사용의 대가로서 일정비율에 의해 지급되는 금전 기타의 대체물 ② 이자제한법 폐기로 이용제한 ×
선택채권	① 여러 개의 급부 가운데에서 선택에 의해 정해지는 한 개의 급부를 목적으로 하는 채권 ② 선택에 의해 하나의 급부로 특정되어야 채권의 강제집행 가능 ③ 선택채권의 특정 ㄱ. 선택에 의한 특정 → 선택권자 : 법률 또는 계약에 의해 결정 × → 채무자 → 효과 : 소급하여 효력발생 ㄴ. 급부불능에 의한 특정
임의채권	① 채권의 목적은 본래 한 개의 급부에 특정하고 있으나, 다른 급부로써 본래의 급부에 갈음하도록 (대용자) 권리를 가지는 채권(계약 또는 법률의 규정에 의함)(제378조, 제443조, 제764조) ② 효 과 : 하나의 급부가 본래의 목적, 다른 급부는 보충적

제4절
임의이행과 강제이행

Ⅰ. 임의이행 -변 제-

1. 개 념

임의이행이란 채권의 만족을 얻는 방법 중 채무자의 자발적인 이행행위에 의한 것으로 보통 이행이라고 하면 임의이행을 말한다. 임의이행의 방법으로는 변제, 대물변제, 공탁, 상계 등을 들 수 있으나, 가장 통상적이고 원칙적인 방법은 변제이다. 변제는 협의의 '채무내용에 적합한 이행'에 해당하며, 이행이라고 하면 대개 변제를 떠올리게 된다.[30]

변제란 채무자 또는 제3자의 급부행위에 의하여 채권이 만족을 얻어 소멸하는 것을 말한다. 변제는 채무의 이행과 실질적으로 동일한 것이다. 변제는 채권의 소멸이라는 측면에서 본 것이고, 채무의 이행은 채무의 내용인 급부를 실현하는 행위의 전 과정이라는 측면에서 본 것이다.

변제는 변제의 구성요소에 지나지 않는 급부행위(이행행위)와 구별되는데, 급부행위(이행행위)는 사실행위일 수도 있고(노무의 제공, 부작위채무의 이행 등) 또는 법률행위일 수도 있다(예약에 의한 본 계약의 체결).

---

30) 이은영, 150면.

2. 법적 성질

(1) 외국의 경우[31)]

1) 일 본

일본의 경우 20세기 초부터 이와 관련한 논의가 진행되어 왔는데, 현재 일본에서는 변제의 법적 성질과 관련하여 법률행위설이 주장되지는 않고 있으며 준법률행위설과 사실행위설이 주장된다. 먼저 준법률행위설은 변제는 변제의사의 효과로서가 아니라 목적도달의 법리에 의해 채권소멸의 원인으로 되지만 혼동과 같은 사건은 아니며, 반드시 급부행위에 의해 실현되기 때문에 법률상의 행위라고 한다. 또한 그렇게 보아야 하는 중요한 이유는 변제행위가 법률행위인 때에는 법률행위에 관한 규정을 적용해야 하기 때문이라고 한다.

사실행위설은 변제의사는 변제행위에서 표시될 필요는 없으며, 그의 의사에 기한 변제가 행해지면 충분하므로 변제를 사실행위로 보아야 한다고 한다. 준법률행위가 되어야 할 적극적인 이유를 제시하지 못하고 법률행위에 관한 규정을 준용해야 한다는 필요만으로 준법률행위로 보는 것은 법적 근거가 불충분하다고 한다.

2) 독 일

독일의 경우 변제의 법적 성질과 관련하여 다양한 견해가 주장되었는바, 이들의 논점은 주로 "변제자의 변제의 의사와 변제수령자의 수령의 의사가 변제의 요건인가", "변제자와 변제수령자의 행위능력은 변제의 요건인가"그리고 "변제에 관해 법률행위규정이 준용될 것인가"에 집약되었다. 먼저 법률행위설 내지 계약설(Vertragstheorie)은 학자에 따라 내용을 다소 달리하긴 하였으나 변제를 채권자와 채무자의 계약으로 보는 계약설이 우세하였다.[32)]

급부효과설(Theorie der realen Leistungsbewirkung)은 변제행위는 사실상의 채권소멸행위라고 보는 입장이다.[33)] 변제에서 변제의사가 필요 없고, 채무의 내용에 따른 변제에는

31) 변제의 법적 성질과 관련한 독일과 일본의 학설 소개와 관련해서는, 이은영, 153~155면.

32) 계약설은 폰 투어(v. Tuhr), 렌트(Lent) 등이 주장하였으며, 변제가 성립하려면 채무자의 변제의사와 채권자의 수령의사의 합치가 필요하다고 보았다.

변제의사가 필요 없고, 객관적으로 채무의 내용에 따른 변제행위가 있어 급부결과를 달성하는 것으로 충분하다. 변제의 모습에는 노무제공·부작위채무와 같이 단순한 행위만으로 이루어지는 경우도 많은데, 이 경우 변제의사를 찾아내는 것은 곤란하며, 채무자가 제공한 급부를 채권자가 수령하면서 아무런 수령의사를 표시하지 않았다면 채무자의 급부제공은 있으나 변제는 이루어지지 않게 되어 모순이 생긴다고 한다.[34]

제한적 계약설(beschraenkte Vertragstheorie)은 원칙적으로 급부효과설을 취하면서, 단지 변제행위가 법률행위인 경우에는 변제도 법률행위적 성격을 갖는다는 입장이다.[35] 변제행위가 법률행위적 성질을 갖고 있으면 사실적 변제행위 이외에 목적에 대한 합의(Zwecksvereinbarung)가 필요하다고 한다. 그리고 변제가 법률행위적 성격을 갖는 경우에는 행위능력에 관한 규정이 변제에 적용된다. 즉 무능력자의 소유권이전행위가 물권변동의 효력을 가져올 수 없다면 변제의 효과도 가져오지 못하게 된다는 것이다. 급부가 사실행위인 경우에는 급부의 실행이 있으면 변제가 성립하게 된다.

(2) 우리나라의 경우

변제는 채권의 소멸이라는 법률효과를 발생시키는 법률요건이다. 변제의 법적 성질과 관련하여 학설의 대립이 있다. 제1설(사실행위설)은 변제는 사람의 행위를 필요로 하는 법률사실이라는 의미에서 사실행위라고 보는 입장이다.[36] 제2설(준법률행위설)은 변제는 사람의 급부행위에 의하여 실현되는 것으로 이는 법률상의 행위로서 사실행위에 속하며, 다만 급부행위가 법률행위인 때에는 그 급부행위에는 법률행위에 관한 규정이 적용된다고 본다. 따라서 무능력, 사기 또는 강박을 이유로 변제를 취소할 수 없다. 급부행위가 법률행위인 경우에는 그 급부행위를 취소할 수 있으며, 취소의 결과로서 변제의 효과가 발생하지 않는다. 급부가 법률행위인 때에는 대리인에 의하여 변제할 수 있다. 다만 대리인은 변제를 대리하는 것이 아니므로 채무의 존재 및 채무이행의 인식을 가질 필요가 없고 법률행위인 급

33) 독일의 다수설(Boehmer, Siber, Heck, Staudinger/Kaduk, Soergel/Schmidt, Munch-Komm /Heinrichs, Larenz)과 판례(BGHZ 51, 157)의 입장이다.

34) 라렌츠는 수령귀속(Empfangszustaendigkeit)이라는 일종의 수령권한을 가정하여 유아에게는 그 수령권한이 없다고 한다.

35) 제한적 계약설을 주장하는 대표적 학자는 레만과 에써이다.

36) 김형배, 646면.

부행위를 할 의사를 가지는 것으로 충분하다는 입장이다.[37]

제3설(목적적 급부실현설)은 변제는 변제를 목적으로 하는 목적적 급부의 실현으로 이해하려는 입장이다.[38]

3. 변제의 목적물

변제의 인도를 목적으로 하는 채무에 있어서 그 목적물과 관련하여 채권자에게 유효한 변제를 확보하여 주기 위하여 민법은 몇 개의 특칙을 두고 있다.

(1) 특정물의 현상인도

특정물의 인도가 채권의 목적인 때에는 채무자는 이행기의 현상대로 그 물건을 인도하여야 한다.

(2) 목적물의 인도 및 반환청구의 금지

1) 타인의 물건의 인도

채무의 변제로 타인의 물건을 인도한 채무자는 다시 유효한 변제를 하지 아니하면 그 물건의 반환을 청구하지 못한다. 인도채무에서 채무자는 자기의 소유물을 인도하여야 하는 것이 원칙이다. 타인소유의 물건을 인도한 때에는 원칙적으로 유효한 변제가 되지 못한다(제463조). 물건의 인도를 목적으로 하는 채무에 있어서 채무자가 목적물을 인도하면 채권자는 변제로서 제공된 목적물을 보유할 권리를 가진다. 채권자는 급부보유력을 가지므로 채권자의 변제물보유는 채무자에 대한 관계에서 정당하며 부당이득이나 불법행위가 되지

---

37) 곽윤직, 239면; 김용한, 493면; 김주수, 채권총론, 서울: 삼영사(1999), 427면; 김증한・김학동, 338면. 채무자가 채무의 존재를 알지 못하고 증여의 의사를 가지고 채무의 목적물을 인도한 때에는 변제의 효과가 발생하지 않는다. 왜냐하면 변제의사가 없기 때문이 아니라, 증여의사가 있기 때문이다.

38) 김상용, 436면; 송덕수, 신민법강의, 서울: 박영사(2008), 957면.

않는다. 따라서 채무자가 타인의 소유물을 인도함으로써 유효한 변제가 되지 못한 경우에도 채권자에 대하여 반환청구를 하지 못한다(제463조).

다만 채무자는 다시 유효한 변제를 하고 먼저 인도된 목적물의 반환을 청구할 수 있다(제463조).

2) 양도무능력자의 인도

양도할 능력 없는 소유자가 채무의 변제로 물건을 인도한 경우에는 그 변제가 취소된 때에도 다시 유효한 변제를 하지 아니하면 그 물건의 반환을 청구하지 못한다(제464조). 양도할 능력이 없는 소유자가 채무의 변제를 위하여 물건의 인도에 의한 소유권이전행위를 한 때에 그 행위를 한 무능력자 또는 법정대리인이 그 이전 행위를 취소하면 유효한 변제가 되지 않는다. 따라서 채무자는 다시 유효한 변제를 하여야 한다. 다만 민법은 이미 인도를 받은 채권자를 보호하기 위하여 다시 유효한 변제를 하지 않으면 그 물건의 반환을 청구할 수 없도록 하였다.

원인행위인 법률행위가 취소된 경우에는 채무 자체가 존재하지 않으므로 제464조의 적용이 없고, 부당이득이 문제될 뿐이다.

3) 적용범위

특정물채권에 있어서는 다시 유효한 변제를 할 수 있는 방법이 없으므로 제463조, 제464조의 적용이 없다. 선의취득, 첨부에 의하여 소유권을 취득하거나 취득시효의 요건을 갖춘 경우에 채권자는 유효하게 그 소유권을 취득하게 되므로 제463조, 제464조의 적용이 없다.

(3) 채권자의 선의소비 · 양도 및 구상권

채권자가 변제로 받은 물건을 선의로 소비하거나 타인에게 양도한 때에는 그 변제는 효력이 있다(제465조 제1항). 제465조에 의하여 채권자가 변제의 유효를 주장하는 것은 채무자에 대한 관계에서 뿐이며, 소유자에 대하여는 유효한 것이 되지 못한다(제465조 제1항).

소유자에게 반환 또는 배상한 경우에는 채권자는 변제자에게 구상권을 행사할 수 있다(제465조 제2항).

4. 변제자

채무자는 본래의 변제자이다. 채무의 변제는 제3자도 할 수 있다. 그러나 채무의 성질 또는 당사자의 의사표시로 제3자의 변제를 허용하지 아니하는 때에는 그러하지 아니하다. 이해관계 없는 제3자는 채무자의 의사에 반하여 변제하지 못한다(제469조).

(1) 채무자

채무자는 변제의무를 부담할 뿐만 아니라 변제권한도 가지고 있다. 따라서 본래 채무자가 변제자가 된다. 그러나 채무자가 항상 직접 이행행위를 하여야 하는 것은 아니고, 이행행위가 사실행위인 때에는 그 행위를 이행보조자가 할 수도 있고, 그것이 법률행위인 때에는 대리인이 행할 수도 있다.

(2) 제3자

1) 원 칙

특별한 사정이 없는 한 변제는 채권자에게 불이익이 되지 않으므로 제3자도 원칙적으로 변제할 수 있다(제469조 제1항 본문). 제3자의 변제는 제3자가 채무자의 채무를 '자기의 이름으로', 그러나 '타인의 채무로서'변제하는 것이다. 제3자의 변제가 있는 경우 채무자의 변제와 마찬가지로 채권은 소멸하게 되고, 변제한 제3자는 일정한 경우에는 채권자의 권리를 대위한다. 이 경우 채권은 변제자와 채무자 간에 존속하게 된다(채권의 상대적 소멸). 제3자의 변제의 제공이 있음에도 채권자가 수령하지 않으면 채권자지체가 된다고 하겠다.

2) 예 외

우리 민법은 다음의 경우에는 제3자의 변제를 금하고 있다.

가. 채무의 성질에 의한 제한 : 채무의 성질이 일신전속적 급부를 내용으로 하는 경우와 같은 채무의 성질상 제3자의 변제를 허용하지 않는 채무의 경우에는 제3자가 변제할 수 없다(제469조 제1항 단서). 그러나 이중에서도 절대적인 것(예: 학자의 강연, 유명 연주자의 연주)은 제3자의 변제가 언제나 금지되지만, 상대적인 것(예; 노무자의 급부, 수임인의 급부)은 채권자의 동의가 있으면 제3자의 변제가 허용된다.

나. 당사자의 의사표시에 의한 제한 : 당사자의 의사표시에 의해 제3자의 변제를 허용하지 않은 때에는 제3자가 변제할 수 없다(제469조 제1항 단서). 여기서의 의사표시란 계약에 의한 경우라 보아야 할 것이다.

다. 이해관계 없는 제3자의 변제에 의한 제한 : 이해관계 없는 제3자는 채무자의 의사에 반하여 변제하지 못한다(제469조 제2항). 여기서의 이해관계란 법률상의 이해관계를 말한다.[39] 채무자의 의사는 적극적으로 표시될 필요는 없으나, 변제할 당시의 객관적인 제반사정에 비추어 명확하게 인식될 수 있어야 한다. 이에 관한 증명책임은 채무자의 의사에 반한다고 주장하는 자에게 있다.

---

39) 대판 1993. 10. 12, 93다9003; "<u>연대채무자 · 보증인 · 물상보증인 · 저당부동산의 제3취득자 등과 같이 법률상 변제에 이해관계 있는 제3자는 채무자의 의사에 반하여도 변제할 수 있다</u>. 건물을 신축한 자가 건물을 매도함과 동시에 소유권이전등기 전까지 그 건물을 매수인에게 임대하기로 하였는데 그 건물의 건축공사수급인이 공사금 일부를 지급받지 못하였다는 이유로 건물의 매수인 겸 임차인의 입주를 저지하자 건물의 매수인 겸 임차인이 매도인에게 지급할 매매대금의 일부를 건축공사수급인에게 공사금채무 변제조로 지급한 경우, 건물의 매수인 겸 임차인은 그 권리실현에 장애가 되는 위 수급인의 건물에 대한 유치권 등의 권리를 소멸시키기 위하여 매도인의 공사금채무를 대신 변제할 법률상 이해관계 있는 제3자이자 변제할 정당한 이익이 있는 자라고 볼 것이므로 위 변제는 공사금채무의 범위 내에서는 매도인의 의사에 반하여도 효력이 있다".

관련판례

1) 대판 2010. 3. 25, 2009다29137

"이해관계 있는 제3자는 채무자의 의사에 반하여도 변제할 수 있고, 변제로 채무자에 대하여 구상권을 행사할 수 있다"

2) 대법원 2009.5.28. 자 2008마109 결정

"민법 제469조 제2항은 이해관계 없는 제3자는 채무자의 의사에 반하여 변제하지 못한다고 규정하고, 민법 제481조는 변제할 정당한 이익이 있는 자는 변제로 당연히 채권자를 대위한다고 규정하고 있는바, 위 조항에서 말하는 '이해관계' 내지 '변제할 정당한 이익'이 있는 자는 변제를 하지 않으면 채권자로부터 집행을 받게 되거나 또는 채무자에 대한 자기의 권리를 잃게 되는 지위에 있기 때문에 변제함으로써 당연히 대위의 보호를 받아야 할 법률상 이익을 가지는 자를 말하고, 단지 사실상의 이해관계를 가진 자는 제외된다.

공동저당의 목적인 물상보증인 소유의 부동산에 후순위로 소유권이전청구권 가등기가 설정되어 있는데 그 부동산에 대하여 먼저 경매가 실행되어 공동저당권자가 매각대금 전액을 배당받고 채무의 일부가 남은 사안에서, 위 가등기권리자는 채무자의 의사에 반하여 그 채무 잔액을 대위변제하거나 변제공탁할 수 있는 '이해관계 있는 제3자' 또는 '변제할 정당한 이익이 있는 자'에 해당하지 않는다"

5. 변제수령자

(1) 원 칙

채권자가 변제수령자임을 원칙으로 하나 예외적으로 수령권한이 없는 경우가 있고 또한 채권자 이외의 자이더라도 예외적으로 수령권한이 있는 경우가 있다.

(2) 수령권한 없는 채권자

1) 채권의 압류

압류명령이 있으면 제3채무자는 자기의 채권자에 대한 지급이 금지되고, 채무자(압류된 채권의 채권자)는 채권의 처분과 변제수령을 할 수 없다(민집 제227조, 제296조 제3항). 채권자의 채권이 제3자에 의하여 압류, 가압류를 당한 때에는 압류된 채권의 채무자가 그의 채권자에게 한 변제는 압류채권자에 대한 관계에서 무효이며, 압류채권자가 채무자로부터 변제 받지 못한 한도에서 압류채권은 그대로 존속한다.

2) 채권의 입질

채권자가 그의 채권을 입질하여 대항요건을 갖춘 때에는 채무자가 그의 채권자(질권설정자)에게 변제하여도 그 변제로 질권자에게 대항하지 못한다(제352조 내지 354조).

3) 채권자의 파산

파산선고가 있으면 일반적 압류의 효력이 생긴다(채무자회생 제384조, 제332조 제334조).

4) 회생절차가 개시된 후의 회생채권의 경우(채무자회생 제131조, 제193조 이하)

5) 개인회생절차에서 개인회생채권자 목록에 기재된 개인회생채권의 경우(채무자회생 제582조, 제610조 이하)

(3) 변제수령의 권한이 주어진 자

법률의 규정에 의하여 또는 채권자로부터 변제수령의 권한이 주어진 자에 대한 변제가 유효함은 물론이다. 예컨대 대리인·관리인·채권자대위권자 등은 그러한 변제수령의 권한이 주어진 자이다.

(4) 표현수령권자

채권자, 그의 대리인 또는 보조자 등의 수령권한이 있는 자 이외의 자에게 변제를 하여도 그 것은 무효이다. 그러나 표현수령권자에 대한 변제를 다음의 경우에 유효한 것으로 하고 있다.

1) 채권의 준점유자에 대한 변제(제470조)

가. 개 념 : 채권의 준점유자란 채권을 사실상 행사하는 자를 말한다. 채권의 준점유는 채권이 어느 사람에게 귀속하고 있는 외관을 가지는 것을 의미하며, 채권증서를 반드시 점유하고 있어야 하는 것은 아니고, 채권을 이용하는 행위를 계속할 필요도 없다.

채권의 사실상의 양수인, 표현상속인, 예금증서 기타의 채권증서와 인장을 소지하는 자, 위조한 영수증을 제시하여 변제받은 자가 이에 해당한다. 채권자의 대리인이라고 속여 채권을 행사하는 자도 포함한다(통설).

나. 변제자의 선의·무과실 : 변제자의 선의는 채권의 준점유자에게 수령권한이 있다고 적극적으로 믿었음을 의미한다. 무과실은 선의인데 과실이 없음을 의미한다.

다. 변제의 효과 : 채권의 준점유자에 대한 변제는 유효한 변제가 되므로 채권은 소멸하고 채무자는 채무를 면한다. 변제의 효과는 확정적·절대적이다. 따라서 변제자는 준점유자에 대하여 그 반환을 청구하지 못한다. 다만 진정한 채무자만이 수령자에 대하여 부당이득의 반환을 청구할 수 있을 뿐이다. 준점유자의 고의·과실로 채권자가 손해를 받은 때에는 제3자의 채권침해로서 불법행위가 된다.

이와 관련한 학설의 입장을 살펴보면, 먼저 제1설(절대적 효력설)은 선의 변제에 절대적·확정적인 효과를 인정하는 입장이다. 변제가 절대적이라는 것은 선의변제의 효과는 채무자와 채권자 사이뿐 아니라 채무자와 표현수령자 사이에서도 발생하여 채무자는 변제수령자에게 변제물의 반환을 청구하지 못한다는 것을 의미한다.[40] 제2설(상대적 효력설)은 선의변제자의 변제는 진정한 채권자에 대한 관계에서 채권을 소멸시키는 상대적 효과를 가져 올 뿐이라는 입장이다.[41] 첫째, 상대적 효력설을 취함으로써 채무자는 표현수령자에 대한 변제로서 채권자에 대한 항변권을 취득하는 것과 비슷한 위치에 놓인다. 진정한 채권자의 이행청구가 있는 경우에 채무자는 선의변제로서 채권이 소멸하였음을 항변하거나 또는 그 선의변제가 무효임을 인정하고 다시 변제할 수 있다. 둘째, 선의변제로 표현수령권자에게 수령권한이 부여되는 것은 아니다. 표현수령권자에게는 변제물을 보유할 권리가 없으므로 진정한 채권자의 인도청구가 있거나 변제자의 반환청구가 있으면 변제물을 인도해야 한다. 셋째, 변제자가 표현수령권자로부터 변제물을 반환받으면 변제의 효과는 소멸하고 채권이 부활한다. 채권자는 채무자에 대하여 본래의 급부를 청구할 수 있다.

관련판례

1) 대판 2004. 6. 11, 2003**다**1601

"효력규정인 강행법규에 위반되는 계약을 체결한 자가 그 약정의 효력이 부인된다는 사실을 알지 못한 탓에 그 약정에 따라 변제수령권을 갖는 것처럼 외관을 갖게 된 자에게 변제를 한 경우에는, 특별한 사정이 없는 한 그 변제자가 채권의 준점유자에게 변제수령권이 있는 것으로 오해한 것은 법률적인 검토를 제대로 하지 않은 과실에 기인한 것이라고 할 것이다"

2) 대판 2004. 4. 23, 2004**다**5389

40) 곽윤직, 244면; 김증한·김학동, 353면; 김주수, 458면.
41) 김상용, 448면; 김형배, 682면; 이은영, 695면.

[1] 민법 제470조에 정하여진 채권의 준점유자라 함은, 변제자의 입장에서 볼 때 일반의 거래관념상 채권을 행사할 정당한 권한을 가진 것으로 믿을 만한 외관을 가지는 사람을 말하므로 준점유자가 스스로 채권자라고 하여 채권을 행사하는 경우뿐만 아니라 채권자의 대리인이라고 하면서 채권을 행사하는 때에도 채권의 준점유자에 해당한다.

[2] 예금주의 대리인이라고 주장하는 자가 예금주의 통장과 인감을 소지하고 예금반환청구를 한 경우, 은행이 예금청구서에 나타난 인영과 비밀번호를 신고된 것과 대조 확인하는 외에 주민등록증을 통하여 예금주와 청구인의 호주가 동일인이라는 점까지 확인하여 예금을 지급하였다면 이는 채권의 준점유자에 대한 변제로서 유효하다고 한 사례.

3) 대판 1998. 11. 10, 98다20059

"이른바 폰뱅킹(phone-banking; telebanking)에 의한 자금이체신청의 경우에는 은행의 창구직원이 직접 손으로 처리하는 경우와는 달리 그에 따른 자금이체가 기계에 의하여 순간적으로 이루어지지만, 그것이 채권의 준점유자에 대한 변제로서 은행에 대하여 요구되는 주의의무를 다하였는지 여부를 판단함에 있어서는, 자금이체시의 사정만을 고려할 것이 아니라 그 이전에 행하여진 폰뱅킹의 등록을 비롯한 제반 사정을 총체적으로 고려하여야 하며, 한편 은행이 거래상대방의 본인 여부를 확인할 필요가 있는 경우에 담당직원으로 하여금 그 상대방이 거래명의인의 주민등록증을 소지하고 있는지 여부를 확인하는 것만으로는 부족하고 그 직무수행상 필요로 하는 충분한 주의를 다하여 주민등록증의 진정 여부 등을 확인함과 아울러 그에 부착된 사진과 실물을 대조하여야 할 것인바, 만일 실제로 거래행위를 한 상대방이 주민등록상의 본인과 다른 사람이었음이 사후에 밝혀졌다고 한다면, 특별한 사정이 없는 한, 은행으로서는 위와 같은 본인확인의무를 다하지 못한 과실이 있는 것으로 사실상 추정된다"

4) 대판 1997. 3. 11, 96다44747

[1] 무효인 채권압류 및 전부명령을 받은 자에 대한 변제라도 그 채권자가 피전부채권에

관하여 무권리자라는 사실을 알지 못하거나 과실 없이 그러한 사실을 알지 못하고 변제한 때에는 그 변제는 채권의 준점유자에 대한 변제로서 유효하다.

[2] 채무자(을)가 제3채무자(병)에 대하여 가지고 있던 채권에 관하여 제3자(정) 앞으로 대항력 있는 채권양도가 이루어진 후 을이 정의 승낙 없이 임의로 병에게 채권양도철회의 통지를 한 상태에서 을에 대한 채권자(갑)가 위 채권에 대하여 채권압류 및 전부명령을 받고 이어 갑이 제기한 전부금소송에서 병이 패소판결을 받고 갑에게 그 금원을 지급한 경우, 법률전문가가 아닌 병으로서는 을의 채권양도철회통지로 인하여 채권양도가 없었던 것과 같이 되었다고 믿을 수밖에 없었고, 더욱이 갑이 제기한 전부금청구의 소에서 전부명령의 효력을 적극 다투었다가 패소판결을 선고받았다면, 병이 갑이 유효하게 임대보증금반환채권을 전부받은 채권자인 것으로 오인한 데 대하여 과실이 있다고 볼 수 없고, 따라서 병의 갑에 대한 변제는 유효하다고 본 사례

2) 영수증 소지자에 대한 변제(제471조)

영수증의 소지인은 변제를 수령할 정당한 권한이 있는 것으로 간주된다. 영수증은 반드시 진정한 것이어야 한다(통설). 즉 영수증은 작성권한 있는 자가 작성한 것이어야 한다. 그리고 대리권이 있는 자에 의하여 작성된 영수증도 진정한 것으로 본다.

영수증소지자에 대한 변제가 유효하려면 변제자가 선의·무과실이어야 하고, 그 증명책임은 변제가 무효임을 주장하는 자에게 있다. 변제의 효과는 채권의 준점유자에 대한 변제의 경우와 같다.

관련판례

서울고판 1991. 1. 22, 90나27674(제5민사부)

"은행원이 예금주의 통장을 절취하여 소지한 자에게 그가 미리 알고 있던 비밀번호를 기재하고 통장과 함께 절취한 계출인감이 아닌 인장을 날인하여 작성한 예금청구서에

의하여 예금을 지급한 경우, 위 예금청구자는 예금주의 대리인 또는 사자가 아니고, 예금청구서에 날인된 인영도 계출인감에 의한 것이 아니므로 은행원의 위 예금지급은 정당한 변제수령권자 또는 영수증소지자에 대한 변제(민법 제471조)로서의 효력이 없고, 또 은행원이 육안으로도 가능한 위 두 인영의 상위구별을 간과한 과실이 있다면 은행의 면책약관에 의하여 면책되거나 채권의 준점유자에 대한 변제(민법 제470조)로서의 효력이 있다고 할 수도 없다"

3) 증권적 채권증서의 소지인에 대한 변제

증권적 채권(지시채권 · 무기명채권 · 지명소지인출급채권 등)의 증서소지인에 대한 변제의 경우 변제자에게 악의 또는 중대한 과실이 없는 한 언제나 유효한 변제가 된다(제514조, 제518조, 제524조, 제525조 참조).

(5) 수령권한 없는 자에 대한 변제

수령권한 없는 자에 대한 변제는 원칙적으로 무효이나 채권자가 사실상 이익을 받은 때에는 그 한도에서 유효하다. 채권자의 이익은 반드시 직접적이어야 하는 것이 아니고, 변제와 인과관계 있는 이익을 받았으면 된다. 변제자의 선의, 악의는 묻지 않는다.

6. 변제의 장소 및 시기

(1) 변제장소

1) 의 의

변제장소란 채무의 이행이 행하여지는 장소를 말한다. 변제의 장소에서 행하지 않은 채무의 이행은 채무의 내용에 좇은 이행이 되지 않는다.

2) 변제장소의 확정

일차적으로 당사자의 의사표시 또는 채무의 성질에 의하여 확정된다. 위 표준에 의하여 확정되지 않는 때에는 법률의 규정에 따른다. 먼저 법률의 특별규정(제586조, 제700조)에 따르고, 특별규정이 없을 때에는 제467조의 일반적 보충규정이 적용된다.

가. 특정물의 인도는 채권성립 당시에 그 물건이 있던 장소에서 하여야 한다(제467조 제1항).
나. 불특정물의 인도는 채권자의 현 주소에서 하여야 한다(제467조 제2항).
다. 영업에 관한 채무는 채권자의 현 영업소에서 하여야 한다(제467조 2항).

(2) 변제시기

변제시기란 이행기 또는 변제기를 말한다. 변제시기는 당사자의 의사표시, 채무의 성질 또는 법률의 규정(제585조, 제603조, 제제613조, 제635조, 제660조, 제698조 등)에 의하여 정하여진다. 이러한 기준에 의하여 정하여지지 않는 경우에는 채권자가 이행의 청구를 한 때가 이행기가 된다.

7. 변제비용의 부담 및 변제의 증거

(1) 변제비용의 부담

변제비용은 다른 의사표시가 없으면 채무자의 부담으로 한다(제473조). 그러나 채무자의 주소이전 기타의 행위로 인하여 변제의 비용이 증가된 때에는 그 증가액은 채권자의 부담으로 한다.

(2) 변제의 증거

1) 증거의 필요성

이중변제의 위험을 막기 위하여 인정된다.

2) 영수증청구권(제474조)

일부변제, 대물변제의 경우에도 인정된다. 변제와 영수증교부는 동시이행관계에 있다(통설).

3) 채권증서반환청구권(제475조)

채무를 전부 변제할 때에 인정되며, 일부변제 시에는 반환청구권이 없다. 또한 변제와 동시이행의 관계에 있지 않다(다수설).

8. 변제의 충당

(1) 의 의

변제로서 제공한 급부가 그 채권의 전부를 소멸시키지 못하는 경우에 그 변제를 어느 채무에 충당할 것인가의 문제가 「변제의 충당이다」. 변제충당의 문제는 첫째 채무자가 동일한 채권자에 대하여 동종의 목적을 가지는 수 개의 채무를 부담하는 경우(제477조, 제478조), 둘째 1개의 채무에 수 개의 급부를 요하는 경우(제478조),[42] 마지막으로 채무자가 원본 외에 이자나 비용을 지급하여야 할 경우(제479조)[43]에 발생한다.[44]

---

42) 수개월분의 월세, 월부금 등이 이에 해당된다.

43) 지연이자. 보관비용 등이 이 이에 해당된다.

44) 대판 2008. 12. 24, 2008다61172; "채무자가 1개 또는 수개의 채무의 비용 및 이자를 지급할 경우에 변제자가 그 전부를 소멸하게 하지 못한 급여를 한 때에는 비용, 이자, 원본의 순서로 변제에 충당하여야 한다(민법 제479조 제1항). 여기서의 비용은 당사자 사이의 약정이나 법률의 규정 등에 의하여 채무자가 당해 채권에 관하여 부담하여야 하는 비용을 의미한다. 따라서 채무자

관련판례

대판 1985. 3. 12, 84다카2093

"변제자가 주채무자인 경우에 보증인이 있는 채무와 보증인이 없는 채무에 사이에 있어서 전자가 후자에 비하여 변제이익이 더 많다고 볼 근거는 전혀 없는 것이고 양자는 변제의 이익의 점에 있어 차이가 없다고 봄이 상당하다고 할 것이며, 이와 같이 변제의 이익이 같을 경우에는 변제금은 이행기가 먼저 도래한 채무나 먼저 도래할 채무에 충당하여야 할 것이다"

(2) 충당의 방법

충당의 방법으로는 민법상 지정충당과 법정충당이 있고, 합의충당도 유효하다. 계약자유의 원칙상 변제의 충당에 관한 변제자와 변제수령자의 계약은 유효하다. 따라서 변제충당에 관한 제476조 내지 제479조는 강행규정이 아니라 임의규정이다.

1개의 채무에 수개의 급부를 요할 경우에 변제자가 그 채무 전부를 소멸하게 하지 못한 급부를 한 때에는 제476조, 제477조의 규정을 준용한다(제478조).

(3) 합의충당

당사자(변제자 및 변제수령자) 사이의 합의에 의한 충당은 모든 것에 우선한다. 충당의 합의는, i) 구체적인 채무에의 충당에 관한 것일 수도 있고, ii) 충당의 방법에 관한 것일 수도 있다.

가 부담하여야 하는 변제비용(민법 제473조 본문)이나, 채권자의 권리실행비용 중에서 소송비용액확정결정이나 집행비용액확정결정에 의하여 채무자가 부담하는 것으로 확정된 소송비용 또는 집행비용 등은 위와 같은 비용의 범주에 속한다".

(4) 지정충당

지정충당이란 변제의 충당이 지정권자의 지정에 의하여 이루어지는 경우이다. 채무자가 동일한 채권자에 대하여 같은 종류를 목적으로 한 수 개의 채무를 부담한 경우에 변제의 제공이 그 채무 전부를 소멸하게 하지 못하는 때에는 변제자는 그 당시 어느 채무를 지정하여 그 변제에 충당할 수 있다(제476조 제1항). 변제수령자의 충당 변제자가 지정을 하지 아니할 때에는 변제수령자가 「그 당시」에 어느 채무를 지정하여 변제에 충당할 수 있다(제476조 제2항 단서). 이때에는 법정충당에 의하여야 한다.

채무자가 1개 또는 수개의 채무의 비용 및 이자를 지급하지 못한 급부를 한 때에는 비용, 이자, 원본의 순서로 충당한다(제479조 제1항). 따라서 비용, 이자, 원본에 대해서는 일방당사자의 지정충당에 의할 수 없다(통설[45] 및 판례[46]). 다만 당사자의 합의에 의한 충당은 허용된다. 각 비용, 이자, 원본 상호 간에서는 법정충당의 예에 따라야 한다(제479조 제2항, 제450조 내지 제452조).

(5) 법정충당

당사자가 변제에 충당할 채무를 지정하지 아니한 때에는 다음에 의한다(제477조).

i) 채무에 이행기가 도래한 것과 도래하지 아니한 것이 있으면 이행기가 도래한 채무의 변제에 충당한다(제477조 제1호; 제478조).

ii) 채무 전부의 이행기가 도래하였거나 도래하지 아니한 때에는 채무자에게 변제이익이 많은 채무의 변제에 충당한다(제477조 제2호; 제478조).

iii) 채무자에게 변제이익이 같으면 이행기가 먼저 도래한 채무나 먼저 도래할 채무의 변제에 충당한다(제477조 제3호; 제478조).

iv) 위 ii)의 사항이 같은 때에는 그 채무액에 비례하여 각 채무의 변제에 충당한다(제477조 제4호; 제48조).

---

45) 곽윤직, 342면; 김상용, 463면; 김증한・김학동, 363면; 김형배, 696면. 부정설로는, 이은영, 705면 이하.

46) 1990. 11. 9, 90다카7262; 대판 1981 .5. 26, 80다3009.

관련판례

대법원 2010. 3. 10. 자 2009마1942 결정

"변제충당에 관한 민법 제476조 내지 제479조의 규정은 임의규정이므로 변제자와 변제받는 자 사이에 위 규정과 다른 약정이 있다면 그 약정에 따라 변제충당의 효력이 발생하고, 위 규정과 다른 약정이 없는 경우에 변제의 제공이 그 채무 전부를 소멸하게 하지 못하는 때에는 민법 제476조의 지정변제충당에 의하여 변제충당의 효력이 발생하고 보충적으로 민법 제477조의 법정변제충당의 순서에 따라 변제충당의 효력이 발생한다(대법원 1987. 3. 24. 선고 84다카1324 판결 등 참조)"

▣ 변제충당 중 비용 및 이자에 관한 특칙 ▣

강행규정 설	채무자의 일방적인 지정으로서 그 법정 순서를 변경하는 것은 허용되지 않는다는 입장이다. 그리고 지정충당에 관한 제476조가 준용되지 않는다는 이유로 비용·이자·원본에 관하여는 법정 순서와 다른 지정이 있더라도 그에 의하지 않고 법정 순서에 따라 충당되어야 한다고 주장한다. 따라서 이자 등에 관하여는 합의충당과 지정충당이 모두 허용되지 않는 다고 본다. 다만 채권자가 법정 순서와 달리 이자나 비용보다 원본채무에 변제충당할 것을 지정한 경우에 그러한 지정은 자기의 이익을 포기하는 것이므로 그를 무효로 할 필요가 없다고 한다.	김형배
임의규정 설	민법 제479조 제1항은 임의규정이므로 그와 다른 당사자의 합의가 있으면 적용이 배척되며, 지정충당도 제479조에 우선한다고 해석한다. 그 근거로서, 첫째, 민법 제479조 제1항을 강행규정으로 보아야 할 이유가 없다고 한다. 채권법 규정은 약자보호를 위해 특별히 강행성을 부여할 필요가 있을 경우를 제외하고	이은영; 곽윤직; 민법주해(11) (이인재 집필부분)

	는 임의규정으로 하고 있는데, 제479조 제1항은 강자인 채권자의 이익에 부합하므로 강행규정이라고 볼 수 없다. 둘째, 제479조 제1항은 제477조를 준용하는데, 제477조에서는 당사자가 지정하지 아니한 때에 법정의 순서에 따른다는 취지를 규정하고 있다고 한다. 이는 이자와 비용에 관한 법정충당순서도 지정충당을 할 수 없는 경우에 보충적으로 적용된다는 것을 의미한다. 셋째, 원본과 이자 중에서 원본에 먼저 충당하고 이자만을 남겨두는 것이 부당하다고는 말할 수 없다는 점이다. 오히려 채무자가 원본에만 상당하는 금액을 지급한 경우에 원본에 충당하고 이자채무를 남겨 두는 것이 사회통념에 맞는다고 해석된다.	
판 례	판례는 임의규정설을 취하는 것으로 이해된다. 비용, 이자, 원본에 대한 변제충당의 순서는 민법 제479조에 법정되어 있으므로 당사자 사이에 그와 다른 특별한 합의가 있었다거나 일방의 지정에 대하여 상대방이 지체 없이 이의를 제기하지 아니함으로써 묵시적 합의가 되었다고 보여 지는 경우 등 특단의 사정이 없는 한 위의 법정 순서에 의하여 변제충당이 이루어져야 하는 것이며, 채무자는 물론 채권자라 할지라도 그와 다르게 일방적으로 충당의 순거를 지정할 수 없다. 비용·이자 ·원본에 대한 변제충당에 있어서 민법 제476조는 준용되지 않으므로 당사자 사이에 특별한 합의가 없는 한 비용·이자·원본의 순서로 충당하여야 하며, 채무자는 물론 채권자라도 위 법정순서와 다른 충당의 순서를 일방적으로 지정할 수 없다.	대판 1990. 11. 9, 90다카7262; 대판 1981.5.26, 80다3009; 대판1990.11.9, 90다카7262 대판1981.5.26, 80다3009 등

9. 변제의 제공

(1) 의 의

변제의 제공(이행의 제공)은 채권자의 협력을 필요로 하는 채무에 있어서 채무자가 급부의 실현에 필요한 모든 준비를 다해서 채권자의 협력을 요구하는 것을 말한다.

(2) 인정이유

민법상의 변제의 제공은 성실한 채무자를 보호하기 위한 제도이다. 즉 변제제공의 제도는 채무자가 채무를 이행하기 위하여 스스로 할 수 있는 모든 행위를 하였음에도 불구하고 채권자의 수령이나 협력이 없어서 변제되지 않음으로써 채무자에게 불이익이 생기지 않도록 배려해 주는 제도이다.

10. 변제제공의 방법

변제는 채무내용에 좇은 현실제공으로 이를 하여야 한다. 그러나 채권자가 미리 변제 받기를 거절하거나 채무의 이행에 채권자의 행위를 요하는 경우에는 변제준비의 완료를 통지하고 그 수령을 최고하면 된다.

(1) 결정기준

채무자가 변제를 위하여 준비하여야 할 정도는 채권자의 협력과의 상관관계에 따라 정하여 진다. 이에 따라 민법은 채무자의 변제준비행위의 정도의 차이를 기준으로 두 개의 변제제공의 방법을 인정하고 있다. 다만 이러한 민법의 규정은 형식적 표준에 불과하므로 구체적으로는 거래상의 관행과 신의칙에 따라 변제제공의 정도 및 채권자의 협력의 정도를 결정하여야 한다.

(2) 현실의 제공(사실상의 제공)

채권자가 수령하면 곧 변제의 효과가 발생하는 정도의 변제제공을 말하며, 민법의 원칙을 이룬다(제460조 본문).

1) 금전채무

가. 전액 제공의 원칙 : 원칙적으로 채무액 전부를 제공하여야 한다. 따라서 채무의 일부 제공으로 변제제공의 효력은 발생하지 않으므로, 그 채무의 일부를 공탁하더라도 변제의 효력은 발생하지 않는다.[47] 다만 금전채무를 일부 제공하였는데 그 부족액이 아주 적은 경우에는 신의칙상 적법한 제공이므로 이를 수령하여야 한다.

나. 통화 이외의 지급수단 : 우편환, 자기앞수표, 은행이 발행, 배서한 수표 또는 지급보증부 수표는 금전과 동일한 것으로 본다. 보통의 수표 또는 약속어음의 교부는 유효한 제공이 되지 않는다. 예금증서 또는 예금장부의 교부는 유효한 제공이 아니다. 따라서 채권자가 이를 받은 경우에도 은행으로부터 현금을 수령하는 때에 비로소 변제제공과 변제의 효과가 동시에 발생한다.

다. 제공의 방법 : 지참채무의 경우 채무자는 금전을 지참하여 채권자의 주소에 가서 지급할 뜻을 알리면 현실제공이 된다. 이때 금전을 채권자의 면전에서 제시할 필요는 없다.

2) 금전 이외의 채무

가. 특정물의 인도채무 : 특정물인도채무의 경우 당해 특정물을 이행기의 현상대로 제공하여야 한다(제462조). 따라서 특정물매매에 있어서 급부한 목적물이 견본품과 다르더라도 유효한 제공이 된다. 채권자는 제공된 특정물이 제공성립 시에 비하여 일부멸실, 훼손 등으로 악화되었음을 주장하여 수령을 거절할 수 없다(통설). 다만 채무불이행책임이나 하자담

---

47) 대판 1984. 9. 11, 84다카781.

보책임이 인정될 뿐이다.

나. 불특정물인도채무 : 채무자는 채무내용에 적합한 종류물을 제공하여야 현실의 제공이 된다. 부적합한 종류물의 제공으로는 변제제공의 효과가 생기지 아니하며, 채권자도 이를 수령할 의무가 없다. 수량부족이 있는 경우에는 유효한 제공이 되지 못하나, 근소한 부족은 신의칙상 유효한 제공으로 본다.

다. 상품의 송부채무 : 상품을 송부하는 대신에 화물상환증(선하증권, 창고증권)을 송부하는 것은 현실의 제공이 된다. 환어음을 교부하는 것도 현실의 제공이 된다.[48]

라. 채권자가 특정장소에서 수령하는 채무 : 채무자가 일정한 기일 또는 일정한 기간 동안 특정된 장소에 목적물을 보관하여 언제라도 채권자에게 인도할 수 있도록 하는 것이 현실의 제공이 된다. 변제장소는 구체적으로 특정되어 있어야 한다.

3) 채무자의 이행행위와 동시에 채권자가 협력하여야 하는 경우

가. 등기이전 채무의 경우 : 공동 신청하여야 하는 등기의 이행에 있어서는 등기채무자인 채무자가 등기에 필요한 준비를 갖추고 등기소에 출두하거나 채무자가 목적부동산의 소유권이전등기에 필요한 서류를 작성하여 채권자에게 교부하는 것이 현실의 제공이 된다. 부동산매매에서 점유의 이전은 필요하지 않다.

관련판례

대판 1992. 9. 22, 91다25703

"부동산매매계약의 경우 매도인이 매수인을 이행지체에 빠뜨리기 위하여 해야 할 이행제공의 정도는 소유권이전등기에 필요한 서류 등을 준비하여 두되 이 서류 등을 현실적

48) 화환의 교부는 동시이행의 항변권을 가지는 매수인에게 대금의 선이행을 강제하거나 환어음의 인수의무를 부담시키는 결과가 되므로 변제제공이 되지 않는다는 견해가 있다.

으로 제공할 필요까지는 없다 하더라도 매수인에게 그 뜻을 통지하고 잔금 지급과 아울러 이를 수령하여 갈 것을 최고함을 요한다"

나. 동시이행채무의 경우 : 쌍무계약상의 채무자는 상대방이 제공할 때까지는 자기의 제공을 거절할 수 있다(제536조).

관련판례

대판 1987. 1. 20, 다카 2197

"동시이행관계에 있는 쌍무계약에 있어서는 채무불이행을 이유로 계약을 해제하려고 하는 자는 동시이행관계에 있는 자기채무의 이행을 제고하여야 하고 그 채무를 이행함에 있어 상대방의 행위를 필요로 할 때에는 언제든지 현실로 이행을 할 수 있는 준비를 완료하고 그 뜻을 상대방에게 통지하여 그 수령을 최고하여야만 상대방으로 하여금 이행지체에 빠지게 할 수 있고 단순히 이행의 준비태세를 갖추고 있는 것만으로는 부족하다"

(3) 구두의 제공(제460조 단서)

1) 구두제공이 필요한 경우

가. 채권자가 수령을 거절한 경우: 명시적인 거절뿐만 아니라 채권자가 이유 없이 수령기일을 연기하거나 자기가 반대급부의 이행을 거절하는 것과 같은 묵시적인 거절도 무관하다.

나. 채권자가 수령행위 이외의 협력을 하여야 할 경우: 채권자가 미리 공급하는 재료에 가공하여야 할 채무, 추심채무, 채권자가 지정하는 장소나 기일에 이행하여야 할 채무 등이

이에 해당된다.

2) 구두의 제공조차 요하지 않는 경우

가. 분할적·회귀적 급부채무에서 채권자의 수령지체 : 지료, 월부금 등의 지급채무에 있어서 채권자가 1회분의 제공을 하였음에도 불구하고 채권자가 수령을 거절하여 채권자지체에 빠져있는 경우 채무자는 차회 이후의 지분채무의 제공을 하지 않더라도 불이행의 책임을 면한다.

나. 채권자의 수령거절의 의사가 명확 또는 완고한 경우 : 구두제공이 무의미할 정도로 수령거절의 의사가 명백한 경우에 구두의 제공을 요하는 것으로 보는 것은 신의칙에 반한다고 한다.

3) 구두제공의 방법

채무자는 신의칙상 변제의 준비완료를 통지하고 그 수령을 최고하면 된다(언어상의 제공).

(4) 변제제공의 효과

1) 채무불이행책임의 면제

채권자는 채무불이행책임을 면한다(제461조). 이미 채무불이행 상태에 있는 채무자라도 변제제공을 한 때로부터 채무불이행이 정지되어 지연배상, 위약금의 청구를 당하지 않으며, 담보권의 실행이나 강제집행을 당하지 않는다. 그러나 채무자는 채권관계가 존속하는 한 담보물을 회수할 수 없다.

2) 약정이자의 발생정지

변제제공 이후에는 약정이자가 발생하지 않는다. 변제기 전에 변제제공을 한 경우에도 약정이자는 발생하지 않는다. 변제기 이전의 변제의 제공도 원칙적으로 기한의 이익의 포기로서 채무의 내용에 좇은 이행이 됨에도 불구하고 약정이자를 지급하게 하면 변제제공 이후에 지연이자를 지급하게 되어 부당하기 때문이다.

3) 동시이행항변권의 상실

쌍무계약에 있어서 상대방은 동시이행항변권을 잃는다. 다만 변제의 제공은 계속되어야 한다. 즉, 과거에 한 번 제공이 있었다는 사실만으로는 상대방은 동시이행의 항변권을 상실하지 않는다.

4) 변제제공과 채권자지체

적합한 변제의 제공이 있으면 채권자는 급부를 수령하거나 기타 협력하여야 할 의무를 부담하게 된다.[49] 이러한 의무를 이행하지 않으면 수령지체책임이 발생할 수 있다. 채권자지체의 요건으로서 채권자의 귀책사유를 요구하는 채무불이행책임설에 의하면 변제제공으로 채권자지체의 효과가 당연히 발생하는 것은 아니다. 그러나 채권자지체에 귀책사유를 요구하지 않는 법정책임설에 의하면 변제제공으로 채권자지체의 효과가 당연히 발생하게 된다.

5) 공탁권의 발생

채무자의 변제제공이 있음에도 채권자가 이를 수령하지 않거나 수령할 수 없는 경우에는 채무자는 변제목적물을 공탁할 수 있다(제487조).

---

49) 채권자지체의 본질에 대하여 채무불이행책임으로 보는 입장은 이러한 의무를 계약상의 채무로 파악하게 되나, 법정책임설의 입장에서는 일종의 간접의무(책무)로 파악하게 된다.

11. 변제에 의한 대위

(1) 개 념

1) 의 의

변제에 의한 대위란 채무의 변제가 제3자(연대채무자, 보증인 등)에 의하여 행하여진 경우에, 변제자가 채무자에 대하여 취득한 구상권을 확보하게 하기 위하여 종래 채권자가 가지고 있던 채권에 관한 권리가 구상권의 범위 안에서 변제자에게 이전하는 것을 말한다. 이는 변제자대위 또는 대위변제라고도 불린다.

2) 법적 성질

변제자대위의 법적 성질과 관련하여 학설은 대립하고 있다. 먼저 제1설(권리이전설)은 채권자의 채권은 제3자의 변제로서 소멸하지만, 그 소멸은 채권자와 채무자 사이에서의 상대적인 것으로서 채무자와 변제자 사이에서는 소멸하지 않고 채권이 변제자에게 이전한다는 견해이다. 대위에 의한 채권의 이전은 법률행위에 의해 생기는 것이 아니라 법률의 규정에 의해 일어나는 것으로서 피담보채권의 이전과 함께 저당권도 변제자에게 이전되는데, 이는 법률의 규정에 의한 이전이므로 등기 없이 효력을 발생한다고 한다(제187조).[50] 제2설(대위행사설)은 변제자대위란 변제자가 채권자의 권리를 이전받는 것이 아니라 채권자에게 둔 채로 변제자의 명의로 그 권리를 행사할 권한을 갖는 데 불과하다고 해석하였다.[51]

50) 우리 민법에서도 독일에서와 같이 대위로서 채권이 변제자에게 이전하는 것으로 해석하는 견해이다. 대위로 채권을 이전 받은 변제자는 채무자에 대한 동일급부를 내용으로 하는 구상권과 본래 채권의 두 청구권을 갖게 되어 청구권경합이 생기게 된다고 한다. 임의대위에서는 채권자의 승낙을 얻어야 하는데, 이 승낙은 마치 채권자와 변제자 사이에 채권양도의 약정이 행해지는 것과 유사하지만. 이 경우 이전효과는 법률규정에 의해서 생긴다고 한다(곽윤직, 257면; 김상용, 476면; 김증한·김학동, 365면; 김형배, 702면). 그 밖에 독일과 일본에서는 과거에 채권자와 변제자 사이에 매매의사를 추정하는 채권매매설, 변제자에게 변제금에 대한 배상청구권이 법률로 주어진다고 보는 배상청구권설이 주장되었다.

51) 이은영, 712면; 그 근거로서, 첫째, 원래 대위란 스스로 권리주체가 되는 것이 아니라 타인의 권리를 자기의 이름으로 자기목적을 위하여 대신 행사하는 것을 의미한다. 이 점은 채권자대위권으로서 "채무자의 권리를 행사할 수 있다"는 것과 비슷하다(제404조 제1항). 둘째, 변제자가 행사

생각건대 변제자대위의 경우에는 채권자는 이미 만족을 얻었으므로 채권자의 권리가 변제자에게 이전되었다고 보는 것이 타당할 것이다.

(2) 요 건

1) 변제 기타로 채권자에게 만족을 줄 것

만족을 주는 사유는 변제에 한하지 않으며, 공탁 기타 자기의 출재로 채무자가 채무를 벗어나게 한 것도 포함된다(제486조). 따라서 대물변제, 공동채무자의 상계(제418조), 연대채무자 또는 연대보증인의 채권양수, 물상보증인 또는 저당부동산의 제3취득자가 저당권 실행으로 소유권을 잃은 경우에도 대위가 일어난다.

2) 변제자 등이 채무자에 대하여 구상권을 가질 것

구상권을 가질 수 있는 자로는 먼저 불가분채무자(제411조), 연대채무자(제425조 이하), 보증인(제441조 이하), 물상보증인(제341조, 제355조, 제370조), 담보물의 제3취득자, 후순위 담보권자 등을 들 수 있다. 그 밖에 제3자가 채무자를 위하여 변제한 경우에는, 채무자의 부탁에 의하여 변제한 때에는 위임사무 처리비용의 상환청구권(제688조)에 의하여, 채무자의 부탁에 의하지 않은 때에는 사무관리비용의 상환청구권(제739조)에 의하여 구상권을 취득할 수 있게 된다.

3) 변제할 정당한 이익이 있거나 채권자의 승낙이 있을 것

할 수 있는 권리는 채권자의 것과는 달리 구상권의 범위로 한정되고, 다른 담보제공자에 대한 행사제한이 있으므로 동일한 채권이 그대로 이전된다고 보기 곤란하다. 셋째, 변제자는 자기의 구상채권을 가지므로 또 채권을 이전받을 필요가 없다. 권리이전설에서처럼 채권을 이전받는다면 변제자는 두 개의 채권을 갖게 되어 청구권경합의 문제를 야기하는데, 이러한 이론구성은 불필요하다. 넷째, 민법은 분명히 변제자가 채권자의 권리를 행사할 수 있다고 할 뿐 대위자에게 채권이 이전한다고는 말하지 않는다. 채권이전설은 우리 민법이 독일과 같은 채권이전의 입법주의를 취하지 않고 프랑스식의 대위제도를 취하였다는 점을 간과하고 있다. 채권이전설은 무슨 근거로 채권이 변제자에게 이전하는지를 설명할 수 없다. 다섯째, 채권양도합의와 대위승낙은 개념상 구별되어야 한다. 채권자와 제3변제자 사이에 채권양도에 대한 합의가 있었다고 해석되는 경우에는 채권양도와 임의의 변제자대위가 구별되지 않는다는 난점이 있다.

이 경우는 임의대위와 법정대위로 나뉜다.

가. 법정대위 : 변제할 정당한 이익이 있는 자는 변제로 당연히 채권자를 대위한다(제481조). 이 경우에는 채권자의 승낙이 없이도 법률상 당연히 대위가 일어나기 때문이다. '변제할 정당한 이익이 있는 자'란 변제를 하지 않으면 채권자로부터 집행을 받게 되거나 또는 채무자에 대한 자기의 권리를 잃게 되는 지위에 있기 때문에 변제함으로써 당연히 대위의 보호를 받아야 할 법률상의 이익을 가지는 자를 말하며, 사실상 이해관계를 가지는 자는 포함되지 않는다. 불가분채무자(제411조), 연대채무자(제425조 이하), 보증인(제441조 이하), 물상보증인(제341조, 제355조, 제370조), 담보물의 제3취득자, 후순위담보권자 등을 예로 들 수 있다.

관련판례

대판 2001. 1. 19, 2000다37319

[1] 대여금 채권의 잔액을 대위변제한 자가 채권자로부터 근저당권의 일부를 양도받아 채권자를 대위하게 된 경우, 채권자의 채무자에 대한 담보권 외에 일부 대위변제자에 대한 우선변제특약에 따른 권리까지 당연히 대위하거나 이전받는다고 볼 수는 없다.

[2] 채권의 일부에 대하여 대위변제가 있는 때에는 대위자는 민법 제483조 제1항에 의하여 그 변제한 가액에 비례하여 채권자의 권리를 행사할 수 있으므로, 수인이 시기를 달리하여 채권의 일부씩을 대위변제하고 근저당권 일부이전의 부기등기를 각 경료한 경우 그들은 각 일부대위자로서 그 변제한 가액에 비례하여 근저당권을 준공유하고 있다고 보아야 하고, 그 근저당권을 실행하여 배당함에 있어서는 다른 특별한 사정이 없는 한 각 변제채권액에 비례하여 안분배당하여야 한다.

나. 임의대위 : 변제할 정당한 이익이 없는 자는 채권자의 승낙이 있어야 채권자를 대위할 수 있다(제480조 제1항). 이는 이해관계 있는 제3자가 채무자의 의사에 반하여 변제할

수 없게 한 것과 균형을 맞춘 것이다. 여기의 승낙은 의사표시라 하겠으나, 권리의 이전이 그 의사표시에 의하여 일어나는 것은 아니다. 즉 권리의 이전은 법률의 규정에 의하여 일어나되, 임의대위에 있어서 그것이 가능하려면 승낙의 의사표시가 있어야 한다. 이와 같은 승낙은 변제할 때에 행하여져야 한다(제480조 제1항).

임의대위의 경우 우리 민법은 지명채권양도의 대항요건에 관한 규정을 준용하고 있다(제480조 제2항). 따라서 채무자에 대하여 대위를 가지고 대항하려면 채권자가 채무자에게 대위통지를 하거나 채무자의 대위승낙이 있어야 하며, 제3자에 대항하려면 대위통지나 대위승낙이 확정일자 있는 증서에 의하여 행하여져야 한다.

관련판례

대판 1996. 2. 23, 94다21160

"임의대위에 있어서는 변제자가 제3자에게 대항하기 위하여는 확정일자 있는 증서에 의한 대위의 통지나 승낙이 필요한 것이지만, 이 경우 제3자라 함은 대위변제의 목적인 그 채권 자체에 관하여 대위변제자와 양립할 수 없는 법률상 지위에 있는 자만을 의미한다"

(3) 효 과

1) 대위자 · 채무자 사이의 효과

채권자를 대위한 자는 자기의 권리에 의하여 구상할 수 있는 범위에서 채권 및 그 담보에 관한 권리를 행사할 수 있다(제482조 제1항). 여기서 "권리를 행사할 수 있다"란 법률상 당연히 권리가 이전된다는 의미이다.

관련판례

대판 1995. 3. 3, 94다33514

"변제할 정당한 이익이 있는 자가 채무자를 위하여 채권의 일부를 대위변제할 경우 대위자는 그 변제한 가액에 비례하여 채권자와 함께 그 권리를 행사하고, 변제한 가액의 범위 내에서 종래 채권자가 가지고 있던 채권 및 담보에 관한 권리를 취득하는 것이되, 이 경우에도 채권자는 일부 대위변제자에 대하여 우선변제권을 가지는 것이라 하겠으나, 보증인이 변제 기타의 출재로 주채무를 소멸하게 하는 등의 사유로 주채무자에 대하여 가지게 되는 구상권은 변제자가 갖는 고유의 권리로서 대위의 객체가 된 권리와는 별개라 할 것이어서 당사자 사이에 다른 약정이 있다는 등의 특정한 사정이 없는 한 일부대위에 관한 위와 같은 법리가 보증인이 행사하는 구상권의 경우에 당연히 그대로 적용되는 것은 아니다"

가. 일부대위 : 변제자대위는 채권의 일부가 변제된 경우에도 인정된다. 대위자는 변제한 가액에 비례하여 채권자와 함께 그의 권리를 행사한다(제483조 제1항). 이 경우 대위자와 채권자 사이의 우열관계와 관련하여 학설대립이 있다. 판례는 채권자가 대위자에 우선하여 변제받는다고 한다.[52)]

나. 계약당사자의 지위에 따른 권리의 이전 여부 : 변제자대위에 의하여 취소권, 해제권, 해지권 등과 같이 계약당사자의 지위에 따르는 권리는 이전되지 않는다(제483조 제2항). 민법은 이러한 법리를 일부대위에 관해서만 규정하고 있으나, 전부대위의 경우에도 인정하여야 할 것이다.

2) 법정대위자 상호 간의 효과

우리 민법은 법정대위자가 여럿인 경우 그 혼란을 피하고 공평을 꾀하기 위하여 이들

52) 대판 2004. 6. 25, 2001다2426; 대판 2002. 7. 26, 2001다53929.

사이의 대위의 순서와 비율을 규정하고 있다(제482조 제2항).

가. 보증인과 전세물·저당물의 제3취득자 사이

i) 보증인이 변제한 경우 : 보증인은 전세물·저당물의 제3취득자에 대하여 전액에 관하여 채권자를 대위한다. 이 대위를 하려면 미리 전세권·저당권등기에 대위의 부기등기를 하여야 하는데(제482조 제2항 제1호), '미리'란 보증인의 변제 후 제3취득자의 취득 전을 말한다.

ii) 제3취득자가 변제한 경우 : 보증인과 달리 제3취득자는 담보의 부담을 각오한 자이므로 보증인에 대하여 채권자를 대위하지 못한다(제482조 제2항 제2호).

나. 보증인과 물상보증인 사이 : 보증인과 물상보증인 사이에서는 그 인원수에 비례하여 채권자를 대위한다(제482조 제2항 제5호 본문). 물상보증인이 수인인 경우에는 보증인의 부담부분을 공제하고 그 잔액에 대하여 각 재산의 가액에 비례하여 채권자를 대위한다(제482조 제2항 제5호 단서). 또한 민법은 "이 경우에 그 재산이 부동산인 때에는 제1호의 규정을 준용한다"고 규정하고 있다(제482조 제2항 제5호 단서 후문).

다. 제3취득자들 사이 : 2인 이상의 제3취득자가 있고 그들 중 1인이 변제하거나 담보권이 실행되어 소유권을 잃은 경우에는, 그는 각 부동산의 가액에 비례하여 다른 제3취득자에 대하여 채권자를 대위한다(할당주의; 제482조 제2항 제3호).

라. 물상보증인들 사이 : 물상보증인들 사이의 대위는 제3취득자들 사이에 있어서와 동일하다(제482조 제2항 제4호). 명문의 규정은 없으나 이 경우에도 변제한 물상보증인이 다른 물상보증인으로부터의 제3취득자에게 대위하려면 변제 후 제3취득자의 취득 전에 대위의 부기등기를 하였을 것이 필요하다.

마. 연대채무자들 사이 또는 보증인들 사이 : 연대채무자 사이(제425조), 보증인들 사이

(제448조), 연대채무자나 불가분채무자와 보증인과의 사이(제447조)에서는 구상의 범위에 대한 특별규정이 있으며, 대위는 그 범위에서 일어나게 된다.

관련판례

1) 대판 2010. 6. 10, 2007다61113, 61120

[1] 민법 제482조 제2항 제4호, 제5호가 물상보증인 상호간에는 재산의 가액에 비례하여 부담 부분을 정하도록 하면서, 보증인과 물상보증인 상호간에는 보증인의 총 재산의 가액이나 자력 여부, 물상보증인이 담보로 제공한 재산의 가액 등을 일체 고려하지 아니한 채 형식적으로 인원수에 비례하여 평등하게 대위비율을 결정하도록 규정한 것은, 인적 무한책임을 부담하는 보증인과 물적 유한책임을 부담하는 물상보증인 사이에는 보증인 상호간이나 물상보증인 상호간과 같이 상호 이해조정을 위한 합리적인 기준을 정하는 것이 곤란하고, 당사자 간의 특약이 있다는 등의 특별한 사정이 없는 한 오히려 인원수에 따라 대위비율을 정하는 것이 공평하고 법률관계를 간명하게 처리할 수 있어 합리적이며 그것이 대위자의 통상의 의사 내지 기대에 부합하기 때문이다. 이러한 규정 취지는 동일한 채무에 대하여 보증인 또는 물상보증인이 여럿 있고, 이 중에서 보증인과 물상보증인의 지위를 겸하는 자가 포함되어 있는 경우에도 동일하게 참작되어야 하므로, 위와 같은 경우 민법 제482조 제2항 제4호, 제5호 전문에 의한 대위비율은 보증인과 물상보증인의 지위를 겸하는 자도 1인으로 보아 산정함이 상당하다.

[2] 민법 제482조 제2항 제5호는 동일한 채무에 대하여 인적 무한책임을 지는 보증인과 물적 유한책임을 지는 물상보증인이 여럿 있고 그 중 어느 1인이 먼저 대위변제를 하거나 경매를 통한 채무상환을 함으로써 다른 자에 대하여 채권자의 권리를 대위하게 되는 경우, 먼저 대위변제 등을 한 자가 부당하게 이익을 얻거나 대위가 계속 반복되는 것을 방지하고 대위관계를 공평하게 처리하기 위하여 대위자들 상호 간의 대위의 순서와 분담비율을 규정하고 있는바, 위 규정에 의하면, 여러 보증인과 물상보증인 사이에서는 그 중 어느 1인에 의하여 주채무 전액이 상환되었을 것을 전제로 하여 그 주채무 전액에 민법 제482조 제2항 제5호에서 정한 대위비율을 곱하여 산정한 금액이 각자가 대위관계에서 분담하여야 할 부담 부분이다. 그런데 여러 보증인 또는 물상보증인 중 어느 1인이 위와 같은 방식으로 산정되는 자신의 부담 부분에 미달하는 대위변제 등을

한 경우 그 대위변제액 또는 경매에 의한 채무상환액에 위 규정에서 정한 대위비율을 곱하여 산출된 금액만큼 곧바로 다른 자를 상대로 채권자의 권리를 대위할 수 있도록 한다면, 먼저 대위변제 등을 한 자가 부당하게 이익을 얻거나 대위자들 상호 간에 대위가 계속 반복되게 되고 대위관계를 공평하게 처리할 수도 없게 되므로, 민법 제482조 제2항 제5호의 규정 취지에 반하는 결과가 생기게 된다. 따라서 보증인과 물상보증인이 여럿 있는 경우 어느 누구라도 위와 같은 방식으로 산정한 각자의 부담 부분을 넘는 대위변제 등을 하지 않으면 다른 보증인과 물상보증인을 상대로 채권자의 권리를 대위할 수 없다.

[3] 여러 보증인과 물상보증인 사이에서 민법 제482조 제2항 제5호에 의하여 대위관계에서의 부담 부분을 정하는 경우, 당초 성립한 주채무가 주채무자의 변제나 채무면제 등으로 감소하거나 이자·지연손해금이 증가하는 때에는 그 당시 현존하고 있는 보증인이나 물상보증인의 부담 부분도 원칙적으로 그에 상응하여 감소하거나 증가하게 되므로, 보증인이나 물상보증인이 대위변제 등을 할 당시에 이미 주채무자의 변제나 채무면제 등으로 주채무가 감소하거나 이자·지연손해금이 증가한 사정이 있다면, 이를 반드시 참작하여 그 대위변제 등 당시를 기준으로 하여 당해 보증인이나 물상보증인의 대위변제액 등이 그의 부담 부분을 초과하는 것인지 여부를 판단하여야 한다.

2) **대판** 2010. 4. 8, 2009다80460

“변제할 정당한 이익이 있는 자가 채무자를 위하여 채권의 일부를 대위변제할 경우에 대위변제자는 변제한 가액의 범위 내에서 종래 채권자가 가지고 있던 채권 및 담보에 관한 권리를 취득하게 되고 따라서 채권자가 부동산에 대하여 저당권을 가지고 있는 경우에는 채권자는 대위변제자에게 일부 대위변제에 따른 저당권의 일부이전의 부기등기를 경료해 주어야 할 의무가 있으나 이 경우에도 채권자는 일부 대위변제자에 대하여 우선변제권을 가지고, 다만 일부 대위변제자와 채권자 사이에 변제의 순위에 관하여 따로 약정을 한 경우에는 그 약정에 따라 변제의 순위가 정해진다”

3) **대판** 2007. 3. 16, 2005다10760

“제3자가 채무자를 위하여 채권자에게 채무를 변제함으로써 채무자에 대하여 구상권을 취득하는 경우, 그 구상권의 범위 내에서 종래 채권자가 가지고 있던 채권 및 그 담보에 관한 권리는 법률상 당연히 변제자에게 이전되는 것이고(대법원 1993. 7. 13. 선고 92다33251 판결 참조), 여기서 말하는 '담보에 관한 권리'에는 질권, 저당권이나 보증인에 대한 권리 등과 같이 전형적인 물적·인적 담보뿐만 아니라, 채권자와 채무자 사이에 채무의 이행을 확보하기 위한 특약이 있는 경우에 그 특약에 기하여 채권자가 가지게 되는 권리도 포함된다(대법원 1997. 11. 14. 선고 95다11009 판결 참조)"

3) 대위자 · 채권자 사이의 효과

가. 채권자의 채권증서·담보물의 교부의무 : 제3자로부터 채권의 전부의 변제를 받은 채권자는 그 채권에 관한 증서 및 점유한 담보물을 대위자에게 교부하여야 한다(제484조 제1항). 채권의 일부에 대하여 제3자의 변제가 있는 때에는 채권자는 채권증서에 그 대위를 기입하고 자기가 점유한 담보물의 보존에 관하여 대위자의 감독을 받아야 한다(제484조 제2항).

나. 채권자의 담보보존의무 : 법정대위를 할 자가 있는 경우에 채권자의 고의나 과실로 담보가 상실되거나 감소된 때에는 대위할 자는 그 상실 또는 감소로 인하여 상환을 받을 수 없는 한도에서 그 책임을 면하게 된다(제485조). 즉 채권자는 법정대위자를 위하여 담보를 보존할 의무가 있다.

다. 제3자의 일부변제 후에 계약이 해제된 경우 : 제3자의 일부변제가 있은 후에 채권자가 채무불이행을 이유로 하여 계약을 해제하였다면, 채권자가 받은 변제는 비채변제가 된다(제742조). 민법은 이 경우 악의의 부당이득에 준하여 특별한 반환의무를 인정하고 있는데, 즉 그 때에 채권자는 대위자에게 그 변제한 가액과 이자를 상환하도록 하고 있다(제483조 제2항).

▣ 변제자대위의 효과 ▣

불평등설	일부대위자는 채권자보다 언제나 열등한 지위에서 권리를 행사한다는 입장이다. 일부대위자는 채권자와 공동으로만 권리행사가 가능하지만, 채권자는 단독으로도 권리행사할 수 있다고 한다. 변제에 있어서도 채권자가 우선적으로 변제받고 그 잔액으로부터 일부대위자가 변제받는다고 한다.	곽윤직; 김상용; 하경효; 민법주해(11), (이인재 집필부분) 대판 1988. 9. 27, 88다카1797.
제한적 평등설	일부대위자는 채권자와 평등한 지위에서 그 채권액이 비례하여 권리행사를 함이 원칙이지만, 제3변제자가 채무자의 보증인, 물상보증인, 저당부동산의 제3취득자인 경우에는 채권자의 권리가 우선한다고 본다. 제3자가 보증인 또는 담보제공자가 아닌 경우에, 채권자는 제3자로부터의 변제를 통해 만족을 얻는 이상 그 제3변제자와 동등한 지위에서 채무자 및 그 담보에 대한 권리를 나누어 행사함이 타당하다. 평등한 지위에 놓일 때 일부변제의 효과는 다음과 같다. i) 일부변제자는 채권자와 함께 변제가액에 비례하여 권리를 행사한다(제483조 제1항). ii) 채권자는 일부대위를 채권증서에 기재하고 점유하는 담보물에 관해 대위자의 감독을 받는다(제484조 제2항). 일부만을 변제받은 채권자는 변제자에게 채권증서나 담보물을 인도할 필요가 없다. iii) 담보권의 실행은 채권자와 변제자가 공동으로 해야 하며, 어느 한 사람이 단독으로 실행할 수 없음이 원칙이다. iv) 담보물로부터의 경매대금이나 매각대금은 채권자와 변제자가 채권 잔액과 변제가액에 비례하여 나누어 갖는다. 예를 들어 1,000만원의 채무 중 500만원을 변제한 제3자가 저당권이 설정된 부동산을 채권자와 함께 경매하여 700만원의	이은영

	경락대금을 받은 경우에 변제자와 채권자는 각각 350만원씩의 만족을 얻게 된다. v) 대위자는 계약을 해제·해지할 수 없다. 채권자만이 해제권·해지권을 행사할 수 있으며, 채권자가 계약을 해제 또는 해지한 경우에는 대위자에게 그의 변제가액과 이자를 상환해야 한다(제483조 제2항).	
판 례	**<u>일부변제자의 담보취득 관련</u>** 변제할 정당한 이익이 있는 자가 채무자를 위하여 채권의 일부를 대위변제할 경우에, 대위변제자는 변제한 가액의 범위 내에서 종래의 채권자가 가지고 있던 채권 및 담보에 관한 권리를 취득한다. 채권자가 가지고 있던 채권 및 담보에 관한 권리를 취득한다. 채권자가 부동산에 대하여 저당권을 가지고 있는 경우에는 채권자는 대위변제자에게 일부대위변제에 따른 저당권의 일부이전의 부기등기를 해 주어야 할 의무가 있다. 만약 채권자가 일부 대위변제자에게 그가 대위변제한 비율을 넘어 근저당권 전부를 이전하여 준 경우라면, 대위권을 행사할 수 있는 채권의 담보를 고의로 상실하게 한 것이므로, 다른 보증인은 그의 보증채무를 이행함으로써 채권자에 대한 법정대위권자로서 근저당권을 실행하여 배당받을 수 있었던 금액의 한도에서 보증의 책임을 면한다.	대판 1996.12.6, 96다35774; 대판 1996.12.6, 96다35774

Ⅱ. 강제이행

채무자가 채무의 이행이 가능함에도 불구하고 임의로 이행하지 않는 때에는, 채권자는 국가권력에 의하여 강제적으로 채권의 내용인 급부를 실현하게 할 수 있다. 이를 임의이행에 대하여 강제이행 또는 현실적 이행의 강제라 한다. 그 방법으로는 직접강제, 대체집행, 간접강제 등을 들 수 있다.[53] 강제이행의 청구는 손해배상의 청구에는 영향을 미치지 않는다(제389조 제4항). 따라서 강제이행을 청구하면서도 채무불이행을 이유로 손해배상(지연배상)을 청구할 수도 있다.

1. 직접 강제

인도채무의 집행방법을 말한다. 금전채무의 집행은 금전적 가치를 가리는 유체・무체의 재산으로서 환가 가능한 것을 그 대상으로 한다. 유체물인도채무의 집행은 다시 특정물채권에서의 특정동산집행, 일정한 수량의 대체물 인도집행, 부동산명도 등으로 나눌 수 있다.

2. 대체집행

채무의 성질이 직접강제를 허용하지 아니 하는 경우에 허용된다. 대체적 작위채무의 집행으로서는 건물의 철거 및 건축 물건의 수반, 수목의 벌채, 담의 축조 등을 들 수 있다. 부작위채무의 집행은 어떤 행위를 하지 아니할 의무로서 어떤 행위를 묵인하거나 그로 인한 불편을 참을 의무이다. 그 내용으로서 ⅰ) 제거의무(위반행위로 인해 발생 존속하는 물적 결과에 대해 대체집행의 방법으로 행함), ⅱ) 제3자 배제(수인의무위반이 채무자나 제3자에 의한 인격적 저항인 경우), ⅲ) 의무위반의 반복 시에는 법원은 적당한 처분을 행할 수 없으며 간접강제의 방법을 고려할 수 있다. 금지명령 위반시 손해배상이 고려된다.

3. 간접강제

간접강제는 손해배상의 지급을 명하거나 벌금을 부과하거나 채무자를 구금하는 등의 수단을 써서 채무자를 심리적으로 압박하여 채권의 내용을 실현시키는 방법이다. 이는 인격존중의 사상에 반할 가능성이 있어 최후의 수단으로서만 인정된다.

---

53) 그 예로서 물건의 인도채무에 있어서 목적물의 점유를 채무자로부터 빼앗아서 채권자에게 교부하거나, 또는 금전채무에 있어서 채무자의 재산을 경매하여 그 대금을 채권자에게 배당하는 것 등을 들 수 있다.

간접강제는 '하는 채무' 가운데 대체집행이 허용되지 않는 것, 즉 부대체적 작위를 목적으로 하는 채무에 한하여 허용된다(제389조 제2항 후단; 민사집행법 제261조). 감정, 계산보고, 재산목록작성 등의 채무가 그 예이다. 그러나 채무자의 자유의사 또는 인격존중에 반하는 경우에는 간접강제도 허용되지 않는데, 그 예로서 초상화를 그려 줄 의무, 부부의 동거의무 등을 들 수 있다.

우리 법상 간접강제의 구체적인 수단으로는 지연배상만이 인정되고 있다(민집 제261조 제1항 제2문).

4. 기 타

(1) 법률행위를 목적으로 하는 채무의 경우

법률행위(의사표시)를 목적으로 하는 채무의 경우에는 채무자의 의사표시에 갈음한 재판을 청구할 수 있다(제389조 제2항 전단). 이러한 채무도 부대체적 작위채무이기는 하나, 그 행위 자체보다는 그 행위의 효과만이 필요하므로, 대체집행이나 간접강제를 허용하지 않고 의사표시를 명하는 판결로 채무자의 의사에 갈음하게 한 것이다. 이러한 결과는 준법률행위의 경우에도 인정된다. 이러한 방법은 다른 강제집행방법이 허용되지 않는 경우에만 가능하다.

(2) 부작위채무의 경우

부작위채무에 있어서는 그 채무 자체의 강제이행은 필요하지 않다. 다만 그 의무 위반으로 인한 유형적인 결과가 생긴 경우 이를 제거해야 하는 문제가 발생하게 되는데, 우리 민법은 이 경우 채무자의 비용으로 그 위반한 것을 제거하고 장래에 대한 적당한 처분을 법원에 청구할 수 있도록 하고 있다(제389조 제3항). 이는 일종의 대체집행으로서 다른 강제이행방법은 허용되지 않는다.

관련판례

서울고법 1997. 4. 10. 자 96라269 결정

"경업금지 의무와 같은 부작위채무는 일단 채무불이행이 있으면 손해배상이나 위반 결과의 제거 등 사후적 구제수단만으로는 채권자에게 충분한 손해전보가 되지 아니하여 실질적으로 집행이 불가능하게 될 수 있고, 특히 위반의 결과를 남기지 않는 일회적 부작위채무의 경우 위반행위가 있으면 바로 청구권이 소멸하여 전혀 집행방법이 없게 되며, 또한 계속적 부작위채무의 경우에도 채무불이행에 의해 채권자에게 회복할 수 없는 손해가 발생할 우려가 있을지라도 위반행위가 있을 때까지 그 채권을 집행할 수 없다는 것은 불합리하므로, 부작위채무를 명하는 채무명의의 강제집행으로서 간접강제를 명하는 경우 의무 위반행위의 존재는 그 요건이 아니라고 해석함이 상당하다"

제5절

채무불이행책임과 채권자지체

Ⅰ. 채무불이행책임 개설

채무자의 귀책사유에 의한 채무불이행이 있게 되면, 채권자는 채무자에 대하여 그 불이행으로 발생한 손해의 배상을 청구할 수 있고, 또한 일정 요건을 충족하는 경우에는 계약을 해제할 수도 있다. 여기에서의 손해라 함은 법익에 관하여 받은 불이익을 말하며, 채무불이행이 있다는 사실만으로써 곧 손해배상을 청구할 수 있는 것은 아니며, 또 채권자가 손해의 발생을 입증하지 못하면, 역시 그 배상을 청구하지 못한다.

관련판례

1) 대판 2008. 10. 23, 2007다54979

"계약의 해제권은 일종의 형성권으로서 당사자의 일방에 의한 계약해제의 의사표시가 있으면 그 효과로서 새로운 법률관계가 발생하고 각 당사자는 그에 구속되는 것이므로, 일방 당사자의 계약위반을 이유로 한 상대방의 계약해제 의사표시에 의하여 계약이 해제되었음에도 상대방이 계약이 존속함을 전제로 계약상 의무의 이행을 구하는 경우 계약을 위반한 당사자도 당해 계약이 상대방의 해제로 소멸되었음을 들어 그 이행을 거절할 수 있는 것이고, 다른 특별한 사정이 없는 한 그러한 주장이 신의칙이나 금반언의 원칙에 위배된다고 할 수도 없으며(대법원 2001. 6. 29. 선고 2001다21441, 21458 판결 등 참조), 또한 쌍무계약에 있어서 상대방이 자신의 채무를 이행할 의사가 없음을 명백히 표시한 경우에는 신의성실의 원칙상 이행기 전이라도 자신의 채무의 이행제공이나 최고 없이도 계약을 해제할 수 있는 것이다(대법원 1993. 6. 25. 선고 93다11821 판결, 대법원 2005. 8. 19. 선고 2004다53173 판결, 대법원 2007. 9. 20. 선고 2005다63337 판결 등 참조)"

2) **대판** 2007. 6. 15, 2007다4196

"일반적으로 쌍무계약에서 당사자의 일방이 미리 자기 채무를 이행하지 아니할 의사를 표명한 때에는 상대방은 이행의 최고나 자기 채무의 이행의 제공 없이 계약을 해제할 수 있고, 이러한 이행거절 의사의 표명이 있었는지 여부는 계약의 이행에 관한 당사자의 행동과 계약 전후의 구체적인 사정 등을 종합적으로 살펴서 판단하여야 한다(대법원 1991. 3. 27. 선고 90다8374 판결, 1997. 11. 28. 선고 97다30257 판결 등 참조).

쌍무계약인 부동산 매매계약에서 매도인이 매수인에게 지체의 책임을 지워 매매계약을 해제하려면 매수인이 이행기일에 잔대금을 지급하지 아니한 사실만으로는 부족하고, 매도인이 소유권이전등기신청에 필요한 일체의 서류를 상대방이 수리할 수 있을 정도로 준비하여 그 뜻을 상대방에게 통지하여 수령을 최고함으로써 이를 제공하여야 하는 것이 원칙이고, 또 상당한 기간을 정하여 상대방의 잔대금채무이행을 최고한 후 매수인이 이에 응하지 아니한 사실이 있어야 하는 것인데, 매수인이 계약의 이행에 비협조적인 태도를 취하면서 잔대금의 지급을 미루는 등 소유권이전등기서류를 수령할 준비를 아니 한 경우에는 매도인으로서도 부동산매도용 인감증명서를 발급받아 놓고 인감도장과 등기권리증 등을 준비하여 잔대금수령과 동시에 법무사 등에게 위임하여 소유권이전등기신청행위에 필요한 서류를 작성할 수 있도록 준비하였다면 이행의 제공은 이로써 충분하다(대법원 1992. 7. 14. 선고 92다5713 판결, 1992. 11. 10. 선고 92다36373 판결 등 참조)"

3) **대판** 2007. 3. 29, 2004다31302

"이른바 사정변경으로 인한 계약해제는, 계약성립 당시 당사자가 예견할 수 없었던 현저한 사정의 변경이 발생하였고 그러한 사정의 변경이 해제권을 취득하는 당사자에게 책임 없는 사유로 생긴 것으로서, 계약내용대로의 구속력을 인정한다면 신의칙에 현저히 반하는 결과가 생기는 경우에 계약준수 원칙의 예외로서 인정되는 것이고, 여기에서 말하는 사정이라 함은 계약의 기초가 되었던 객관적인 사정으로서, 일방당사자의 주관적 또는 개인적인 사정을 의미하는 것은 아니다. 또한, 계약의 성립에 기초가 되지 아니한 사정이 그 후 변경되어 일방당사자가 계약 당시 의도한 계약목적을 달성할 수 없게 됨으로써 손해를 입게 되었다 하더라도 특별한 사정이 없는 한 그 계약내용의 효력을 그대로 유지하는 것이 신의칙에 반한다고 볼 수도 없다"

4) 대판 2007. 1. 25, 2004다51825

"채무불이행을 이유로 계약해제와 아울러 손해배상을 청구하는 경우 그 계약이행으로 인하여 채권자가 얻을 이익 즉 이행이익의 배상을 구하는 것이 원칙이고, 다만 일정한 경우에는 그 계약이 이행되리라고 믿고 채권자가 지출한 비용 즉 신뢰이익의 배상도 구할 수 있는 것이지만, 중복배상 및 과잉배상 금지원칙에 비추어 그 신뢰이익은 이행이익에 갈음하여서만 구할 수 있고, 그 범위도 이행이익을 초과할 수 없다(대법원 1992. 4. 28. 선고 91다29972 판결, 2002. 6. 11. 선고 2002다2539 판결 등 참조)"

5) 대판 2004. 12. 9, 2004다49525

"원래 동시이행의 항변권은 공평의 관념과 신의칙에 입각하여 각 당사자가 부담하는 채무가 서로 대가적 의미를 가지고 관련되어 있을 때 그 이행에 있어서 견련관계를 인정하여, 당사자 일방은 상대방이 채무를 이행하거나 이행 제공을 하지 아니한 채 당사자 일방의 채무의 이행을 청구할 때에는 자기의 채무이행을 거절할 수 있도록 하는 제도이므로(대법원 1992. 8. 18. 선고 91다30927 판결, 1999. 4. 23. 선고 98다53899 판결 등 참조), 동시이행관계에 있는 반대급부의무를 지고 있는 채권자는 채무자의 변제의 제공이 없음을 이유로 채무자에게 채무불이행의 책임을 묻거나 혹은 계약해제를 하기 위하여는 스스로의 채무의 변제제공을 하여야 한다"

1. 외국에서의 채무불이행책임 체계 - 독일을 중심으로

종래 독일 민법은 이행이체와 이행불능의 두 개의 채무불이행유형에 대해서 각각의 요건·효과를 규정하는 개별 구성요건의 열거주의를 취하고 있었고(독민 제280조, 제286조), 불완전이행은 학설에 의해 채무불이행의 한 유형으로서 인정하고 있었다. 그러나 1980년 이후 국제통일매매협약을 본받아 이를 '일반조항주의'로 개정하자는 의견이 계속 제기되었다.[54] 이에 따라 2002년에 대폭적인 개정이 이루어지게 되었는데(2002. 1. 1 발효), 그 주요 내용은 다음과 같다.

가. 채무불이행법의 개혁 : 채무자의 고의·과실에 기인한 채무불이행(급부장애)을 총체적으로 '의무위반' 개념으로 파악하고, 이 의무위반을 기초로 채권자에게 손해배상청구권 등의 구제수단을 인정하고 있다. 또한 담보책임과 채무불이행책임의 통합이 이루어지게 되었는데 과거 채권각칙의 매매와 도급에 규정되었던 하자담보책임을 채권총칙의 채무불이행 규정에 포함시켰다.

나. 계약해제법의 개혁 : 채무이행이 처음부터 불가능한 때, 이행을 기대할 수 없을 때 또는 채권자에게 그 이행이 필요 없게 된 때에 채권자는 채무자의 귀책사유가 없더라도 해제권을 갖는다.

다. 불능으로 인한 해방효 : 원시적 및 후발적 불능, 객관적 및 주관적 불능, 귀책사유 있는 또는 없는 불능 등 모든 급부불능의 경우에 채무자는 주된 급부의무로부터 해방된다. 이는 계약체결 후 인도일 이전에 채무자의 과실로 인한 목적물 멸실의 경우에 채무자에게 (원래)급부의 이행판결을 내리는 것은 무의미한 일로서, 없는 목적물을 이행하라는 판결의 집행은 불가능하기 때문이다. 행위기초 상실의 경우 채무자를 계약에 구속시키는 것이 기대불가능한 때에는 해방효를 인정하였다(독민 제313조).

---

54) 독일 학자들은 채권법개정의견서에서 일반조항주의가 구성 및 체계 면에서 명확하며 일관성을 가지므로 법정책적으로 우수한 것이라고 평가하였다.

라. 채권관계에 기한 손해배상규정의 통합 : 법률행위에 기한 채권관계와 법정채권관계에 기한 손해배상청구권을 통일적으로 규정하였으며, 이행지체 및 하자담보책임뿐 아니라 이행과 관련한 생명, 신체, 소유권침해, 기타 재산손해의 경우에서 배상의 기본원칙을 동일화 하였다.

2. 보호의무위반의 채무불이행책임에의 포섭[55)]

(1) 독일에서의 학설의 변화

독일의 경우 종래에는 채무불이행책임이 계약체결의 목적인 급부이익에 대한 침해에 한정하여 발생하는 것으로 이해하여 채무불이행을 이행지체와 이행불능의 두 가지로 나누었다. 그러나 Staub 교수에 의해 적극적 계약침해론이 주장되면서부터 학설은 독일민법전의 이행지체·이행불능의 이원적 구조를 부정하고 그 밖의 다른 불이행유형을 인정하게 되었다. 적극적 계약침해론의 주장 후 학설은 급부이익 이외의 일반적 법익(완전성 이익)에 대한 침해가 있는 경우도 그를 확대손해 또는 부가손해라고 부르면서 채무불이행책임의 영역으로 포섭하였다.[56)] 그 후 책임론은 채무의 개념이 급부의무 이외의 주의의무로 확대됨으로써 채무불이행책임으로 처리되는 영역을 확장하는 쪽으로 방향을 바꾸었다.[57)]

1930년대 이후의 독일 민법학은 채무불이행책임을 최대한 확장하였고, 1960년대에 들어서는 계약체결상의 과실, 적극적 채권침해, 제3자 보호효를 갖는 계약, 제조물책임을 동일한 성질의 보호의무위반으로 보아 신뢰책임이라는 통일된 법리로 규율하자는 이론이 주장되기 시작하였다.[58)] 1980년대에 들어서는 활발한 비교법 연구결과 적극적 채권침해론, 계

---

55) 이은영, 194면 이하.

56) 이은영, 198면.

57) Stoll 교수는 부수손해는 급부의무(Leistungspflicht)의 불이행이 아니라 그것과 별개인 보호의무(Schutzpflicht)의 위반으로 생긴다고 주장하였다. 급부의무는 계약으로 설정된 급부이익의 실현이라는 채무관계에 기초하는 것이 아니라 신뢰관계(Vertrauensverhaltnis)로서의 채무관계에 기초한다고 보았다. 그는 급부의무와 보호의무를 성격과 발생기초 등의 면에서 명확하게 구별하여 설명함으로써 두 의무가 본질적으로는 다른 것임을 강조하였다..

58) 이 이론의 대표자로서 Canaris 교수를 들 수 있는데, 그는 통일적 보호관계론을 제창하였다. 이는 보호의무위반을 급부관계에서 분리시켜 독자적인 책임이론으로서 설명하고 있으며, 계약책임이 법률행위에 의해 설정된 의무에 위반한 의사적 책임의 부분과 특별한 접촉에 의해 생기는 결합관계에 대해 법질서가 부여하는 의무를 위반한 신뢰책임의 두 부분으로 나누어져야 한다고 한

약체결상의 과실론 등이 독일민법학에 특유한 이론이라는 점이 인식되면서 그의 당부가 논의되기 시작하였다. 특히 계약체결의 전후에 부담한다는 보호의무의 본질에 대한 의문이 높아졌다. 또한 채무불이행책임에서도 사회생활상 주의위무에 관한 학설·판례가 발달함에 따라 피해자의 과실 증명책임이 완화되어 구태여 채무불이행책임을 차용할 필요가 적어지게 되었다. 계약체결상의 과실을 중심으로 하는 계약책임의 확대가 불법행위법의 난점을 회피하기 위한 것이었다고 인식되었고, 본래 불법행위책임의 문제는 불법행위법의 개선으로 해결하자는 의견이 높아지게 되었다. 그 대표적인 학자로 Piker 교수를 들 수 있는데, 그는 급부의무를 자율적 결정에 의한 의무로, 그리고 보호의무를 타율적 결정에 의한 의무로 나누었고, 법률행위에 의해 설정되는 의무는 자율적 결정에 의한 급부의무에 한정되어야 한다고 주장하였다.[59)]

(2) 우리나라에서의 학설 및 판례의 입장

1) 학설의 입장

이와 관련하여 우리나라에서의 학설은 다음과 같이 나뉘고 있다.[60)] 먼저 제1설(보호의무 편입설)은 채무불이행책임으로 처리되는 채무의 범위에 급부의무와 관련 없는 보호의무를 포함시킴으로써[61)] 그 보호의무위반의 경우에는 「계약교섭상 과실로 인한 책임」을 채무불이행책임으로 처리하려는 「계약의 제3자 보호이론」도 가능하게 된다. 이 견해는 채권자와 채무자 사이에는 계약에 의해 합의한 급부의무 이외에 신의칙에 의해서 부여되는 부

다. 즉 다른 목적적 접촉 중에 형성되었기 때문에 불법행위책임과는 다르다고 한다. 그 결과 보호의무는 불법행위법에서의 효과인 책임내용에 대하여는 계약책임규범이 부분적으로 타당하기 때문에 그와 연결시킬 필요가 있다고 하며, 그 밖에 불법행위규범도 부분적으로 적용된다고 하였다; 이은영, 199면.

59) 이은영, 199면 이하; Picker 교수에 따르면, 타율적 의무는 모두 법정의 의무로서 묶어 급부의무와 대치시킨다. 그 법정의 의무 중에는 일반적 법익을 보호하고자 하는 부분과 특별결합의 법익을 보호하고자 하는 부분이 있다고 한다.

60) 학설에 대한 소개와 관련해서는, 이은영, 189면 이하; 이은영, 민법학강의(서울: 박영사), 1994, 498면 이하 참조.

61) 이영준, "신의성실의 원칙에 관한 소고", 현대 민법학의 제문제(김증한 박사 화갑기념논문집; 1981), 26면에서는 신의성실의 원칙에 계약체결상의 과실이나 불완전이행에서와 같이 보충적 부수의무에 기하여 권리를 창설케 하는 기능이 있다고 한다.

수의무로서 보호의무가 존재하며, 그 부수의무는 위반도 채무불이행책임으로서 처리되어야 한다고 주장한다.62) 제2설(보호의무배제설)은 채무불이행은 「주된 급부의무」 및 「종된 급부의무」를 위반한 경우에 인정되며, 급부의무와 관련이 없는 보호의무위반의 경우는 불법행위책임으로 처리되어야 한다는 견해이다.63) 제3설(절충설)은 채무불이행은 급부의무(주된 급부의무와 종된 급부의무) 이외에 계약과 관련 있는 부수의무 위반을 포함한다는 입장이다. 즉 부수의무 위반은 본래의 급부의 이행과 관련을 갖는 경우에 한해서 채무불이행책임으로 처리되는 것이 바람직하다고 한다.64)

2) 판례의 입장

우리 판례는 몇몇의 계약 유형에 있어 신의칙상 부수의무로서 보호의무를 인정하고 그

62) 그 근거로서 첫째, 제390조가 규정하는「채무의 내용에 좇은 이행을 하지 아니한 때」란 채권관계에서 발생하는 여러 의무를 당사자가 충실하게 이행하지 않은 때를 뜻한다고 넓게 해석해야 한다고 주장한다. 둘째, 신의칙의 권리창설기능에 따라 채권관계에 주된 의무인 급부의무 이외에 부수적 의무로서 보호의무 등을 부과하는 법규범의 확장을 할 수 있다고 한다. 또한 이 견해는 부수의무를 배려의무·설명의무·교시의무·협동의무·보호의무·부작위의무로 분류한다. 그 중에서 보호의무는 타인의 신체나 재산을 급부의무의 발생 전· 발생 중· 발생 후에 걸쳐 계약적 또는 계약 외적인 사회적 접촉에서 생기는 손해로부터 구할 의무로서 급부의무로부터 가장 먼 거리에 있는 행태의무라고 한다. 또한 계약교섭시의 보호의무위반은 급부의무의 발생을 전제하지 않고도 채무불이행책임을 발생시킨다고 본다. 학자마다 보호의무의 의미를 조금씩 다르게 사용한다고 볼 수도 있지만, 그것이 보호의무라고 표현되든 부수의무라고 표현되든 대체로 급부의무 외에 그와 관계 없는 행태의무를 채무의 개념 속에 포함시킨다는 점에서 공통점이 있다.

63) 김준호, "채권법상 보호의무론의 전개", 월간고시(1990. 6), 105면; 민법주해(9), 219면(양창수 집필부분).

64) 이은영, 민법학강의, 499면; 이은영, 195면 이하. 그 근거로서, 첫째, 채무불이행에서 말하는 채무란 계약에서 합의된 본래의 급부와 관련을 갖는 것에 한정시키는 것이 채무불이행책임의 제도적 취지에 적합하다고 한다. 둘째, 급부의무에 종속된 주의의무는 그것 자체로서 독자적인 존재의의를 갖지 않고 급부의 이행을 완결시키는 과정에 몰입된다. 특정물채무자(매도인)가 선관의무(제274조)를 다하지 않는 경우에, 그로 인해 목적물이 멸실되어 전보배상을 해야 할 의무를 지거나 물건의 결함으로 인하여 야기된 확대손해를 배상할 의무를 지게 된다. 여객운송계약에서 운송인의 안전배려 의무는 위반은 승객을 목적지까지 무사히 운송해 주지 못하는 결과를 야기하여 주된 급부의무를 다하지 못하게 될 뿐 아니라, 승객의 인체에 손해를 입혀 확대손해를 야기시키는데, 후자는 종된 급부의무의 일종인 안전배려의무의 위반에 해당하며 채무불이행책임으로 처리될 수 있다고 한다. 셋째, 급부의무와 관련이 없는 보호의무는 계약과 직접 관련이 없으므로 그 위반으로 인한 손해발생시 불법행위책임으로 처리하는 것이 바람직하며 또한 그것이 거래관념에 적합하다. 급부의무 외의 보호의무는 그의 위반이 급부의 불이행과 연결됨 없이 독자적으로 상대방에게 손해를 입히므로 종된 급부의무와는 성질을 달리한다. 이러한 보호의무는 채권관계의 밖에서 채권자나 채무자가 사회의 일원으로서 거래관행에 따라 부담하는 주의의무일 뿐이라는 점 등이다.

위반의 경우에 채무불이행책임을 인정하고 있다. 판례가 말하는 보호의무는 종된 급부의무로서의 보호의무를 가리키는 것으로 이해된다. 몇 가지 예를 통해 그 의미를 살펴보면, 숙박계약의 경우에 “숙박업자는 객실의 제공의무 이외에도 더 나아가 고객에게 위험이 없는 안전하고 편리한 객실 및 관련시설을 제공함으로써, 고객의 안전을 배려하여야 할 의무를 지며 이러한 보호의무는 신의칙상의 부수적 의무이므로 이를 위반하면 불완전이행으로 인한 채무불이행책임을 진다”고 판시하였다.[65] 또한 “증권회사는 고객에 대하여 보호의무가 있어 선량한 관리자로서의 주의의무(충실의무)를 다하여야 할 것이고, 이를 위반하여 증권회사가 이러한 약정을 하였음을 기화로 고객의 이익을 무시하고 회사의 영업실적만을 증대시키기 위하여 무리하게 빈번한 회전매매를 함으로써 고객에게 손해를 입힌 경우에는 불법행위를 구성한다“고 하였고,[66] “피고 대한적십자사는 헌혈혈액에 대한 에이즈검사의무가 법제화되기 이전에도 에이즈발생을 회피할 주의의무를 지고 있었으며, 이 의무위반으로 인한 불법행위책임을 져야 한다”고 판시하고 있다.[67]

3) 소 결

생각건대 계약책임에서 문제삼는 채무는 당사자 간에 약정한 급부의무가 중심이 되며 이것에 추가하여 법률의 규정이나 신의칙에 의해 부과되는 부수적 주의의무(부수의무)도 채무불이행책임의 영역에 포섭된다. 다시 말해서 계약상의 책임은 급부의무의 불이행과 부수의무의 위반의 두 가지를 기초로 발생한다. 다른 한편 보호의무라든가 안전배려의무라든가 하는 개념은 타인의 인체・재산을 보호하고 그 안전을 배려해야 한다는 의무의 내용에 중점을 두어 붙여진 것이다. 이들은 계약책임으로 분류해 넣기 위해 만들어진 개념인 급부의무・부수의무와는 차원을 달리한다. 채무불이행책임에 포섭할 것인가 아닌가의 판단은 계약책임의 본질에서부터 출발하여야 한다. 보호의무 중에서도 계약과 직접 관련을 갖는

65) 대판 1994. 1. 28, 93다43590. 이와 관련하여 ”채권자의 인신 및 재산상의 손해발생방지를 위한 채무자의 보호의무를 부수적 의무로 파악한 것은 재고의 여지가 있다”고 비판하고 “투숙객의 화재에 의한 사망은 급부실현과는 직접 관련이 없는 채권자의 인신에 대한 손해발생방지의무이기 때문이다”라는 주장이 있다; 김상용, ”채무자의 보호의무위반으로 인한 불완전이행의 성립”, 사법행정(1994. 7), 48면.

66) 대판 1996. 8. 23, 94다38119.

67) 대판 1995. 8. 25, 94다4780. 유사한 사례로는, 대판2003. 1. 24, 2001다2129를 들 수 있다.

것은 채무불이행책임에 포섭할 수 있지만 그렇지 않은 사회생활상 보호의무까지 채무불이행책임에 포섭하는 것은 옳지 않다. 따라서 계약이 체결되기 전이나 계약관계가 종료된 후에 발생한 보호의무위반을 채무불이행책임에 편입시키는 것은 책임체계를 무너뜨리는 결과로 될 것이다.[68)]

▣ 신의칙에 근거한 보호의무 ▣

공중접객업인 숙박업을 경영하는 자가 투숙객과 체결하는 숙박계약은 숙박업자가 고객에게 숙박을 할 수 있는 객실을 제공하여 고객으로 하여금 이를 사용할 수 있도록 하고 고객으로부터 그 대가를 받는 일종의 일시사용을 위한 임대차계약으로서, 여관의 객실 및 관련시설, 공간은 오로지 숙박업자의 지배 아래 놓여 있는 것이므로 숙박업자는 통상의 임대차와 같이 단순히 여관의 객실 및 관련시설을 제공하여 고객으로 하여금 이를 사용수익하게 할 의무를 부담하는 것에서 한 걸음 더 나아가 고객에게 위험이 없는 안전하고 편안한 객실 및 관련시설을 제공함으로써 고객의 안전을 배려하여야 할 보호의무를 부담하며 이러한 의무는 숙박계약의 특수성을 고려하여 신의칙상 인정되는 부수적인 의무로서 숙박업자가 이를 위반하여 고객의 생명, 신체를 침해하여 손해를 입힌 경우 불완전이행으로 인한 채무불이행책임을 부담한다.[69)]

---

68) 동지: 이은영, 196면.

69) 대판 1994. 1. 28. 93다43590; 본 판결의 피고 여관주인의 보호의무위반으로 인한 불완전이행으로 판결한 것은 정당하다. 그러나 채권자의 인신 및 재산상의 손해발생방지를 위한 채무자의 보호의무를 부수적의무로 파악하는 것에 대하여는 의문이 있다. 왜냐하면 채무자의 급부의무에 대한 부수적 의무는 채권자의 급부이익의 실현을 위한 의무이며, 채무자의 보호의무는 채권의 실현, 즉 급부이익과는 직접 관련이 없는 채권자의 생명·신체·건강 기타 재산상의 손해발생 방지를 위한 의무이기 때문이다. 즉 부수적 의무는 급부실현을 위한 부수적 의무이고, 보호의무는 급부의 실현과는 직접 관련이 없는 채권자의 인신 및 재산에 대한 손해발생 방지의무이다.

3. 채무불이행책임과 불법행위책임

(1) 양 책임의 구별

1) 채무불이행책임

계약책임의 일종이다. 즉 계약의 불이행과 관련한 계약당사자의 책임이다. 책임의 발생·범위·존속기간에 대해서는 자율적인 결정이 허용된다.

가. 책임의 요건

i) 채권자와 채무자간에 계약이 존재할 것을 요한다.
ii) 귀책사유가 있는 경우 책임을 지는 과실책임(※이행보조자의 과실을 채무자의 과실로 간주; 제391조)을 원칙으로 하며, 무상계약에 의한 채무불이행책임의 경우, 주의의무가 완화된다.
iii) 과실의 증명책임은 채무자의 과실이 추정된다.
iv) 책임능력의 요부시 책임능력이 문제되지는 않는다.

나. 책임의 내용

i) 손해배상청구권의 소멸시효는 보통 10년이며, 단기소멸시효가 적용된다(제162조 제1항).
ii) 손해배상범위에 있어 민법 제393조를 준용한다. 판례는 위자료청구권 인정(채무불이행책임의 경우도)하고 있으며 제398조가 준용된다(배상액 예정, 예정액의 감소).
iii) 상계에 대한 제한 규정도 없다.
iv) 배상방법은 금전배상을 원칙으로 한다.

2) 불법행위책임

일반적인 사회생활상의 책임으로서 사회인으로서 일반적으로 요구되는 주의의무 위반으로 야기된 손해를 전보한다. 책임의 내용이 타율적으로 결정된다.

가. 책임의 요건

i) 계약관계의 존재를 요하지 않는다.

ii) 귀책사유를 요하며 과실책임(※이용자의 과실; 사용자책임 유발; 제756조)을 원칙으로 한다. 피해자가 가해자의 과실을 증명하여야 한다.

iii) 책임능력이 있을 것이 요구된다(제753조).

나. 책임의 내용

i) 피해자나 그의 법정대리인이 그 손해나 가해자를 안 날로부터 3년 내에 행사하여야 한다(제척기간/ 불법행위시로부터 10년/ 제766조).

ii) 민법 제393조를 준용한다(정신적 고통에 대한 위자료청구권은 여기서만 규정). 제765조에 의해 배상액 감액이 가능하다.

iii) 배상청구권자는 생명 침해시 위자료청구권이 인정되며 피해자의 직계비속, 배우자로 그 주체가 확대된다. 태아의 독자적인 손해배상청구권도 인정된다(제762조).

iv) 고의의 경우에는 피해자에 대한 다른 채권과 상계할 수 없다(제496조).

v) 배상방법은 전부 배상을 원칙으로 하며, 예외적으로 명예훼손에 의한 불법행위책임의 경우 금전의 손해배상 외에 정정광고 등의 원상회복처분이 가능하다(제764조).

▣ 채무불이행책임과 불법행위책임과의 관계 ▣

<table>
<tr><td>채무불이행
책 임</td><td>1. 계약책임의 일종

→ 계약의 불이행과 관련한 계약당사자의 책임
책임의 발생·범위·존속기간 : 자율적인 결정 허용

2. 요 건

① 채권자와 채무자간에 계약이 존재할 것을 요
② 귀책사유 : 과실책임(※이행보조자의 과실을 채무자의 과실로 간주 → 제391조) → 무상계약에 의한 채무불이행책임의 경우, 주의의무 완화
③ 과실의 증명책임 : 채무자의 과실 추정
④ 책임능력의 요부 : 책임능력이 문제되지는 않음

3. 내 용

① 손해배상청구권의 소멸시효 : 보통 10년, 단기소멸시효 적용(제162조 제1항)
② 손해배상범위 : 제393조 준용
→ 판례는 위자료청구권 인정(채무불이행책임의 경우도)
→ 제398조(배상액 예정, 예정액의 감소 可)
③ 상 계 : 제한 규정 없음
④ 배상방법 : 금전배상이 원칙</td></tr>
<tr><td>불법행위
책 임</td><td>1. 일반적인 사회생활상의 책임

→ 사회인으로서 일반적으로 요구되는 주의의무 위반으로 야기된 손해전보 : 타율적으로 결정

2. 요 건</td></tr>
</table>

① 계약관계의 존부 불요
② 귀책사유 : 과실책임(※이용자의 과실 → 사용자 책임 유발, 제756조)
③ 피해자가 가해자의 과실 증명책임
④ 책임능력이 있을 것이 요구됨(제753조)

3. 내 용

① 피해자나 그의 법정대리인이 그 손해나 가해자를 안 날로부터 3년 (제척기간, 불법행위시로부터 10년, 제766조)
② 제393조 준용 : 정신적 고통에 대한 위자료청구권은 여기서만 규정 → 제765조 (배상액 감액 가능)
③ 배상청구권자 : 생명 침해시 위자료청구권과 피해자의 직계를 비속, 배우자로 확대
→ 태아의 독자적인 손해배상청구권 인정(제762조)
④ 상 계 : 고의의 경우 피해자에 대한 다른 채권과 상계 × (제496조)
⑤ 배상방법 : 전부 배상의 원칙
→ 예외적으로 명예훼손에 의한 불법행위 책임의 경우 금전의 손해배상 외에 정정광고 등의 원상회복처분 可(제764조)

(2) 청구권의 경합과 관련한 학설 및 판례의 입장

1) 학설의 입장[70]

학설은 청구권경합설, 법조경합설 그리고 청구권규범통합설로 나뉘고 있다.

가. 청구권경합설 : 청구권의 경합에 관하여 실체법상으로는 청구권경합설, 그리고 소송

70) 학설의 소개와 관련해서는, 이은영, 376면 이하.

법상으로는 구소송물론이 종래의 지배적 견해였다.[71] 청구권경합설은 우리 민사소송법상 다수설인 구소송물론(구실체법설)과 결합되어 있다.[72] 구소송물론은 소송물의 실체법상의 권리나 법률관계의 주장으로 파악한다.[73] 따라서 소송물은 실체법상의 권리에 의하여 식별되고, 수개의 실체법상의 권리를 갖고 있는 자는 상이한 소송에 의하여 이를 각각 청구할 수 있고(소송물의 복수성), 이 중 어느 하나를 원인으로 청구하다가 다른 것으로 바꾸면 소송물은 달라지게 된다(소송물의 개별성).

나. 법조경합설 : 소송법상의 고려에 기하여 소송상 청구의 내용을 정하여야 한다는 신소송물론 또는 소송법설이 현재 다수설의 입장이다.[74] 민사분쟁의 핵심은 원고가 소로써 달성하고자 하는 경제적·사회적 목적이므로 소송물을 원고의 소송목적을 중심으로 재구성한다. 예를 들면 이행의 소에서는 법원으로부터 일정한 급부(이행)명령을 받아 강제집행 할 수 있는 채무명의를 얻어 급부를 실현하는 데에 원고의 목적이 있으므로, 이행의 소의 소송물은 일정한 급부의 주장이 된다고 한다. 확인의 소의 소송물은 일정한 내용의 권리 또는 법률관계의 존부확인의 주장, 그리고 형성의 소의 소송물은 일정한 법률상태의 형성의 주장이라고 한다.[75]

---

71) 곽윤직, 386면; 김상용, 632면. 우리나라에서 주장되는 청구권경합설이 순수청구권경합설인지 절충적인 것인지 논의되고 있지 않으나, 청구권이 경합하지 않는 예외를 인정하고 있지 않는다는 점, 불법행위의 요건인 과실을 언제나 추상적 경과실이라 함으로써 무상계약 등의 책임경감을 불법행위에도 인정하지 않는다는 점에 비추어 순수청구권경합설이라고 해석할 수밖에 없다. 청구권경합설에서는 어느 한 사건(사실관계)이 여러 개의 법률요건을 충적할 경우 그에 따라 여러 개의 청구권이 발생하게 되고, 이들은 서로 독자적인 법률효과 및 법적 운명을 갖게 된다는 것이다. 즉 채무자의 과실로 채권자에게 손해를 입힌 경우에 채권자에게는 채무불이행으로 인한 손해배상청구권과 불법행위로 인한 손해배상청구권이 각각 독립하여 성립하게 되고, 이 때 어느 하나의 청구권이 다른 것을 배척하지 않게 된다. 따라서 발생원인을 달리하는 청구권들이 병존하게 되고 피해자는 이들 여러 개의 청구권들 중에서 어느 하나 또는 수개를 자유롭게 선택하여 행사할 수 있다고 한다. 청구권경합설은 그 근거로서 첫째, 이들 책임은 각각 요건과 효과가 별도로 정하여져 있으므로 별개의 청구권이며 그 경합을 부정할 만한 특별한 이유가 없고, 둘째, 여러 개의 청구권 간의 자유로운 선택을 인정하는 것이 피해자에게 유리하다는 것을 든다.

72) 곽윤직, 채권각론, 625면은 청구권경합설이 신소송물론과도 조화를 이룰 수 있는 듯 설명하나, 이에 대하여는 양자가 양립할 수 없는 관계라는 비판이 있다.

73) 구소송물론은 민사소송법의 목적이 사권의 보호에 있다고 본다. 따라서 소권은 권리보호청구권으로 구성되고, 소송심리의 대상은 실체사법의 개개의 규정에 의하여 구체적으로 내용이 결정된 권리라고 한다.

74) 류승훈, 신민사소송법, 410면; 이시윤, 신민사소송법, 서울: 박영사(2009), 214면; 정동윤/유병현, 민사소송법, 서울: 법문사(2010), 239면.

75) 예를 들어 교통사고로 인한 손해배상을 불법행위에 기하여 청구 할 때, 배상급부를 구할 수 있는 법적 지위가 소송물이지 불법행위 또는 계약 위반에 기한 개개의 손해배상청구권이 소송물은

다. 청구권규범통합설 : 하나의 사실관계에서 하나의 청구권만이 발생한다는 입장이며, 채무불이행책임과 불법행위책임이 경합하면 양 책임규범을 통합한 하나의 손해배상청구권이 발생한다는 입장이다.[76] 복수의 청구권이 당사자 및 급부를 같이하는 경우, 그것이 구체적 청구권으로서 우리와 현실적으로 접촉하는 부분에서는 특별한 사정이 없는 한 단일한 것으로 다루는 것이 합리적이고, 한 개의 현실적 청구권이 성립한다고 본다.[77]

2) 판례의 입장

우리 판례는 청구권경합설(소송법상으로는 구소송물 이론)을 취하고 있다. 판례의 입장을 구체적으로 살펴보면 다음과 같다.

i) 수치인이 목적물을 멸실케 하여 계약상 반환의무를 이행치 못할 뿐 아니라 불법행위에 해당한 경우에, 임치인은 채무불이행으로 인한 손해배상이나 불법행위로 인한 손해배상 중 어느 하나 또는 양자를 자유로 선택할 수 있다고 한다(대판 1959. 2. 19, 4290민상571).

ii) 전세권자나 그 보조자가 실화로 가옥을 소실케 하여 그 반환의무를 이행하지 못하게 된 경우에, 불법행위와 채무불이행이 동시에 성립한다(대판1967. 12. 5, 67다2251).

iii) 운송계약에 기한 손해배상청구권(상법 제148조)과 불법행위에 기한 손해배상청구권

아니라는 것이다. 왜냐하면 이들 두 개의 청구권은 실체법상 1회의 급부밖에는 인정되지 않기 때문이다.

76) 우리나라에는 아직 청구권규범통합설을 자신의 견해로서 완전히 이론 구성하여 놓은 학자는 드물지만, 독일과 일본의 학설을 소개하고 그의 도입가능성을 주장하는 예로는, 황적인, 현대민법론 IV, 서울: 박영사(1987), 283면.

77) 이은영, 381~387면. 청구권경합의 문제는 단순히 어느 청구권규범이 권리자에게 유리한가 불리한가를 가려서 판단할 것이 아니라 문제된 사실관계를 규범적 측면에서 어떤 성질의 구성요건적 요소로 파악해야 할 것이고, 그 사안에 대하여는 어떤 효과가 귀속되는 것이 타당한 것인가를 판단해야 한다고 설명한다. 그리고 해당 법규들의 기능과 목적의 유사성도 함께 검토되어야 하며, 신소송물론에서 자극을 받아 규범통합법에 의한 새로운 길을 모색하고 있는 것이 필요하다고 주장한다. 현행법의 해석론으로서는 효과규범의 통합에 국한시키는 견해(효과규범통합설)가 주장된다. 규범통합의 방법으로서는 어떤 사안에서 문제된 청구권규범들 중에 어느 하나와 긴밀한 관계를 가지고 있는 것을 찾아 적용하는 방식을 취한다. 계약의 이행행위와 내적 관련을 가지는 행위에 의해 침해가 이루어진 경우에는 계약책임법이 적용되고, 일탈행위로서 고의행위가 행해진 경우 또는 계약관계를 이용하여 타인의 권리를 침해한 경우에는 불법행위규범만을 적용한다.

을 동시에 주장하면 소의 선택적 병합이 된다(대판1962. 6. 21, 62다102).

iv) 불법행위에 기한 손해배상청구권에서 부당이득반환청구권으로 바꾸는 것은 소의 변경이 된다(대판 1964. 10. 20, 64다559).

v) 피고가 보통 파 종자를 옥파 종자로 판매함으로 인한 손해의 배상을 원고가 구한 경우, 법원이 당사자가 불법행위로 인한 손해배상금을 구한다고 주장하였음에도 채무불이행으로 인한 손해배상의무를 인정함은 당사자가 신청하지 않은 사항을 판결한 것으로 처분권주의에 반하는 것으로 위법이다(대판1963.7.25,63다241).

vi) 매수인으로서 부동산등기말소를 청구하여 패소하자 소유자임을 이유로 동일청구를 한 경우, 이들은 별개의 소에 해당한다(대판1985. 6. 11, 84다카197).

vii) 신체의 상해로 손해배상을 청구하는 경우에 소송물은 적극적 재산손해, 소극적 재산손해, 정신적 손해의 세 가지로 나뉜다(대판 2002. 9. 10, 2002다34581; 대판1976. 10. 12, 76다1313).

viii) 각 이혼사유, 재심사유마다 별개의 소송물로 인정한다(대판 2000. 9. 5, 99므1886; 대판 1970. 1. 27, 69다1888).

관련판례

1) 대판 2006. 9. 28, 2004다44506

"사용자는 근로계약에 수반되는 신의칙상의 부수적 의무로서 피용자가 노무를 제공하는 과정에서 생명, 신체, 건강을 해치는 일이 없도록 인적·물적 환경을 정비하는 등 필요한 조치를 강구하여야 할 보호의무를 부담하고, 이러한 보호의무를 위반함으로써 피용자가 손해를 입은 경우 이를 배상할 책임이 있으나(대법원 1999. 2. 23. 선고 97다12082 판결, 2000. 5. 16. 선고 99다47129 판결 등 참조), 보호의무 위반을 이유로 사용자에게 손해배상책임을 인정하기 위하여는 특별한 사정이 없는 한 그 사고가 피용자의 업무와 관련성을 가지고 있을 뿐만 아니라 또한 그 사고가 통상 발생할 수 있다고 하는 것이 예측되거나 예측할 수 있는 경우라야 할 것이고, 그 예측가능성은 사고가 발생한 때와 장소, 사고가 발생한 경위 기타 여러 사정을 고려하여 판단하여야 한다(대법원 2001. 7. 27. 선고 99다56734 판결 참조)"

2) **대판** 2003. 4. 11, 2002다63275

[1] 환자가 병원에 입원하여 치료를 받는 경우에 있어서, 병원은 진료뿐만 아니라 환자에 대한 숙식의 제공을 비롯하여 간호, 보호 등 입원에 따른 포괄적 채무를 지는 것인 만큼, 병원은 병실에의 출입자를 통제·감독하든가 그것이 불가능하다면 최소한 입원환자에게 휴대품을 안전하게 보관할 수 있는 시정장치가 있는 사물함을 제공하는 등으로 입원환자의 휴대품 등의 도난을 방지함에 필요한 적절한 조치를 강구하여 줄 신의칙상의 보호의무가 있다고 할 것이고, 이를 소홀히 하여 입원환자와는 아무런 관련이 없는 자가 입원환자의 병실에 무단출입하여 입원환자의 휴대품 등을 절취하였다면 병원은 그로 인한 손해배상책임을 면하지 못한다.

[2] 입원환자에게 귀중품 등 물건보관에 관한 주의를 촉구하면서 도난 시에는 병원이 책임질 수 없다는 설명을 한 것만으로는 병원의 과실에 의한 손해배상책임까지 면제되는 것이라고 할 수 없다.

3) **대판** 2000. 11. 24, 2000다38718, 38725

"공중접객업인 숙박업을 경영하는 자가 투숙객과 체결하는 숙박계약은 숙박업자가 고객에게 숙박을 할 수 있는 객실을 제공하여 고객으로 하여금 이를 사용할 수 있도록 하고 고객으로부터 그 대가를 받는 일종의 일시 사용을 위한 임대차계약으로서 객실 및 관련 시설은 오로지 숙박업자의 지배 아래 놓여 있는 것이므로 숙박업자는 통상의 임대차와 같이 단순히 여관 등의 객실 및 관련 시설을 제공하여 고객으로 하여금 이를 사용·수익하게 할 의무를 부담하는 것에서 한 걸음 더 나아가 고객에게 위험이 없는 안전하고 편안한 객실 및 관련 시설을 제공함으로써 고객의 안전을 배려하여야 할 보호의무를 부담하며 이러한 의무는 숙박계약의 특수성을 고려하여 신의칙상 인정되는 부수적인 의무로서 숙박업자가 이를 위반하여 고객의 생명·신체를 침해하여 투숙객에게 손해를 입힌 경우 불완전이행으로 인한 채무불이행책임을 부담하고, 이 경우 피해자로서는 구체적 보호의무의 존재와 그 위반 사실을 주장·입증하여야 하며 숙박업자로서는 통상의 채무불이행에 있어서와 마찬가지로 그 채무불이행에 관하여 자기에게 과실이 없음을 주장·입증 하지 못하는 한 그 책임을 면할 수는 없다”

4) 대판 1999. 7. 9, 99다10004

“통상의 임대차관계에 있어서 임대인의 임차인에 대한 의무는 특별한 사정이 없는 한 단순히 임차인에게 임대목적물을 제공하여 임차인으로 하여금 이를 사용, 수익하게 함에 그치는 것이고, 더 나아가 임차인의 안전을 배려하여 주거나 도난을 방지하는 등의 보호 의무까지 부담한다고 볼 수 없을 뿐만 아니라 임대인이 임차인에게 임대목적물을 제공하여 그 의무를 이행한 경우 임대목적물은 임차인의 지배 아래 놓이게 되어 그 이후에는 임차인의 관리 하에 임대목적물의 사용·수익이 이루어지는 것이다”

Ⅱ. 채무불이행의 종류

1. 이행지체

(1) 의 의

의무가 이행할 시기에 있고 그 이행이 가능함에도 불구하고 채무자의 책임 있는 사유로 인하여 그 이행이 위법으로 지연된 것을 말한다.

(2) 요 건

이행지체가 성립하기 위해서는 첫째, 이행기가 도래하여야 되고 둘째, 채무의 이행이 가능해야 하며 셋째, 채무자에게 책임 있는 사유가 있어야하며 넷째, 이행하지 않는 것이 위법해야 한다.[78]

78) 다음의 경우는 이행지체가 성립하지 않는데, 즉 건축의 기초공사가 끝나면 일정한 공사금을 피

1) 이행기가 도래하였을 것

이행지체가 성립하려면 우선 채무의 이행기가 되었어야 한다. 그러나 이행기가 되었다고 하여 당연히 이행지체로 되는 것은 아니고 경우에 따라서는 다른 요건을 요구하기도 한다.

가. 확정기한부 채무 : 채무의 이행에 관하여 확정기한이 있는 경우에는 그 기한이 도래한 때로부터 지체책임이 있다(제387조 제1항 제1문). 확정기한부 채무에서는 지체책임을 생기게 하기 위해 채권자가 최고할 필요는 없다. 이 경우의 채무자의 지체책임이 생기는 정확한 시기는 기한이 경과한 때이다. 따라서 이행기가 확정일로 정해져 있는 경우에는(2009년 3월 2일까지 이행) 그 기한의 다음날부터, 이행기가 확정기한으로 정해져 있는 경우에는 (11월 말까지 이행) 그 기간이 지난 다음날부터 지체책임을 진다.

이러한 원칙에 대한 예외로서 다음의 경우를 들 수 있다. 즉 i) 지시채권과 무기명채권의 경우에는 확정기한이 정하여져 있는 때에도, 그 기한이 도래한 후 소지인이 증서를 제시하여 이행을 청구한 때로부터 지체책임이 있다(제517조, 제524조, 상법 제65조). 면책증권의 경우에도 같다(제526조). ii) 추심채무나 그 밖의 채무를 이행하려면 먼저 채권자가 협력하여야 하는 경우에는 확정기한이 정하여져 있을 지라도 채권자의 협력이 있어야 비로소 지체로 될 수 있다. iii) 당사자 쌍방의 채무가 동시이행의 관계에 있는 때에는 이행기가 되었을 때라도 상대방이 이행의 제공을 할 때까지는 지체책임을 지지 않는다.

나. 불확정기한부 채무 : 채무의 이행에 관하여 불확정기한이 있는 때에는 채무자는 그 기한이 도래하였음을 안 때로부터(그 다음날) 지체책임이 있다(제387조 제1항 제2문). 채권자의 최고가 있으면 채무자가 기한도래 사실을 알지 못하더라도 그 최고가 있는 때로부터(그 다음날) 지체책임을 지게 된다.

다. 기한 없는 채무 : 채무의 이행과 관련하여 기한이 정하여져 있지 않은 때에는 채무자는 이행청구를 받은 때로부터 지체책임이 있다(제387조 제2항). 기한이 없는 채무는 발생

고가 원고에게 지급하기로 약정하였는데 공사금을 지급하지 않음으로 공사를 중단한 경우, 설혹 공사가 예정기일에 완성되지 못하였다 하여도 공사지연의 책임을 원고에게 돌릴 수 없다.

과 동시에 이행기에 있게 되나, 이행지체로 되려면 채권자의 최고가 있어야 한다. 이에 대해서는 예외가 인정되고 있다. 즉 ⅰ) 소비대차에 있어서 반환시기의 약정이 없는 때에는 대주는 상당한 기간을 정하여 반환을 최고하여야 하며(제603조 제2항), 그 기간이 경과하여야 지체로 된다. 대주가 만약 상당한 기간을 정하지 않고 최고한 경우에는, 최고 후 상당한 기간이 경과한 때에 지체책임이 생긴다. ⅱ) 불법행위로 인한 손해배상채무에 있어서는 그 채무의 성립과 동시에 지체로 된다.

라. 기한의 이익을 상실한 채무 : 일정한 사유가 있는 경우 채무자는 기한의 이익을 잃게 된다(제153조). 즉 ⅰ) 채무자가 담보를 손상, 감소 또는 멸실하게 한 때(제388조 제1호), ⅱ) 채무자가 담보제공의 의무를 이행하지 않은 때(제388조 제2호), ⅲ) 채무자가 파산선고를 받은 때(채무자회생법 제425조), ⅳ) 그 밖에 당사자가 기한의 이익의 상실에 관하여 특약을 한 경우[79] 등이다. 기한 이익의 상실사유가 있는 경우 채무자는 기한의 이익을 주장하지 못한다(제388조 본문). 따라서 채권자는 기한이 있음에도 불구하고 즉시 이행을 청구할 수도 있다.

2) 이행이 가능할 것

이행지체로 되려면 이행기에 이행이 가능하여야 하며, 이행이 불가능하면 이행불능으로 된다.

3) 이행이 없을 것

채무가 이행되었거나 이행의 제공이 있으면 이행지체로 되지 않으며, 그 어느 것도 없는 경우에 이행지체로 된다.

4) 이행하지 않은데 대해 채무자에게 책임 있는 사유가 있을 것

79) 대판 2001. 10. 12, 99다56192; 대판 1997. 8. 29, 97다12990.

민법은 이행불능에 대해서는 채무자의 유책사유를 요구하고 있으나, 이행지체에 대해서는 명문의 규정을 두고 있지 않다. 그러나 이행지체의 경우에도 유책사유가 필요하다고 하겠다. 채무자의 유책사유는 채무자의 고의·과실 외에 채무자의 법정대리인·이행보조자의 고의·과실도 포함한다.

귀책사유의 증명과 관련해서는 학설이 나뉘고 있다. 먼저 제1설(채무자입증설)은 채무불이행책임에서 귀책사유는 추정되므로 채무자가 자기에게 과실이 없음을 증명하여야 면책된다고 하는 입장이다. 이 견해에 의하면 채무자는 자기와 이행보조자에게 고의 ·과실이 없다는 사실을 증명해야 한다. 채무불이행책임에서는 불법행위책임에서와 달리 계약에 기초한 신뢰관계가 고려되어야 하므로 불법행위책임의 증명원칙을 그대로 도입하는 것은 옳지 않다는 입장이다.[80)]

제2설(이원설)은 원칙적으로 채무자가 귀책사유 없음을 입증해야 하지만, 확대 손해부분에 관하여는 불법행위에서와 같은 증명책임분배의 원칙에 따라 채권자 측에서 그 확대손해에 관한 채무자의 귀책사유를 입증해야 한다는 입장이다.[81)]

우리 판례는 채무자입증설을 취하는 것으로 보인다. 임차건물이 그 건물로부터 발생한 화재로 소실된 경우에 있어, 임차인이 그 이행불능으로 인한 손해배상책임을 면하려면 그 이행불능이 임차인의 귀책사유로 말미암은 것이 아님을, 즉 그 임차건물의 보존에 관하여 선량한 관리자의 주의의무를 다하였음을 입증할 책임이 있다고 한다.[82)]

생각건대 채무불이행책임에서 귀책사유는 추정되므로 채무자가 자기의 무과실을 입증하여야 면책된다고 하겠다.

---

80) 곽윤직, 100면; 김용한, 135면; 김형배, 170면; 대판 1985. 3. 26, 84다카1864..

81) 이은영, 263면; 그 근거로서, 첫째, 계약에 의해 스스로 채무를 부담한 자가 불이행에 관한 귀책사유가 증명되지 않았다고 하여 책임을 면하는 것은 원칙적으로 신의에 어긋나지만, 행위채무의 불완전이행 등으로 인한 확대손해의 배상 시에 이러한 원인이 타당하지 않다고 한다. 둘째, 채무자가 외형상 이행행위를 하였음에도 불구하고 그에 수반해야 할 주의의무를 소홀히 하여 나쁜 결과가 야기되었다는 채권자의 주장은 불법행위책임에서 피해자의 주장과 다르지 않으므로, 이때에는 채무불이행과 불법행위라는 손해발생원인에 차등을 두지 말고 양자에 공통되는 합리적인 증명책임 분배원리에 따라 처리되어야 한다고 한다. 행위채무의 불완전이행으로 야기되는 손해가 이행이익을 훨씬 초과하는 고액인 경우를 통상의 채무불이행과 같이 취급해서는 안 된다는 입장이다.

82) 대판 1991. 10. 25, 91다22605; 대판 1987. 11. 24, 87다카1575. 같은 취지: 대판1985. 3. 26, 84다카1864; 대판 1972. 11. 28, 72다982; 등.

가. 채무자의 고의·과실 : 고의란 자기의 행위로부터 이행지체라는 위법한 결과가 발생할 것을 인식하면서도 그 행위를 하는 것을 말한다. 과실은 자기의 행위로부터 이행지체라는 위법한 결과가 발생할 것을 인식했어야 함에도 불구하고 부주의로 말미암아 인식하지 못하는 것이다. 여기서 요구되는 주의는 원칙적으로 선량한 관리자의 주의, 즉 채무자의 사회적 지위, 종사하는 직업 등에서 보통 일반적으로 요구되는 정도의 주의를 말한다. 다만 무상임치(제695조) 등에서는 '자기 재산과 동일한 주의' 등으로 주의의무를 경감시키고 있다. 이들 중 선량한 관리자의 주의의무 위반을 추상적 과실이라 하고, 경감된 주의를 위반한 것을 구체적 과실이라고 한다.

나. 법정대리인·이행보조자의 고의·과실

i) 의　의 : 제391조는 "채무자의 법정대리인이 채무자를 위하여 이행하거나 채무자가 타인을 사용하여 이행하는 경우에는 법정대리인 또는 피용자의 고의나 과실은 채무자의 고의 ·과실로 본다"고 규정하고 있다. 이와 같이 귀책사유를 확장한 것은 타인을 이용하여 이익을 얻는 채무자는 동시에 그로부터 생길 수 있는 위험도 부담케 하는 것이 마땅하다는 데에 있다. 제391조는 채무불이행책임의 일반규정이며 임의규정이다. 민법이나 특별법에 다른 규정이 있는 경우 그에 의한다.

ii) 구　별 - 사용자 책임(제756조)과의 구별

사용자책임은 중간책임으로서 피용자의 선임·감독 상당한 주의를 한 경우 또는 상당한 주의로 하여도 손해가 있을 경우에는 면책된다. 법적 성질과 관련하여 대위책임설, 고유책임설의 학설이 대립하고 있다.

사용자책임의 요건으로서는, 첫째, 피용자의 가해행위가 있어야 한다.[83] 둘째로, 사용관계가 존재하여야 한다. 즉 사용 및 사무감독의 관계가 존재하여야 한다. 셋째로, 사무집행 관련성이 있어야 하는데, 현재 외형이론이 다수설의 입장이다.

83) 판례는 피용자의 과실을 요건으로 하나, 피용자의 과실을 요건으로 하지 않는다는 주장도 유력하다(이은영).

사용자책임의 효과로서는 사용자가 직접 피해자에게 배상의무를 지며, 사무감독자의 공동불법행위책임도 부담한다. 구상관계의 경우 학설이 나뉘는데 제1설은 피용자 단독책임설을 취하는바, 이에 의할 경우 전액 구상이 가능하다(곽윤직). 제2설은 피용자의 책임을 제한하자는 입장으로서, 이에 의할 경우 구상권을 제한하게 된다(이은영).

5) 이행하지 않는 것이 위법할 것

채무불이행이 되려면 위법성이 있어야 한다. 위법성은 정당한 사유, 즉 위법성 조각사유가 없으면 당연히 인정되는 소극적 요건이다. 이와 관련하여 학설이 나뉘고 있다. 먼저 제1설(위법성 요건설)은 위법성은 채무불이행책임의 성립요건으로서도 필요하다는 입장이다. 채무자에게 유치권, 동시이행의 항변권과 같은 이행의 지연을 정당화하는 사유(위법성조각사유)가 없는 경우에 위법성이 인정된다고 한다.[84]

제2설(위법성 불요설)은 귀책사유로서의 고의, 과실의 개념 속에 위법성의 요소가 포함되어 있으므로 채무불이행책임에서는 위법성을 별개의 요건으로 할 필요가 없다는 견해이다. 유치권·동시이행의 항변권과 같이 이행행위를 하지 않아도 되는 사유가 있는 경우에 불이행 및 귀책사유의 요건을 충족하지 않는 것으로 보며 이와 별도로 위법성요건은 필요하지 않는다고 한다.[85]

ⅰ) 법정대리인의 고의·과실 : 법정대리인은 친권자, 후견인, 재산관리인, 일상가사의 대리권이 있는 부부, 상속재산관리인, 유언집행자를 들 수 있다.

ⅱ) 이행보조자의 고의·과실(제391조)

① 이행보조자의 의의 : 이행보조자란 채무자의 지시에 따라 채무의 이행을 보조하는 자이다. 이행보조자와의 관계는 사실상의 관계로 충분하며 고용과 같은 채권계약이 있을 필

84) 곽윤직, 72면; 김상용, 105면; 김주수, 123면; 김증한·김학동, 91면; 정기웅, 94면.

85) 유치권이나 동시이행항변권이 있는 경우에 불이행과 귀책사유 요건이 충족되었다고 본 후에 위법성조각사유로서 책임을 면책시키는 것은 불필요한 법논리라고 한다. 불법행위의 위법성조각사유로서 열거되는 정당방위·긴급피난의 사유는 불이행의 귀책사유에서 고찰하는 것이 타당하다는 입장이다(김형배. 173면; 이은영, 247~248면).

요는 없다. 이는 크게 협의의 이행보조자와 이행대행자로 나눌 수 있다. 협의의 이행보조자는 채무자의 지휘나 명령에 따라 행위하는 자로서 고용, 위임, 도급에 의하는 경우이다. 이행대행자는 채무자의 이행을 위하여 단순히 보조하는 것이 아니라 독립하여 채무의 전부 또는 일부를 채무자에 갈음하여 이행하는 자이다.86)

채무자가 채무의 이행에 관하여 이행대행자를 사용하여도 무방한가 하는 문제에 관하여도 학설이 나뉜다. 이는 이행대행자의 행위에 대해 채무자가 책임을 지는가와 관련한 것으로, 먼저 제1설(삼분설)은 이행대행자에 의한 이행행위에 관하여 다음과 같이 세 경우로 나누어서 설명하는 입장이다.87) 첫째, 대행자의 사용이 법률규정에 의해 금지되는 경우에 대행자를 사용하면 그것만으로 곧 채무자의 책임이 생긴다. 둘째, 대행자의 사용이 법률규정에 의해 허용되거나 채권자의 승낙이 있는 경우에는 원칙적으로 대행자의 선임·감독에 과실이 있는 때에만 책임을 진다. 셋째, 대행자의 사용을 허용하는 법률이나 채권자의 승낙은 없었지만, 급부의 성질상 대행자를 사용하여도 무방한 경우에는 제391조에 의해 대행자의 고의·과실이 채무자의 고의·과실로 된다. 이 견해는 세 번째 경우의 이행대행자만을 제391조의 이행보조자로 본다.

제2설(이원설)은 이행대행자의 사용을 허용할 것인가의 문제를 고찰함에 있어서는 그 사용이 허용되는 경우와 금지되는 경우의 두 종류로 나누는 것이 유용하다는 입장이다.88) 그 근거로서, 첫째, 이행대행자의 사용을 허용할 것인가의 문제는 이행대행자에 의해서 행해지나 이행행위가 채무의 내용에 좇은 이행행위가 되는지 아닌지의 문제, 즉 제390조의 이행행위의 내용적 적합성에 관한 불이행의 문제로서 파악되어야 하며, 제391조의 귀책사유의 문제로 보는 것은 적절하지 않다고 본다. 둘째, 대행자의 이용이 금지됨에도 불구하고 대행자를 사용한 것은 곧 채무자 자신의 고의·과실에 의한 불이행이 된다. 법률의 규정, 당사자의 합의(특히 채권자의 의사) 또는 채무의 객관적 성질에 비추어 보조인이나 대행자의 사용이 금지된 경우에(예술작품의 제작·강연 등), 이행대행자를 사용하여 이행행위를 한 것은 채무내용에 적합한 이행이 되지 못하므로 불이행의 문제로 된다. 셋째, 대행자사용이 허용되는 경우에 불이행(지체·불능·불완전이행)이 존재하고 그 불이행이 대행자의 고의·과실

86) 예를 들어 수치인에 갈음하여 임치물을 보관하는 제3수치인, 임치물을 수선하거나 거기에 일정한 시설을 할 의무가 있는 임대인으로부터 도급을 받아 목적물을 수선하거나 시설을 설치하는 수급인을 들 수 있다.

87) 곽윤직, 79면; 김상용, 114면; 김용한, 133면; 김주수, 119면.

88) 이은영, 255면 이하.

로 간주된다. 삼분설이 대행자사용이 허용되는 경우에 채무자의 책임이 없다고 하거나, 채무자에게 대행자의 선임·감독에 과실이 있는 때에만 책임을 진다고 해석하는 것은 제391조의 취지에 정면으로 위배하여 채무자를 면책시키는 것이다. 대행자사용이 허용된다는 사실이 대행자의 과실에 대해 책임진다는 것을 면하게 해 주는 요인이 되지 않는다.

② 요 건 : 이행행위와 관련성이 있을 것과 이행보조자의 고의·과실이 있을 것을 요한다. 과실판단의 기준은 채무자를 기준으로 한다.

③ 효 과 : 채무자의 과실·고의로 간주된다. 책임주체는 채무자, 채권자와 채무자간에서만 발생한다. 내부관계는 법률, 계약에 의해 배상의무가 발생하게 된다. 이행보조자의 불법행위책임이 발생하게 된다.

관련판례

1) 대판 2008. 2. 15, 2005다69458

“민법 제391조의 이행보조자로서의 피용자라 함은 일반적으로 채무자의 의사관여 아래 그 채무의 이행행위에 속하는 활동을 하는 사람이면 족하고, 반드시 채무자의 지시 또는 감독을 받는 관계에 있어야 하는 것은 아니므로 채무자에 대하여 종속적인가 또는 독립적인 지위에 있는가는 문제되지 않는다(대법원 2002. 7. 12. 선고 2001다44338 판결 등 참조). 다만, 이행보조자의 행위가 채무자에 의하여 그에게 맡겨진 이행업무와 객관적, 외형적으로 관련을 가지는 경우에는 채무자는 그 행위에 대하여 책임을 져야 하고, 채무의 이행에 관련된 행위이면 가사 이행보조자의 행위가 채권자에 대한 불법행위가 된다고 하더라도 채무자가 면책될 수는 없다(대법원 1990. 8. 28. 선고 90다카10343 판결 등 참조)”

2) 대판 2002. 7. 12, 2001다44338

[1] 민법 제391조에서의 이행보조자로서의 피용자라 함은 일반적으로 채무자의 의사관

여 아래 그 채무의 이행행위에 속하는 활동을 하는 사람이면 족하고, 반드시 채무자의 지시 또는 감독을 받는 관계에 있어야 하는 것은 아니므로 채무자에 대하여 종속적인가 독립적인 지위에 있는가는 문제되지 않는다.

[2] 임대인이 임차인과의 임대차계약상의 약정에 따라 제3자에게 도급을 주어 임대차목적 시설물을 수선한 경우에는 그 수급인도 임대인에 대하여 종속적인지 여부를 불문하고 이행보조자로서의 피용자라고 보아야 할 것이고, 이러한 수급인이 시설물 수선 공사 등을 하던 중 수급인의 과실로 인하여 화재가 발생한 경우에는 임대인은 민법 제391조에 따라 위 화재발생에 귀책사유가 있다 할 것이어서 임차인에 대한 채무불이행상의 손해배상책임이 있다.

이용보조자

이용보조자는 채무자가 목적물을 이용할 때에 그 이용을 보조하는 자로서, 임차인의 가족, 동거인을 그 예로 들 수 있다. 이용보조자의 행위는 채무자(예: 임차인)의 목적물 이용권에 협력하는 행위이면서 동시에 목적물보관의무를 보조하는 행위이다. 따라서 이용보조자의 행위도 이행보조자의 행위라고 할 수도 있으나, 이용보조자는 권리행사도 보조하는 점에서 이행보조자와 다르다고 하겠다. 채무불이행의 경우에는 제391조의 적용이 가능하다.

▣ 이행보조자의 과실에 대한 책임 ▣

제한설	이행보조자이기 위해서는 그 자의 행위에 대하여 채무자가 간섭할 수 있는 가능성, 즉 그 보조자에 관하여 선임·지휘·감독을 하지 않은 경우에는 채무자의 채무불이행책임이 발생하지 않는다고 한다. 이런 경우에 채권자는 그 이행대행자에 대하여 직접 손해배상을 청구할 수 있으며 채무자에 대하여는 할 수 없다.	곽윤직
무제한설	채무자가 이행대행자를 채무이행을 위한 수단으로서 사용하였으면, 면책규정이나 면책약정이 없는 한 채무자가 그 선임·지휘·감독을 할 수 있는가에 관계없이 이행대행자의 과실에 대하여 채무불이행책임을 져야 한다는 입장이다. 주된 논거는, 첫째, 타인을 자기 채무의 이행행위를 담보하는 책임을 지므로, 이행대행자의 과실행위에 대하여 면책하는 것은 법률규정이나 특약이 없는 한 불가능하다고 해석된다. 둘째, 이행대행자의 과실행위로 채무불이행이 발생한 경우에, 채무자가 일단 손해배상을 하고 이행대행자에게 구상하는 편이 타당하다. 채무자와 이행대행자 사이에는 영업상 계속적인 거래관계가 있는 경우가 많은데. 이때에는 상계도 가능할 것이다. 채권자로 하여금 직접 이행대행자에 대하여 과실을 입증하여 손해배상을 청구하도록 하고 채무자는 면책되는 것은 부당하다. 셋째, 제391조의 적용에 있어서는 지휘를 받는 이행보조자와 이행대행자 사이에 원칙적으로 차이가 없으며, 채무자가 이행보조자의 임무수행에 대해 간접가능성을 가질 것이 요구되지 않는다. 넷째, 공익업무를 수행하는 우편·전화·전신·철도·전기의 시설을 이용하는 경우, 또는 금융기관, 운송회사, 기타 독	김상용; 김증한· 김학동; 김형배; 고상용

	립된 서비스 제공기업에 이행행위의 일부나 전부를 맡긴 경우에 언제나 면책시키는 것은 결과적으로 거래위험을 채권자에게 전가시키는 것이 되어 부당하다. 다섯째, 이행보조자에게 대리권한이 있는가, 또는 단순히 사실행위만을 보조하는가도 중요하지 않다. 이행보조자에 의해 선임·감독되는 복임보조자도 제391조의 이행보조자이다. 여섯째, 채무자가 면책되고자 한다면 채무자가 채권관계(계약)에서 탈퇴하고 이행대행자를 채무자로 하는 면책적 채무인수행위를 하여야 할 것이다. 그 밖에 면책의 법률규정(제121조, 제682조, 제701조, 제1103조), 면책약정 등이 존재하는 경우에도 채무자는 이행대행자의 과실에 대해 책임지지 않는다.	
판 례	민법 제 391조에서의 이행보조자로서의 피용자라 함은 일반적으로 채무자의 의사관여 아래 그 채무의 이행행위에 속하는 활동을 하는 사람이면 족하고, 반드시 채무자의 지시 또는 감독을 받는 관계에 있어야 하는 것은 아니므로 채무자에 대하여 종속적인가 독립적인 지위에 있는가는 문제되지 않는다. 따라서 임대인이 임차인과의 임대차계약상의 약정에 따라 제3자에게 도급을 주어 임대차목적 시설물을 수선한 경우에는 그 수급인도 임대인에 대하여 종속적인지 여부를 불문하고 이행보조자로서의 피용자라고 보아야 할 것이고, 이러한 수급인이 시설물 수선 공사 등을 하던 중 수급인의 과실로 인하여 화재가 발생한 경우에는 임대인은 민법 제319조에 따라 위 화재발생이 귀책사유가 있다 할 것이어서 임차인에 대한 채무불이행상의 손해배상책임이 있다고 한다.	대판 2002. 7. 12, 2001다 44338

관련판례

1) 대판 2006. 10. 13, 2006다39720

"임대차계약의 종료에 의하여 발생된 임차인의 임차목적물 반환의무와 임대인의 연체차임 등을 공제한 나머지 임대차보증금의 반환의무는 동시이행관계에 있으므로, 임대인이 나머지 임대차보증금의 반환의무를 이행하거나 적법한 이행제공을 하여 임차인의 동시이행항변권을 상실시키지 아니한 이상, 임차인이 임차목적물반환의무를 이행하지 아니하고 임차목적물을 계속 점유하고 있다고 하더라도, 임차인은 임대인에 대하여 임차목적물 반환의무의 이행지체로 인한 손해배상책임을 지지 아니한다(대법원 1998. 5. 29. 선고 98다6497 판결 참조)"

2) 대판 2001. 7. 10, 2001다3764

"쌍무계약에서 쌍방의 채무가 동시이행관계에 있는 경우 일방의 채무의 이행기가 도래하더라도 상대방 채무의 이행제공이 있을 때까지는 그 채무를 이행하지 않아도 이행지체의 책임을 지지 않는 것이며, 이와 같은 효과는 이행지체의 책임이 없다고 주장하는 자가 반드시 동시이행의 항변권을 행사하여야만 발생하는 것은 아니므로, 동시이행관계에 있는 쌍무계약상 자기채무의 이행을 제공하는 경우 그 채무를 이행함에 있어 상대방의 행위를 필요로 할 때에는 언제든지 현실로 이행을 할 수 있는 준비를 완료하고 그 뜻을 상대방에게 통지하여 그 수령을 최고하여야만 상대방으로 하여금 이행지체에 빠지게 할 수 있는 것이다"

3) 대판 2001. 5. 8, 2001다6053, 6060, 6077

"쌍무계약에 있어서 당사자의 채무에 관하여 이행의 제공을 엄격하게 요구하면 불성실한 상대당사자에게 구실을 주게 될 수도 있으므로 당사자가 하여야 할 제공의 정도는 그의 시기와 구체적인 상황에 따라 신의 성실의 원칙에 어긋나지 않게 합리적으로 정하여야 하는 것이며, 부동산매매계약에서 매도인의 소유권이전등기절차이행채무와 매수인의 매매잔대금 지급채무가 동시이행관계에 있는 한 쌍방이 이행을 제공하지 않는 상태에서는 이행지체로 되는 일이 없을 것인바, 매도인이 매수인을 이행지체로 되게 하기 위하여는 소유권이전등기에 필요한 서류 등을 현실적으로 제공하거나 그렇지 않더라도 이행장소에 그 서류 등을 준비하여 두고 매수인에게 그 뜻을 통지하고 수령하여 갈 것을 최고하면 되는 것이어서, 특별한 사정이 없으면 이행장소로 정한 법무사 사무실에 그 서류 등을 계속 보관시키면서 언제든지 잔대금과 상환으로 그 서류들을 수령할 수 있음을 통지하고 신의칙상 요구되는 상당한 시간 간격을 두고 거듭 수령을 최고하면 이행의 제공을 다한 것이 되고 그러한 상태가 계속된 기간 동안은 매수인이 이행지체로 된다 할 것이다"

4) **대판** 1997. 12. 26, 97다24542

"이행지체에 의한 전보배상 청구에 있어서는 다른 특별한 사정이 없는 한, 채권자는 채무자에게 상당한 기간을 정하여 그 본래의 의무 이행을 최고하고 그 이행이 없는 경우에 그 본래 의무의 이행에 대신하는 전보배상을 청구할 수 있고, 그 전보배상에 있어서의 손해액 산정의 표준시기는 원칙적으로 최고하였던 '상당한 기간'이 경과한 당시의 시가에 의하여야 한다"

5) **대판** 1997. 7. 25, 97다5541

[1] 쌍무계약의 당사자 일방이 계약상 선이행의무를 부담하고 있는데 그와 대가관계에 있는 상대방의 채무가 아직 이행기에 이르지 아니하였지만 이행기의 이행이 현저히 불투명하게 된 경우에는 민법 제536조 제2항 및 신의칙에 의하여 그 당사자에게 반대급부의 이행이 확실하여질 때까지 선이행의무의 이행을 거절할 수 있다고 보아야 한다.

[2] 대가적 채무 간에 이행거절의 권능을 가지는 경우에는 비록 이행거절 의사를 구체적으로 밝히지 아니하였다고 할지라도 이행거절 권능의 존재 자체로 이행지체책임은 발생하지 않는다.

[3] 이행거절의 권능은 어디까지나 자기 채무의 이행을 거절할 권능에 지나지 아니할 뿐 당초에 약정된 변제기를 변경시키거나 변제기의 정함이 없는 채무로 그 성질을 변경시키는 효력을 가지는 것이 아니므로 설사 이행거절 권능을 가지는 매수인이 이를 행사하지 않고 대금채무를 이행하였다고 할지라도 납부기한 전에 선납한 것에 해당한다고 볼 수 없다.

[4] 매매계약 당시 매수인들이 대금을 납부 지정일까지 납부하지 아니할 경우 그 체납액에 대하여 연체료를 가산하여 지급하기로 한 연체료 약정은 일종의 지연배상에 대한 예정으로서 이행지체책임이 발생할 때 비로소 그 지급의무가 발생한다.

(3) 효 과

이행지체가 성립하면 채권자는 강제집행권을 이용하여 현실적 이행을 강제할 수 있으며(제389조), 이로 인하여 생긴 손해의 배상, 즉 지연배상을 청구할 수 있다(제390조). 그러나 채권자가 상당한 기간을 정하여 이행을 최고하여도 채무자가 이행하지 않거나 이행후의 이행이 채권자에게 이익이 없을 때에는, 채권자는 거절하고 전보배상을 청구할 수 있다(제395조).

채무자는 책임이 가중되어 귀책사유가 없는 경우에도 이행지체 중에 생긴 손해에 대하여 책임을 분담하며(제392조 본문), 상당한 기간을 정하여 이행을 최고하여도 채무자가 그 기간 안에 이행하지 않으면 채권자는 계약을 해제할 수 있다(제544조). 그러나 채무자가 미리 이행하지 아니할 의사를 하거나 정기행위[89]인 경우에는 최고를 하지 않고 이행지체 성립 후 계약을 해제할 수 있다(제544조 단서; 제545조).

89) 계약의 성질 또는 당사자의 의사표시에 의하여 일정한 기간 안에 이행하지 않으면 계약의 목적을 달성할 수 없는 행위로서, 예를 들면 결혼식을 앞두고 이에 필요한 청첩장과 예복에 대한 주문행위를 들 수 있다.

(4) 종 료

채권이 소멸하면 그 원인을 묻지 않고 이행지체도 종료한다. 채무자가 지연배상과 함께 본래의 채무의 이행을 제공하면 지체는 종료한다.

2. 이행불능

(1) 의 의

채권이 성립할 당시에는 이행이 가능하였으나 그 후 채무자의 책임 있는 사유에 의하여 채무의 내용에 좇은 이행을 할 수 없게 된 경우를 말한다.

(2) 요 건

이행불능의 성립되기 위한 방법으로는 첫째, 채권의 성립 후에 이행이 불능으로 되었을 것, 둘째, 불능이 채무자에게 책임 있는 사유에 기하여야하고, 셋째, 이행불능이 위법해야한다.[90]

1) 채권의 성립 후에 이행이 불가능하게 되었을 것(후발적 불능)

가. 사회통념상 불능 : 민법상 불능은 절대적, 물리적 불능이 아니고 사회관념상 내지 거래관념상의 불능을 말한다.[91] 따라서 물리적으로 이행이 불가능한 경우는 물론이고 물리적

---

90) 다음의 경우는 이행불능이 성립하지 않는데, 즉 부동산의 매도인이 매수인에게 소유권이전 등기를 하여 주지 않는 사이에 제3자 앞으로 불법하게 소유권이전 등기가 된 경우에는 그 소유권이전 등기는 소송 기타의 방법에 따라 말소, 환원 여부가 결정지워질 특별한 사정이 있으므로 매도인의 매수인에 대한 소유권이전 등기의무는 이행불능이 확정되었다고 할 수 없다; 대판 1975. 7. 22, 75다450.

91) 대판 1974. 5. 28, 73다 1133; "채무불이행의 요건인 이행불능은 사회의 거래통념에 따라 정할 것이며, 반드시 물리적 불능만에 한할 것이 아니고 일반 거래실정에서 이행하는 것이 극히 곤란한 사정이 있다면 또한 불능이라고 할 것이다. 따라서 부동산의 매도인이 목적물을 제3자에게 양도하고 이전등기를 마친 경우, 매도인이 제3자에게 지상권을 설정하고 등기를 마치고 또 저당

으로는 가능하지만 지나치게 많은 비용과 노력이 드는 경우도 불능으로 된다.

나. 후발적 불능 : 이행불능이 되기 위해서는 채권이 성립한 후 불능으로 되어야 하는데, 즉 후발적 불능이어야 한다. 만약 채권 성립 당시에 이미 불능인 원시적 불능일 경우에는 채권은 성립하지 않으며, 경우에 따라 계약체결상의 과실이 문제가 된다.

다. 일부 불능의 경우 : 일부 불능일 경우에는 민법 제137조의 일부무효의 법리가 적용된다.

라. 불능의 기준시기 : 이행이 가능한지 아니면 불가능한지는 이행기를 표준으로 하여 결정한다. 이행기가 되기 전에 불능으로 되었고 이행기에 있어서도 불능한 것이 확실한 때에는 이행기를 기다리지 않고 그 때 이미 불능으로 된다. 이행지체 후에 불능으로 되는 경우에는 이행불능으로 다루어야 할 것이다.

2) 채무자에게 책임 있는 사유로 불능으로 되었을 것

민법은 이행불능에 대해 채무자의 유책사유를 명문으로 규정하고 있다(제390조 단서). 이행불능이 채무자에게 귀책사유 없이 발생한 경우에는 채무자는 채무를 면하게 된다.

3) 이행불능이 위법할 것

이행불능이 되려면 위법성 조각사유가 존재하지 않아야 한다.

(3) 효 과

이행불능이 성립하게 되면 채권자는 본래의 급부를 청구할 수 없으므로 이행강제권을 행사할 수 없고, 본래의 채권의 목적인 급부에 갈음하는 전보배상의 청구(손해배상청구권

권을 설정하고 등기를 마친 경우에는 매도인의 채무는 이행불능에 빠졌다고 하겠다".

의 발생)와 더불어 계약해제를 주장할 수 있다(제390조; 제546조). 이밖에 민법에 규정은 없지만 공평의 원칙상 채권자는 이행불능을 발생케 한 것과 동일한 원인에 의하여 채무자가 이행목적물의 대상이 되는 이익을 취득한 경우에는 채무자에게 그 이익을 상환할 권리인 대상청구권을 행사할 수 있다.

대상청구권이 성립하려면, i) 급부가 후발적인 불능이 되어야 할 것, ii) 채권의 목적물에 대하여 그것에 대신하는 이익을 취득할 것, iii) 급부를 불능하게 하는 사정의 결과로 채무자가 채권의 목적물에 관하여 '대신하는 이익'을 취득할 것, iv) 급부가 불능하게 된 객체와 채무자가 그에 관하여 '대신하는 이익'을 취득한 객체 사이에 동일성이 존재할 것 등의 요건을 충족하여야 한다.[92]

관련판례

1) 대판 2005. 9. 15, 2005다29474

[1] 소유권이전등기 말소등기의무의 이행불능으로 인한 전보배상청구권의 소멸시효는 말소등기의무가 이행불능 상태에 돌아간 때로부터 진행된다.

[2] 소유권이전등기 말소등기의무가 이행불능이 됨으로 말미암아 그 권리자가 입는 손해액은 원칙적으로 그 이행불능이 될 당시의 목적물의 시가 상당액이다.

2) 대판 2004. 2. 27, 2002다39456

[1] 건물의 규모와 구조로 볼 때 그 건물 중 임차한 부분과 그 밖의 부분이 상호 유지·존립함에 있어서 구조상 불가분의 일체를 이루는 관계에 있고, 그 임차 부분에서 화재가 발생하여 건물의 방화 구조상 건물의 다른 부분에까지 연소되어 피해가 발생한 경우라면, 임차인은 임차 부분에 한하지 않고 그 건물의 유지·존립과 불가분의 일체관계가 있

92) 대판 2003. 11. 14, 2003다35482; "대상청구권이 인정되기 위하여는 급부가 후발적으로 불능하게 되어야 하고, 급부를 불능하게 하는 사정의 결과로 채무자가 채권의 목적물에 관하여 '대신하는 이익'을 취득하여야 한다".

는 다른 부분이 소실되어 임대인이 입게 된 손해도 배상할 의무가 있다.

[2] 불법행위 등으로 인하여 건물이 훼손된 경우, 수리가 가능하다면 그 수리비가 통상의 손해이며, 훼손 당시 그 건물이 이미 내용연수가 다 된 낡은 건물이어서 원상으로 회복시키는 데 소요되는 수리비가 건물의 교환가치를 초과하는 경우에는 형평의 원칙상 그 손해액은 그 건물의 교환가치 범위 내로 제한되어야 할 것이고, 또한 수리로 인하여 훼손 전보다 건물의 교환가치가 증가하는 경우에는 그 수리비에서 교환가치 증가분을 공제한 금액이 그 손해이다.

3) 대판 2003. 1. 24, 2000다22850

[1] 채무의 이행이 불능이라는 것은 단순히 절대적·물리적으로 불능인 경우가 아니라 사회생활에 있어서의 경험법칙 또는 거래상의 관념에 비추어 볼 때 채권자가 채무자의 이행의 실현을 기대할 수 없는 경우를 말한다.

[2] 매도인의 매매계약상의 소유권이전등기의무가 이행불능이 되어 이를 이유로 매매계약을 해제함에 있어서는 상대방의 잔대금지급의무가 매도인의 소유권이전등기의무와 동시이행관계에 있다고 하더라도 그 이행의 제공을 필요로 하는 것이 아니다.

▣ 급부불능과 대상청구권 ▣

무제한설	민법에 규정이 없더라도 채권자에게 독일민법과 같은 대상청구권을 광범위하게 인정해야 한다고 주장하는 견해이다. 그 근거로서 첫째, 민법 제537조의 채무자위험부담주의에 의한 이익조절은 부분적인 것에 불과하다. 불능으로 된 채무가 부당이득반환의무 등 법정채무인 경우 또는 편무계약상의 채무인 경우에는 민법 제537조가 적용되지 않기 때문이다. 둘째, 쌍무계약에서 채권자가 대상을 얻고 반대급부를 제공하려는 의사가 있다면 이를 허용해야 한다. 셋째, 채권관계의 연장효를 인정하여 어떤 재산적 가치를 마땅히 속하여야 할 자에게 귀속시켜야 한다. 이 사상은 물상대위(제342조), 손해배상자대위(제399조), 변제자대위(제480조) 등에 표현되어 있다. 넷째, 제3자의 채권침해 및 채권자대위권으로 해결되지 않는 경우가 생긴다. 제3자의 채권침해의 법리에 의해 채권자가 충분히 보호되지 않는 경우가 생기며, 채무자 스스로 대상을 취득하려고 권리를 행사하는 경우에는 채권자대위권이 인정되지 않는다. 다섯째, 민법에 명문규정이 없더라도 대상청구권을 부인하는 취지가 아니며, 법률의 흠결로서 법보충이 필요한 사항이다.	곽윤직; 김주수; 김증한· 김학동; 김형배
제한적 인정설	대상청구권을 인정하되 민법상 명문화된 법리로 해결되지 않는 사례에 한하여 보충적으로 인정하는 견해이다. 그 근거로서, 첫째, 제3자 채권침해, 채권자대위권, 위험분담의 법리에 의하여도 합리적으로 해결되지 않는 경우에 한하여 권리의 정당한 귀속의 법리를 기초로 예외적으로 대상청구권을 인정해야 한다. 법적 근거 없는 대상청구권을 광범위하게 인정하여 문제를 안이하게 해결하기보다는 민법에 규정된 제도를 통하여 문제를 해결하도록 최대한 모색하는 것이 바람직하다. 제3자 채권침해를 이유로 채권자의 만족을 얻은 것이 기대되는 경우에는 급부불능으로 처리할 필요 없이, 바로 그 대체급부에 대한 채권을	윤철홍; 최병조

	인정할 수 있을 것이다. 대상이란 개념은 급부불능을 전제로 한 것이지만, 채권자가 대물이나 대체급부로서 채권의 만족을 얻을 수 있는 경우에는 급부불능으로 처리하지 않고 급부가 가능한 것으로 처리하는 것이 타당할 것이다(대물변제를 인정하는 것과 같은 취지임). 둘째, 쌍무계약에서 불가항력으로 인한 급부불능의 경우에 위험분담의 원칙에 따라 채권자가 목적물인도청구권을 상실하는 반면 대급지급채무도 면하므로(제537조) 크게 불합리한 결과는 생기지 않는다. 이 경우에 채권자에게 대상청구권을 인정하기보다는 채무자위험부담주의에 따라 해결하는 것이 민법의 취지에 맞을 것이다. 원래 대상은 본래 급부와 대체로 같은 가치를 갖는 것이 원칙이지만, 1990년대 우리나라에서는 토지수용가격이 실거래 가격보다 현저히 높음으로 인해 대상청구권의 문제가 일시적으로 특이한 양상으로 전개되었다. 다른 한편 대상이 본래 급부보다 가치가 높은 경우에, 채권자가 대상을 선택할 것인가 위험부담에 따른 채권관계의 소멸을 주장할 것인가를 자유롭게 선택하는 것은 채권자에게만 기회이익을 부여하는 것이어서 계약당사자의 이익형평이 깨지게 된다.	
판 례	판례는 제한적 인정설을 취하는 것으로 이해된다. 판례는 "우리 민법에는 이행불능의 효과로서 채권의 전보배상청구권과 계약해제권 외에 별도로 대상청구권을 규정하고 있지 않으나 해석상 대상청구권을 부정할 이유가 없다"고 하여 쌍무계약에서 불가항력에 의한 급부불능의 경우에, 위험부담의 법리(제537조, 제538조)를 적용하지 않고 토지매수인(사실상소유자)에게 대상청구권을 인정하였다. 이후 판례는 제한적 인정설을 취하여 쌍무계약 당사자 일방의 급부가 모두 이행불능이 된 경우, 당사자 일방이 상대방에 대하여 대상청구권을 행사할 수 없다고 한다.	대판 1992. 5. 12, 92다4581; 대판 1996. 6. 25, 95다6601

3. 불완전이행

(1) 의 의

채무자가 완전한 이행을 할 의사를 가지고 이행을 하였으나 그 이행이 채무의 내용에 좇는 것이 아니라 신의칙에 반할 때를 말한다(예: 100만원의 금전채무가 있는 자가 50만원만 지급한 경우).[93] 불완전이행의 법적 근거는 제390조라 하겠다. 제390조는 포괄적 규정으로서 모든 채무불이행의 법적 기초로서의 의미를 갖는다고 하겠다.

(2) 요 건

1) 이행행위가 있었을 것

이행행위가 전혀 없을 때에는 이행지체나 이행불능이 되며, 불완전이행 내지 적극적 채권침해의 문제는 나타나지 않는다.

2) 이행이 불완전할 것 : 이행에 하자가 있을 것

이행이 불완전하다는 것은 채무의 내용에 좇은 것이 되지 못한 것을 말하며, 이에는 급부행위의 내용뿐만 아니라, 그 방법·시기·장소 등의 어느 점에서든지 채무의 내용에 반하는 경우는 모두 포함한다. 불완전 급부의 모습은 '주는 채무'와 '하는 채무'에 따라 다르다.

가. '주는 채무'의 경우 : 이 경우는 인도된 물건에 하자가 있는 경우 문제된다. 즉 인도된 말이나 닭이 병들어 있거나, 감자종자가 잎말림병에 감염된 것인 경우 또는 수입한 면제품이 세탁하면 심하게 줄어드는 등이 하자가 있는 경우 등이다.

---

93) 이 밖에도 닭을 매수하였는데 병든 닭을 급부한 경우, 책을 구입하였는데 중간에 몇 장이 빠져 있는 경우 등이다.

나. '하는 채무'의 경우 : 이 경우는, i) '하는 채무'의 내용이 일정한 결과의 실현을 목적으로 하는 경우에 채무자가 하자 있는 결과를 발생시킨 때에 생긴다. 예로서 임차인이 임차물을 손상한 경우, 수치인이 목적물을 훼손한 경우 등이다. 또한 ii) 일정한 결과를 실현시킬 필요가 없고 그러한 결과를 위하여 최선을 다하여야 하는 경우에, 그 노력을 다하지 않는 때에 생긴다. 예로서 의사가 처방이나 수술을 잘못하였거나 변호사가 법률자문을 잘못한 경우이다.

3) 채무자의 책임 있는 사유

불완전이행을 채무불이행의 한 경우라고 생각하면, 이는 채무자의 책임 있는 사유에 의한 것이어야 한다.

4) 위법한 것일 것

채무자의 불완전한 이행이 위법한 것이어야 하는 것도 당연한 요건이다.

(3) 효 과

1) 불완전이행이 가능한 경우

불완전이행은 채무의 내용에 좇은 이행이 아니므로 비록 채권자가 일단 그것을 수령하였다 하여도 그로 인하여 채권이 소멸하지는 않으며, 채권자는 완전이행청구권을 가진다고 하여야 한다. 따라서 불완전한 이행의 제공이 있으면 채권자는 그 수령을 거절할 수 있으나 수령한 후에도 급부를 청구할 수 있다.

2) 불완전이행이 불가능한 경우

이행방법의 잘못으로 채권자에게 확대손해를 주는 동시에 급부의 목적물도 소실케 하거나 완전이행이 가능하더라도 새로운 이행이 채권자에게 아무런 이익을 주지 않는 경우에는 이행불능이 생긴다. 이 경우에는 확대손해의 배상과[94] 이행불능에 의한 전보배상만을 청구할 수 있을 뿐이다.

3) 계약해제권

완전이행이 가능한지의 여부에 따라 이행지체와 이해불능에 준하여 계약해제권을 인정한다.

4. 기타의 행위의무 위반

급부의무 이외의 행위의무, 즉 '기타의 행위의무'를 위반하는 경우도 채무불이행이 된다. '기타의 행위의무'는 법률규정이나 신의칙에 의해 발생하게 되는데, 설명의무, 안전배려의무, 보호의무 등을 들 수 있다. 설명의무의 예로서는 기계매도인이 기계사용방법 등에 대해 정확하게 설명하여 줄 의무를 들 수 있다. 안전배려의무의 예로서는 사용자가 피용자가 노무를 제공할 때에 피용자의 생명, 신체, 건강의 안전을 배려하여야 할 의무를 들 수 있다. 보호의무의 예로서는 채무자가 채권자의 고가물품을 운반하다가 바닥의 카펫을 망가뜨린 경우를 들 수 있다.

'기타의 행위의무 위반'에 의해 채무불이행이 되기 위해서는 마찬가지로 채무자의 귀책사유와 위법성이 요구된다. 이러한 요건이 충족되는 경우 채권자는 손해배상을 청구할 수 있으며, 일정한 요건 하에(계약요건의 충족시) 계약의 해제도 가능하다.

5. 여　론 - 그밖의 채무불이행 유형

민법학에서 채무불이행을 이행지체, 이행불능, 불완전이행의 세 유형으로 분류해 왔으나

---

94) 독일의 경우 휘발유 공급업자가 과실로 보통휘발유를 그의 계약상대방인 주유소 측의 고급 휘발유탱크에 주입하여 그 주유소 고객의 엔진이 손상되는 확대손해가 발생하는 경우, 휘발유공급업자는 고객에 대해 적극적 채권침해에 따른 손해배상책임을 지게 된다; 독일 연방대법원 1989. 4. 26. BGHZ 107, 249.

그 유형들로서 포섭되지 않는 사례가 발견되고 있다. 이 사례들을 묶어 새로운 채무불이행 유형을 발견해 내는 작업이 전개될 필요가 있다. 그간 민법학에서 발견된 유형으로는 부작위의무의 위반과 이행거절을 들 수 있다. 먼저, 부작위의무의 위반은 그 위반결과에 따라서 이행지체 또는 이행불능에 포섭되는 경우도 있으나, 지체나 불능으로 설명될 수 없는 경우가 많다. 건축금지에 위반하여 건물을 신축한 경우 및 경업금지의무를 위반하여 경쟁사업을 계속하는 경우 등을 지체, 불능, 불완전이행의 기존유형으로 처리하기보다는 별개의 불이행유형으로 파악하여 그 손해를 산정해 내는 편이 그로 인한 손해배상청구를 합리적으로 규율할 수 있다.[95]

둘째로는 이행거절을 들 수 있다. 채무자가 채무를 이행하지 않을 의사를 진지하고 종국적으로 표시함으로써 채권자로 하여금 객관적으로 채무자의 임의이행을 기대할 수 없게 되는 경우를 이행거절이라는 별개의 유형으로 파악해야 한다는 견해가 있다[96] 이 견해에 의하면 이행가해란 채무자의 급부가 부적절하여 이행이익을 초과하거나 이행이익과 별도의 손해를 야기한 경우를 말한다. 즉 불완전이행을 통상의 불완전이행과 부가손해가 있는 이행가해로 나누는 것이다.[97] 이러한 분류는 계속적 채권관계에서 특히 의미를 가진다고 한다.

▣ 판례상 특별사정으로 인한 손해배상의 범위 ▣

1) 불법행위로 인하여 물건이 감소된 경우 그 손해는 물건의 소실당시의 가격에 의하여 이를 정하여야 하며 그 가격에는 물건의 현재 및 장래의 있어서의 통상의 사용수익으로 인한 이익이 포함되어 있다고 보아야 하며 또 재산권의 침해로 인한 정신적 손해는 특별사정으로 인한 손해라고 볼 것이다.[98]

95) 부작위의무의 위반을 별개의 채무불이행유형으로 파악하는 것에 반대한다. 건축금지의 부작위의무위반으로 기존건물에 균열이 가는 손해는 이행가해에 해당한다고 본다; 지원림, "채무불이행유형에 관한 연구," 민사법학(15호), 1997, 399면.

96) 민법주해(9), 227면, 311면(양창수 집필부분).

97) 이행가해는 부적절한 급부와 부가적 손해 사이에 내적·사물적 관련성이 있다는 점에서 불법행위와 구별된다고 한다.

2) 매매 당시 매매목적물을 농경지인 밭으로 매매 하였다면 그 후 매수인 또는 그 전득자가 그 후 농경지인 밭으로서의 용도를 변경하여 뽕나무의 식재 또는 건물축조 등 타의 용도에 제공하는 것은 이례에 속하는 특별사정이다.[99]

3) 가해차량이 전신주를 충격하여 전선을 절단케 함으로 전기온풍기의 작동이 중지됨으로 인하여 입은 손해는 특별한 사정으로 인한 손해로서 가해자가 사고당시에 이러한 사정을 알았거나 알 수 있었을 때에만 그 책임을 부담한다.[100]

4) 도급인이 하자의 보수나 손해보상만으로는 회복될 수 없는 정신적 고통을 입었다는 특별한 사정이 있고 수급인이 이와 같은 사정을 알거나 알 수 있었을 경우에 한하여 정신적 고통에 대한 위자료를 청구할 수 있다.[101]

관련판례

1) 대판 2000. 7. 7, 97다29264

"도급인으로부터 아파트 신축공사 중 승강기의 제작·설치공사를 수급받은 원수급인이 전문건설업면허가 없는 하수급인에게 승강기의 양중작업을 하도급주어 하수급인이 그 양중작업 중 타인에게 손해를 가한 사안에서, 원수급인이 하수급인의 양중작업을 구체적으로 지휘·감독하였다고 할 수 없으며 구 건설업법시행령(1992. 12. 26. 대통령령 제13789호로 개정되기 전의 것)상 양중업은 전문건설업면허 대상이 아니어서 그 양중작업을 전문건설업면허가 없는 자에게 맡겼다는 것만으로 원수급인에게 도급 또는 지시에 관하여 중대한 과실이 있다고 할 수 없으므로 원수급인에게 사용자 또는 도급인으로서의 불법행위책임을 지울 수 없고, 하수급인이 원수급인의 승강기의 제작·설치공사 중의

98) 대판 1971. 2. 9, 70다2826.
99) 대판 1973. 3. 13, 72다2207.
100) 대판 1995. 12. 12, 95다11344.
101) 대판 1993. 11. 9, 93다19115.

일부에 관한 이행대행자에는 해당되지만 도급인에 대한 원수급인의 승강기의 제작·설치 채무 자체는 계약의 내용대로 이행되었으므로 원수급인에게 불완전이행 등의 채무불이행책임도 물을 수 없다"

2) 광주고판 1981. 3. 11, 80나388(제2민사부)

"원고들은 각 주소지에서 양계업을 경영하는 사람들이고, 피고는 그 주소지에서 (상호생략)농장이라는 상호를 걸고 병아리 부화 및 판매를 영업으로 해온 사람인데, 1978. 2. 21.부터 같은 해 4. 25.까지 사이에 피고로부터 원고 1은 육계 하바드종 초생추 7,000수를, 원고 2는 같은 종류의 초생추 11,000수를, 원고 3은 같은 종류의 초생추 8,100수를, 원고 4는 같은 종류의 초생추 6,200수를 각 매수하고 이를 인도받아 원고들의 양계장에서 사육하여 오다가 원고들 각자가 인도받은 병아리의 절반가량에 전염성 활액낭염이 발병하여 사육을 시작한 때로부터 40일 전, 후하여 같은 수의 병아리가 슬관절, 익관절, 발바닥 종창, 기립불능, 다리 파행 등의 병증 끝에 폐사한 사실, 위와 같이 원고들이 분양받은 초생추에 발생된 활액낭염은 그 병원균인 살모렐라균과 전염성 관절활막염균이 병원체인 종계로부터 산란된 계란에 감염되어 있다가 이 계란에서 부화되는 초생추에 옮겨지는 경로로 전염되는 사실을 인정할 수 있고, 위 인정사실에 일부 배치되는 을 제1호증의 1, 2, 동 제2호증 내지 제4호증의 각 기재내용과 증인 소외 7, 8, 9, 10, 11, 12의 제1심 및 당심에서의 각 증언은 위에서 믿은 증거에 비추어 배척하고 달리 반증이 없다. 위 인정사실에 의하면, 병아리 부화 및 판매업자인 피고는 양계업자인 원고들과 사이에 맺은 앞서본 초생추 공급계약의 본지에 좇아 원고들에게 건강한 병아리를 인도하여야 할 계약상 의무에 위반하여 전염성 활액낭염이 감염된 병아리를 인도하여서 채무의 불완전이행을 한 것이므로 특별한 사정이 없는 한, 불완전이행으로 인하여 원고들이 입게 된 손해를 배상할 책임이 있다고 할 것이다"

▣ 채무불이행의 요건과 효과 ▣

<table>
<tr><th rowspan="2">유 형</th><th colspan="2">요 건</th><th rowspan="2">효 과</th></tr>
<tr><th>공 통 요 건</th><th>개 별 요 건</th></tr>
<tr><td>이행지체</td><td rowspan="4">1) 채무자의 유책사유(채무자의 고의 · 과실 이외에 이행보조자 등의 고의 · 과실 포함)

2) 위법성(정당화사유가 없을 것)</td><td>1) 이행기의 도래
2) 이행이 가능할 것
3) 이행이 없을 것</td><td>1) 손해배상청구권의 발생(지연배상이 원칙/ 예외적으로 전보배상)
2) 계약의 경우 해제권발생</td></tr>
<tr><td>이행불능</td><td>후발적 불능일 것</td><td>1) 손해배상청구권의 발생(전보배상)
2) 계약의 경우 해제권 발생
3) 대상청구권의 발생(유책사유 없는 경우 포함)</td></tr>
<tr><td>불완전급부</td><td>1) 이행행위가 있었을 것
2) 이행에 하자가 있을 것</td><td>1) 손해배상청구권의 발생
2) 계약의 경우 해제권 발생</td></tr>
<tr><td>'기타의 행위의무' 위반</td><td>'기타의 행위의무' 위반이 있을 것</td><td>1) 손해배상청구권의 발생(전보배상)
2) 계약의 경우 해제권 발생</td></tr>
</table>

Ⅲ. 채권자지체

1. 개 념

채무자가 채무내용을 실현하기 위하여서는 다소간에 채권자의 협력을 필요로 하는 경우가 매우 많다. 즉 부작위채무에 있어서는 그 채무의 이행에 채권자의 어떤 협력을 필요로 하지 않으나, 그 밖의 채무에 있어서는, 예컨대 채권자가 공급하는 재료에 가공하는 것과 같은 채무에 있어서는 물론이고, 금전을 지급하는 채무에 있어서 조차 다소의 협력이 필요하다. 그런데 채무자가 자기의 부담하는 채무를 이행하기 위하여 채무내용에 좇은 이행의 제공을 하였음에도 불구하고, 채권자의 협력이 없기 때문에 이행이 완료되지 못하고 따라서 채무자는 여전히 채무에 구속되며 이행의 지연으로 발생하는 부담, 불이익 등을 모두 채무자가 부담한다면 불공평하게 된다. 이에 신의칙에 따라 채권자 채무자 사이의 이해관계를 조절해서 공평하게 처리하기 위하여 민법이 두고 있는 제도가 채권자지체이다. 이는 수령지체라고 일컫는다. 즉, 채무의 이행에 있어서 급부의 수령 기타의 채권자협력을 필요로 하는 경우에 채무자가 채무의 내용에 좇은 제공을 하였음에도 불구하고 채권자가 그것을 수령하지 않거나 기타의 협력을 하지 않기 때문에 혹은 협력을 할 수 없기 때문에 이행이 지연되고 있는 상태에 있는 것이 채권자지체 내지 수령지체이다.

2. 법적 성질

민법은 제400조에서 채권자지체의 개념을 규정하고 있다. 제401조 내지 제403조에서 그 책임의 내용을 규정하고 있으나 그밖에 채권자지체의 성질에 관한 규정을 두지 않고 있기 때문에 채권자지체의 본질을 채무불이행의 일종으로 보느냐 그렇지 않으면 신의칙에 기인한 법정책임으로 보느냐에 관하여 학설의 대립이 있다. 그 중에서 어느 입장을 취하느냐에 따라 채권자지체의 요건 면에서 채권자의 귀책사유를 필요로 하느냐의 여부와 효과 면에서 채무자의 손해배상 청구권 계약해제권을 인정하느냐의 여부 등의 차이가 생긴다.

채권자지체의 본질을 채권자의 협력의무 특히 수령의무의 위반으로서 파악할 것인가의 여부에 관하여 학설이 나뉘고 있다. 이는 채권자지체의 효과로서 무엇이 발생하느냐는 문제와도 관련이 있다. 먼저 제1설(법정책임설)은 채권의 권리성을 강조하여 특약 관습이 없는 한 채권자에게는 수령의무가 없고 채권자지체의 본질은 이행지연으로부터 생기는 불이익을 채권자에게 부담시키는 것을 공평의 관념에서 신의칙상 법이 특히 정한 법정책임이라고 한다.[102] 제2설(채무불이행책임설; 판례의 입장)은 채권자지체를 채권자의 채무불이행이라고 본다.[103] 즉 채권은 권리로서 채권관계로부터 고립하는 것이 아니라는 채권관계협동체이론이 채용되어 신의칙을 더욱 강조하여 채권자도 급부의 실현에 협력하여야할 의무 즉 수령하여야할 법률상의 의무를 부담한다고 하여 이 수령의무의 위반을 채권자로서의 채무불이행으로 보고 이러한 채무불이행이 수령의무의 본질이라고 한다. 제3설(절충설)은 채권자의 일반적 수령의무는 인정하지 않으나 매매, 도급, 임치에서는 채권자에게 예외적으로 수령 또는 인수의무를 인정하자는 입장이다.[104]) 제4설은 채권자의 수령의무를 법적인 채무로 이해한 뒤 수령지체로 인한 불이익은 채권자에게 유책사유가 있느냐의 여부에 따라 다르다 할 것으로 유책사유가 없는 경우에는 민법이 명시적으로 규정하는 효과만 인정하고, 유책사유가 있는 경우에는 채무자에게 계약해제권 및 손해배상청구권을 인정한다.[105]

생각건대 이상의 구별을 전제로 한다면 수령의무 일반에 대해서는 인정할 수 없으나 채무에 내용에 좇은 급부로서 수령하여야 할 것을 채권자가 인수하지 않아서 채권자가 심대한 손해를 입었는데도 수령지체의 효과로서 처리할 수 없는 경우에 신의칙상 부수의무로서 채권자에게 인수의무를 인정하여 그러한 경우에만 일종의 채무불이행으로서 인수지체에 관하여 채무자에게 손해배상청구권과 계약해제권을 인정하여야 한다. 다만 채무자에게 해제권을 인정하기 위해서는 인수의무가 당해 계약의 주된 의무 또는 그 일부를 구성한다고 생각될 경우 혹은 매도인 측에게 매수인의 반대채무불이행과 마찬가지의 불이익이 발생하고

---

102) 김증한·김학동, 174면; 이은영, 402~403면.

103) 곽윤직, 97면; 김용한, 170면.

104) 이 설은 수령과 인수를 구별할 필요가 있다고 한다. 즉 수령은 채권자의 의사에 관한 것으로서 채권자가 자기의 의사에 의하여 목적물에 소유권을 관념적으로 자기에게 이전시키는 것을 의미하며 반드시 점유의 이전을 수반할 필요가 없는데 반하여, 인수는 채권자의 실현의 행위이며 목적물이 동산인 경우에는 목적물을 유체적으로 가져감으로서 점유권이 현실적으로 채권자에게 이전하는 것을 의미하며 부동산인 경우에는 등기를 완료하고 등기필증의 환불을 받고 완전한 물권변동이 생김으로서 비로소 인수한 것이 된다(김형배, 304면). 독일민법에서는 매수인 도급인의 인수의무를 인정하고 있다. 인수란 채권자가 채무자로서 협력하는 현실적 유체적 행위이며 현실의 인수를 말한다. 한편 수령이란 채권자가 권리자로서 협력하고 채무자의 급부를 승인하는 행위이며 이것은 현실인도가 없는 점유개정을 포함한다. 독일에서는 채무자는 일반적으로 수령의무는 없고 수령지체는 과실을 요하지 않는다는 것이 통설의 입장이다.

105) 김상용, 223면.

있는 경우가 아니면 안 된다. 이 인수의무는 매매, 도급, 임치의 경우 매수인, 도급인, 임치인에게 인정되어야 할 필요성은 없다. 일반채권자에 대해서는 채권자지체의 효과로서 충분하다.

▣ 채권자지체의 본질 ▣

채 무 불이행설	채권자의 수령의무를 일반적으로 인정하고 채권자지체의 효과를 그 수령의무위반에 따른 채무불이행책임으로 해석하는 입장이다. 이 견해는 채권자지체를 채무불이행의 한 종류로 본다. 채권자지체의 요건으로서 「채권자의 귀책사유」를 요구하며, 채권자지체의 효과로서 채무자에게 손해배상청구권과 계약해제권과 같은 적극적인 효과가 발생한다고 본다. 그 근거로서는 첫째, 양 당사자는 채권관계를 성립시킴에 따라 자동적으로 신의칙에 따른 쌍방적인 의무를 지게 된다는 것을 든다. 신의성실의 원칙에 따라 양 당사자의 이익조정 내지 채무자의 이익을 보호하기 위한 전제로서 채권·채무관계를 양 당사자가 공동 목적의 달성을 위해 협력하여야 할 공동체관계로 파악한다. 둘째, 민법의 채권자지체에 관한 규정들이 채무불이행책임에 관한 규정들에 연속하여 위치하고 있는 것은 그 성질이 채무불이행에 해당함을 말해 준다고 한다.	곽윤직; 주석민법; 임정평. 김상용 (변형된 채무불 이행설을 취하는 것으로 이해된다)
법 정 책임설	채권자지체에 따른 책임은 채무불이행책임과는 다른 법정책임으로서 채권자가 수령하지 않더라도 법률에 규정된 효력만 발생하며 그 이상의 손해배상책임이나 계약해제권은 발생하지 않는다는 견해이다. 채권자지체제도는 채무자를 채무불이행책임으로부터 면제하고, 이익형편의 원칙에 따라 수령의 지연으로 인한 불이익을 채권자에게 부담시키도록 법이 규정하는 데에 있다고 본다. 그 근거로서는 첫째, 채권의 행사·불행사는 채권자의 자유로서, 법률·관습·특약으로 수령의무가 부과되지 않는 한 채	김준호; 양창수

권자는 수령할 법적 의무를 지지 않는다. 둘째, 채권자에게 귀책사유가 없는 경우에도 채권자지체의 효과를 인정하는 것이 채무자의 이익보호에 앞서게 된다. 셋째, 채권자지체의 효과로서 채무자에게 계약해제권을 인정하지 않더라도 채무자에게 심한 불이익이 생기는 것은 아니다. 쌍무계약에서 채권자지체에 빠져 있는 채권자는 대개 자기가 부담하는 반대급부도 이행하지 않고 있으므로, 채무자는 그 반대급부의 불이행을 이유로 계약해제 및 손해배상을 청구할 수 있기 때문이다. 민법 제400조 이하의 규정은 법정책임설을 기초로 하여 이해하는 것이 바람직하다고 한다. 그 근거로서, 첫째, 채권자지체제도는 채권자 측의 사정으로 이행이 완료되지 못한 경우에 채무자에게 채무불이행책임을 면하게 해 주는 이외에 수령지체 중 생긴 불이익을 채권자에게 부담시키고자 하는 제도이다.

둘째, 채권자지체는 채권자 측의 사유로 인한 것이면 충분하고, 채권자의 귀책사유를 요하지 않는다고 해석된다. 이렇게 새기는 것이 채무자의 보호는 물론 당사자 간의 공평한 이익조정에 적합하다. 민법 제400조가 채권자지체의 요건으로서 귀책사유를 규정하고 있지 않으므로, 결국 귀책사유와 관계없이 채권자지체의 효과가 발생하는 것으로 새겨야 옳다.

셋째, 채권자지체로 채무자에게 발생한 손해는 대부분의 경우 민법 제403조의 증가비용에 해당하게 되므로 채무자에게 따로이 손해배상을 허용할 실익이 적다. 쌍무계약에서 그 이상의 손해가 우려되는 경우에 채무자는 상대방의 반대채무의 불이행을 이유로 계약해제와 손해배상을 청구할 수 있고, 그 밖에 공탁권과 매각권을 행사 할 수도 있으므로, 구태여 채권자지체를 이유로 손해배상청구를 할 실익이 적다(제487조, 제490조).

넷째, 채권자지체만을 원인으로 한 계약해제는 인정할 필요가 없다. 비교법적으로 보더라도 독일법, 영미법에서 모두 매

	매계약에서의 인수지체로 인한 계약해제권을 부정하고 손해배상청구권만을 인정하고 있다. 우리 민법은 계약해제권의 발생을 이행지체와 이행불능에 한정해서 규정하고 있어(제544조, 제546조) 채권자지체의 경우에까지 계약해제권이 발생한다고 해석하는 것은 무리이다. 다만 채권자의 협력이나 수령이 채권관계에서 매우 중요한 의미를 갖는 경우에는 특약, 약관, 거래관행, 법률의 규정에 의해 채권자의 불수령이나 협력거절에 따른 추가의 손해배상, 위약벌, 계약해제권의 발생 등의 효과를 부가시킬 수 있다. 다섯째, 쌍무계약에서 채권자지체 시에 채권자의 귀책사유에 관계 없이 위험이전이 일어나도록 하는 것이 공평하다. 채권자지체는 쌍무계약에서 목적물의 멸실에 따른 위험의 부담을 채무자로부터 채권자에게 이전시키는 역할을 하는데(제538조), 법정책임설을 취함으로써 채권자 측의 사정으로 이행이 완료되지 못한 경우에 귀책사유에 관계 없이 위험이 채무자로부터 채권자에게 이전되도록 해야 한다.	
절충설	채권관계에 관한 일반원칙으로서는 수령의무와 그의 위반에 따르는 손해배상책임을 인정하지 않는 법정책임설의 논지에 따르나, 매매・도급・임치 등의 계약에 한정하여 채권자(매수인・도급인・임치인)에게 신의칙에 기한 인수의무를 인정하자는 입장이다. 이는 채권관계의 유형에 비추어 공평성을 유지하기 위함이라고 한다. 인수의무(수취의무)는 목적물을 받는 것만을 의미하며, 채권자의 일체의 협력행위를 뜻하는 수령의무와는 구별되는 개념이라고 한다. 인수행위는 인수의무를 전제로 한 것으로서 채권자에게 귀책사유가 있는 경우에만 손해배상의무가 발생한다고 본다.	김형배(2판); 정기웅

3. 요 건

(1) 채무의 이행에 있어서 채권자의 협력을 필요로 하는 채무일 것

채무자의 이행 행위만으로서 이행이 완료되고 채권자의 협력이 필요 없는 경우에는 채권자지체의 문제는 생기지 않는다.

(2) 채무의 내용에 좇은 이행의 제공이 있을 것

이행의 제공이 없거나 이행의 제공이 채무의 내용에 좇은 것이 아닌 때에는 채권자지체는 성립하지 않는다. 따라서 채무자는 원칙적으로 현실의 제공을 하여야 한다. 다만, i) 채권자가 미리 변제받기를 거절하거나, ii) 채무의 이행에 채권자의 행위를 요하는 경우에는 구두의 제공으로 하더라도 무방하다. 채권자의 변제받지 않을 의사가 확고한 경우에는 구두의 제공조차 필요하지 않다.[106]

(3) 채권자가 채무자의 이행의 제공을 받을 수 없거나 받지 않을 것

채권자지체로 되려면 채권자의 이행을 받을 수 없거나(수령불능) 또는 수령을 받지 않아야 한다(수령거절)(제400조). 여기에서의 수령불능은 채무자가 이행을 할 수 있는 것(이행가능)을 전제로 하며 채무자가 이행할 수 없기 때문에(이행불능) 수령할 수 없는 것은 포함되지 않는다.

수령거절 및 수령불능의 이유는 묻지 않는다. 수령거절이란 예컨대 사용자가 공장을 폐쇄하고 노동자의 취업을 거절하거나 매매계약의 매수인이 목적물의 인수를 거절하는 것과 같은 것이다. 다음에 수령불능이란 예컨대 사용자의 실화에 의하여 공장이 소실되었기 때문에 노동자의 취업을 받아들일 수 없는 것과 같은 것이다. 그러나 이행불능이 원인이 되

---

106) 우리 판례는 구두의 제공조차 필요 없는 경우라 하더라도, 이는 그로써 채무자가 채무불이행책임을 면한다는 것에 불과하고, 제528조 제1항 제2문의 "채권자의 수령지체 중에 당사자 쌍방의 책임 없는 사유로 이행할 수 없게 된 때"에 해당되기 위해서는 현실제공이나 구두제공이 필요하다는 입장을 취하고 있다: 대판 2004. 3. 12, 2001다79013.

어 수령이 불가능한 경우에는 채권자지체가 되는 수령불능이 아니다. 그러나 이행불능과 여기서 말하는 수령불능과의 불능은 곤란한 일이 많다.

현재 우리나라의 통설은 이행의 장애가 채권자 채무자의 어느 쪽의 영향범위 내지 사업범위에서 발생 또는 결과를 일으켰느냐를 기준으로 하여 그것이 채권자 측에 있으면 수령불능이 되며 채무자 측에 있으면 이행불능이 된다는 것이 공평에 맞는다고 입장을 취하고 있다.

(4) 채권자의 귀책사유

이론상 문제가 되는 것은 수령거절 수령불능이 채권자의 귀책사유에 기인할 필요가 있느냐 하는 것이다. 채권자지체를 신의칙에 기인한 법정책임이라고 하는 입장에서는 채권자의 고의 과실 기타의 귀책사유는 요건이 되지 않는다. 수령의무를 따라서 의무위반을 문제로 하지 않는 이상 과실의 문제도 있을 수 없기 때문이다. 채권자지체를 과실 책임주의의 원칙이 지배하는 채무불이행의 일종으로 보는 다수설의 입장에서는 당연히 귀책사유가 필요하게 된다.

(5) 채권자의 수령불능 또는 수령거절이 위법일 것

채무자의 이행의 제공이 채무의 내용에 적합한 것이 아닐 때에는 채권자가 수령을 거절하는 것은 법률상 당연한 일이며 위법성이 없다. 따라서 이와 같은 때에는 수령거절을 하더라도 채권자지체로 되지 않는다.

관련판례

대판 2004. 3. 12, 2001다79013

[1] 민법 제538조 제1항 소정의 '채권자의 책임 있는 사유'라고 함은 채권자의 어떤 작위나 부작위가 채무자의 이행의 실현을 방해하고 그 작위나 부작위는 채권자가 이를 피할 수 있었다는 점에서 신의칙상 비난받을 수 있는 경우를 의미한다.

[2] 민법 제400조 소정의 채권자지체가 성립하기 위해서는 민법 제460조 소정의 채무자의 변제 제공이 있어야 하고, 변제 제공은 원칙적으로 현실 제공으로 하여야 하며 다만 채권자가 미리 변제받기를 거절하거나 채무의 이행에 채권자의 행위를 요하는 경우에는 구두의 제공으로 하더라도 무방하고, 채권자가 변제를 받지 아니할 의사가 확고한 경우(이른바, 채권자의 영구적 불수령)에는 구두의 제공을 한다는 것조차 무의미하므로 그러한 경우에는 구두의 제공조차 필요 없다고 할 것이지만, 그러한 구두의 제공조차 필요 없는 경우라고 하더라도, 이는 그로써 채무자가 채무불이행책임을 면한다는 것에 불과하고, 민법 제538조 제1항 제2문 소정의 '채권자의 수령지체 중에 당사자 쌍방의 책임 없는 사유로 이행할 수 없게 된 때'에 해당하기 위해서는 현실 제공이나 구두 제공이 필요하다(다만, 그 제공의 정도는 그 시기와 구체적인 상황에 따라 신의성실의 원칙에 어긋나지 않게 합리적으로 정하여야 한다).

▣ 변제제공과 채권자지체와의 관계 ▣

채무 불이행설	채권자지체의 경우 변제제공 이외의 귀책사유를 요건으로 하므로 양 제도는 별개의 제도로 파악하게 된다. 효과면에서도 변제의 제공은 소극적인 효과인 채무불이행책임을 면하게 하는데 그치지만(제461조), 채권자지체는 적극적으로 손해배상과 계약해제권을 발생시킨다고 본다.	곽윤직
법정 책임설	변제제공을 하고 채권자의 수령이 없으면 채권자지체의 요건을 충족하게 되므로, 양 제도의 관계가 밀접하게 된다. 변제제공과 채권자지체는 하나의 상황을 법적 효과면에서 채무불이행책임의 면제와 채권자의 추가비용부담 등이라는 별개의 측면에서 고찰한 것이라고 본다. 따라서 법정책임설에 의하면 변제제공의 효과와 채권자지체의 효과를 종합적으로 고찰하는 것이 거래의 필요성에 적합하다는 결론에 이르게 된다.	김형배; 변제제공과 채권자지체의 효과는 구별되어야 하며, 「채무자의 불이행책임의 면제」, 「변제공탁권」은 변제제공의 효과라고 한다.

4. 효 과

채권자지체의 효과는 이행의 제공이 있은 때로부터 지체의 책임을 지는 것이다. 채권자지체의 책임으로 민법이 규정하는 바는 다음과 같다.

(1) 손해배상청구권의 발생

통설은 채권자지체를 일종의 채무불이행으로 파악하므로 채무자에게는 채권자지체로 생긴 손해배상의 청구를 인정한다(제390조, 제393조). 그러나 채권자지체를 신의칙에 기인한 법정책임이라고 보는 소수설은 이러한 손해배상청구권을 인정하지 않는다.

(2) 계약해제권의 발생

통설의 입장에서는 채무자는 수령의 가능한 경우에는 상당한 기간을 정하고 수령을 최고한 다음에 또 정기행위의 경우와 수령이 불가능한 경우에는 최고 없이 곧 계약을 해제할 수 있다(제544조, 제546조). 소수설의 입장에서는 이 계약해제권을 인정하지 않는다.

(3) 주의의무의 경감

채무자는 채권자지체 중에는 주의의무가 경감되어 고의 또는 중대한 과실의 대해서만 책임을 진다(제401조). 예를 들어 수치인이 임치인에게 보관 중인 건고추를 속히 처분하지 않으면 벌레가 먹어 못쓰게 되니 빨리 처분하든지 인도받아 가라고 요구하였다면 이는 임치계약을 해지하고 임치물의 회수를 최고한 의사표시라고 볼 여지가 있고 이에 대하여 임치인이 시세가 싸다는 등의 이유로 그 회수를 거절하였다면 이때로부터 수령지체에 빠진 것이라 할 수 있다.[107]

107) 대판 1983. 11. 8, 83다카1476.

(4) 이자의 정지

채무자는 채권자지체 중에는 이자있는 채권이라도 이자를 지급할 의무가 없다(제402조).

(5) 채권자의 책임의 가중

채권자지체로 인하여 채권의 목적물의 보관 또는 변제의 비용이 증가된 때에는 그 증가액은 채권자의 부담으로 한다(제403조).

(6) 쌍무계약의 있어서의 위험이전

채권자의 수령지체 중에 당사자 쌍방의 책임 없는 사유 즉, 불가항력으로 인하여 이행불능으로 된 때에는 그 위험은 채권자가 부담하고 채무자는 상대방의 이행을 청구할 수 있다(제538조 제1항 본문). 민법의 채무자위험 부담주의(제537조)에 대한 예외이다.

(7) 공탁권

채무자는 채무의 목적물이 공탁에 적당할 경우 채권자지체의 상태에 있으면 이를 공탁하여 채무를 면할 수 있다(제487조). 공탁에는 반듯이 채권자지체를 요건으로 하지 않지만 채권자지체에 있을 때에는 공탁할 수 있는 것은 명백하다.

5. 종　료

다음의 사유에 의해 채권자지체는 종료하게 된다.

(1) 채권의 소멸

채무의 면제, 변제, 이행불능 등에 의하여 채권이 소멸한 때에는 채권자지체도 종료케

된다.

(2) 채권자지체의 면제

채무자가 채권자지체를 면제한 때에는 채권자지체는 종료한다. 채권자지체의 면제는 채무의 면제(제506조)와 대비할 때, 채무자의 일방적 의사표시에 의하여 할 수 있다고 해석하여야 할 것이다.

(3) 채무불이행의 발생

채권자지체 후에 채무자의 귀책사유로 이행불능이 되면 채권자지체는 종료한다.

(4) 지체의 제거

채권자가 앞서 거절한 이행의 제공에 대하여 채권자지체 중의 모든 효과를 승인하고 새삼 수령할 의사를 표시하거나 또는 이행에 필요한 협력의 준비를 하고 수령의 최고를 한때에는 그때부터 지체는 제거된다.

제6절

채무불이행의 효과로서의 손해배상책임

Ⅰ. 손해배상책임론 개설

1. 손해배상책임의 발생

채무불이행이 채무자의 책임 있는 사유로 인한 경우에 채권자는 그 불이행으로 인한 손해배상을 청구할 수 있다. 채무불이행에 의한 손해는 원칙으로 금전으로 배상하여야 하지만 당사자 간에 다른 의사표시가 있는 때에는 그 합의에 따른다. 그러나 채무불이행이 있다는 사실만으로서 곧 손해배상을 청구할 수 있는 것은 아니다. 즉 채무불이행의 사실이 있어도 손해가 발생하고 있지 않으면, 손해배상을 청구하지 못한다. 또한, 채권자가 발생을 입증하지 못하면 그 배상을 청구하지 못한다.

2. 손해배상의 범위에 관한 이론

(1) 각국에서의 손해배상에 관한 논의[108)]

108) 이은영, 277면 이하.

1) 독일의 경우

가. 일반원칙 : 독일 민법은 손해배상의 내용에 관하여 통일주의에 따라 채무불이행과 불법행위에 공통하는 손해배상원칙을 규정하고 있다. 다만 위자료 등에 관하여 불법행위의 특칙을 두고 있다. 배상방법에 관하여는 원상회복의 원칙을 취하여 배상의무를 발생케 한 사정이 없었더라면 존재하였을 상태로 회복하여야 할 것을 원칙으로 하고, 원상회복이 불가능하거나 배상에 불충분한 경우에 금전배상을 보충적으로 허용하고 있다.

나. 인과관계론 : 인과관계론은 책임성립과 배상범위결정의 양자에 걸쳐 결정적인 역할을 담당해 왔다. 이와 관련한 학설 및 판례의 변화는 다음과 같다.[109]

i) 조건설 : 독일 민법 제정 후 초기에는 원인사실과 자연적 인과연결이 있는 손해라면 그 연결에 대해 아무런 규범적 판단을 하지 않고, 곧 인과관계를 긍정하여 배상책임을 부과하는 조건설이 주장되었다.

ii) 법적 인과관계론 : 손해배상책임에서의 인과관계는 자연적 인과관계가 아닌 법적 인과관계라는 개념은 배상범위 제한규정이 없는 독일법 아래에서 부당하게 확대될 우려가 있는 배상범위를 적당한 범위로 제한하는 기능을 담당하게 되었다. 조건설에 의할 경우 무한히 확대되는 인과연속으로 말미암아 배상범위가 지나치게 넓어지는 문제를 야기하므로, 법적 인과관계론이 전재되어 인과관계를 규범적으로 파악하고 타당한 범위 내로 축소시켰다.

iii) 상당인과관계설 : 법적 인과관계론에서는 어떤 이론적 기초 아래 인과관계에 대한 법적 제한을 할 것인가가 논의되었는데, 상당인과관계설은 연속되는 인과관계 중에서 「상당성 있는」 인과관계만이 법적인 인과관계에 해당하므로 그의 범위 안에서 발생한 손해에 한해서 배상되어야 한다고 설명하였다. 어떤 결과발생에 불가결의 조건이 된 행위나 사건이라도 그것이 동종의 결과가 발생할 객관적 가능성을 높게 만든 원인이 된 때에만 상당성 있는 인과관계로서 인정된다고 한다. 원인행위로 인한 후속적인 결과는 그것이 통상적이

109) 독일에서의 학설 및 판례의 소개와 관련해서는, 이은영, 295면 이하.

아니고 원인으로부터 매우 멀기 때문에 일반인의 생활경험상 예상할 수 없는 것인 때에는 손해배상의 대상에서 벗어난 것으로서 누구에게도 그것에 대한 책임을 지울 수 없는 「완전한 우연」으로 다루어져야 하기 때문이다. 인과관계의 상당성의 판단은 판단자가 원인사실의 시점으로 거슬러 올라가서 최상의 통찰력을 갖춘 관찰자의 입장에서 그의 생활경험에 따라 예상할 수 있는 모든 사정을 기초로 함을 원칙으로 하고, 그 밖에 행위자가 인식한 사정도 판단기초로 포함해서 행해진다. 그러나 최상의 통찰력을 갖춘 관찰자를 기준으로 할 경우, 인과관계의 무한한 연속을 제한하고자 하는 목적을 달성하기 어렵게 된다.

ⅳ) 위법성관련설 : 위법성관련에 의해 배상범위를 결정하려는 이론이다. 이 위법성관련설은 배상책임의 근거가 되는 행위가 당해 결과의 발생을 방지하기 위해 금지된 것이냐, 즉 위법성을 띤 것이냐를 문제삼아 배상책임을 그 위법행위에 연결시킨다. 우선 구성요건의 단계에서 그 원인행위가 그 피해자에 대한 관계에서 위법성을 띠는가가 심사되어야 하고, 그 다음으로 침해된 법익과의 사이에서 위법성을 띠는가가 심사되어야 한다고 설명한다. 위법성 개념은 상대적이므로 동일한 행위가 어떤 자에 대한 관계에서는 위법하지만 다른 자에 대한 관계에서는 적법할 수 있으며, 또한 동일인에 대하여도 어떤 법익이나 어떤 침해형태의 경우에만 위법하고 그 밖의 경우에는 적법할 수 있다고 한다.[110)]

ⅴ) 규범목적설 : 규범목적설(Die Lehre von Schutzzweck der Norm)은 최초에 라벨(Rabel) 교수에 의하여 주로 계약위반의 경우를 위하여 주장되었고, 그 후에 폰 캐머러(v. Caemmerer) 교수에 의해 불법행위책임에서 더욱 발전되어 많은 지지를 얻게 되었다. 규범목적설은 규범은 특정한 이익을 고려하여 그 보호법익의 침해에 대비하여 만들어진다는 규범의 상대적 보호이론에서 출발하고 있으며,[111)] 배상책임에서 「구체적인 손해배상청구권의 근거가 된 규범의 보호목적」을 고려하자는 입장이다.[112)] 계약상의 의무나 법률상의 책

---

110) 위법성관련설의 문제제기와 이론전개는 규범목적설에로 연결된다. 1987년에는 배상범위가 손해, 보호범위, 상당인과관계의 세 가지에 의해 결정되며, 위법성관련이란 규범목적과 보호범위를 포괄하는 개념이라고 설명한다. 위법성관련설이 오스트리아의 Ehrenzweig, Wilburg 등의 이론이며, 이것이 규범목적설의 기원이라고 한다.

111) 종전에는 규범이 그의 침해로 인하여 발생가능한 모든 손해에 대해 보호할 것을 목적으로 만들어지지 않는다고 이해되었다.

112) 예를 들면 경찰법규에 위반하여 도로상에 건축자재를 쌓아두었는데, 그것이 무너져서 행인을 다치게 한 경우에는 독일 민법 제823조 제2항의 보호법규위반, 즉 그 경찰법규 위반의 보호범위

임규범 및 그의 배후에 있는 주의의무는 특정한 법익의 보호에 기여하므로, 이렇게 규범설정 당시에 고려된 손해만을 배상대상으로 해야 한다고 한다.[113]

규범목적설을 좀 더 체계화시켜 독특한 이론으로 발전시킨 랑에(Hermann Lange) 교수는 독일 민법 제823조 제2항에 관한 판례 중에서 각 보호법규의 보호범위를 정하는 관점을 다음의 세 가지로 정리하고, 이러한 보호범위에 관한 원칙은 다른 책임규정에 동일하게 적용된다고 하였다:[114] ① 당해 피해자는 그 법규에 의해 보호될 인적 범위에 속해야 한다(인적 범위).[115] ② 손해가 당해 규범이 보호하고자 하는 법익에 관해 발생했을 것을 요한다(법익의 범위).[116] ③ 그 보호법규가 방지하고자 하는 위험이 현실화되어야 한다(가해의 모습).

vi) 규범목적과 상당인과관계의 통합이론 : 근래에는 규범목적설이 갖고 있는 약점 때문에 배상범위결정에 규범목적만이 단독으로 판단기초가 되는 것은 무리라고 여겨지고 있다.[117] 규범목적설이 반드시 상당인과관계설을 배척하고 그 대신 들어서야 하는 것은 아니

내의 손해이므로 배상되어야 한다. 그러나 지나가던 말이 무너지는 건축자재에 놀라서 달아나다 다친 경우에는 보호범위에서 벗어난 손해이므로 배상책임이 없다고 한다. 규범목적설에서는 손해배상의의무가 도출될 규범이 어떤 종류의 위험방지를 목적으로 제정되었는가, 그리고 행위결과가 그 규범의 보호권 내에 속하는가가 배상범위를 결정하는 요소가 된다고 한다. 즉 행위자가 위반한 법규범의 의의와 그 규범이 목적하는 보호의 사정거리가 배상범위의 결정시에 규명되어야 한다고 주장된다. 그러므로 손해배상시 중요한 것은 책임규범 내지 보호법규를 목적론적으로 해석하는 일과 채무불이행책임에서는 계약을 그의 보호목적을 존중하여 해석하는 일이라고 한다.

113) 규범목적설에서는 상당인과관계설이 채무불이행책임에서 계약목적에 대한 고려나 또는 불법행위책임에서 책임규범의 목적 및 그 위에 존재하는 의무에 대한 고려를 전혀 하지 않고 배상범위를 결정하는데, 그것은 옳지 않다고 비판했다. 상당인과관계설에서는 최상의 관찰자로 하여금 배상판결의 시점에 서서 그의 모든 경험지식을 동원하여 배상범위를 판단하도록 하는 잘못을 저질렀으므로 종래의 조건성에 대한 적절한 배상범위제한의 역할을 하지 못했다고 비판했다.

114) 독일의 학설과 판례는 과거에 독일 민법 제823조 제2항의 보호법규위반의 불법행위에 대해서만 규범목적을 고려하자고 하였으나, 근래에는 제823조 제1항의 절대권침해에도 인정하자는 추세이다.

115) 예를 들면 남편은 의사가 그의 부인의 치료에 관해서 얻은 비밀을 누설함으로 인해 손해를 입었더라도 독일형법 제300조 제1항을 보호법규로 하여 독일민법 제823조 제2항에 의한 손해배상청구를 할 수 없다. 왜냐하면 의사의 비밀누설죄는 통설에 의하면 환자 자신을 보호하기 위한 것이기 때문이다.

116) 예를 들면 우물의 관리가 충분치 못해서 동물이 부상당한 경우 그 동물의 소유자는 독일 형법 제367조 제1항 제12호(일반인이 통행하는 장소에 우물 등의 안전관리소홀로 위한 위험 - 벌금 또는 압류)를 보호법규로서 손해배상을 청구할 수 없다. 왜냐하면 그 형법규정은 인간에 대한 보호를 목적으로 하기 때문이라고 한다.

117) 규범목적설에 대한 비판의 요지는 다음과 같다. 첫째, 규범목적설에 의하면 채무불이행의 경우

라고 생각되고 있다. 종래의 상당인과관계설이 객관적인 관찰자의 시각에서 인과연속의 개연성을 기초로 해서만 배상범위를 판단했던 것은 규범목적을 도외시한 편협한 판단이었다고 지적되고 있으며, 규범의 보호목적이라는 새로운 판단기준을 추가할 것이 주장되었다. 랑에(Lange) 교수가 주창한 규범목적설과 상당인과관계설의 병합이론[118]은 현재 독일에서 폭넓은 지지를 얻고 있다.

vii) 독일 판례의 입장 : 독일 판례는 독일민법 시행 이후 오랫동안 상당인과관계설에 따라 왔다. 즉 "어떤 사실이 일반적으로 - 아주 특수하고 예상하기 어렵고 사물의 정상적인 경과에 비추어 고려대상에서 제외되는 상황 아래에서만이 아닌 경우에도 - 어떤 결과의 발생에 원인을 줄 만한 때"에 상당인과관계를 인정하였다.[119] 그 밖에 일반적으로 그 종류의 결과에 대한 객관적 가능성을 발생시켰거나 상승시킴이 상당성의 요건이라고 하기도 하였다.[120] 또한 상당성 판단이란 법관이 모든 사정을 평가한 후에 자유재량에 따라 행하는 것으로서 법관의 가치판단이 개입되는 것이라고 파악했으며, 그 판단의 이념적 기초를 신의칙에서 찾았다.[121]

1958년 오토바이 사고 사건의 판결[122] 이래 규범목적설을 채택한 판결도 보이는데,[123] 그렇다고 해서 독일 법원이 상당성 판단이라는 배상범위의 결정기준을 포기한 것은 결코 아니며, 최근 판례의 추세는 어느 학설에도 치우치지 않은 채 독자적인 배상범위의 결정관

에 손해배상은 채무자가 계약체결 당시에 계산에 넣었으리라고 여겨지는 종류의 손해에만 미친다고 하는데, 이는 급부의무 이외에 보호의무나 배려의무도 채무의 범위에 포함시키고 계약의 체결 이전까지 계약책임에 포함시키는 이론적 추세와 상충된다. 둘째, 불법행위책임에서 규범의 보호목적은 주로 보호법규(독민 제823조 제2항) 위반의 경우에 문제되며, 절대권침해의 경우(독민 제823조 제1항)와 같이 규범이 손해배상의무를 어떤 행위에 연결시키지 않고 어떤 결과에 연결시키는 때에는 제한된 보호목적에 대한 구체적인 시사를 받은 것이 불가능하다고 비판된다.

118) 랑에(Lange) 교수는 규범목적설에 찬동하지만, 그렇다고 해서 상당인과관계설이 손해배상의 책임성립의 이론구성을 위해 담당했던 역할을 부정해서도 안 되며, 또한 손해배상을 위한 어떤 단일한 원칙을 찾아 낼 수 있으리라고 기대되지는 않는다고 한다. 그리고 규범목적설이 좀 더 구체적인 방법을 모색하지 않고 그것만으로는 책임귀속의 과제를 충분히 수행할 수 없다고 한다. 그러므로 상당인과관계설은 실제로 일반적인 예견가능성이 문제되고, 어떤 책임규범의 특별한 보호목적이나 전제되는 주의의무는 문제되지 않는 사례에로 적용이 제한되어야 한다고 한다.

119) BGHZ 3, 261, 267.

120) RGZ 81, 359, 361.

121) BGH 1952. 4. 24; NJW 1952. 10. 10.

122) BGHZ 27, 18.

123) BGH *NJW* 1985, 2749; 과실로 임신중절수술에 실패한 의사는 출생한 아이의 양육에 대해서는 그것이 의료과오의 보호범위를 초과하므로 배상할 의무를 지지 않는다고 하였다.

점을 모색하고 있는 것으로 보인다.[124]

2) 일본의 경우

일본에서의 손해배상의 범위에 관한 논의는 다음과 같다.[125]

가. 상당인과관계설 : 일본의 다수설로 된 상당인과관계설의 내용은 다음과 같다. 즉 i) 배상범위는 인과관계의 문제라고 파악하고 인과관계에 관하여 상당인과관계설이 타당하다고 보았다. ii) 상당인과관계설에 의할 경우 배상범위의 결정은 예견가능성을 기초로 하며 통상손해에 대해서는 예견이 필요 없으나 특별손해에 관해서는 예견가능성의 주장 및 증명이 필요하다고 보았다. iii) 민법 제416조는 배상범위에 관한 원칙규정으로서 상당인과관계설을 채용한 것이라고 보았고, 상당인과관계의 보편적 타당성으로 말미암아 민법 제416조가 채무불이행에 적용되는 외에 불법행위 등에도 적용되어야 한다고 하였다.

나. 상당인과관계설에 대한 비판론[126] : 상당인과관계설에 대한 비판으로서 보호범위설과 위험성관련설을 들 수 있다. 먼저, 보호범위설은 종래 상당인과관계로서 처리되던 문제를 사실적 인과관계, 보호범위, 손해의 금전적 평가의 세 개의 문제영역으로 구분하였다. 즉 ⅰ) 사실적 인과관계란 채무불이행과 손해 사이에 존재하는 「그것이 없었더라면 이것도 없었으리라는 관계」로서 그 곳에는 법적 가치판단이 개입할 여지가 없다고 보았다. ⅱ) 보호범위란 사실적 인과관계에 있는 손해 중에서 어디까지 배상시킴이 타당한가라는 정책적 가치판단을 의미하며, 보호범위는 책임의 한계설정을 취급하나 상당인과관계라는 용어는 논점의 소재를 명확히 하지 못한 채 논의를 혼란시키므로 보호범위는 분석도구를 씀이 옳다고 보았다. iii) 손해의 금전적 평가란 보호범위 내의 손해를 어떻게 금전으로 평

---

124) 이은영, 298면.

125) 일본에서의 학설의 소개와 관련해서는, 이은영, 299면 이하.

126) 1960년대에 접어들자 상당인과관계설에 대한 비판이 높아졌다. 일본민법 제416조가 제한배상주의를 취한 것임에도 불구하고 완전배상주의를 취해 일본법과 손해배상구조가 다른 독일법의 상당인과관계설을 받아들인 것은 옳지 않다는 비판론이 등장하였다. 독일과 일본은 배상구조의 차이로 말미암아 상당인과관계를 필요로 하는 문제 상황과 그 가능성이 다르다고 지적하였다. 일본민법 제416조를 배상범위의 결정기준으로 삼으면 되지 상당인과관계를 개재시킬 필요가 없다고 주장하였다.

가하는가의 문제라고 보았다.

위험성관련설은 상당인과관계설을 비판하는 또 다른 입장으로서, 채무불이행으로부터 1차손해가 생기면 그것을 기점으로 하여 후속손해가 생기는데, 이 때 어떤 1차손해가 배상대상이 되는가는 성립요건의 문제이고(일민 제415조) 어떤 후속손해가 대상이 되는가는 배상범위의 문제로서 제416조가 이 문제를 다룬다고 한다. 배상대상이 되는 후속손해는 채무불이행과 조건관계에 있을 것을 요하며, 1차 손해가 갖는 위험성과 관련이 있다고 판단되는 범위 안의 것이라고 한다. 그러므로 통상손해란 어떤 사정에 관한 채무자의 인식가능성을 문제삼지 않고 위험성관련이 인정되는 경우의 손해로서 압도적으로 많은 경우의 손해가 그것에 포함된다고 한다. 특별손해란 그러한 인식가능성을 문제로 하여 비로소 위험성관련이 인정되는 경우의 손해라고 한다.

ⅳ) 상당인과관계설의 재등장 : 일본의 상당인과관계설은 독일에서의 상당인과관계설과는 다른 구조를 취하며 다른 기능을 담당한다고 분석하고, 상당인과관계설의 재구성을 시도하였다. 일본 민법 제416조와 접합하여 독자적인 내용을 갖게 되었다고 주장하며,[127] 판례에 나타난 문제의 분석을 기초로 상당인과관계와 통상손해·특별손해 사이의 상호관계를 재구성할 것을 주장하고 있다. 즉 상당인과관계에서의 「상당성 개념」을 좀 더 정밀하게 포착하는 작업과 실정법에 근거를 둔 「통상손해·특별손해기준」을 그 속에 적절히 자리매김하는 작업의 두 방향에서 일본의 손해배상범위론을 새로이 구성해야 한다고 주장한다.[128]

---

127) 한때 일본에서는 종래 다수설의 위치를 차지했던 상당인과관계설이 뿌리째 흔들리는 것이 아닌가 우려하는 시각도 있었으나, 이러한 염려가 현실로 나타나지는 않고 있다. 많은 일본학자들이 새로운 학설을 - 그 중에서도 주로 보호목적설 - 소개· 인용하고 사실적 인과관계, 보호범위, 손해의 금전적평가의 분석방법을 소개하였다. 보호목적설은 계약체결시를 예견시기로 보는 점, 배상액산정의 기준시를 비송사건화하는 점, 불법행위에 대한 제416조의 유추적용을 부정하는 점 등의 측면에 관해서 비판되고 있다. 보호목적설이 문제영역을 셋으로 구분하는 데 대해서도 명확한 구분이 곤란하다는 비판이 행해진다. 손해배상의 문제를 상당인과관계설로 처리한 결과 특별히 불합리한 결과를 발견·논증하지 못했다는 점이 지적되었다. 그리고 상당인과관계설의 「상당성」과 보호목적설의 「보호목적」, 위험성관련설의 「위험관련설」의 세 개념의 구체적인 차이점이 불명확하다는 지적도 있었다.

128) 이은영, 301면 이하; 상당성 기준은 원인사실과 손해 사이의 인과관계의 상당성에 관해 문제되며, 손해발생의 확실성이나 불가피성도 때에 따라서는 고려된다고 한다. 배상범위의 실정법적 기준으로서 통상손해·특별손해기준이 있는데, 그 기준이 적용되는 한도에서 인과관계의 상당성기준은 작용할 여지가 없다고 한다. 그렇다고 해서 배상범위가 통상손해·특별손해기준에 의해서 완전히 정해지는 것은 아니며, 그 기준을 보완하기 위해서 인과관계의 상당성을 중첩적으로 고

(2) 우리나라에서의 논의의 전개

우리나라에서의 학설은 크게 상당인과관계설, 위험성관련설 그리고 규범목적설로 나눌 수 있다.

1) 상당인과관계설

가. 초기의 상당인과관계설 : 초기의 상당인과관계설에서는 배상범위를 손해범위(손해배상의 범위 결정의 문제 = 손해의 범위 결정의 문제)로 보았다. 즉 배상하여야 할 손해의 범위는 채무불이행과 상당인과관계에 있는 전 손해로 본 것이다. 따라서 특유한 손해를 제외하고 일반적으로 예상가능한 손해로 보았으며 배상범위의 결정을 결국 인과관계 판정과 같은 문제로 다루었다. 손해의 범위는 인과관계에 의해 결정되었으므로, 채무불이행과 원인·결과의 관계 즉 인과관계에 있는 것을 손해라 보았다. 인과관계는 상당성 판단에 의해 한정되었는데 상당성의 판단을 객관성과 주관성을 종합한 절충적 입장에 따랐다.[129]

우리 민법은 제393조에서 상당인과관계설에 입각한 규정을 두고 있다. 학설 중 다수설은 본조 제1항을 상당인과관계에서 원칙을 입언한 것으로, 제2항을 그 기초로 하여야 할 특별한 사정의 범위를 나타낸 것으로 이해하고 있다.

나. 보완적 상당인과관계설 : 보완적 상당인과관계설에서는 법적 인과관계이론을 바탕으로 하여 상당성판단의 기준을 보완하려고 시도하였다.[130] 상당성에 개연성 이외의 요소를 추가하였는바, 개연성에 손해배상의 경제적 공평성, 어떤 가해행위가 사회에 던지는 위험성의 크기와 그 제동의 급박성 및 어떤 손해를 누구에게 부담케 하는 것이 손해방지에 도움이 되고 효율적인가 등을 함께 고려대상에 두었다. 손해의 분류는 배상범위결정에 도움이

려할 이론적 ·실체적 필요성이 인정된다고 한다. 그 밖에 경합하는 원인사실이 배상범위결정에 참작될 경우에 상당인과관계의 상당성기준이 작용할 여지가 있다고 한다. 이들 기준은 양자 모두 불확정 법개념이므로 그의 내용을 사실적 요인을 -당사자의 성질, 거래의 목적물, 거래관행, 거래환경 - 구체적으로 고려함으로써 유형적으로 파악할 필요가 있다고 한다.

129) 곽윤직(2007), 118면 이하; 김상용, 179면; 김주수, 174면; 김증한·김학동, 134면; 대판 1994. 4. 15, 93다60953; 2004. 5. 14, 2004다7354; 2006. 9. 8, 2006다21880 등..

130) 이은영, 287면 이하.

되지 않다고 보았는데, 즉 통상손해인가 특별사정손해인가 혹은 1차 손해 혹은 2차 손해인가의 분류는 무의미한 것으로 보았다.

2) 위험성관련설

위험성 관련설은 상당인과관계설을 다음과 같이 비판하고 있다. 즉 우리 민법 제393조는 독일민법이 취하는 완전배상주의와 달리 제한배상주의를 취하므로 독일이론의 수용은 바람직하지 않다고 보았다(상당인과관계설의 수용은 바람직하지 않다고 봄). 또한 손해를 1차 손해와 후속손해로 분류되어야 한다고 보고, 1차 손해는 침해가 성립되면 언제나 배상, 후속손해는 그의 1차 손해 사이에 위험성 관련이 있는 경우에만 배상한다고 보았다. 1차 손해는 책임원인에 의해 직접 발생한 불이익. 1차 손해에 의해 후속적으로 조건 지워진 손해를 말하고, 후속 손해는 전매계약을 체결하였으나 채무자의 이행지체 또는 이행불능으로 제3자로부터 그 계약을 해제당하여 얻지 못하게 된 전매이익의 상당분을 말한다.[131]

그러나 이러한 입장은 i) 1차 손해, 후속손해의 구분이 구체적인 사례에서 구별하기 어려움으로 인해 손해의 다층적 세분화는 담당판사에게 개념상의 혼란과 과중 부담을 준다는 점, ii) 위험성 관련이라는 기준이 애매모호(추상적임)하다는 점에서 비판되고 있다.

3) 규범목적설

규범목적설은 손해배상의 책임귀속에서 사실적 개연성이나 예견가능성을 기초로 하여 책임을 제한하거나 귀속시키는 획일적이고 도식적인 사고는 곤란하다는 점에서 상당인과관계설을 비판한다.[132] 이 설에서는 규범의 보호목적에 의해 배상범위를 정하여야 한다고 보고 규범목적과 상당인과관계를 함께 기준으로 삼았다. 양자의 상호보충(완)적 적용방법을 제안하고 있다. 그러나 이 설 역시 배상범위의 확정에 있어서는 규범목적만으로는 충분치 않다는 점에서 비판되고 있다.

131) 김형배, 256면 이하.

132) 이종복, "일반조항 불법행위법에 의한 손해배상책임의 제한", 사법행정(1988. 10), 22면 이하; 정기웅, 150면.

4) 소 결

손해배상의 범위는 채무불이행과 상당인과관계에 있는 전 손해로 보아야 한다. 따라서 특유한 손해를 제외하고 일반적으로 예상가능한 손해라 할 것이고, 배상범위의 결정은 결국 인과관계 판정과 그 맥을 같이 한다. 손해배상 범위의 결정시에는 규범의 보호목적도 고려되어야 하며, 아울러 손해배상의 경제적 공평성, 어떤 가해행위가 사회에 던지는 위험성의 크기와 그 제동의 급박성 및 어떤 손해를 누구에게 부담케 하는 것이 손해방지에 도움이 되고 효율적인가 등을 함께 고려하여야 한다.

3. 손해배상의 산정기준

우리 민법상 손해배상은 금전배상을 원칙으로 하는바, 손해배상이 행하여지려면 배상범위에 해당하는 손해가 금전으로 평가되어야 한다. 따라서 어떠한 기준으로 배상액을 산정할 것인가가 문제된다.

(1) 배상액 산정의 가격

재산적 손해의 배상액은 물건 기타 급부의 재산적 가치를 금전적으로 평가한 금액으로 나타나는데, 일반적으로는 통상가격 내지 통상교환가격을 표준으로 하게 된다. 특별가격이나 감정가격(感情價格)은 그것이 생기게 된 특별한 사정에 관하여 채무자가 알았거나 알 수 있었을 경우에 한하여 특별손해로서 다루게 된다.

비재산적 손해의 배상은 이를 직접 금전적으로 평가한다는 것은 불가능하므로, 정신적 타격이나 코통을 치유케 할 방법이나 물자를 금전으로 평가할 수 밖에 없다. 따라서 위자료액에 대해서는 배상권리자가 정당하다고 생각하는 금액을 청구토록 하고 그 범위 내에서 법원이 자유롭게 평가토록 하여야 할 것이다.[133]

---

133) 곽윤직(2007), 123면.

(2) 배상액 산정의 시기

배상액 산정시기를 언제로 할 것인가에 대해서 학설이 나뉘고 있다. 제1설(판결시설)은 사실심에서의 구두변론종결시를 기준으로 하자는 입장이다.[134] 제2설(손해배상책임 발생시설)은 손해배상책임이 발생한 때를 기준으로 하여 그 배상액을 산정하고, 그 후의 손해는 상당인과관계의 범위 내의 손해를 가산하여야 한다는 입장이다.[135] 제3설(절충설)은 책임발생시를 원칙적으로 하되, 구체적인 사례에서 예외적으로 책임발생 이후의 사정을 고려하는 것이 불가피한 경우에는, 그 기준시를 변론종결시로 삼아야 한다는 입장이다.[136]

우리 판례는 이행지체의 경우에는 대체로 본래의 채무이행을 최고한 후 상당한 기간이 경과한 당시의 시가를 기준으로 하자는 입장이다.[137] 이행불능인 경우에는 이행불능이 발생한 시점을 기준으로 한다는 입장을 취하고 있다.[138]

생각건대 손해배상액산정의 기준시는 당사자가 권리주장을 위해 배상액의 산정을 하게 되는 시점이어야 하는데 이를 위해서는 손해배생청구권이 발생하게 되는 시점을 기준으로 하는 것이 다른 학설과 비교해 볼 때 보다 타당하다고 하겠다. 그러나 그 당시에 예상하지 못하였거나 예상할 수 없었던 손해의 경우에는 예외적으로 권리주장이 심리에 의해 확정되는 단계인 사실심의 구두변론종결시(판결시)를 기준으로 하여 배상액의 산정이 이루어지도록 하여야 할 것이다.

(3) 배상액 산정의 장소

통상가격 등의 산정은 특약 또는 특별한 규정이[139] 없는 한 채무의 이행지에서의 가격

---

134) 김상용, 182면; 김용한, 210면, 김증한・김학동, 149면.

135) 곽윤직(2007), 123면 이하.

136) 이은영, 337면.

137) 대판 1997. 12. 26, 97다24542; 1967. 6. 13, 66다1842.

138) 대판 2005. 9. 15, 2005다29474; 대판 1996. 6. 14, 94다61359, 61366. 타인의 권리의 매매에 있어 매도인의 타인을 상대로 한 매매목적물에 대한 소유권 보존등기 또는 소유권이전등기의 각 말소등기 절차이행 청구소송이 패소확정 되었다면 매도인의 목적 부동산에 대한 소유권이전등기의 불능상태에 이른 것이고 이 경우에 매도인의 손해배상의 산정은 원칙적으로 매매목적물을 취득하여 이전함이 불능하게 된 때의 시가를 표준으로 하여 결정할 것이다.

139) 상법 제137조를 예로 들 수 있다.

을 기준으로 하여야 한다. 특별가격에 대해서는 구체적인 경우에 따라서 결정하여야 할 것이다.

Ⅱ. 손 해 론

1. 개 념

'손해'라 함은 일반적으로 피해자가 실제로 입게 된 일체의 불이익을 말한다. 영국이나 미국에서는 명목상의 손해배상과 징벌적 손해배상 등도 인정되고 있지만, 우리나라에서는 고의 또는 과실로 타인의 생명이나 신체를 침해한 자에 대하여 실제로 입게 된 피해자의 손해를 가해자측에게 부담시켜 가능한 한 사고전의 피해자의 상태로 회복시키는 것을 그 목적으로 하고 있다(제750조 이하).

우리 민법은 독자적인 손해개념으로서 재산적 손해와 비재산적 손해를 구분하고 있는데(제751조), 손해의 산정과 관련하여서는 금전배상과 원상회복의 방법을 인정하고 있다(제394조). 법익침해 그 자체만으로는 원상회복청구권이나 금전배상청구권이 인정되는 것은 아니며 원상회복청구권 역시 법익침해로 인하여 손해가 발생할 것을 그 요건으로 한다. 타인의 물건을 일정기간 박탈한 경우 이에 대한 회복을 요구할 수 있으나 그렇다고 하여 배상의무자는 이러한 법익이 침해되었지만 소유자의 총재산에 아무런 손해가 발생하지 않았다는 이유로 원상회복을 거절할 수는 없을 것이다. 더욱이 배상의무자는 원상회복에 드는 비용과 비교하여 볼 때 배상권리자에게 발생한 손해가 상대적으로 극히 미미하다는 이유로 배상권리자의 청구권 행사를 거절하지 못한다.

금전으로 산정하는 대상이 되는 손해란 책임원인에 의해 발생한 손해전부가 아니라 배상범위 내로 결정된 손해를 말한다. 손해의 개념을 어떻게 이해할 것인가와 관련하여 학설이 나뉘고 있다.[140] 먼저, 제1설은(차이설) 손해를 현재의 재산상태(배상판결 당시)와 책임원인이 없었더라면 존재하였을 가상의 재산상태의 차이를 말한다고 한다. 이는 재산손해란 현재의 재산상태와 가상의 재산상태의 차이에서 얻어 낸 금액(차액)으로 계산될 수 있다는 입장이다. 제2설은(객관적 최소손해설) 재산손해에서는 최소한 침해된 재산권의 객관적 가

140) 이은영, 322면 이하; 이은영, 민법 Ⅱ, 서울: 박영사(1998), 127~128면 참조.

치는 배상되어야 하므로 어떤 경우에도 배상액이 그에 미달되어서는 안 된다는 입장이다. 모든 재산은 객관화될 수 있은 가치를 갖기 때문에 구체적인 사례에서 권리자가 어떤 이용 목적을 가졌는가에 관계없이 손상된 물건의 본질적 가치로부터 최소한 그 가치상당의 배상 청구권이 발생한다고 한다. 제3설은(필요설) 재산손해란 가해사건을 통해 생긴 손해결과를 제거하기 위한 금전필요라고 보는 입장이다. 배상청구권은 피해자가 이미 지출한 손해제거 비용에서 발생하는 비용상환청구권의 성질을 갖지 않고, 단지 피해자에게 생긴 손해를 제거하기 위한 금전필요를 충족시키기 위해서 인정될 뿐이라고 한다.

우리 판례는, “불법행위로 인한 재산상 손해는 위법한 가해행위로 인하여 발생한 재산상 불이익, 즉 그 위법행위가 없었더라면 존재하였을 재산상태와 그 위법행위가 가해진 현재의 재산상태의 차이를 말하는 것이고, 그것은 기존의 이익이 상실되는 적극적 손해의 형태와 장차 얻을 이익을 얻지 못하는 소극적 손해의 형태로 구분된다”고 하여 차이설의 입장을 취하고 있다.[141]

▣ 손해의 개념과 관련한 학설의 입장 ▣

차이설	이 입장에 따르면 손해를 현재(배상판결 당시)의 재산상태(현재적 재산상황)와 책임원인이 없었더라면 존재하였을 가상의 재산상태(가상적 재산상황)를 비교하여 찾아 낸 재산감소분이라고 보아 그것을 금전으로 환산하여 배상액을 결정하려는 것이다. 차이설은 독일보통법시대 몸센의 배상액산정의 이론에 바탕을 둔 것이다. 이는 재산손해에 관한 손해 산정원칙으로서 발전되었으며, 손해의 자연적·사실적 측면을 관찰하여 구체적인 재산 감소를 발견해 냄으로써 재산손해를 계산해 내려는 입장이다. 이 설에서는 재산손해는 「가해행위로 야기된 현재의 재산상태의 평가액」과 「만약 가해행위가 없었더라면 생겼을 가상의 재산상태의 평가액」의 차이를 계산하여 얻어 낸 금액(차액)으로 계산될 수 있다고 한다. 재산상태의 차이를 산정하기 위해서는 손해와 관련된 요인을 모두 계산에 넣도록 요구한다. 손해에 영	독일에서는 1855년 몸센에 의해 손해의 개념에 관한 차이설과 배상액의 산정 방법으로서 차이가 주장되었다.

141) 대판 1992. 6. 23, 91다33070.

	향을 미친 적극적 요인과 소극적 요인을 구별하지 않고 같이 취급하여 차액계산에 대입함으로써 선입관 없이 손해를 산정해 낼 수 있다고 한다. 차이설이 주장된 이래 여러 가지 비판이 행해졌지만, 차이설의 핵심적 사고방법까지 부정되고 있지는 않다. 손해의 다양한 모습들에 비추어 볼 때, 차이설이라는 지극히 추상적인 이론 하나만 가지고 모든 배상문제를 명쾌하게 해결할 수 없다는 점은 분명하다. 개별적인 배상사례들이 유형화되고, 그 유형에 맞는 산정원칙들이 간혹 주장되고 있다. 그러나 그러한 여러 산정원칙의 기초에는 재산상태의 차이를 구하려는 차이설의 사고가 바탕이 되고 있다. 차이설은 적어도 배상액산정의 영역에서는 전면적으로 부정되는 것이 아니라 그의 예외허용범위와 보충원칙을 넓혀가고 있을 뿐이다.	
객관적 최소 손해설	재산손해에서는 최소한 침해된 재산권의 객관적 가치는 배상되어야 하므로 어떤 경우에도 배상액이 그에 미달해서는 안 된다는 배상이론이 객관적 최소 손해설이다. 모든 재산은 객관화될 수 있는 가치를 갖기 때문에 구체적인 사례에서 권리자가 어떤 이용목적을 가졌는가에 관계없이 손상된 물건의 본질적 가치로부터 최소한 그 가치 상당의 배상청구권이 발생한다고 설명한다. 물건에 대한 지배설은 모든 방법으로 사용할 가능성을 포함하기 때문에 현재의 이용목적에 고정되지 않고 언제나 다른 이용목적으로 바꿀 수 있는 자유를 보장해 주어야 한다는 것이다. 이 이론은 차이설을 무제한 적용하는 것에 반대하여 배상 하한을 고정해 놓으려는 의도로 주장되었다.	객관적 최소 손해설은 노이너(Neuner), 빌부르크(Wilburg), 비들린스키(Bydlinski), 라벨(Rabel) 등에 의해 주장되었으며, 현재에는 많은 지지를 얻고 있다.
필요설	손해배상청구권은 책임원인의 발생과 동시에 발생하고 변제기에 있게 된다. 그리고 피해자는 배상받은 돈을 실제로 손해를 제거하는 데에 쓸 것인가에 관계없이 배상금을 청구할 수 있다. 그렇다면 배상청구권은 피해자가 이미 지출한 손해제거비용에서	필요설은 쪼이너(Albrecht Zeuner)에 의해

	발생하는 비용상환청구권의 성질을 갖지 않고, 단지 피해자에게 생긴 손해를 제거하기 위한 금전 필요를 충족시키기 위해서 인정될 뿐이라고 한다. 예를 들어 부상당한 피해자가 진료받기를 거부하고 있더라도 상해에 대한 배상금은 청구할 수 있다고 한다. 피해자는 자기의 주머니를 위해서 절약하는 것이지 가해자의 주머니를 위해 절약하는 것은 아니기 때문이라고 한다. 필요설은 차이설이 현실적으로 지출한 돈만을 차이계산의 요소로서 대입하는 방식을 취하고 있는 것에 대해 비판하고 대안을 제시하는 이론이다. 그를 위해 이 이론에서는 배상액산정기준시가 손해발생시라는 점을 강조하고, 그 이후에 생긴 사정에 의해 배상액을 수정하는 것을 거부한다.	주장되었다.
판 례	차이설에 따라 배상액산정을 한 판례로서는, 감사인의 부실감사를 토대로 주식거래를 한 주식투자자가 부실감사를 한 감사인에 대하여 민법상의 불법행위책임을 근거로 배상을 구할 수 있는 손해액은 그와 같은 부실감사로 인하여 상실하게 된 주가 상당액이라고 봄이 상당하고, 이러한 주가상당액은 달리 특별한 사정이 없는 한, 그 부실감사가 밝혀져 거래가 정지되기 직전에 정상적으로 형성된 주가와의 차액 상당이라고 볼 수 있고, 또 그와 같이 주가가 다시 정상적으로 형성되기 이전에 매도가 이루어지고 그 가액이 그 후에 다시 형성된 정상적인 주가를 초과하는 경우에는 그 매도가액과의 차액 상당이라고 한다.	대판 1998. 4. 24, 97다32215

2. 종 류

(1) 재산적 손해 · 정신적 손해

재산적 손해와 정신적 손해의 구별은 불이익이 생긴 법익을 기준으로 한 구별이라 할 것인바, 재산적 법익에 관하여 생긴 불이익을 재산적 손해라 하고, 정신적 법익에 관하여 생긴 불이익을 정신적 손해라고 한다.

재산적 손해는 재산적 법익의 감소 내지 악화로 인한 손해이므로, 이는 총체적으로 현재의 이익상태와 위법행위가 없었다면 있었을 이익 상태와의 차이에 의해 산정된다. 따라서 가해자, 피해자의 재산상태, 가해자의 주관적 사정 등은 손해배상의 범위에 영향을 주지 아니 한다. 정신적 손해는 비재산적 법익에 관해서 생긴 손해이므로 재산적 손해에서와 같은 방법으로 손해산정을 할 수는 없고, 한편으로는 위법행위로 인하여 피해자가 입은 정신적 고통을 고려하고, 다른 한편으로는 그러한 정신적 고통을 간접적으로 금전에 의하여 치유한다면 어느 정도의 금액에 의하여 치유될 것인가를 고려하여 손해배상의 범위를 정하게 된다. 따라서 당사자 쌍방의 지위, 직업, 자산, 그리고 특히 가해자의 주관적 사정이나 위법행위의 동기 등이 종합적으로 고려케 된다.[142)]

이러한 점에서 재산적 손해의 산정은 구체적인 증거에 기초하여야 할 것이나, 정신적 손해의 산정은 법관이 제반사정을 참작하여 직권에 의하여 결정하며 이에 관하여 증거를 필요로 하지 않는다.[143)]

(2) 어행이익의 손해 · 신뢰이익의 손해

이행이익의 손해는 채무자가 유효하게 성립된 채무를 이행하지 않음으로 인하여 생긴 손해를 말한다. 이는 채무가 이행되었으면 놓였을 이익 상태와 현재의 이익 상태와의 차이가 손해의 내용이 된다.

신뢰이익의 손해는 법률행위가 무효이어서 채무 자체가 유효하게 성립되지 않았으나 그 법률행위가 유효하다고 믿었기 때문에 생긴 손해를 말한다. 이 경우 피해자가 그 법률행위를 알지 못하였다면 놓였을 이익 상태와 현재의 이익 상태와의 차이가 손해의 내용이 된다.[144)]

---

142) 김증한 · 김학동, 127면.

143) 대판 1976. 2. 10, 75므33.

144) 다수설의 입장은 신뢰이익의 손해라는 범주를 손해의 종류로 인정하는 것에 대해 비판적이라 하겠는데 다음을 그 이유로 들고 있다. 먼저, 이행이익과 신뢰이익은 침해해서는 안 될 법익을 의미하는 것에 불과하므로 손해의 분류가 될 수 없다는 점, 둘째로, 이 구별은 계약이 유효하게 성립하였는가의 여부에 따른 관념적 형식론에 의한 구별에 지나지 않으므로 무의미하다는 점, 셋째로, 신뢰이익은 법률행위가 무효인 경우거나 또는 효력을 상실하는 경우에 문제로 되는 것이므로 채무불이행으로 인한 손해배상에서는 손해의 종류로서 문제될 수 없다는 점, 넷째로, 계

(3) 통상의 손해 · 특별 손해

통상의 손해라 함은 사회 일반인의 관념에 의할 때 그와 같은 채무불이행이 있으면 통상적으로 발생하리라고 여겨지는 손해를 말한다. 구체적으로 무엇이 통상의 손해에 해당하는가 하는 것은 계약의 목적, 당사자의 직업, 채무의 목적물 등을 고려하여 개별적으로 판단하여야 한다.

특별 손해라 함은 그러한 채무불이행이 있더라도 통상적으로는 발생하지 않으나, 개별적, 구체적인 사정으로 인하여 발생한 손해를 말한다. 특별손해인지의 여부는 개별적인 경우에 즉응해서 판단하여야 한다.145)

(4) 적극적 손해 · 소극적 손해

적극적 손해라 함은 재산적 손해 중 기존의 재산의 감소를 말하며, 소극적 손해에 대비되는 개념이다. 적극적 손해에 해당되는 항목에는 여러 가지가 있으나 신체상해로 인한 것으로는 치료비, 입원비, 개호비 등이 있고, 사암으로 인한 것으로는 장례비, 모지구입비 등이 있으며, 물적 침해로 인한 것으로는 차량수리비, 대차사용료, 경락가격 등이 있고, 사고대책 비용의 지급에 따른 것으로는 변호사 비용, 조사비용, 합의절충 비용 등이 있다.

소극적 손해라 함은 '장래 얻을 수 있었던 이익'의 상실, 특히 수입의 상실을 말한다. 장래 얻을 수 있었던 이익이라 함은 피해자가 살아 있다며 어느 정도의 이익을 얻을 수 있었겠는가의 문제로, 즉 피해자의 장래의 예상 순이익을 말한다. 이는 상실수익 혹은 일실이익

약을 유효한 것으로 믿는 경우에는 보통 이행이익의 상실이 통상손해가 될 수 있다는 점, 다섯째, 문제의 핵심은 오히려 계약체결상의 과실 또는 계약해제에 의한 배상책임을 불이행책임으로 볼 것인가 혹은 이 경우에 이행이익의 배상까지도 인정할 것인가에 있다는 점 등이 지적되고 있다.

145) 어떤 손해가 통상손해의 범주에 해당하는 경우에 원고가 손해의 발생을 증명하면 이는 그대로 배상되는데 반하여, 특별손해의 범주에 해당하는 손해는 손해발생의 증명만으로는 충분치 아니하고, 채무자가 특별한 사정을 알았거나 알 수 있었던 것이었음을(예견가능성) 증명하지 않으면 안 된다. 즉 통상손해와 특별손해의 명확한 구별을 통해 요건사실을 사건당사자가 충분히 주장, 입증을 하여야 함에도 이러한 구별이 명확치 아니하여 주장, 입증의 기회를 놓치게 된다면 이는 결국 어느 당사자의 패소로 귀결된다 할 것이고 결국은 법적 안정성의 저해로 귀결될 수도 있으므로 통상손해와 특별손해가 유형적으로 구별될 수 있도록 확립되어야 할 것이다; 김형배, 260면 참조.

이라고도 한다. 장래 얻을 수 있는 이익의 상실 문제는 사망사고의 경우뿐만 이 아니고 후유장해로 인한 노동능력의 상실 또는 저하의 경우에도 발생하게 된다.

(5) 직접적 손해·간접적 손해

직접적 손해는 가해행위에 의하여 직접 발생하는 손해를 말하고, 간접적 손해는 그 이후의 사정에 의하여 발생하는 손해를 말한다.

(6) 인적 손해·물적 손해

사람의 생명이나 신체에 대한 침해로 생긴 손해를 인적 손해(人損)라 하고, 동산, 부동산 등의 물건에 대한 침해로 인한 손해를 물적 손해(物損)라 한다. 이러한 구별의 실익은 손해액 산정의 방법이 다르다는 것 이외에 자배법 제3조에 의한 운행자책임의 경우에 있어 물적 손해는 그 대상이 되지 않는다는 점 등이다.

▣ 손해배상의 항목 ▣

손 해 3 분 설	하나의 사건으로 인한 손해배상청구소송에서 손해항목을 적극적 재산상 손해·소극적 재산상 손해·정신적 손해(위자료)로 나누고, 각 항목마다 별개의 청구(소송물)로 다루는 입장이다.	곽윤직
통 합 설	하나의 사건으로 인한 손해배상청구는 그 손해의 종류를 모두 통합하여 한 개의 소송물로서 파악함으로써 1회의 소송으로 종결짓도록 하는 것이 바람직하다는 입장이다. 치료비, 일실이익상실, 위자료 등 항목은 금전으로 산정하는 자료에 지나지 않는다고 한다. 현재에도 법원 실무에서는 재산손해의 배상액의 미흡함을 보충하기 위한 목적으로 위자료를 책정하는 경우가 많은데, 이것은 법원에 총배상액을 종합 심리하는 관행이 있음을 의	이시윤; 배기원 일본에서는 판례가 3분설을 취하면서도 최근 공해·수해·약해의 소송사건에서

	미한다. 다만 다음과 같은 예외를 인정해야 할 것이다. 첫째, 손해배상청구소송에서 아직 불확실한 손해항목이 있는 경우에는 그것을 제외한 잔여 부분만을 청구하는 손해의 일부청구를 인정하고, 그 문제의 손해항목은 추가로 청구할 수 있도록 해야 한다. 둘째, 하나의 손해배상청구로 다루기 곤란한 후유증에 관한 손배상청구는 별개의 소송물로 다루고, 그 후유증에 대하여는 전소의 기판력이 미치지 않는다고 해석해야 한다.	모든 손해의 포괄 청구를 받아들였다.
판 례	판례는 하나의 사건으로 인한 손해배상청구소송에서 손해항목마다 별개의 청구(소송물)로 다루는 손해3분설을 취한다. 예를 들면 불법행위로 인한 신체상해의 손해배상청구에서 소송물은 치료비와 같은 적극적 재산상의 손해, 일실이익상실에 따르는 소극적 재산상 손해, 그리고 정신적 고통에 따르는 정신적 손해(위자료)의 세 가지로 나누어진다. 후유증에 대한 배상청구는 별개의 소송물로 다루고, 그 후유증에 대하여는 전소의 기판력이 미치지 않는다. 각 손해마다 별개의 소송물로 다루므로 기판력도 각 소송물별로 인정된다.	대판 1976. 10. 12, 76다1313; 대판 1977. 3. 22, 76다7839

▣ 중간이자의 공제 ▣

자동차의 사고로 인하여 사망 또는 부상한 피해자가 장래의 일실이익, 개호비 등의 손해를 그 변제기간의 도래를 기다리지 않고 현재 일시에 청구하는 경우에는 중간이자를 공제하여야 함은 당연하다. 왜냐하면 중간이자를 공제하지 아니하면 그 이자 상당액을 피해자가 부당이득을 얻게 되기 때문이다. 이 경우의 이율은 민법에서 정하고 있는 법정 이율인 연 5%이다. 중간이자를 공제한다는 것은 현실로 손해를 배상하는 시점부터 매기의 수익발생 예상 시기까지의 일정 비율에 따른 원리금의 합계가 수익액이 되도록 계산을 맞추어서 원금과 이자를 산출한 후 그 이자 상당액을 수익액으로부터 공제하는 산술적 과정을 말한다. 따라서 여기에서의 중간이자는 엄격한 의미에서의 이자가 아니라 장래의 손해액을 손해 산정의 기준시로 삼은 시점의 현가로 환산하는 율을 의미하는 것이다. 중간이자 공제의 대상이 되는 것은 장래소득에 관한 일실이익청구뿐 아니라 장래의 치료비, 의수비, 개호비의 필요비용청구도 포함된다.[146]

중간이자를 공제하는 방법에는 민법에 규정이 없으므로 판례나 관행에 맡겨져 있다. 배상금의 중간이자를 공제하는 방법으로는 까르프쪼우식, 호프만식, 라이프니쯔식 등이 있는데, 우리나라의 실무에서는 호프만식과 라이프니쯔식이 채용되고 있다. 호프만식 계산방식(단리계산식)은 중간이자를 공제하는 방식인데, $S_n = \frac{s}{1 + ni}$ (Sn은 현가, S는 장래의 수익액, n은 수익기간, i는 이율)의 산식으로 표시되고, 단리단식계산법(연단위), 단리복식계산법(월단위)이 있다. 호프만식에 의한 현재가액을 연 5%로 이식하면 연단위식으로는 36년째에, 월단위식에서는 414개월째에 이자가 일실이익을 초과하게 되고, 또한 호프만식은 화폐자본이 일정기간 단리법으로 이식되고 있는 실정에 비추어 단리계산과 복리계산의 차액만큼 이득하는 결과가 되는 등 불합리한 점이 있다.
라이프니쯔식 계산방식(복리계산식)은 복리계산으로 중간이자를 공제하는 방식인데 $S_n = \frac{s}{(1+n)i}$ (Sn은 현가, S는 장래의 수익액, n은 수익기간, i는 이율)의 산식으로 표시되고, 호프만식보다 정확하나 이자 계산을 복리로 하기 때문에 계산 과정이 복잡하다.

호프만식 계산법은 화폐자본이 단리법으로 이식되는 것을 전제로 하는데 대하여 이 계산법은 화폐자본이 복리법으로 이식되는 것을 전제로 하는 점에 있어서 두 계산법의 본질적인 차이가 있다.

중간이자를 공제하기 위한 위의 양 계산법 중 후자의 방식이 정확성이나 합리적인 면에서 우수함에도 불구하고 실무에서는 전자의 계산 방식이 압도적으로 사용되고 있다. 이는 전자의 계산방식으로 산정한 현재 가액이 후자의 계산방식으로 산정한 것보다 커서 피해자 구제에 충실을 기할 수 있고, 또한 이자가 단리법으로 계산됨으로써 간편하다는 점에 있다. 같은 이유로 종래 후자의 계산방식을 취하였던 국가배상법도 최근 전자의 계산 방식으로 개정된 바 있다.[147] 그러나 현가산정방식으로 호프만식에 따를 것이냐 또는 라이프니쯔식에 따를 것이냐의 선택은 당사자의 주장에 관계없이 법원의 자유로운 판단에 따라 할 수 있다.[148]

146) 대판 1979. 4. 24, 77다703.

Ⅲ. 과실상계제도

1. 서 설

근대적 의미의 손해배상체계에 있어서는 손해의 발생원인이 계약책임에 의한 것이든 불법행위책임에 기한 것이든 채무자 또는 가해자의 고의, 과실의 유무가 책임의 발생과 손해액의 산정에 있어서 그 주된 논의의 대상이었다. 그러나 근자에 들어서는 채무자나 가해자 이외의 채권자나 피해자에게도 손해에 대한 기여가 있는 경우에는 이를 고려하는 것이 손해의 공평한 분담을 위해서 바람직하다는 데에 근거하여 오히려 손해배상과 관련하여 채권자나 피해자에게 있어서의 과실의 정도를 다투는 데에 더 비중이 옮겨가고 있는 듯 보인다. 이러한 변화는 오늘날의 우리 현실에서 야기되고 있는 손해의 발생이 관련 당사자 어느 일방에 의해서가 아닌 양자의 관련성 하에 일어나고 있고, 따라서 양자에게 그가 기여한 정도만큼 그 책임을 지우는 것이 합당하겠다는 사고에 근거한 것이라 보여 진다.[149]

오늘날 여러 분야에서 특히 각종의 다양한 유형의 불법행위로 인한 손해배상청구와 관련하여 그 효용이 증대되고 있는 과실상계제도는 그로 인한 활용 못지않게 문제점도 적지 않게 노출시키고 있는데 본고에서는 과실상계제도가 갖는 여러 가지 의미와 아울러 제도상 비롯되는 여러 가지 이론적 내지는 실무상의 문제점들을 불법행위의 경우를 그 중심으로

---

147) 대판 1985. 10. 22, 85다카819; "여기에서 주의하여야 할 것은 호프만식 계산 방식에 의하여 중간이자를 계산하는 경우에는 호프만계수(단리연금현가율)가 240을 넘는 중간이자 공제기간 414월(연별 호프만식 계산에 있어서는 그 율이 20을 넘는 36년) 이후에 있어서는 그 단리연금현가율을 그대로 적용하여 그 현가를 산정하게 되면 현가로 받게 되는 금액의 이자가 매월 입게 되는 손해액보다 많게 되므로 호프만식 계산법상의 단리연금현가율이 240을 넘는 중간이자 공제기간의 현가를 산정함에 있어서는 그 수치표상의 단리연금현가율이 얼마인지를 불문하고 모두 240을 적용, 계산함으로써 현가의 원본으로부터 생기는 이자가 그 손해액을 초과하지 않도록 하여 피해자가 과잉배상을 받는 일이 없도록 하여야 한다".

148) 대판 1983. 6. 28, 83다191. 호프만식 계산법에 의하여 중간이자를 공제하여 장래의 과실이익의 현가를 산정하는 것을 위법이라 할 수 없고 또 호프만식 계산법에 의하여 중간이자를 공제하는 경우에 가동할 수 있는 총기간이 414개월을 넘어 그 현가율의 수치가 240을 넘더라도 피해자가 순이익을 얻을 수 없는 기간에 해당하는 단리연금현가율을 공제한 수치를 적용하여 현가를 산정하는 경우에는 공제한 결과의 수치가 240을 넘지 않는다면 무방하다(대판 1987. 2. 10, 86다카1759).

149) 과실상계제도는 "누구든지 자기의 악행으로 인하여 이익을 얻는 일은 없다" 라든가 "누구든지 자기의 악행으로부터 이익을 얻어서는 안 된다" 라고 표현된 로마법상의 Culpa Campensatio 이래 각국의 법제에서 이를 성문법 또는 판례원리로서 채용하여 왔는데 그 제도적인 문제의 통일적인 고찰은 19세기에 이르러 확립되었다.

하여 함께 살펴보고자 한다.

2. 과실상계제도란[150)]

(1) 개 념

과실상계란 채무불이행 또는 불법행위에 의하여 손해가 발생한 경우에 채무불이행 또는 불법행위의 성립 그 자체나 그로 인한 손해의 발생 또는 손해의 확대에 채권자 또는 피해자의 과실이 있는 경우, 손해배상책임 및 그 금액을 정함에 있어 이를 참작하는 법리를 말한다.[151)] 불법행위에 관한 과실상계제도는 손해배상제도를 지도하는 공평의 원칙과 사회생활을 지배하는 협동의 정신이 적용되는 한 장면이라 할 수 있다.[152)] 과실상계제도를 통해 채권자와 채무자간에 있어서 손해의 공평한 분담을 꾀하게 됨으로써 공정하고 합리적인 손해의 분담이라는 결론을 도출하게 된다는 점에서 실무상 그 기능과 역할이 기대되는 제도이다.[153)]

우리 민법은 제396조에서 “채무불이행에 관하여 채권자에게 과실이 있는 때에는 법원은 손해배상의 책임 및 그 금액을 정함에 있어 이를 참작하여야 한다” 라고 규정하고 있고, 불법행위의 경우 제763조에서 이를 준용하도록 하고 있다. 독일의 경우는 민법 제254조에서 이를 규정하고 있는데, 피해자의 과실이 손해의 발생에 기여하였을 경우, 손해배상에 대한 의무는 이행하여야 할 배상의 범위에서와 같이 상황, 특히 그 손해가 어떠한 범위에서 어느 부분으로부터 더욱 비중 있게 야기되어 졌는가에 따르게 된다. 아울러 이는 피해자의 과실이 그가 채무자가 알았거나, 알았어야만 했던 특수한 높은 손해의 위험에 대해 주의를 기울이지 않았던 것에 한정되는 경우라면 마찬가지로 적용되며, 피해자가 그러한 손해를 방지하거나 줄이는 것을 해태한 경우에도 마찬가지로 적용된다.

---

150) 류승훈, 자동차사고와 손해배상 I, 서울: 진원사(2003), 290면 이하; 류승훈, "자동차사고와 민사상 책임분담", 서울: 법률신문사(1995), 83면 이하.

151) 류승훈, 자동차사고와 손해배상 I, 291면; 홍천용, "자동차사고손해에 있어서의 과실상계 문제", 손해배상의 제 문제(황적인박사 화갑기념논문), 서울: 박영사(1990), 241면.

152) 조희종, "자동차사고 손해배상의 이론과 실제", 서울: 법원사(1994), 471면.

153) 이보환, "자동차사고 손해배상소송", 서울: 육법사(1993), 495면.

⑵ 근 거

과실상계제도는 손해배상제도의 근본이념인 공평의 관념에 근거하고 있는 바, 이는 누구든지 자기의 잘못 만큼만 책임을 지는 것이 공평하고 타인도 그의 잘못으로 인한 결과를 스스로 수인하지 않으면 안 된다는 것을 의미한다.[154] 종래 과실상계제도의 근거와 관련하여 여러 논의가 있었는 바, 이를 살펴보면 다음과 같다.[155] 첫째, 제1설(협동원인설)은 과실상계의 근거는 피해자와 가해자 쌍방의 과실행위가 협동하여 하나의 손해를 발생시키거나 손해를 확대시킨 경우의 문제로서, 발생한 손해에 관하여 양자의 원인의 강약을 고려하여 손해의 분담을 결정하는 것이라는 견해이다. 이를 해결하기 위한 법문의 설정을 필요로 하게 된다.[156] 이에 대해서는 다음의 비판이 제기되고 있는데 즉, 가해자는 자신의 과실있는 행위와 인과관계에 있는 범위의 손해에 대해서만 배상의무를 부담하는 것이고, 피해자의 과실에 기한 손해에 대하여는 피해자의 손해배상청구권은 원래 발생하지 않을 것이므로 법원의 재량에 의한 감액을 행할 것은 아니라는 것이다.[157] 또한 과실경합에 의한 양자의 부담이 분담되어야 한다고 하여도 양적인 참작을 할 여지가 없어 제도의 경직성을 초래하게 될 뿐 아니라 법원의 재량을 인정하고 있는 현재의 법조문과 불합치하게 되므로, 결국 이를 해결하기 위한 법문의 설정이 요구된다고 한다.[158]

둘째, 제2설(공평설)은 통설이 취하는 바로 과실상계의 근거를 공평의 관념에 두고 있다. 이는 다시 손해배상의 본래의 지도원리인 공평책임의 원칙에 의하여 피해자에게 과실이 있는 때에는 가해자의 의무범위를 경감한다고 하는 견해(가해자의무경감설)와 자기의 고의, 과실에 기한 손해는 타인에게 전가시켜서는 아니 된다는 신의칙에서 유래한다고 보는 견해

154) 류승훈, 자동차사고와 손해배상 I, 291면; 이보환, 496면 이하.

155) 과실상계제도의 근거와 관련한 학설은 일본에서 주장되어진 것으로서, 이에 대해서는 류승훈, 자동차사고와 손해배상 I, 291면 이하.

156) 스스로의 과실 있는 행위에 기인한 결과에 관하여만 책임을 지고 타인의 행위의 결과에 관하여는 책임을 부담케 할 수 없다는 이른바 자기책임의 법리에 기한 것이다. 따라서 그 본질은 스스로의 과실 있는 행위를 원인으로 하여 생긴 결과라고 하는 인과관계론의 범위에 속한다고 한다.

157) 이에 의하는 경우 피해자의 과실은 불법행위에 대한 위법요소로서의 엄격한 의미의 과실로 파악하는 소위 동질설과 연결된다.

158) 스스로의 과실 있는 행위에 기인한 결과에 관하여만 책임을 지고 타인의 행위의 결과에 관하여는 책임을 부담케 할 수 없다는 이른바 자기책임의 법리에 기한 것이다. 따라서 그 본질은 스스로의 과실 있는 행위를 원인으로 하여 생긴 결과라고 하는 인과관계론의 범위에 속한다고 보는 것이다.

(신의칙설) 및 사회협동생활에 있어서 자기에 대한 의무위반에 의한 손해를 스스로 수인하여야 한다는 견해(수인설) 등으로 나누어 볼 수 있다. 이 견해에 의할 경우 실정법의 법문에도 충실한 결과가 된다는 점 및 제도의 활용에도 충분하다는 점 등이 장점으로 부각될 수 있으나, 과실에 기한 손해배상제도 자체가 광의의 공평의 관념만으로 설명되기에는 불충분하다는 점에서 문제의 소지가 있다.

생각건대 과실상계제도는 피해자의 시점에서는 스스로의 과실에 의하여 초래된 손해는 스스로가 수인하여야 하고, 이것을 타인에게 전가할 수는 없으며 가해자의 시점에서 보면 스스로의 과실에 의하지 아니한 손해에 대하여는 책임을 부담하지 않는다고 하는 공평의 관념에 입각하고 있다. 다만 피해자 및 가해자 양자의 과실의 경합이 있는 경우에는 그 일방의 과실만으로 인과관계를 갖는 손해의 양적 범위를 확정하는 것은 사실상 불가능하므로 그 전 손해를 피해자와 가해자 양자가 분담하여야 할 양적 비율을 공평의 관념에 기한 과실의 경중, 그 과실의 손해에 대한 원인으로서의 강약 등 모든 요소를 참작하여 법원이 조정하는 그러한 제도이다.

(3) 구 별

과실상계와 구별되는 개념으로 상계와 손익상계(공제)를 들 수 있다. 먼저, 과실상계와 상계는 서로 대립하는 이해당사자 사이에서 서로 정리할 것을 정리함으로써 법률관계를 간명하고 공정하게 한다는 점에서 공통점을 갖는다고 하겠다. 그러나, 과실상계가 채무의 확정을 위해서 채무발생원인을 밝혀내는 과정에서 당사자 쌍방의 과실을 비교하는 제도인데 반해, 상계는 당사자 간의 채무를 상호 결제하는 이행방법의 일종이고 채권의 소멸원인이라는 점에서 다른 제도라고 하겠다. 또한 과실상계는 법률의 규정에 의해서 행하여지고 당사자의 의사에 관계없이 법원의 직권으로 고려되어지는데 반해, 상계는 상대방에 대한 의사표시에 의해 행하여지고 상계할 것인가의 여부는 당사자에게 맡겨져 있다는 점에서 구별된다.

과실상계가 채권의 발생과 관련된 과실을 고려하려는 제도라면 손익상계(공제)는 배상금의 산정에 있어서 피해자가 입은 손해 이외에 그가 이익을 얻은 경우에는 이 이득을 공제하고 그 나머지 부분만을 배상토록 하는 배상금산정에 있어서의 필수적인 계산과정이다.

이는 피해자가 입은 손해는 마땅히 전보되어야 하지만, 피해자를 가해사건이 없었더라면 있었을 상태보다 더 유리한 상태에 두어서는 안 된다고 하는 손해배상법의 이념에 따른 것이다. 공제되어야 할 이익은 책임원인과 상당인과관계에 있어야 하나, 상당인과관계에 있는 이득이라고 하여 모두 공제되는 것은 아니고 손해배상법의 이념에 비추어 공제 여부를 판단해야 한다.[159]

3. 과실상계에 있어서 피해자과실의 본질문제[160]

1) 피해자의 과실을 어떻게 이해할 것인가에 대하여 다양한 견해가 주장되고 있다. 즉 과실상계에 있어서 피해자의 과실이 무엇을 의미하느냐에 관하여는 그것이 채무불이행, 불법행위의 성립요건으로서의 과실(제390조, 제750조)과 그 법적 성질을 같이하는 것인가의 여부 및 그 조정적 기능과 관련하여 다음과 같이 학설이 나뉘고 있다.[161] 먼저, 피해자의 과실참작이라는 설인 바, 이 설은 다시 동질설(통상의 과실설), 이질설(약한 과실설) 및 절충설로 나뉘고 있다. 우선 동질설은 현재의 다수설의 입장으로서 피해자의 과실도 결국 신의칙상의 주의의무위반이라고 전제하여 과실상계에 있어서의 과실도 위법한 부주의에 지나지 않으며, 더구나 이 위법성은 법률상의 의무위반에 한할 것이 아니라 오히려 사회생활에 있어서 일반적으로 요구되는 협동정신 또는 채권관계에 있어서 신의칙을 위반하는 경우도 포함되어야 할 것이므로 이를 고유한 의미에 있어서의 과실과 특이한 관념이라고 할 필요가 없다는 것이다.[162] 이에 대해 이질설은 현재의 소수설의 입장으로서 과실상계에 있어서의 과실은 불법행위 성립요건으로서의 과실과는 달라서 주의의무 위반이 아니라 단지 자기의 이익을 충분히 옹호하여야 한다는 법칙에 위반한 것에 지나지 아니하므로 단순한 부주의라고 하는 입장과[163] 또한 피해자에게도 사회공동생활에 있어서 베풀어야 할 신의칙상의 주의의무가 있으나 그 정도는 가해자의 과실의 전제가 되는 주의의무보다는 가벼운 것이라도 상관없고, 이 점이 가해자의 주의의무 위반과는 다르다는 입장[164]으로 나뉘고 있다.

159) 그러므로 피해자가 개인적으로 가입한 생명보험금이나 사고보험금은 공제대상이 되지 않는다.
160) 이와 관련해서는, 류승훈, 자동차사고와 손해배상 I, 293면 이하.
161) 학설의 소개에 대해서는, 류승훈, 자동차사고와 손해배상 I, 293면 이하.
162) 곽윤직, 126면; 김용한, 219면; 김주수, 186면.
163) 김형배, 276면; 정기웅, 166면.
164) 김상용, 189면; 김증한/김학동, 154면.

절충설은 과실상계가 책임부정의 기능을 하는 경우에는 피해자의 과실도 가해자의 과실과 같은 정도의 것이어야 하나, 과실상계가 단순히 배상액삭감의 기능을 하는 경우에 피해자의 과실은 가해자의 것과는 달리 약한 정도의 과실로 충분하다고 한다.[165] 아울러 피해자 과실의 전제가 되는 주의의무가 법령이나 관습 등에 의해 부과된 것이 아니라도 사회통념상 피해자가 그 상황에서 그러한 주의를 다 할 것으로 기대되는 경우에 과실상계가 인정될 수 있다고 한다.[166]

둘째로, 가해자의 위법성 내지 비난가능성의 참작이라는 설로서 과실상계의 조정적 기능을 강조하여 가해자의 위법성 내지 비난가능성을 중심으로 하여 피해자의 주관적, 심리적 사정을 도외시하고 오직 객관적 행위의 외형을 평가하여 비난가능성의 경감 내지 배제의 요소로서 배상의 상계의 본질을 파악하려고 하는 견해이다. 즉 피해자의 과실을 배상의무자의 비난가능성의 정도를 감소시키는 하나의 표시로 보며, 과실상계의 결정적인 근거를 피해자에 대한 비난보다는 배상의무자의 책임을 경감할 수 있는 사정의 존재에 중점을 두고 있다.[167] 그러나 과실상계는 배상의무자와 피해자 사이에 손해의 공평한 분담을 도모하는 제도이므로 가해자의 위법성이나 비난가능성이라는 것도 결국 배상권리자측의 사정과 상대적인 관계에서 이해되어야 할 것이므로, 과실상계의 본질을 배상의무자의 위법성이나 비난가능성에서 찾을 필요는 없다.

셋째로, 윤리적 소인참작(素因參酌)설(원인상계설이라고도 함)은 피해자의 행위가 손해의 발생에 반드시 관련되지는 않았다 하더라도 손해의 전액청구가 손해 발생 직전의 행위 때문에 권리남용이나 윤리적 타당성을 잃는 사정이 있으면 이를 요소로 하여 손해액을 경감함으로써 공평을 도모하고 배상제도의 건전화를 기하기 위해 필요하다는 입장이다.[168] 그

165) 불법행위책임의 경우에 피해자의 과실로 가해자의 책임이 부정되는 경우는 피해자가 가해자와 같은 정도로 사고의 원인을 제공한 경우에 한정되어야 하며, 이는 과실의 판단 뿐 아니라 가해행위와 손해발생간의 인과관계의 문제로 다루어 져야 한다고 한다. 또한 피해자의 과실로 배상액이 삭감되는 경우에 피해자의 과실은 사회통념상 요구되는 주의를 다하지 않은 정도의 약한 과실이어도 무방하다고 한다. 그 주의의무가 법령이나 관습 등에 의해 부과된 것이 아니라도 사회통념상 피해자가 그 상황에서 그러한 주의를 다 할 것으로 기대되는 경우에 과실상계가 인정될 수 있는데, 이때에 피해자의 과실을 호의동승 등 부주의와 관계없는 범위까지 확대해서는 안된다는 입장이다; 이은영, 329면.

166) 이은영, 329~330면.

167) 따라서 이 설에 의하면 피해자의 행위평가에 있어 그 행위의 객관적 유형에 따라 그 손해발생에 기여하였는지의 여부를 판단함에 그치고, 그 행위자의 책임능력, 사리변식능력 내지 심리적 상태는 고려하지 않는다.

168) 예컨대, 피구금자 내지 범죄자의 탈주 중의 사고, 전염병 환자나 안정을 요하는 환자가 간호를

러나, 이 설과 같이 윤리감정상의 비난이 곧 법률상 배상권리자에 대한 비난 또는 귀책요소가 될지는 의문이다.

피해자과실의 본질과 관련한 대법원 판례의 입장을 살펴보면, “불법행위에 있어 가해자의 과실은 의무위반이라는 강력한 과실인데 반하여 피해자의 과실을 따지는 과실상계에 있어서의 과실이란 가해자의 과실과는 달리 사회통념상, 신의성실의 원칙상, 공동생활상 요구되는 약한 부주의를 가리키는 것” 이라고 밝히고 있다.[169] 이 입장에는 가해자에게 손해의 배상을 전면적으로 부담시키는 것은 정리상 공평을 결하고 사회통념에 반하여 그 배상액의 경감을 꾀하는 것이 과실상계이므로 피해자만의 입장에서는 문제도 되지 않는 과실도 가해자와의 관계에서는 사회적인 의미를 갖는 것으로, 공평이라든가 신의성실이라든가 하는 법의 근저에 흐르는 이념에 저촉되어 법적 평가를 받는다고 한다.

또한, “불법행위로 인한 손해배상에 있어서의 피해자의 과실이라는 것은 엄격한 법률상 의의로 새길 것은 아니라고 하더라도 그것이 손해배상액 산정에 참작된다는 점에서 적어도 신의칙상 요구되는 결과 발생 회피의무로서 일반적으로 예견가능한 결과 발생을 회피하여 피해자 자신의 불이익을 방지할 주의를 게을리 함을 말한다 할 것인바, 단순히 같은 자동차에 동승하여 가고 있는 승객들 사이에는 다른 승객이 그 자동차의 운행에 위험을 초래할 만한 행동을 하고 있거나, 앞으로 그와 같은 행동을 할 것이고, 그로 인하여 상당한 정도로 사고 발생의 위험성이 있다는 것을 인식할 수 있다는 등의 특별한 사정이 없는 한, 상호간에 예상할 수 있는 모든 위험에 대하여 미리 경고하고 주의를 환기시킬 신의칙상 주의의무가 있다고 할 수는 없다. 승객이 창밖으로 던지려던 담배꽁초가 운전석 옆에 떨어지자 운전자가 이를 치우려고 전방 주시를 태만히 한 과실로 사고가 발생한 경우, 동승한 다른 승객인 피해자가 담배꽁초를 안전하게 버리도록 주의를 환기시키지 아니한 사실을 과실상계의 사유로 삼을 수 없다”고 하여 피해자과실의 의미에 대한 구체적인 설명을 담고 있다.[170]

2) 일본에서도 과실상계에서 논의되는 과실이 책임요건인 일본 민법 제709조에서 말하는

무시하고 외출하던 중에 일어난 사고, 도품(盜品)을 운반하던 중에 일어난 사고 따위가 이에 해당되는데 이들은 모두 윤리적 감정상의 비난의 대상이 되므로 손해액을 정함에 있어서 이를 참작하자는 것이다.

169) 대판 1999. 7. 23, 98다31868; 대판 1999. 2. 26, 98다52469; 대판 1997. 12. 9, 97다43086.

170) 대판 1999. 9. 21, 99다31667.

과실과 같은 개념인지 여부와 관련하여 의견의 대립이 있었다.171) 이는 과실상계에서의 과실이 제709조에서 말하는 과실과 동일하다고 한다면 그 과실을 범하는 피해자에게는 필연적으로 책임능력이 요구되는 것으로 되기 때문이다. 이와 관련하여 과거 대심원은172) 과실상계의 과실이 제709조의 과실과 다른 것은 아니라고 판시하였으나, 이후 다른 판결에서는 과실상계에서의 과실은 '자기에 대한 과실' 로 책임성립요건인 과실과는 그 취지를 달리 한다고 밝히고 있어, 전자의 판결이 쌍방 과실에 의한 충돌사고의 사례였던 특수성을 생각해 보면 양자의 상위는 이미(제2차 세계대전 전에) 판례상 확인되어 있다.

학설상으로도 과실상계에서의 과실은 일본민법 제709조의 과실과는 달라 가해자에게 전가하는 일이 공평에 반하는 것 같은 경우에 자기의 이익에 대한 피해자의 소극적 부주의(단순한 부주의)면 족하다고 하는 견해가 종래보다 유력하다.

▣ 과실상계에서 과실의 의미 ▣

통상의 과실설	과실상계의 과실을 통상의 과실과 같이 주의의무 위반으로 이해하는 입장이다. 만약 과실상계의 과실을 약한 과실로 보아 통상의 과실과 구별하고 과실상계를 광범위하게 인정한다면, 그 결과 민법상 인정되는 피해자의 배상청구권이 부당하게 축소될 것이라고 한다.	곽윤직
약 한 과실설	과실상계에서 피해자 또는 채권자의 과실은 타인에 대한 의무를 전제로 하지 않으며 손해배상청구 요건인 통상의 과실과는 성질이 다르다고 하는 입장이다.	김상용; 김증한 · 김학동; 김형배(2판); 정기웅
절충설	절충설의 근거는,173) 첫째, 과실상계가 책임 부정의 기능을 하는 경우에는 피해자의 과실도 가해자의 과실과 같은 정도의 것이어야 한다. 둘째, 과실상계가 단순히 배상액삭감의 기능을 하는 경우에 피해자의 과실은 가해자의 것과는 달리 약한 정도의 과실로 충분하다. 피해자 과실의 전제가 되는 주의의무가 법령이나 관습	이은영

171) 류승훈, 자동차사고와 손해배상 I, 295면.
172) 大判 昭和 15. 4. 5. 民集 19卷 9號 668면.

등에 의해 부과된 것이 아니라도 사회통념상 피해자가 그 상황에서 그러한 주의를 할 것으로 기대되는 경우에 과실상계가 인정될 수 있다고 본다. 채무불이행책임에서 채권자의 과실로 채무자의 채무불이행책임이 면책되는 경우는 채권자가 제공한 원료, 작업지시 등에 급부불능이나 불완전이행의 원인이 있었던 경우이다. 이러한 특수한 사정이 없는 경우에 채권자의 과실은 채무자의 계약채무의 불이행과 같은 정도로 평가되지 않는다. 채권자는 신의칙상 채무자의 과실로 야기된 채무불이행의 결과 손해가 확대되지 않도록 할 손해확대 방지의무를 지며, 이를 위반했을 때에 채권자의 과실이 인정된다. 그 의무위반의 정도가 심각하여 채무자의 채무불이행책임을 면책시킬 정도에 이르는 경우도 있지만 대개의 경우 배상액 삭감으로 그치게 된다. 단지 채권자의 불수령만이 있었던 경우에 이것은 채무불이행책임의 문제가 아니라 채권자지체로서 다루어지며, 채무자의 이행지체가 부정된다.

불법행위책임의 경우에 피해자의 과실로 가해자의 책임이 부정되는 경우는 피해자가 가해자와 같은 정도로 사고의 원인을 제공한 경우에 한정되어야 한다. 이는 과실의 판단뿐 아니라 가해행위와 손해발생 사이의 인과관계의 문제로 다루어져야 한다. 피해자의 과실로 배상액이 삭감되는 경우에 피해자의 과실은 사회통념상 요구되는 주의를 다하지 않은 정도의 약한 과실이어도 무방하다. 그 주의의무가 법령이나 관습 등에 의해 부과된 것이 아니라도 사회통념상 피해자가 그 상황에서 그러한 주의를 다 할 것으로 기대되는 경우에 과실상계가 인정 될 수 있다. 이때에 피해자의 과실을 호의동승 등 부주의와 관계 없는 범위까지 확대해서는 안 된다.

피해자가 불법행위 성립에 요구되는 엄격한 의미의 주의의무를 위반한 경우뿐만 아니라 단순한 부주의로 인하여 손해가 발생·확대되게 한 경우에도 피해자에게 과실이 있는 것으로 보아

	과실상계를 할 수 있다(대판1992. 5. 12, 92다6112). 하자담보책임으로 인한 손해배상사건에 있어서 배상권리자에게 그 하자를 발견하지 못한 잘못으로 손해를 확대시킨 과실이 인정된다면 법원은 손해배상의 범위를 정함에 있어서 이를 참작하여야 하며, 주문자가 하자발견의무를 부담하는 특약을 하지 않는 이상 하자를 발견하지 못한 데 대하여 주문자에게 과실이 있다고 할 수는 없다(대판1995. 6. 30, 94다23920).	
판 례	판례는 불법행위책임에서 배상액 삭감을 위한 과실상계의 경우에는 약한 과실설을 취하는 반면에, 매도인의 하자담보책임에 관한 사건에서는 피해자의 과실을 통상의 과실과 같이 무겁게 해석하였다(대판1995. 6. 30, 94다23920). 불법행위책임의 배상액 삭감과 관련하여 판례는 "불법행위에 있어서 가해자의 과실은 의무위반이라는 강력한 과실인 데에 반하여, 과실상계에 있어서의 피해자의 과실이란 전자의 경우와는 달리 사회통념상 신의성실의 원칙상 공동생활상 요구되는 약한 부주의를 가리키는 것" 또는 "피해자가 불법행위의 성립에 요구되는 엄격한 의미의 주의의무를 위반한 경우뿐만 아니라, 단순한 부주의로 인하여 손해가 발생·확대되게 된 경우에도 피해자에게 과실이 있는 것으로 보아 과실상계를 할 수 있다"고 하였다(대판1983. 12 .27, 83다카644).	대판 1992. 5. 12, 92다6112.

4. 과실상계에서의 피해자의 과실능력

타인에게 손해를 가한 불법행위의 경우에 손해배상책임이 발생하기 위하여서는 가해자에게 그 행위의 결과로 인하여 법적 책임이 생긴다는 것을 인식할 수 있는 판단능력, 즉 책임능력이 구비되지 않으면 안 되는 것과 마찬가지로 불법행위의 성립이나 그 손해의 발

173) 이은영, 채권총론(1991), 265면에서는 통상의 과실설을 취했으나 이후의 개정판에서는 견해를 바꾸었다.

생 및 확대에 피해자에게도 주관적 요소로서의 판단능력, 즉 과실능력이 요구되는가와 요구된다면 어느 정도의 것이어야 하는가와 관련하여 의문이 제기된다. 앞서 논의한 피해자 과실의 본질을 가해자의 과실과 동질의 것으로 파악한다 할지라도 어느 정도의 능력이 요구되는가 하는 것은 또 다른 논의의 대상이라 할 것이므로 피해자 과실의 본질을 보는 시각에 관계없이 논의될 수 있다고 보여 진다.

이와 관련하여서는 책임능력이 필요하다는 입장(책임능력필요설), 책임능력까지는 아니더라도 사리식별능력은 요구된다는 입장(사리식별능력필요설) 그리고 이러한 사리식별능력조차 요구되지 않는다는 입장(사리식별능력불요설) 등이 대립하고 있다.[174] 먼저, 책임능력필요설은 과실상계를 피해자의 과실을 참작하는 것으로 이해하고, 그 과실을 손해배상책임 발생의 원인이 되는 불법행위상의 책임요소로서 과실과 동일한 것, 즉 엄격한 과실로 파악하여 과실상계의 요건으로서의 피해자의 책임능력을 필요로 한다는 것이다. 이는 미성년자가 가해자로서 책임을 부담할 때에는 책임능력을 필요로 하는 것처럼 피해자의 과실을 참작할 때에도 그 피해자에게 책임능력이 구비되어야 한다는 점에서 출발한다. 한때 판례가 지지하였으나 지금 이 견해를 따르는 학자는 없다.

둘째로, 사리식별능력필요설은 우리 판례가 취하고 있는 입장으로서,[175] 이에 따르면 과실상계의 문제는 불법행위자에 대하여 적극적으로 손해배상책임을 부담시키는 문제와는 그 취지를 달리하여 불법행위자가 부담하는 손해배상액을 정함에 있어 공평의 견지에서 피해자에게 과실이 있다면 이를 여하히 참작하느냐라는 문제에 지나지 않기 때문에 피해자의 과실을 참작함에 있어 불법행위의 책임을 부담시킬 때와 같이 행위의 책임을 식별할 수 있는 능력, 즉 책임능력을 요하지 않고 그보다 낮은 단계의 판단능력, 즉 손해의 발생을 피하는데 필요한 정도의 사리분별(식별)능력만 구비되어 있으면 족하다는 입장이다.[176]

---

174) 학설에 대한 소개는, 류승훈, "자동차사고로 인한 손해배상책임의 기초 및 책임의 분담", 보험학회지(제45집), 한국보험학회(1995. 3), 257면 이하.

175) 대판 1971. 3. 23, 70다2986.

176) 이 견해에 대해서는 사리식별능력불요설로부터 다음과 같은 비판이 제기되고 있다. 첫째, 사리식별능력을 획일적으로 한정하여 그 하한을 설정하기 어려워 법원에 따라 피해자의 지능이나 자질상황에 따라 과실상계가 인정되기도 하고 아니 되기도 한다. 둘째, 피해자에게 사리식별능력이 없다고 하여 보호감독자의 보호감독상의 과실을 피해자의 과실로 본다는 것은 보호감독의 실체를 무시한 지나친 의제이며, 감독의무자의 과실을 참작하는 것이 불가능하거나 곤란한 경우가 있으면 결국 과실상계가 불가능하게 된다. 셋째, 사리식별능력이 없는 유아가 부적당한 행동의 결과 사고가 있을 때 유아의 과실로서가 아니고 그 감독의무자의 보호감독상의 과실로서 과실상계가 행하여지므로 보호감독자의 과실의 대소에 의하여 과실의 비율이 결정되어야 마땅할 터인

셋째로, 사리식별능력불요설은 과실상계제도가 갖는 조정적 기능을 중시하여 피해자의 과실을 가해자의 법적 내지 비난가능성참작의 한 표지로 보는 견해에서는 피해자의 판단능력을 전연 고려할 것 없이 피해자가 유아이건 정신병자이건 그 피해자의 외부적 행위 자체로부터 과실의 유무 정도를 판단하자는 입장이다.[177]

넷째로, 책임부인의 경우에는 책임능력이 있어야 하지만, 단순한 배상액 삭감의 경우에는 위험판별능력만 있어도 된다는 입장이다. [178]

생각건대 과실상계는 원래 피해자의 과실을 참작하는 제도로서 그의 참작사유인 과실에는 속인적 비난가능성이 있는 것임에도 불구하고 이를 전혀 고려하지 아니하고 피해자의 판단능력을 제외하고 행위정형적으로만 그 과실의 유무를 판단하는 것은 부당하다고 보여진다. 손해배상범위론은 상당인과관계에 의하여 가해자가 부담하여야 할 배상액을 예외적으로 피해자에게 과실이 있는 때에는 다시 그 주관적 사정 때문에 그 범위를 감축한다는데 과실상계의 존재의의가 있는데, 위와 같이 주관적 사정을 도외시하고 가해자의 비난가능성만을 측정하면 위 제도의 존재가치는 모호하게 되며, 가해자의 과실과 피해자의 과실이 경합하여 하나의 결과를 발생시킨 경우, 양측 과실의 비율적 측정은 상대적이므로 피해자의 행위를 객관적, 정형적으로 파악한다는 것은 불가능하게 될 뿐 아니라, 자기 자신에 대해 책임을 부담할 최소한의 능력조차 없는 자에게 자기 과실에 기한 손해를 수인케 한다는 것은 공평의 이념에도 반한다. 따라서, 피해자는 사리식별능력 정도는 갖추어야 한다. 다만,

---

데 실제소송에서는 유아의 행동의 부적당의 대소에 의하여 과실의 비율이 결정되는 경향이 있는 바, 이는 모순이 아닐 수 없다는 점 등이다.

사리식별능력의 유무는 연령에 따라 획일적으로 판단되는 것이 아니라 불법행위의 성질, 개인적 특성, 가정적 환경, 사회상태 등 구체적으로 제반사정을 충분히 고려하고 피해자의 지능발달 정도 등을 종합하여 판단하여야 하는데, 보통 초등학교 취학기를 전후하여 이를 인정하려는 경향이 보인다. 우리 판례는 6세, 6세 7개월의 어린이의 사리식별능력을 부인하였고, 7세와 8세의 경우 책임능력은 부인하면서도 위 능력을 인정하고 있어, 불법행위상의 책임능력과 과실상계상의 책임능력을 준별하는 것으로 보인다(대판 1968. 8. 30, 68다1224).

177) 주된 논거로는, 첫째로, 과실상계제도의 궁극적인 목적에 비추어 가해자의 입장에서 생각해 볼 때 배상권리자가 우연히 책임무능력이라는 이유만으로 그 과실을 참작하지 아니한다는 것은 공평에 반한다는 것이다. 둘째로, 피해자에게 사리식별능력이 없는 경우, 감독의무자의 과실로써 과실상계를 한다 하여도 실제상 감독의무자의 과실보다는 유아 자신의 행위가 과실상계의 기준이 되고 따라서 감독의무자의 과실은 의제되는 경향이 있는 바, 이를 철저히 하는 경우 사리식별능력 불필요설에 이르게 된다는 점이다. 셋째로, 유아나 정신병자에 관하여 법률상 감독의무자가 존재하지 아니하는 경우 피해자에게 사리식별능력이 없다는 이유만으로 과실상계를 부정한다면 감독의무자의 유무라는 우연의 사정에 따라 과실상계의 적용이 좌우되는 부당한 결론에 도달한다는 점이다.

178) 이은영, 331~332면.

과실능력이 없는 유아, 정신병자의 경우에는 합리적인 범위 내에서 뒤에 상술하는 피해자 측 과실론에 의한 과실참작이 이루어지면 될 것이다.179)

5. 과실상계의 참작 및 그 대상

(1) 필요적 참작

민법 제763조는 채무불이행에 관한 과실상계 규정(민법 제396조)을 준용하고 있기 때문에 피해자에게 과실이 있는 때에는 법원은 손해배상의 책임 및 그 금액을 정함에 있어서 직권으로 이를 참작하여야 한다.180) 따라서 과실상계사유를 참작하지 않고 행하여진 법원의 판결은 위법한 것으로 상고이유가 된다.

만약 과실 유무에 대한 증거자료가 부족하여 법관이 심증을 얻을 수 없었을 때에는 결국 그 불이익은 과실상계의 주장을 하는 피고에게 돌아가게 된다. 과실상계의 적용비율에 대하여는 이는 법원의 자유재량에 속하며181) 당사자의 주장에 구애받지 않는다는 것이 판례의 입장이다.182)

(2) 참작기준

민법 제396조는 "채무불이행에 관하여 채권자에게 과실이 있는 때에는 …… 이를 참작하여야 한다"고 규정하고 있을 뿐 이에 대한 기준을 명시하고 있지는 않다. 이와 관련하여

---

179) 사리식별능력필요설의 입장에 의하면 유아나 정신병자가 피해자인 경우 과실상계를 할 수 없다는 불합리가 생기게 되므로, 사리식별능력이 없는 자에 대한 보호감독을 철저히 하지 못한 보호감독자의 과실을 피해자의 과실로 보아 이를 참작하고 있다. 다만 피해자에게 위와 같은 사리식별능력이 없는 경우 감독의무자의 과실로써 과실상계를 한다 하여도 그 실제에 있어서는 감독의무자의 과실보다는 유아 자신의 행동의 부적당의 대소가 과실상계의 기준이 되는 경향이 있다.

180) 대판 1987. 5. 23, 178다6801. 또한 대법원은, "법원은 불법행위로 인하여 배상할 손해의 범위를 정함에 있어서 상대방의 과실상계의 항변이 없더라도 피해자의 과실을 참작하여야 한다"고 판시하였다(1987. 11. 10, 87다카473).

181) 대판 1974. 2. 26, 73다76.

182) 대판 1984. 7. 10, 84다카440; 대판 1981. 12. 22, 81다331. 그러나, 과실정도의 비교교량에 있어 재량범위를 일탈한 경우 이는 위법하다는 판결이 있다.

판례는 채무불이행에 관하여 채권자에게 과실이 있는 때에 법원이 손해배상의 범위를 정함에 있어서 채권자의 과실을 어느 정도로 참작할 것인지는 구체적인 사안마다 신의칙과 공평의 관념에 따라 채권자와 채무자의 고의나 과실의 정도, 책임원인사실인 채무불이행의 내용, 손해의 발생 및 확대 등에 어느 정도의 원인을 이루었는지 등 여러 가지 사정을 참작하여 손해가 공평하게 되도록 합리적으로 결정할 것이라고 하였다.183) 결국 손해의 발생 내지 확대에 대한 채권자와 채무자 각각의 기여정도도 과실상계비율을 정하는데 있어서 주요한 참작기준으로 된다.184)

(3) 과실상계의 대상

이는 무엇을 과실상계의 대상으로 할 것인가 하는 것인데, 적극적 손해이든 소극적 손해이든 모두가 그 대상이 된다 하겠다. 문제는 정신적 손해에 대한 과실상계의 적용과 관련하여서인데, 이는 방법론상 상계설과 참작설로 그 견해가 나뉘고 있다. 먼저 상계설은 피해자가 입은 정신적 고통을 위로할 금원을 우선 환산하고 다시 이에 대해 피해자의 과실을 참작하여 현실적으로 배상할 금액을 산정하는 방법이다. 참작설은 피해자의 과실을 당초부터 위자료액 산정을 위한 여러 참작요인의 하나로서 고려하는 방법으로서, 손해배상의 산정에 있어 손쉬운 방법이다.

원칙적으로 불법행위로 인한 모든 손해가 과실상계의 대상이 됨은 당연하다.185) 그러나, 법원실무에서는 재산적 손해를 산정하고 과실상계를 행한 후 위자료를 정할 때에는 앞서 판시한 피해자의 과실을 참작하여 위자료를 금 얼마로 정한다고 하고 있는 바(참작설이라고 함), 이에 의할 경우 법원이 얼마의 위자료를 인정하고 어느 정도의 과실상계를 하였는

---

183) 대판 1990. 1. 25, 90다6491.

184) 또한 우리 판례는, "민법상 과실상계제도는 채권자가 신의칙상 요구되는 주의를 다하지 아니한 경우 공평의 원칙에 따라 손해배상액을 산정함에 있어서 채권자의 그와 같은 부주의를 참작하게 하려는 것이므로 .... 채무불이행으로 인한 손해배상책임의 범위를 정함에 있어서의 과실상계 사유의 유무와 정도는 개별 사례에서 문제된 계약의 체결 및 이행 경위와 당사자 쌍방의 잘못을 비교하여 종합적으로 판단하여야 하며, 이 때에 과실상계 사유에 관한 사실인정이나 그 비율을 정하는 것은 그것이 형평의 원칙에 비추어 현저히 불합리한 것이 아닌 한 사실심의 전권사항이라고 할 수 있다" 고 밝히고 있다; 대판 1999. 5. 25, 98다56414.

185) 대판 1996. 5. 10, 96다8468; "과실상계는 본래 채무불이행 내지 불법행위로 인한 손해배상책임에 대해 인정되는 것이고, 채무내용에 따른 본래의 급부의 이행을 구하는 경우에는 적용되지 않는다".

지를 알 수 없게 되고 과실상계된 위자료 액수는 상계된 이전의 액수보다 적어지는 까닭에 피해자들로부터 너무 적은 위자료를 지급한다하여 비판을 받게 된다. 왜냐하면 참작설의 주장자들은 위자료가 재산적 손해액을 보완, 조정하는 기능을 갖는 것으로 생각하였기 때문이다.

그러나, 위자료는 피해자가 당한 정신적·육체적 고통, 잃어버린 행복을 금전으로 보상하는 금원으로 재산적 손해와는 보상대상을 달리하는 별개의 것으로 단순히 재산적 손해의 보완 및 조정기능이라는 인식을 버려야 마땅하고, 그러한 관점에서 조금도 경시되어서는 안될 것이다.[186] 따라서, 참작설을 취하기보다는 상계설의 입장에서 피해자의 과실을 제외한 일체의 사정을 고려하여 위자료의 액수를 정한 후 재산적 손해를 상계한 비율과 정확히 같은 비율로 과실상계하는 것이 보다 타당하다.

한편, 불법행위의 피해자가 손해배상청구소송을 변호사에 위임하여 수행하는 경우, 변호사비용은 사안의 난이도, 청구액, 인용된 금액, 기타 제반 사정을 참작하여 상당하다고 인정되는 범위의 것이 불법행위와 상당인과관계가 있는 손해가 되는 것이므로 이에 대하여도 과실상계 규정을 적용하는 것이 타당하다.[187]

Ⅳ. 손익상계제도

1. 손익상계의 의의

손익상계(compensatio lucri cum damno)라 함은 불법행위로 인하여 손해를 입은 자가 동일한 원인에 의하여 이익을 얻은 경우에 그 손해로부터 이익을 공제하여 그 잔액을 배상할 손해액으로 하는 것을 말한다. 민법은 이러한 손익상계를 인정하는 규정을 두고 있지는 않지만, 손익상계는 손해의 개념으로부터 이론상 당연히 발생하는 귀결이거나 손해배상제도를 지배하는 형평의 원칙에 의한 당연한 이치이다. 따라서 상계라 하더라도 본래의 의미의 상계와 같이 두 개의 채권이 대립 존재하는 것이 아니고 손해로부터 이익을 공제한 잔액에 관하여 하나의 손해배상채권이 성립한 데 불과하다.[188] 우리 법원도 확정된 재산상

186) 이보환, 510면.

187) 일본 最判 昭和 52. 10. 20. 우리나라 재판실무에서도 대부분 인정되고 있다.

188) 따라서 손익상계라는 표현은 타당하지 않고 오히려 이익공제라고 칭하는 것이 옳다고 보는 견

손해에 대하여 과실상계가 끝나면 당해 교통사고를 원인으로 하여 피해자에게 생긴 이익이 있으면 이를 공제하는 즉, 손익상계를 하여야 한다고 하여 손익상계를 인정하고 있다.[189]

손익상계에 의하여 손해에서 공제되어야 할 이익은 먼저 손해를 발생시킨 원인사실로부터 발생한 것이어야 하며, 다음으로 불법행위와 상당인과관계에 있는 것에 한한다.[190] 상당인과관계에 있는 이득이라고 하여 모두 공제되는 것은 아니고 손해배상법의 이념에 비추어 공제여부를 판단하여야 할 것이다. 그리고 법원은 직권에 의하여 이를 공제하여야 하며, 피고의 항변을 기다려 이를 참작하여야 하는 것은 아니다. 즉 손익상계의 대상으로 되는 이익이 발생하였다는 증거가 당사자의 어느 쪽에 의하던 간에 법원에 현출되면 법원은 직권으로 이를 손해에서 공제하여야 한다.

2. 손익상계의 내용

피해자가 가해자 본인이나 그를 대위한 보험회사로부터 이미 지급받은 손해배상금의 경우에는 그 전액을 공제하고, 치료비나 장례비 등의 손해의 경우에는 그 중 피해자의 과실비율에 상응하는 부분을 피해자의 손해액에서 공제하여야 한다. 그런데 문제는 소위 형사합의금이라 할 것인바, 이와 관련하여 법원은 불법행위의 가해자에 대한 수사 과정이나 형사재판 과정에서 피해자가 가해자로부터 합의금 명목의 금원을 받고 가해자에 대한 처벌을 원하지 않는다는 내용의 합의를 한 경우에 그 합의당시 지급받은 금원을 특히 위자료 명목으로 지급받은 것임을 명시하였다는 등의 사정이 없는 한 손해배상금의 일부로 지급되었다고 봄이 상당할 것이라고 판시하고 있다.[191] 따라서 합의를 함에 있어서 '위로금조' 또는 '보험금과는 별도'라는 표현을 명시한 경우에는 피고의 공제 주장을 배척하고 위자료의 참작사유로 하고 있다.[192]

피해자가 공동불법행위자의 1인으로부터 손해의 일부를 변제받은 때에는 그 금액의 범위 내에서 다른 공동불법행위자에게도 효력이 있으므로 그 피해자에 대한 손해배상금에서

해도 있다; 곽윤직, 119면.

189) 대판 1990. 5. 8, 89다카29129. 손익상계와 과실상계를 할 경우에 산정된 손해액에다 과실상계를 한 후에 피해자의 이익을 공제한다(대판 1981. 6. 9, 80다3277).

190) 대판 1969. 11. 25, 69다887.

191) 대판 1988. 5. 24, 87다카3133.

192) 서울고판 1990. 8. 20, 90나18458 등.

이를 공제하여야 한다.[193]

3. 손익상계의 항변

피해자의 과실과 가해자의 과실이 경합하여 사고가 발생하였고, 피해자의 과실이 단순한 자기 자신에 대한 부주의 정도를 넘어 가해자에 대한 주의의무위반으로 불법행위의 성립요건으로 작용하는 경우, 이른바 교차적 불법행위의 경우에는 가해자는 불법행위채권을 수동채권으로 하여 상계하는 것이 허용된다.[194]

피해자의 과실과 가해자의 과실이 제3자에 대하여 공동불법행위를 구성하는 경우에는 공동불법행위자의 1인인 가해자가 다른 공동 불법행위자인 피해자의 과실비율에 따른 부담부분에 대하여 구상권을 행사하여 상계항변을 제출하려면 제3의 피해자에게 그 손해의 전부를 현실로 배상하여 공동면책을 받아야 한다.[195] 이 경우 가해자가 아니라 가해자와 보험계약을 체결한 그 보험회사가 그 보험약관에 따라 가해자인 피고를 대위하여 제3의 피해자에게 손해를 배상하여 공동불법행위자인 원고까지 면책시킨 경우에 가해자인 피고는 이를 이유로 상계의 항변을 할 수 있는지가 문제인데 우리 판례는 상계를 상대적 효력사유로 보아 이를 부정하고 있다.[196]

즉 공동불법행위가 부진정연대채무관계에 있고 부진정연대채무에 있어서 변제와 같은 사유는 채무자 전원에게 절대적 효력을 생기게 하나 그 밖의 사유는 상대적 효력을 생기게 하는데 그치는 것이므로 공동 불법행위자 중의 1인의 피해자에 대한 반대채권으로 채무를 대등액에서 상계하더라도 그 상계로 인한 채무소멸의 효력은 다른 공동 불법행위자에게 미치지 아니한다고 한다.

---

193) 대판 1982. 4. 27, 80다2555.
194) 대판 1974. 8. 30, 74다958.
195) 대판 1983. 5. 24, 83다카208 등.
196) 서울고판 1989. 6. 29, 88나35764 등.

V. 손해배상액의 예정과 손해배상자의 대위

1. 손해배상액의 예정

(1) 의 의

손해배상액의 예정은 채무불이행의 경우에 채무자가 지급하여야 할 손해배상의 액을 당사자가 미리 계약으로 정해 두는 것이다. 배상액은 일정 금액으로 정하는 것이 보통이나, 채무액에 대한 일정 비율로 정하여도 무방하다. 배상액을 예정하는 이유는 채무자의 채무불이행이 있을 경우 손해발생 및 손해액의 입증곤란을 배제하고, 아울러 채무이행을 확보하려는 데에 있다. 당사자는 법률규정(근로기준법 제20조; 선원법 제31조 등)이나 사회질서에 반하지 않는 한 배상액 예정계약을 체결할 수 있다(제398조 제1항). 다만 보통거래약관에 의할 경우에는 약관규제법의 제한을 받는다(동법 제8조).

손해배상액 예정계약은 채무불이행이 발생하기 이전에 체결한 것을 말한다. 따라서 채무불이행이 발생한 후에 체결한 것은 일종의 화해인 '손해배상에 관한 합의'에 해당한다. 손해배상액 예정계약의 법적 성질은 채무불이행을 정지조건으로 하는 정지조건부 계약이며, 본래의 채권관계에 종된 계약이다.

손해배상액 예정에 관한 규정은 금전이 아닌 것으로 손해배상에 충당하기로 예정한 경우에도 준용된다(제398조 제5항).

(2) 효 과

1) 일반적 효과

채무불이행으로 인한 손해배상액의 예정이 있는 경우에는 채권자는 채무불이행의 사실만 증명하면 손해의 발생 및 그 액을 증명하지 않고서 예정배상액을 청구할 수 있다.

채무불이행의 요건으로 채무자의 귀책사유도 필요한가에 대해 학설이 나뉘고 있다. 먼저 제1설(귀책사유불요설)은 위약금 청구요건으로서의 채무불이행은 채무가 변제기에 이행되지 않았다는 사실로서 충분하며, 그 원인이 채무자의 귀책사유로 인한 것인가는 문제되지 않는다는 입장이다. 배상액예정의 취지가 귀책사유에 관한 당사자 간의 분쟁을 피하기 위한 목적이기 때문이라고 한다.[197] 제2설(귀책사유요건설)은 민법 제398조 제1항의 채무불이행은 귀책사유 등의 책임요건을 갖춘 경우를 가리킨다고 해석한다.[198] 민법은 채무불이행책임에 관하여 과실책임주의를 취하고 있으므로 그를 배제하는 특약이 없는 한 배상액예정에 있어서도 귀책사유가 손해배상의 요건이 되어야 한다는 입장이다.[199]

우리 판례가 어떤 입장을 취하는가는 분명치 않다. 채무불이행으로 인한 배상액 예정이 있는 경우에 채권자는 채무불이행 사실만 증명하면 손해의 발생 및 그 액을 증명하지 않아도 예정배상액을 청구할 수 있다는 입장이고, 위약금의 약정은 특별한 사정이 없으면 채무불이행으로 인한 손해배상의 예정으로서의 성질을 가지며, 매도인의 담보책임으로 인한 손해배상의 경우도 그에 포함된다고 한다.[200]

생각건대 우리 민법이 채무불이행책임에 관하여 과실책임주의를 취하고 있으므로 그를 배제하는 특약이 없는 한 배상액예정에 있어서도 귀책사유가 손해배상의 요건이 되어야 한다.

2) 예정액의 감액

손해배상의 예정액이 부당히 과다한 경우에는 법원은 적당히 감액할 수 있다(제398조 제2항). 예정액이 부당하게 과도한지의 여부는 사실심의 변론종결 당시를 기준으로 하여 그때까지 발생한 모든 사정을 종합적으로 고려하여 판단하여야 한다.

예정액이 부당하게 과소한 경우에 이를 증액할 수 있을 것인가에 대해서는 명문의 규정이 없는 이상 이를 부정하여야 한다.

---

197) 곽윤직(2007), 129면; 김상용, 200면; 김주수, 200면.
198) 김증한·김학동, 158면; 김형배, 285면; 이은영, 365~366면.
199) 귀책사유불요설이 귀책사유의 배제에 관한 당사자의 명백한 약정이 없어도 그러한 의사가 있다고 추정하는 것은 과실책임주의와 조화되지 않는 해석이라고 비판한다. 채무자의 귀책사유는 소극적 요건이므로, 실제로 채권자는 불이행사실이 있으면 위약금의 지급을 청구할 수 있고, 채무자는 그 불이행이 불가항력에 의한 것임을 항변하여 위약금지급을 거절하게 된다. 귀책사유불필요설은 채무자의 귀책사유 없다는 항변을 허용하지 않는 이론이라 하겠다.
200) 대판 1976. 3. 23, 74다1383; 대판 1975. 3. 25, 74다296.

관련판례

1) 대판 2010. 7. 15, 2010다10382

"민법제398조에서 정하고 있는 손해배상액의 예정은 손해의 발생사실과 손해액에 대한 증명의 곤란을 덜고 분쟁의 발생을 미리 방지하여 법률관계를 쉽게 해결하고자 하는 등의 목적으로 규정된 것이고, 계약 당시 손해배상액을 예정한 경우에는 다른 특약이 없는 한 채무불이행으로 인하여 입은 통상손해는 물론 특별손해까지도 예정액에 포함되고 채권자의 손해가 예정액을 초과한다 하더라도 초과 부분을 따로 청구할 수 없다. 그리고 손해배상 예정액이 부당하게 과다한 경우에는 법원은 당사자의 주장이 없더라도 직권으로 이를 감액할 수 있으며, 여기서 '부당히 과다한 경우'라고 함은 채권자와 채무자의 각 지위, 계약의 목적 및 내용, 손해배상액을 예정한 동기, 채무액에 대한 예정액의 비율, 예상 손해액의 크기, 그 당시의 거래관행과 경제상태 등 모든 사정을 참작하여 일반 사회관념에 비추어 그 예정액의 지급이 경제적 약자의 지위에 있는 채무자에게 부당한 압박을 가하여 공정성을 잃는 결과를 초래한다고 인정되는 경우를 뜻하는 것으로 보아야 하고, 이 경우에 실제 발생할 것으로 예상되는 손해액의 크기를 참작하여 손해배상액의 예정액이 부당하게 과다한지 여부 내지 그에 대한 적당한 감액의 범위를 판단함에 있어서는 실제의 손해액을 구체적으로 심리·확정할 필요는 없으나, 기록상 실제의 손해액 또는 예상 손해액을 알 수 있는 경우에는 이를 그 예정액과 대비하여 볼 필요는 있다고 할 것이다(대법원 1993. 4. 23. 선고 92다41719 판결, 대법원 2002. 12. 24. 선고 2000다54536 판결, 대법원 2004. 7. 22. 선고 2004다3543 판결 등 참조)"

2) 대판 2009. 2. 26, 2007다19051

"손해배상액의 예정이 있는 경우에는 원고들이 일방적으로 이 사건 매매계약을 철회한 사실만을 피고가 증명하면 나아가 손해의 발생 및 그 액을 증명하지 아니하고 예정배상액을 청구할 수 있다. 다만, 손해배상 예정액이 부당하게 과다한 경우에는 법원은 당사자의 주장이 없더라도 직권으로 이를 감액할 수 있으며, 여기서 '부당히 과다한 경우'라고 함은 채권자와 채무자의 각 지위, 계약의 목적 및 내용, 손해배상액을 예정한 동기, 채무액에 대한 예정액의 비율, 예상 손해액의 크기, 그 당시의 거래관행 등 모든 사정을 참작하여 일반 사회관념에 비추어 그 예정액의 지급이 채무자에게 부당한 압박을 가하여 공정성을 잃는 결과를 초래한다고 인정되는 경우를 뜻하는 것으로 보아야 한다(1997. 7. 25. 선고 97다15371 판결 등 참조)"

3) 이행의 청구 · 계약해제와의 관계

손해배상액의 예정은 이행의 청구나 계약의 해제에 영향을 미치지 않는다(제398조 제3항).

(3) 위약금

위약금은 채무불이행의 경우에 채무자가 채권자에게 지급할 것을 약속한 금전이다. 위약금에는 위약벌의 성질을 가지는 것과 손해배상액의 예정의 성질을 가지는 것의 두 가지가 있는데, 민법은 후자로 추정하고 있다(제398조 제4항). 따라서 위약금이 위약벌로 인정되려면 이를 주장, 입증하여야 한다.[201]

위약금이 배상액의 예정으로 되는 경우에는 배상액의 예정에 관한 규정이 적용된다.

관련판례

1) 대판 2005. 11. 10, 2004다40597

"도급계약서 및 그 계약내용에 편입된 약관에 수급인의 귀책사유로 인하여 계약이 해제된 경우에는 계약보증금이 도급인에게 귀속한다는 조항이 있는 경우, 그 계약보증금이 손해배상액의 예정인지 위약벌인지는 도급계약서 및 위 약관 등을 종합하여 개별적

201) 대판 2009. 12. 24, 2009다60169, 60176; "위약금은 민법 제398조 제4항에 의하여 손해배상액의 예정으로 추정되므로 위약금이 위약벌로 해석되기 위하여는 특별한 사정이 주장·입증되어야 한다(대법원 2000. 12. 8. 선고 2000다35771 판결 등 참조)".

으로 결정할 의사해석의 문제이고, 위약금은 민법 제398조 제4항에 의하여 손해배상액의 예정으로 추정되므로 위약금이 위약벌로 해석되기 위하여는 특별한 사정이 주장·입증되어야 하는바, 도급계약서에 계약보증금 외에 지체상금도 규정되어 있다는 점만을 이유로 하여 계약보증금을 위약벌이라고 보기는 어렵다 할 것이다(대법원 2000. 12. 8. 선고 2000다35771 판결; 대법원 2001. 1. 19. 선고 2000다42632 판결 등 참조)"

2) 대판 2005. 10. 13, 2005다26277

"위약벌의 약정은 채무의 이행을 확보하기 위하여 정해지는 것으로서 손해배상의 예정과는 그 내용이 다르므로 손해배상의 예정에 관한 민법 제398조 제2항을 유추 적용하여 그 액을 감액할 수는 없는 법리이고 다만 그 의무의 강제에 의하여 얻어지는 채권자의 이익에 비하여 약정된 벌이 과도하게 무거울 때에는 그 일부 또는 전부가 공서양속에 반하여 무효로 된다 할 것인데(대법원 1993. 3. 23. 선고 92다46905 판결 등 참조), …… (중략) …… 이 사건 위약금은 원·피고가 손해의 발생을 염두에 두고 그 배상의 법률관계를 간편하게 처리하려는 손해배상의 예정으로서의 성격을 가진다기 보다는, 원·피고가 상대방에 대하여 이 사건 약정의 이행에 나아가도록 압박을 가하고 위약하였을 때에는 사적인 제재를 가하는 위약벌의 성격을 가진다고 봄이 상당하고, 따라서 원고는 위약금과 별도로 이 사건 약정에 따른 이행을 청구할 수 있다고 할 것이다"

(4) 계약금

계약금은 계약을 체결할 때 당사자의 일방이 상대방에게 교부하는 금전 기타의 유체물이다. 민법은 이에 대해 당사자 사이에 다른 약정이 없는 한 해약금, 즉 해제권을 보류하기 위하여 수수된 것으로 추정하고 있다.[202]

202) 대판 2010. 4. 29, 2007다24930; "유상계약을 체결함에 있어서 계약금이 수수된 경우 계약금은 해약금의 성질을 가지고 있어서, 이를 위약금으로 하기로 하는 특약이 없는 이상 계약이 당사자 일방의 귀책사유로 인하여 해제되었다 하더라도 상대방은 계약불이행으로 입은 실제 손해만을 배상받을 수 있을 뿐 계약금이 위약금으로서 상대방에게 당연히 귀속되는 것은 아니다".

만약 계약금을 수수하면서 당사자가 채무불이행시 계약금을 교부한 자는 이를 몰수당하고, 계약금을 교부받은 자는 그 배액을 상환하기로 하는 약정을 하였다면 어떻게 될 것인가 하는 것이다. 이에 대해 우리 판례는 계약금은 위약금의 특약이 있으면 손해배상액의 예정의 성질을 가지는 것으로 볼 수 있으나,[203] 특약이 없으면 배상액의 예정으로 볼 수 없다는 입장이다. 따라서 위약금의 특약이 없다면 당사자 일방의 유책사유로 계약이 해제되더라도 계약금이 위약금으로서 상대방에게 당연히 귀속되지도 않고, 또 그것이 부당히 과다하다고 하여 감액할 수도 없다.

2. 손해배상자의 대위

(1) 의 의

채권자가 그 채권의 목적인 물건 또는 권리의 가액 전부를 손해배상으로 받은 때에는 채무자는 그 물건 또는 권리에 관하여 당연히 채권자를 대위한다(제399조). 예로서 수치인이 과실로 임치물을 도난당하여 그가 임치인에게 물건의 가액을 변상하는 경우 수치인은 물건의 소유권을 취득하게 된다.

(2) 요 건

배상자대위가 되려면 채권자가 채권의 목적인 물건 또는 권리의 가액의 전부를 손해배상으로 받았어야 한다. 즉 물건 또는 권리를 목적으로 하는 채권에 관하여 '전보배상'의 '전부'를 받았어야 한다. 일부만을 받은 경우 일부만의 대위는 인정되지 않는다.

(3) 효 과

배상자대위의 요건이 갖추어진 경우 채권의 목적인 물건 또는 권리가 법률상 당연히 채

203) 대판 1996. 6. 14, 95다11429. 특약이 있는 경우 배상액의 예정과 해약금의 두 성질을 모두 갖는다는 입장도 있다(대판 1992. 5. 12, 91다2151).

권자로부터 배상자에게로 이전하게 된다(이른바 물권적 대위). 이에는 물건이나 권리의 이전에 필요한 양도행위 기타의 요건(등기, 인도, 채권양도의 통지나 승낙 등)은 필요하지 않다. 채권자가 제3자에 대하여 손해배상채권을 가지는 경우에는 그 권리도 대위한다.

제7절

책임재산의 보전 - 채권자대위권과 채권자취소권

채무자의 일반재산은 채권자의 최후의 담보가 되므로 민법은 채무자의 일반재산의 부당한 감소를 방지하기 위해(즉 채무자의 책임재산을 보전하기 위해) 채권자에게 채권자대위권과 채권자취소권의 두 제도를 두고 있다.

Ⅰ. 채권자대위권

1. 개 념

(1) 의 의

채권자가 자기의 채권을 보전하기 위하여 채무자에게 속하는 권리를 대신하여 행사할 수 있는 권리를 말한다.

(2) 특 성

채권자대위권 제도의 특성으로서는, 먼저 ⅰ) 강제집행 준비로서의 작용을 가능하게 한다는 점, ⅱ) 강제집행을 할 수 없는 권리도 행사하게 한다는 점(예: 취소권, 해제권 등), ⅲ) 특정채권의 보전을 위하여 인정되었다는 점 등을 들 수 있다.

(3) 법적 성질

채권자대위권은 실체법상의 권리로서 일종의 법정재산관리권이라 하겠다. 이와 관련해서는 다음과 같이 학설이 나뉘고 있다. 먼저 제1설(재산관리권설)은 채권자대위권을 채권자가 채무자의 재산권 내지 거래관계에 간섭할 수 있는 법정재산관리권으로 이해하는 입장이다. 즉 채권자에게 채무자의 권리를 대위행사할 권한을 부여할 뿐 채권자대위권 자체에 채권자의 채권추심권한은 부여하지 않는다. 또한 채권자대위권을 책임재산보전을 위한 순수 실체권으로서 파악하며, 채권자의 채권만족을 위한 소송법상의 권리로 파악하지 않는다.[204]

제2설(포괄적 담보권설)은 채권자대위권을 채권자가 자기 채권의 보전을 위하여 채무자의 책임재산에 대하여 가지는 법률상의 포괄적 담보권으로 파악하는 입장이다. 채권자대위권은 책임재산을 보전하는 소극적 기능에 그치지 않고 적극적으로 채권을 만족시키는 기능까지 갖는다고 한다.[205] 또한 채권자대위권이 실체법상의 권리로서의 성격 이외에 추가적으로 소송법상의 권리로서의 성격도 갖는다고 본다. 채권자대위권은 재판상의 대위 및 그

---

204) 곽윤직, 128면 이하; 김상용, 233면; 김용한, 232면; 김주수, 216면; 김증한·김학동, 181면; 이은영, 423~425면. 그러므로 채권자가 제3채무자에게 채무자에 대한 채무를 이행하라고 청구하더라도 그 대위권행사로부터 자기 채권의 직접적인 만족을 얻을 수는 없다고 본다. 제3채무자로부터 추심한 것은 채무자에게 귀속되어 모든 채권자를 위한 공동책임재산에 속함이 원칙이라고 한다. 채무자의 책임재산에 대해서 모든 채권자는 평등한 지위에 있으며, 대위행사한 채권자가 그것을 독차지하는 것은 원칙적으로 허용되지 않는다. 채권자대위권의 채권과 채무자가 제3채무자에 대하여 갖는 채권이 모두 금전채권인 때에는 법원으로부터 추심명령이나 전부명령을 얻어 대위행사의 객체인 채권으로부터 독점적으로 만족을 얻을 수 있다. 그러나 채권자에게 채무자를 대신한 사실상의 채권추심권한은 인정한다. 이 때 채권자가 수령한 것은 채무자에게 인도되어야 할 것으로서, 채권자는 자기채권과 그 인도채무를 상계함으로써 만족을 얻을 수 있게 된다.

205) 김형배, 349면; 포괄적 담보권으로 보는 이유는 특정된 담보물을 통해서 우선 변제받는다는 의미에서가 하니라, 채무자가 제3채무자에 대하여 가지는 권리를 대위행사 함으로써 채권자가 그 채권을 실현할 수 있도록 한다는 기능에 착안한 것이라고 한다. 프랑스에서도 과거에는 재산관리제도로 파악하였으나, 근래에는 채권실현을 위한 집행제도로 이해하고 있다고 한다.

것과 연결된 특별한 효과가 인정되는 것으로 소권의 색채도 갖는다고 한다.[206)]

생각건대 양 설의 차이점은 i) 채권자대위권의 사실상의 채권만족기능을 전면에 내세울 것인가, 그리고 ii) 채무자의 무자력 요건을 필수적인 것으로 볼 것인가에 있다. 먼저 대위채권자가 제3채무자로부터 추심한 수령물을 자기 채권의 만족을 위해 사용하는 것을 채권자대위권의 기본성격으로서 파악할 것인가? 이에 대해 재산관리권설에서는 채권자에게 책임재산을 확보하기 위한 목적으로 채무자의 재산을 대신 관리하는 권한을 부여함이 채권자대위권의 본래의 성격이라고 파악한다. 반면에 포괄적 담보권설에서는 채권자대위권을 책임재산의 확보뿐만 아니라 채권만족의 목적까지 일거에 달성시키는 권한으로서 파악한다. 포괄적 담보권설에서는 채권자가 채무자의 채권으로부터 직접적으로 만족을 얻게 된다. 마치 담보물권인 채권질권에서 질권자가 채무자의 채권을 직접 추심해서 그것으로부터 우선 변제받는 것(제353조)과 유사한 효과가 모든 채권자에게 채권자대위권으로서 부여된다.

채무자의 무자력 요건을 필수적인 것으로 볼 것인가? 재산관리권설에서는 대개 채무자의 무자력을 요건으로 하는 견해를 취한다. 채권자대위권이 채무자의 재산관리권을 제한하는 것이고 그러한 제한은 채권의 보전 필요성이 있을 때에 인정되는 것인데, 원칙적으로 채무자가 무자력일 때에 그 보전 필요성이 있다. 반면에 포괄적 담보권설에서는 채무자의 무자력을 필수적 요건으로 보지 않으며, 이는 대위권의 채권의 확보를 위한 집행적 기능과 관련을 갖게 된다. 채무자의 제3채무자에 대한 권리가 채권자의 채권에 대하여 담보로서의 관련성이 강하다는 점을 고려하여 대위권 행사 여부를 판단하면 된다.[207)]

---

206) 김형배. 349면; 채권자의 채권과 채무자의 제3채무자에 대한 채권이 모두 금전채권인 경우, 채권자는 제3채무자에게 자기에게 변제할 것을 청구하여 그 변제받은 것에서 자기채권의 만족을 얻는 것이 허용된다. 이 경우 채권자기 채무자에 갈음하여 변제의 수령을 한 후 상계에 의해 만족을 얻는 것으로 이론 구성되지만, 그 수령금을 채무자에게 다시 인도하는 것은 현실적으로 기대하기 어려우므로 대위채권자가 우선 변제받는 결과로 된다고 한다. 이 방법은 결국 채무명의를 얻지 않고 집행하는 경우에 해당하므로 채권자대위권은 강제집행의 보조적 수단에 불과한 것이 아니라, 채무명의를 필요로 하지 않는 채권추심제도로서의 독자적 의의를 갖는다고 설명한다.

207) 김형배, 350면.

▣ 채권자대위권의 법적 성질 ▣

재 산 관리권설	채권자대위권을 채권자가 채무자의 재산권 내지 거래관계에 간섭할 수 있는 법정재산관리권으로 이해하는 입장이다. 재산관리권설에서는 채권자에게 채무자의 권리를 대위행사할 권한을 부여할 뿐 채권자대위권 자체에 채권자의 채권추심권한은 부여하지 않는다. 또한 채권자대위권을 책임재산보전을 위한 순수 실체권으로서 파악하며, 채권자의 채권만족을 위한 소송법상의 권리로 파악하지 않는다.208) 그러므로 채권자가 제3채무자에게 채무자에 대한 채무를 이행하라고 청구하더라도 그 대위권행사로부터 자기채권의 직접적인 만족을 얻을 수는 없다고 본다. 제3채무자로부터 추심한 것은 채무자에게 귀속되어 모든 채권자를 위한 공동책임재산에 속함이 원칙이라고 한다. 채무자의 책임재산에 대해서 모든 채권자는 평등한 지위에 있으며, 대위행사한 채권자가 그것을 독차지하는 것은 원칙적으로 허용되지 않는다. 채권자대위권의 채권과 채무자가 제3채무자에 대하여 갖는 채권이 모두 금전채권인 때에는 법원으로부터 추심명령이나 전부명령을 얻어 대위행사의 객체인 채권으로부터 독점적으로 만족을 얻을 수 있다. 그러나 채권자에게 채무자를 대신한 사실상의 채권추심권한은 인정한다. 이 때 채권자가 수령한 것은 채무자에게 인도되어야 할 것으로서, 채권자는 자기채권과 그 인도채무를 상계함으로써 만족을 얻을 수 있게 된다.	곽윤직; 김상용; 김증한·김학동; 주석 민법주해 (9), (김능환 집필부분). 김용한, 김주수, 황적인 교수는 「광의의 관리권」이라고 표현하는데 재산관리권설과 같은 취지라고 여겨진다.
포괄적 담보권설	채권자대위권을 채권자가 자기 채권의 보전을 위하여 채무자의 책임재산에 대하여 가지는 법률상의 포괄적 담보권으로 파악하는 입장이다. 채권자대위권은 책임재산을 보전하는 소극적 기능에 그치지 않고 적극적으로 채	김형배(2판); 포괄적 담보권이란 말은

권을 만족시키는 기능까지 갖는다고 한다. 포괄적 담보권으로 보는 이유는 특정된 담보물을 통해서 우선 변제받는다는 의미에서가 아니라, 채무자가 제3채무자에 대하여 가지는 권리를 대위행사 함으로써 채권자가 그 채권을 실현할 수 있도록 한다는 기능에 착안한 것이라고 한다.[209)]

포괄적 담보권설은 채권자대위권이 실체법상의 권리로서의 성격 이외에 추가적으로 소송법상의 권리로서의 성격도 갖는다고 본다. 채권자대위권은 재판상의 대위 및 그것과 연결된 특별한 효과가 인정되는 것으로 소권의 색채도 갖는다고 한다.[210)] 채권자의 채권과 채무자의 제3채무자에 대한 채권이 모두 금전채권인 경우, 채권자는 제3채무자에게 자기에게 변제할 것을 청구하여 그 변제받은 것에서 자기채권의 만족을 얻는 것이 허용된다.

이 경우 채권자기 채무자에 갈음하여 변제의 수령을 한 후 상계에 의해 만족을 얻는 것으로 이론 구성되지만, 그 수령금을 채무자에게 다시 인도하는 것은 현실적으로 기대하기 어려우므로 대위채권자가 우선 변제받는 결과로 된다고 한다.

이 방법은 결국 채무명의를 얻지 않고 집행하는 경우에 해당하므로 채권자대위권은 강제집행의 보조적 수단에 불과한 것이 아니라, 채무명의를 필요로 하지 않는 채권추심제도로서의 독자적 의의를 갖는다고 설명한다.

실정법상의 규정에 근거를 둔 것은 아니고, 해석론상 대위권 의 성질을 비유적으로 표현한 것이라고 한다. 참고로 프랑스법에는 계약당사자의 일방이 무담보 채권인 경우에 그는 채무자의 총재산에 대하여 포괄적인 일종의 담보권을 갖는다고 하는 관념 이 있었다고 한다.

208) 곽윤직, 128면; 김증한 · 김학동, 181면.
209) 김형배, 349면. 프랑스에서도 과거에는 재산관리제도로 파악되었으나, 근래에는 채권실현을 위한 집행제도로 이해되고 있다고 한다.
210) 김형배. 349면.

2. 요 건

채권자대위권이 성립하기 위해서는, 첫째 채권자가 자기의 채권을 보전할 필요가 있어야 한다. 둘째로는 채무자 스스로 권리를 행사하지 않아야 하며 마지막으로 채권자의 채권이 이행기에 있을 것을 요한다.

(1) 채권자가 자기의 채권을 보전할 필요가 있을 것

1) 채권자의 채권(피보전채권)의 존재

채권자에게 보전할 채권이 존재하여야 한다. 보전되는 채권의 발생원인은 묻지 않으며, 그것이 제3채무자에게 대항할 수 있는 것일 필요도 없다. 또한 대위할 권리보다 먼저 성립하고 있지 않아도 무방하다.

피보전채권이 존재하지 않을 경우 이를 법원이 어떻게 처리하여야 할 것인가에 대해 학설이 나뉘고 있다.[211] 먼저 제1설(소송요건설)은 채권자가 갖는 채권은 채권자대위소송에서 채권자의 소송당사자로서의 자격을 인정받은 요건에 불과하므로, 그 자격을 갖추지 않는 자의 소송에 관해서는 소송요건 흠결에 따른 소각하판결을 해야 한다는 입장이다. 제2설(청구요건설)은 소송상 당사자적격은 원고가 채권자라고 주장하는 것 자체를 기초로 인정하고, 그가 진정한 채권자인가 그리고 피보전채권이 존재하는가는 본안심리를 거쳐 본안판결로서 청구인용 또는 청구기각으로 판시해야 한다는 입장이다. 피보전채권의 존재는 실체법상의 요건이므로, 채권자대위소송에서의 소송물에 포함된다고 해석한다.

피보전채권의 존부에 관한 판단이 소송판결의 대상인가 본안판결의 대상인가는 소송법학에서 논의해야 할 문제이다. 어떤 학설도 채권자대위권이 채권으로부터 파생된 실체법상의 권리라는 점, 대위권이 제3자로 하여금 이행청구를 할 수 있는 권한과 자격을 부여한다는 점을 부정하지 않는다. 다만 소송상 행사되는 권리의 주체가 아닌 제3자가 소송을 담당하는 경우에, 그 제3자의 자격에 관련된 실체법상의 문제를 소송요건의 문제로 볼 것인가 또는 소송물의 문제로 볼 것인가의 소송법적 관점에 차이가 있을 뿐이다.

---

211) 이은영, 432면 이하.

우리 판례는 “대위소송에서 보전 될 채권자의 채무자에 대한 권리가 인정되지 않으면 채권자가 원고가 될 당사자적격이 없으므로 부적법 각하되어야 한다”고 하여 소송요건설을 취한다. 채권자의 채권 없음은 소송요건에 관한 판결의 대상이지 본안판결에서 실체법에 비추어 원고의 청구를 기각할 것은 아니라는 취지이다.[212]

2) 채권보전의 필요성

무자력을 요건으로 하는가에 대해 학설은 대립하고 있다. 먼저, 제1설(무자력 요건설)은 채무자가 총채권자에 대한 책임재산이 부족한 경우(무자력의 경우)에 한해서 보전 필요성을 인정함을 원칙으로 삼는 입장이다. 예외적으로 채권자의 특정물채권을 확보할 필요가 있는 경우로서 판례로 인정된 몇 개의 사례에 한해 채무자의 자력에 관계 없이 보전 필요성을 긍정한다.[213] 제2설(무자력 불요설)은 채무자의 무자력은 대위행사의 요건이 아니라고 하는 입장이다. 무자력 요건설은 채무자의 채무 및 그의 채무자(제3채무자)의 채무가 모두 변제기가 도래하여 있음에도 채권자대위권의 행사를 불허하므로 채무자와 제3채무자를 지나치게 보호하는 반면, 응당 보호해야 할 채권자에게는 부당한 손실을 강요한다고 비판한다.[214] 제3설(절충설)은 다른 채권자 또는 제3자의 이익을 해치지 않는 범위에서는 채무자의 자력의 유무에 관계 없이 대위권의 행사를 인정해도 좋다고 한다. 금전채권에서 무자력을 요건으로 하거나 또는 무자력 요건을 일체 부인하는 양자 택일의 이해방법은 적절하지 않다고 비판하고, 채무자의 권리가 대위채권자의 채권과 담보로서의 관련성이 강하거나 불가분의 밀접한 관계에 있는 경우에는 무자력 요건이 불필요하다고 한다. 그 밖의 경우에 무자력을 요건으로 하는 것은 채무자의 재산관계에 대한 부당한 간섭을 배제하기 위해서가 아니라, 대위권행사의 결과 다른 채권자나 제3자의 이익이 침해되는 것을 막기 위함이라고 한다. 원칙적으로 채권자의 무자력의 경우에 보전필요성이 있는 것으로 보되, 피보전채권과 피대위채권 사이에 직접적 관련성이 있는 경우에는 채무자의 무자력을 요건으로 삼지 않는다. 직접적 연관성이 있는가는 구체적인 사례별로 판단하여야 한다는 입장이다.[215]

---

212) 대판 1986. 1. 4, 87다카2753.

213) 곽윤직, 131면; 김상용, 237면; 김증한・김학동, 184면; 주석 채권총칙(상); 민법주해(9)(김능환 집필부분).

214) 김주수, 221면.

215) 김형배, 350면(김형배 교수는 채권자대위권의 성질을 포괄적 담보권으로서 파악하므로 무자력

우리 판례는 피보전채권이 금전채권인지 또는 특정채권인지에 따라 무자력 요건을 달리 인정하고 있다. 먼저, 피보전채권이 금전채권인 경우, 즉 피보전채권이 금전채권이거나 금전채권이 아니더라도 손해배상채권으로 화할 수 있는 경우에는 단순히 채무자가 채무이행의 의사가 없는 것만으로는 대위권을 행사할 수 없다는 입장이다. 채권의 보전이 필요한지의 여부는 사실심변론종결 당시를 표준으로 하여 판단하며, 그러한 요건의 존재사실은 채권자가 주장, 입증하여야 한다. 피보전채권이 특정채권인 경우에는 일정한 요건이 구비되어 있는 한 채무자의 무자력은 그 요건이 아니라는 입장이다. 따라서 채권자가 자신의 등기청구권을 보전하기 위하여 채무자의 등기청구권, 환매권 등을 대위행사 할 수 있다. 또한 임차권 등 사용청구권을 보전하기 위하여 방해배제청구권을 대위행사하는 경우, 판례는 임차인과 같이 사용청구권을 가지는 자가 그의 권리를 보전하기 위하여 채무자의 권리를 대위하는 경우 채무자의 자력 유무에 관계없이 인정하고 있다. 근자에 들어서는 금전채권의 대위행사에 있어서 채무자의 무자력을 요건으로 하지 않는 예외적 사례가 늘어나고 있다.[216)]

생각건대 채권자대위권은 채무자의 책임재산을 보전하는 제도이므로 원칙적으로 채무자의 책임재산이 부족한 경우 즉 채무자가 무자력인 때에 행사할 수 있다고 하겠다. 다만 자신의 등기청구권을 보전하기 위하여 채무자의 등기청구권을 대위행사하거나 임차권 등을 보전하기 위하여 채무자의 반환청구권을 대위행사하는 경우와 같이 피보전채권이 특정채권이고 대위되는 권리가 그것과 밀접한 경우에는 제3자에게 피해가 없고 또 등기부의 기재를 실제의 권리변동과 일치시키는 등의 효과도 있으므로 채무자의 자력과 관계 없이 대위권을 인정하여도 무방하다.

관련판례

1) 대판 2007. 5. 10, 2006다82700, 82717

"채권자는 채무자에 대한 채권을 보전하기 위하여 채무자를 대위해서 채무자의 권리를 행사할 수 있는바, 채권자가 보전하려는 권리와 대위하여 행사하려는 채무자의 권리가 밀접하게 관련되어 있고 채권자가 채무자의 권리를 대위하여 행사하지 않으면 자기 채

요건의 요구 여부를 직접 포괄적 담보권설과 연관지우고 있다); 이은영, 435면.
216) 대판 1992. 10. 27, 91다483; 대판 1981. 6. 23, 80다1351.

권의 완전한 만족을 얻을 수 없게 될 위험이 있어 채무자의 권리를 대위하여 행사하는 것이 자기 채권의 현실적 이행을 유효·적절하게 확보하기 위하여 필요한 경우에는 채권자대위권의 행사가 채무자의 자유로운 재산관리행위에 대한 부당한 간섭이 된다는 등의 특별한 사정이 없는 한 채권자는 채무자의 권리를 대위하여 행사할 수 있어야 하고, 피보전채권이 특정채권이라 하여 반드시 순차매도 또는 임대차에 있어 소유권이전등기청구권이나 인도청구권 등의 보전을 위한 경우에만 한하여 채권자대위권이 인정되는 것은 아니며, 물권적 청구권에 대하여도 채권자대위권에 관한 민법 제404조의 규정과 위와 같은 법리가 적용될 수 있다"

2) **대판** 2006. 1. 27, 2005다39013

"채권자는 채무자에 대한 채권을 보전하기 위하여 채무자를 대위해서 채무자의 권리를 행사할 수 있는바, 채권자가 보전하려는 권리와 대위하여 행사하려는 채무자의 권리가 밀접하게 관련되어 있고, 채권자가 채무자의 권리를 대위하여 행사하지 않으면 자기 채권의 완전한 만족을 얻을 수 없게 될 위험이 있어 채무자의 권리를 대위하여 행사하는 것이 자기 채권의 현실적 이행을 유효·적절하게 확보하기 위하여 필요한 경우에는 채권자대위권의 행사가 채무자의 자유로운 재산관리행위에 대한 부당한 간섭이 된다는 등의 특별한 사정이 없는 한 채권자는 채무자의 권리를 대위하여 행사할 수 있어야 한다(대법원 2001. 5. 8. 선고 99다38699 판결 등 참조)"

3) **대판** 1992. 10. 27, 91다483

"채권자는 자기의 채무자에 대한 부동산의 소유권이전등기청구권 등 특정채권을 보전하기 위하여 채무자가 방치하고 있는 그 부동산에 관한 특정권리를 대위하여 행사할 수 있고 그 경우에는 채무자의 무자력을 요건으로 하지 아니하는 것이다"

(2) 채무자가 제3자에 대하여 대위행사에 적합한 권리를 가지고 있을 것

채무자가 제3자에 대하여 권리를 가지고 있어야 한다. 채무자의 권리가 존재하지 않거나 이미 소멸한 경우에는 대위권은 인정되지 않는다. 또한 채무자가 제3자에 대하여 가지는 권리는 대위행사에 적합한 것이어야 한다. 따라서 채권의 공동담보에 적합한 것이어야 한다. 채무자의 일신에 전속한 권리나 압류가 금지되는 권리 그리고 행정처분적인 성질의 경우는 제외된다고 하겠다. 따라서 행사상의 일신전속권이 아니고 또한 압류가 금지되지 않는 권리는 모두 대위권의 목적이 된다. 채권적 청구권뿐 아니라 물권적 청구권, 형성권, 채권자대위권, 채권자취소권도 무방하다.

(3) 채무자가 스스로 그의 권리를 행사하지 않을 것

이는 채무자가 그 권리를 행사할 수 있는 상태에 있으나 스스로 그 권리를 행사하고 있지 않음을 말하고, 권리를 행사할 수 있는 상태에 있다는 것은 권리행사를 할 수 없게 하는 법률적 장애가 없어야 함을 말하며, 채무자 자신에 관한 현실적인 장애까지 없어야 한다는 의미는 아니다.[217)]

(4) 채권자의 채권이 이행기에 있을 것

민법 제404조 제2항은 원칙적으로 채권이 이행기에 있어야 할 것을 요구하고 있고, 다음의 두 가지의 예외를 인정하고 있다.

1) 재판상의 대위

채권의 이행기가 되기 전이라도 채권자는 '법원의 허가'가 있으면 대위권을 행사할 수

217) 대판 2009. 3. 12, 2008다65839); "채권자대위권은 채무자가 제3채무자에 대한 권리를 행사하지 아니하는 경우에 한하여 채권자가 자기의 채권을 보전하기 위하여 행사할 수 있는 것이어서, 채권자가 대위권을 행사할 당시에 이미 채무자가 그 권리를 재판상 행사하였을 때에는 채권자는 채무자를 대위하여 채무자의 권리를 행사할 수 없다".

있다(제404조 제2항).[218]

▣ 채권자대위권에 있어서 채권보전의 필요성 ▣

채권자는 채무자에 대한 채권을 보전하기 위하여 채무자를 대위해서 채무자의 권리를 행사할 수 있는바, 채권자가 보전하려는 권리와 대위하여 행사하려는 채무자의 권리가 밀접하게 관련되어 있고 채권자가 채무자의 권리를 대위하여 행사하지 않으면 자기채권의 완전한 만족을 얻을 수 없게 될 위험이 있어 채무자의 권리를 대위하여 행사하는 것이 자기 채권의 현실적 이행을 유효·적절하게 확보하기 위하여 필요한 경우에는 채권자대위권의 행사가 채무자의 자유로운 재산관리행위에 대한 부당한 간섭이 된다는 등의 특별한 사정이 없는 한 채권자는 채무자의 권리를 대위하여 행사할 수 있어야 하고, 피보전채권이 특정채권이라 하여 반드시 순차매도 또는 임대차에 있어 소유권이전등기청구권이나 명도청구권 등의 보전을 위한 경우에만 한하여 채권자대위권이 인정되는 것은 아니다.[219]

2) 보존행위

시효중단, 보존등기, 제3채무자가 파산한 경우의 채무자의 채권의 신고 등과 같은 보존행위는 채권의 이행기가 도래하지 아니 한 경우라도 법원의 허가를 얻지 않고서 대위행사할 수 있다(제404조 제2항 단서).

---

218) 대판 1988. 2. 23, 87다카1108; "채권자가 채권자대위권을 행사하는 방법으로 제3채무자를 상대로 소송을 제기하고 판단을 받은 경우에는 채권자가 채무자에 대하여 민법 제405조 제1항에 의한 보존행위 이외의 권리행사의 통지 또는 민사소송법 제77조에 의한 소송고지 혹은 비송사건절차법 제84조 제1항에 의한 재판상대위의 허가를 고지하는 방법 등을 위시하여 어떠한 사유로 인하였던 적어도 채권자대위권에 의한 소송이 제기된 사실을 채무자가 알았을 경우에 비로소 그 판결의 효력이 채무자에게 미친다".

219) 대판 2001. 5. 8, 99다38699; 이제까지 특정채권의 보전을 위한 채권자대위권의 행사에 관하여 구체적인 사안이 등기청구권의 대위행사와 방해배제청구권의 대위행사의 경우에 해당하면 채권보전의 필요성에 대하여 구체적인 근거를 제시함이 없이 채권자대위권의 행사를 인정하여 왔다. 그러나 본 판결에서 처음으로 그러한 경우들에 동일하게 적용될 수 있는 일반원리를 명시하였다는 점에서 의미가 있다.

3. 행　사

(1) 행사의 방법

채권자는 채무자의 이름으로가 아닌 자신의 이름으로 대위권을 행사한다. 대위하는 권리가 실현되기 위해 '변제의 수령'이 필요한 경우에 채권자가 채무자에게 이도할 것을 청구할 수 있음은 물론이나 직접 자기에게 인도할 것을 청구할 수도 있다.

(2) 행사의 범위

채권자대위권의 행사는 채권보전에 필요한 범위에 한정된다. 따라서 관리행위만 가능하며, 처분행위는 허용되지 않는다.

(3) 행사의 효력

1) 채무자의 처분권의 제한

재판상의 대위신청을 허가한 경우 법원은 직권으로 이를 채무자에게 고지하여야 하며(비송 제49조 제1항), 고지를 받은 채무자는 그 권리를 처분하지 못한다(비송 제49조 제2항).

재판 외의 대위에 대해서는 민법에서 규정하고 있는데, 채권자가 보존행위 이외의 권리를 행사한 때에는 채무자에게 이를 통지하여야 하며(제405조 제1항), 채무자가 그 통지를 받은 후에는 그 권리를 처분하여도 채권자에게 대항하지 못한다(제405조 제2항).

2) 제3자(제3채무자)의 항변권

채권자가 대위권을 행사하는 경우에 제3채무자는 채무자가 그 권리를 행사하는 경우보다 더 불리한 지위에 놓이지 않아야 하므로, 제3채무자는 채무자에 대하여 가지는 모든 항변(예: 권리소멸, 상계, 동시이행, 무효의 항변)으로 채권자에게 대항할 수 있다.

4. 효 과

(1) 효과의 귀속

채권자대위권의 행사는 채무자의 권리를 행사하는 것이므로 그 행사의 효과는 직접 채무자에게 귀속하고, 총 채권자를 위하여 공동담보가 된다. 즉 대위채권자라고 해서 대위에 의하여 우선변제권을 취득하는 일은 없으며, 다른 채권자와 평등하게 변제 받을 수 있을 뿐이다. 채권자의 수령권한과 관련해서는 학설의 입장이 나뉘고 있다. 먼저 제1설(채권자수령설; 통설)은 채권자대위권을 행사하는 채권자에게 수령권한을 인정하는 견해이다. 만약 채권자에게 수령권한을 인정하지 않는다면 채무자가 수령하지 않는 경우에 대위권의 목적을 달성할 수 없게 되며, 대위권에는 변제수령의 권한도 포함된다고 해석된다는 점을 근거로 든다. 제2설(채무자수령설)은 채권자대위중이라도 채무자가 수령권한을 가진다고 보고 있다. 채무자가 제3채무자의 변제를 수령하려고 하지 않거나 수령할 수 없는 상황에 놓인 경우, 또는 채무자가 채권자에게 추심이나 수령을 위임한 경우, 법원이 채권자에 수령권한을 부여한 경우에 예외적으로 채권자의 수령권한을 인정한다.[220)]

우리 판례는 채무자수령을 원칙으로 하며, 예외적으로 채권자수령을 허용한다. 즉 채권자대위권이 채권자의 고유권리이긴 하나, 이는 채무자의 제3채무자에 대한 권리를 대위하여 행사하는 데 불과하므로 채권자는 대위행사시 제3채무자에 대하여 채무자에게 이행행위를 하도록 청구함이 원칙이라고 한다. 그러나 금전이나 목적물을 채권자 자신에게 직접 인도하라는 청구를 허용한 사례도 있다. 등기절차를 대위하는 경우에 채권자가 제3채무자로부터 직접 자기에게로 등기이전을 청구하는 것은 허용되지 않으며 채무자명으로의 회복만을 청구할 수 있다. 만약 대위채권자 명의의 소유권이전등기를 허용한다면 중간생략등기를 합법화시키는 결과로 되어 부당하기 때문이다.[221)]

220) 이은영, 448~449면.
221) 대판 2005. 4. 15, 2004다70024; 대판 1966. 9. 27, 66다1149; 대판 1966. 7. 26, 66다892.

(2) 비용상환청구권

채권자대위는 채무자의 권리를 행사하는 것이며, 그 한도에서 일종의 법정위임관계라고 할 수 있다. 그러므로 대위를 위하여 채권자가 비용을 지출한 때에는 그 비용의 상환청구권을 가지게 된다(제650조).

(3) 대위소송 판결의 효력

대위소송 판결의 효력이 그 당사자인 대위채권자와 제3채무자에게 미침은 당연하다 하겠다. 문제는 채무자에게도 미치는가 하는 것인데, 채권자가 스스로 소송당사자가 되어 대위소송을 제기한 경우에 채무자도 스스로 당사자로서 그 소송에 참가하였거나 또는 채무자에게 소송고지가 있었던 때에는 그 판결의 효력은 채무자에게도 미치게 된다. 만약 채무자가 소송참가를 하지도 않았고 또 소송고지도 받지 않았다면 어떻게 할 것인가의 문제가 발생한다. 이와 관련하여 학설상의 대립이 있다.[222] 먼저, 제1설(인지설)은 소송참가나 소송고지가 없더라도 채무자가 대위소송의 제기를 어떤 사유에 의하든(민법 제405조 제1항의 통지, 비송사건절차법 제49조 제1항의 대위소송허가의 고지) 안 때에는 판결의 효력을 받는다는 입장이다.[223] 변론주의 및 처분권주의를 취하는 현행 민사소송제도 아래에서는 채무자가 대위소송의 사실을 안 때에만 판결의 효력이 미친다고 해석할 수밖에 없다. 채무자가 전혀 관여하지도 않고 관여할 기회도 주지 않은 채 채권자와 제3채무자 사이에 수행된 소송의 결과에 채무자를 구속시키는 것은 부당하다는 점에서 비판되고 있다.

제2설(무제한설)은 채무자가 소송계속을 알았는가에 관계 없이 언제나 기판력이 채무자에게 미치도록 하여야 한다는 입장이다.[224] 판례의 입장에 대해 채무자가 소송계속을 알았는가는 극히 주관적 사정이어서 증명이 곤란함에도 불구하고 이에 의하여 기판력의 존부를 결정하는 것은 기판력제도의 법적 안정성 추구의 사상에 어긋난다고 비판한다.

우리 판례는 채무자가 어떤 사유로 인하여서든 소송이 제기된 사실을 알았을 경우에는

222) 학설 소개와 관련하여, 류승훈, 신민사소송법, 236면 이하.
223) 류승훈, 신민사소송법, 237면; 이시윤, 신민사소송법, 710면; 정동윤/유병현, 민사소송법, 713면.
224) 곽윤직, 265면; 김상용, 246면; 김증한·김학동, 192면; 김형배, 374면; 주석 채권총칙(상), 380면.

판결의 효력이 채무자에게 미친다는 입장이다.[225] 채권자가 채권자대위권을 행사하는 방법으로 제3채무자를 상대로 소송을 제기하여 판결을 받은 경우, 어떠한 사유로든 채무자가 채권자대위소송이 제기된 사실을 알았을 경우에 한하여 그 판결의 효력이 채무자에게 미친다고 한다. 그 대위채권자가 알았던 경우에는 그 후 다른 채권자가 동일한 소송물에 대하여 채권자대위권에 기산 소를 제기한다면 전소의 기판력을 받게 되지만, 채무자가 전소인 채권자대위소송이 제기된 사실을 알지 못하였을 경우에는 전소의 기판력이 다른 채권자가 제기한 후소인 채권자대위소송에 미치지 않는다고 한다.

생각건대 채무자가 대위소송의 제기를 어떤 사유에 의하든 알았을 경우에만 판결의 효력을 받는다고 하겠다. 채무자가 전혀 관여하지도 않고 관여할 기회도 주지 않았음에도 채권자와 제3채무자 사이에 수행된 소송의 결과에 구속케 함은 부당하다.

Ⅱ. 채권자취소권

1. 개 념

채무자가 채권자에게 피해를 주게 됨을 알면서 재산권을 목적으로 법률행위(사해행위)[226]를 한 때에 채권자가 그 법률행위의 취소 및 원상회복을 법원에 청구할 수 있는 권리를 말한다.

2. 법적 성질

채권자취소권은 폐파소권이라고도 불리어지나, 그것은 어디까지나 실제 법상의 권리이지, 소송법상의 권리는 아니다. 채권자취소권은 채권의 효력으로 채권자에게 인정된 권리이므로 채권이 인도되면 그에 따라 채권자취소권도 이전한다. 채권자취소권의 본질적 내용을

225) 대판 1995. 7. 11, 95다9945.
226) 대판 1996. 10. 29, 95다23207; “채무자가 그의 유일한 재산인 부동산을 채권자들 가운데 어느 한 사람에게 대물변제로 제공하는 행위는 다른 특별한 사정이 없는 한 다른 채권자들에 대한 관계에서 사해행위가 된다”.

어떻게 이해하느냐에 따라 과거에는 학설의 대립이 심하였다. 채권자취소권을 사해행위의 취소에 있다고 보는 형성권설, 사해행위로 일탈한 재산의 회복이라고 하는 청구권설, 그리고 양자의 결합 즉, 사해행위를 취소하고 아울러 재산의 회복을 청구하는 병합설(절충설)이 있다. 판례는 병합설의 입장을 취하고 있다.

생각건대 채권자취소권의 법적 성질은 사해행위의 취소를 구함과 아울러 재산의 회복을 청구하는 병합설의 입장(절충설)이 타당하다.

3. 요 건

객관적 요건으로서 채권자의 채권의 존재와 채무자가 채권자를 해하는 법률행위(사해행위)를 하였을 것이 요구된다. 주관적 요건으로서 채무자 및 수익자 또는 전득자가 사해의 사실을 알고 있었을 것(채무자 등의 악의)이 필요하다.

(1) 객관적 요건

1) 채권자의 채권(피보전채권)의 존재

가. 피보전채권이 될 수 있는 채권

i) 금전채권: 가장 전형적인 피보전채권이다.

ii) 금전채권 이외의 채권: 채권자취소권은 특정채권의 보전을 목적으로 하는 것이 아니므로 특정물에 대한 소유권이전청구권을 보전하기 위해서는 채권자취소권을 행사할 수 없을 것이다.[227] 채권자의 채권이 손해배상채권으로 변한 때에는 그 자체가 금전채권으로서 피보전채권이 될 수 있다.

iii) 물적 및 인적 담보를 수반하는 채권: 질권, 저당권과 같은 물적 담보에 의해 담보되는 채권은 우선변제를 받지 못하는 범위에서만 취소권을 행사할 수 있다. 보증채무, 연대채무와 같은 인적 담보를 수반하는 채권은 담보자에게 변제자력이 있더라도 우

227) 대판 1999. 4. 27, 98다56690.

선변제가 보장되는 것은 아니므로 그 전범위에서 취소권을 행사할 수 있다.

iv) 재산분할청구권: 협의상 이혼한 자의 재산분할청구권을 보전하기 위하여 채권자취소권을 행사하는 것도 가능하다. 즉 부부의 일방이 다른 일방의 재산분할청구권 행사를 해함을 알면서도 재산권을 목적으로 하는 법률행위를 한 때에는, 다른 일방은 제406조 제1항을 준용하여 그 취소 및 원상회복을 가정법원에 청구할 수 있다(제839조의 3 제1항).

나. 피보전채권의 성립시기 및 이행기 도래 여부: 채권자의 채권은 사해행위가 있기 전에 발생한 것이어야 한다. 우리 판례는, "사해행위 당시에 이미 채권성립의 기초가 되는 법률관계가 발생되어 있고, 가까운 장래에 그 법률관계에 기하여 채권이 성립되리라는 것에 대한 고도의 개연성이 있으며, 실제로 가까운 장래에 그 개연성이 현실화되어 채권이 성립된 경우에는, 그 채권도 채권자취소권의 피보전채권이 될 수 있다"는 입장이다.[228]

이행기 도래 여부와 관련해서는, 채권자대위권의 경우와는 달리 채권이 이행기에 있을 것이 요구되지 않는다. 따라서 이행기 도래 전이라도 채권자취소권의 행사가 가능하다. 또한 조건부 및 기한부 채권도 피보전채권이 될 수 있다.

관련판례

대판 2010. 7. 15, 2007다21245

"채권자취소권에 의하여 보호될 수 있는 채권은 원칙적으로 사해행위라고 볼 수 있는 행위가 행하여지기 전에 발생된 것임을 요하지만, 그 사해행위 당시에 이미 채권 성립의 기초가 되는 법률관계가 발생되어 있고, 가까운 장래에 그 법률관계에 터잡아 채권이 성립되리라는 점에 대한 고도의 개연성이 있으며, 실제로 가까운 장래에 그 개연성이 현실화되어 채권이 성립된 경우에는, 그 채권도 채권자취소권의 피보전채권이 될 수 있다"

228) 대판 2005. 8. 19, 2004다53173; 대판 2004. 11. 12, 2004다40955.

2) 사해행위

가. 채무자가 법률행위를 하였을 것 : 취소의 목적이 되는 것은 오직 채무자가 행한 법률행위이다. 채무자가 행한 법률행위이면 되고, 그 종류는 이를 묻지 않는다. 민법 제406조는 단순히 법률행위라고 할 뿐이고, 유효한 법률행위이어야 함을 특히 요건으로서 요구하고 있지는 않으므로, 무효인 법률행위도 그 대상이 된다. 무효인 법률행위도 그 대상이 되는 가와 관련하여 학설은 판례와 마찬가지로 일치하여 그 행사가 가능하다는 입장이다.

우리 판례는 민법 제406조가 단순히 법률행위라고 할 뿐 유효한 법률행위일 것을 명시하지 않으므로 무효인 법률행위도 취소의 대상이 된다고 해석한다.[229] 소외 A가 무자력 상태를 가장하여 원고들에게 대한 채무를 면제할 목적으로 원고들을 해할 것을 알고도 피고와 통모하여 본건부동산에 대한 환매특약을 붙여 피고와 매매계약을 체결한 경우에, 채권자인 원고들을 해할 것을 알면서 피고와 통모하여 환매특약을 붙여 매매계약을 체결한 것이므로 사해행위로 인정된다고 한다.[230] 채무자의 법률행위가 통정허위표시인 경우에도 채권자취소권의 대상이 되고, 한편 채권자취소권의 대상으로 된 법률행위가 통정허위표시의 요건을 갖춘 경우에는 무효라고 한다.[231]

나. 채무자의 법률행위가 재산권을 목적으로 하는 것일 것 : 채권자취소권은 채무자의 일반 재산의 보존을 목적으로 하는 것이므로, 취소의 객체인 법률행위(예: 매매, 대물변제, 저당권설정 등)는 직접 채무자의 일반 재산을 구성하는 권리에 관한 것이어야 한다(제406조 제1항). 따라서 혼인, 입양, 인지 등과 같이 직접 재산권을 목적으로 하지 않는 행위는 취소할 수 없다. 그러나 재산행위일지라도 채무자의 자유의사에 맡겨야 하는 행위, 즉 상속의 포기·승인, 증여 또는 유증의 거절 등의 경우는 원칙적으로 취소할 수 없다.

다. 채권자를 해하는 법률행위일 것 : 채권자를 해한다 함은, 채무자의 재산행위로 그의 적극재산이 소극재산인 채무자의 총액보다 적은 것, 즉 채무초과 또는 무자력을 말한다. 그 예로서 일반 재산이 감소하여 채권의 공동 담보에 부족이 생기고, 채권자에게 완전한 변제

229) 대판 1984. 7. 24, 84다카68; 대판 1963. 11. 28, 63다493; 대판 1961. 11. 9,4293민상263.
230) 대판 1975. 2. 10, 74다334
231) 대판 1998. 2. 7, 97다50985; 대판 1964. 4. 14, 63다827.

를 할 수 없게 되는 것을 말한다. 그러나 사해행위 여부를 무자력인지에 의하여 단순히 숫자적으로 판단할 것은 아니고, 그 밖에 채무자의 의도 등 사해행위 당시에 있는 모든 사정을 종합적으로 고려하여 판단하여야 할 것이다. 채무자의 자력을 산정함에 있어서는 채무자의 신용 등도 포함하여야 하며, 조건부 채권, 기한부 채권 등도 평가, 가산하여야 한다. 채권 평가 시에는 그것이 용이하게 변제받을 수 있는 때에만 포함시켜야 한다. 채무자의 무자력 여부는 사해행위 당시를 기준으로 판단하며, 채권자가 취소권을 행사하는 때, 즉 사실심의 변론종결 당시에도 무자력이어야 한다.[232)]

개개의 구체적인 경우 이를 사해행위로 볼 것인가는 큰 논란의 대상이 되고 있다. 먼저 매매계약이 사해행위에 해당하는가에 대하여 학설이 나뉘고 있다. 먼저 제1설(부정설)은 매매는 직접 채무자의 재산을 감소시키는 사유가 아니므로 사해행위는 아니라는 입장이다. 따라서 상당한 대가에 의한 부동산의 매각은 사해행위가 되지 않는다고 한다.[233)] 제2설(긍정설)은 채권자에게 변제할 목적으로 재산을 현금화하는 경우 이외에는 매매대금을 소비·은닉하여 채권자를 해할 우려가 있으므로 사해행위에 해당한다는 입장이다. 제3설(제한적 긍정설)은 목적 재산을 압류함으로써 채무자의 재산처분을 제한할 수 있는 제도가 있는 우리 법에서 채권자에게 압류도 하지 않고 정당한 거래를 취소하고 재산을 환수하는 것은 원칙적으로 인정될 수 없다. 다만 사해행위 당사자가 매매대금을 지급한 증거가 없다든지 하여 통정허위표시에 의한 가장매매의 가능성이 높은 경우, 매매대금이 시가에 비해 현저히 낮아 정당한 거래라고 보기 어려운 경우와 같은 때에는 제한적으로 매매를 사해행위로 인정할 수 있다.[234)]

우리 판례는 사례에 따라 다르게 판단하고 있다. 채무자가 자기의 유일한 재산인 부동산을 매각하여 소비하기 쉬운 금전으로 받는 행위는 그 매각이 일부 채권자에 대한 정당한 변제에 충당하기 위하여 상당한 가격으로 이루어졌다는 등의 특별한 사정이 없는 한 채권자에 대하여 사해행위로 된다고 본다. 그러나 채무자가 양도한 목적물에 담보권이 설정되어 있는 경우라면 일반채권자들의 공동담보에 공하여지는 책임재산은 피담보채권액을 공제한 나머지 부분만이므로 피담보채권액이 목적물의 가격을 초과하는 때에는 당해 목적물의 양도가 사해행위에 해당하지 않는다는 입장이다.[235)]

---

232) 대판 2007. 11. 29, 2007다54849.
233) 곽윤직, 145면; 김증한·김학동, 200면.
234) 이은영, 468면.

대물변제가 사해행위가 될 것인가에 관해서는 구체적 내용에 따라 학설이 나뉘고 있는데, 이를 나누어 고찰해 보면 다음과 같다. 먼저 정당한 가격으로 행한 대물변제도 사해행위로 되는가이다. 긍정설은 채무자가 특정채권자와 공모하여 대물변제를 함으로써 다른 채권자를 위한 책임재산을 감소시키는 경우에, 대물변제도 사해행위가 된다고 한다. 판례도 긍정설을 취한다(대판1966. 10. 18, 66다1447; 대판 1998, 5. 12, 97다57320). 즉 정당한 가격으로 대물변제한 경우에, 그 대물변제를 사해행위로 본다거나 변제수령자와 공모한 것으로 보는 것은 압류 이전의 처분행위를 부정하는 것이 되어 부당하다고 한다.

둘째로 대물변제한 물건의 가액이 채무액을 초과한 경우에, 그 대물변제 전체를 사해행위로 볼 수 있는가 이다. 우리 판례는 기존 채무의 변제는 총재산의 증감과 무관하며 사해행위가 아님이 원칙이지만, 특정채권자와 채무자가 공모하는 등 사해의사가 있는 경우에는 사해행위가 된다고 한다(대판 1990. 11. 23, 90다카27198). 우선변제권을 갖는 채권자에게 재산을 이전하는 행위는 사해행위가 아니며(대판 2000. 12. 8, 2000다21017), 채무초과의 상태에 빠져 있는 채무자가 그의 유일한 재산인 부동산을 채권자들 가운데 어느 사람에게 대물변제로 제공하는 행위는 다른 특별한 사정이 없는 한 다른 채권자 등에 대한 관계에서 사해행위가 된다는 입장이다(대판 1996. 10. 29, 96다23207; 대판 2005. 11. 10, 2004다7873).

관련판례

1) 대판 2010. 9. 30, 2007다2718

[1] 채무자가 책임재산을 감소시키는 행위를 함으로써 일반채권자들을 위한 공동담보의 부족상태를 유발 또는 심화시킨 경우에 그 행위가 채권자취소의 대상인 사해행위에 해당하는지 여부는, 행위목적물이 채무자의 전체 책임재산 가운데에서 차지하는 비중, 무자력의 정도, 법률행위의 경제적 목적이 갖는 정당성 및 그 실현수단인 당해 행위의 상당성, 행위의 의무성 또는 상황의 불가피성, 채무자와 수익자 간 통모의 유무와 같은 공동담보의 부족 위험에 대한 당사자의 인식의 정도 등 그 행위에 나타난 여러 사정을 종합적으로 고려하여, 그 행위를 궁극적으로 일반채권자를 해하는 행위로 볼 수 있는지 여부에 따라 최종 판단하여야 한다.

235) 대판 2000. 11. 10, 2000다48005 등.

[2] 채무초과의 상태에 있는 채무자가 적극재산을 채권자 중 일부에게 대물변제조로 양도하는 행위는 채무자가 특정 채권자에게 채무 본지에 따른 변제를 하는 경우와는 달리 원칙적으로 다른 채권자들에 대한 관계에서 사해행위가 될 수 있으나, 이러한 경우에도 사해성의 일반적인 판단 기준에 비추어 그 행위가 궁극적으로 일반채권자를 해하는 행위로 볼 수 없는 경우에는 사해행위의 성립이 부정될 수 있다.

[3] 채무초과 상태의 채무자가 유일한 재산인 전세권과 전세금반환채권을 특정 채권자에게 그 채무 일부에 대한 대물변제조로 양도한 행위가 최고액 채권자와의 거래관계를 유지하면서 채무초과 상태에 있던 회사의 갱생을 도모하기 위한 유일한 방안이었던 점 등을 감안하면, 위 양도행위가 다른 채권자를 해하는 사해행위라고 단정하기 어렵다고 한 원심의 판단을 수긍한 사례.

2) **대판** 2010. 8. 19, 2010다36209

"사해행위취소권은 채권의 공동담보를 보전하는 것을 목적으로 하므로, 그 취소의 범위는 공동담보의 보전에 필요하고 충분한 범위에 한정된다. 따라서 채무자가 사해행위에 의하여 비로소 채무초과상태에 이르게 되는 경우에, 채권자는 사해행위가 가분인 한 그 중 채권의 공동담보로 부족하게 되는 부분만을 자신의 채권액을 한도로 취소하면 족하고, 그 행위 전부를 취소할 수는 없다"

사해행위로 본 경우

1) 채무자가 일부의 채권자와 통모하여 다른 채권자를 해할 의사를 가지고 변제한 경우
2) 부동산을 타인에게 무상으로 양도하는 경우
3) 채무자가 보증채무나 연대채무를 부담하는 행위
4) 유일한 부동산을 매각한 경우
5) 채무초과 상태에 있는 채무자가 그 소유의 부동산을 채권자 중 어느 한 사람에게 채권담보로 제공하는 행위

- 이미 채무초과의 상태에 빠져 있는 채무자가 그의 유일한 재산인 부동산을 채권자들 가운데 어느 한 사람에게 대물변제로 제공하는 행위는 다른 특별한 사정이 없는 한 다른 채권자들에 대한 관계에서 사해행위가 된다.[236)]
- 채무초과 상태에 빠져 있는 채무자가 그 소유의 부동산을 채권자 중의 어느 한 사람에게 채권담보로 제공하는 행위는 특별한 사정이 없는 한 다른 채권자들에 대한 관계에서 사해행위가 된다.[237)]
- 채무자가 자기의 유일한 재산인 부동산을 매각하여 소비하기 쉬운 금전으로 바꾸거나 타인에게 무상으로 이전하여 주는 행위는 특별한 사정이 없는 한 채권자에 대하여 사해행위가 된다.[238)]

사해해위로 보지 아니 한 경우

1) 채무자가 일부 채권자를 위하여 저당권의 설정 등 물적 담보를 제공한 경우
2) 상당한 가격으로 대물변제를 한 경우

- 채무자가 채무초과의 상태에서 특정채권자에게 채무의 본지에 따른 변제를 함으로써 다른 채권자의 공동담보가 감소하는 결과가 되는 경우에도 이 같은 변제는 채무자가 특히 일부의 채권자와 통모하여 다른 채권자를 해할 의사를 가지고 변제를 한 경우를 제외하고는 원칙적으로 사해행위가 되는 것은 아니라고 하겠다.[239)]

관련판례

1) 대판 2008. 2. 14, 2006다33357

[1] 채무자의 재산이 채무의 전부를 변제하기에 부족한 경우에 채무자가 그의 유일한 재산을 어느 특정 채권자에게 대물변제로 제공하는 행위는 다른 특별한 사정이 없는 한 다른 채권자들에 대한 관계에서 사해행위가 되지만, 채권자들의 공동담보가 되는 채무자의 총재산에 대하여 다른 채권자에 우선하여 변제를 받을 수 있는 권리를 가지는 채권자는 처음부터 채무자의 재산에 대한 환가절차에서 다른 채권자에 우선하여 배당을 받을 수 있는 지위에 있으므로, 그와 같은 우선변제권 있는 채권자에 대한 대물변제의 제공행위는 특별한 사정이 없는 한 다른 채권자들의 이익을 해한다고 볼 수 없어 사해행위가 되지 않는다.

[2] 저당권이 설정되어 있는 재산이 사해행위로 양도된 경우에 그 사해행위는 그 재산의 가액, 즉 시가에서 저당권의 피담보채권액을 공제한 잔액의 범위 내에서 성립하고, 피담보채권액이 그 재산의 가액을 초과하는 때에는 당해 재산의 양도는 사해행위에 해당한다고 할 수 없다. 이와 같은 법리는 채권자들 중에 그 채무자에 대하여 경매 등의 환가절차에서 저당권에 의하여 담보되는 채권보다 우선하여 배당을 받을 수 있는 채권자가 있는 경우에도 마찬가지라고 할 것이므로, 피담보채권액이 그 재산의 가액을 초과하는 재산의 양도행위가 저당권의 피담보채권보다 우선하여 배당받을 수 있는 채권자에 대한 관계에서는 사해행위가 된다고 할 수도 없다.

2) 대판 2007. 7. 12, 2007다18218

"채무자의 재산이 채무의 전부를 변제하기에 부족한 경우에 채무자가 그의 재산을 어느 특정 채권자에게 대물변제나 담보조로 제공하였다면 특별한 사정이 없는 한 이는 곧 다

236) 대판 1996. 10. 29, 96다23207.
237) 대판 2002. 3. 29, 2000다25842.
238) 대판 2001. 4. 24, 2000다41875.
239) 대판 2001. 4. 10, 2000다66034.

른 채권자의 이익을 해하는 것으로서 다른 채권자들에 대한 관계에서 사해행위가 되는 것이고(대법원 2005. 11. 10. 선고 2004다7873 판결, 2006. 6. 15. 선고 2006다12046 판결, 2007. 2. 23. 선고 2006다47301 판결 등 참조), 위와 같이 대물변제나 담보조로 제공된 재산이 채무자의 유일한 재산이 아니라거나 그 가치가 채권액에 미달한다고 하여도 마찬가지라고 할 것이다(대법원 1990. 11. 23. 선고 90다카27198 판결 참조)"

(2) 주관적 요건

1) 채무자의 악의

채무자가 사해행위의 당시에 그것에 의하여 채권자를 해하게 됨을 알고 있었어야 한다. 이것을 일반적으로 「사해의 의사」라고 일컫는다. 이 사해의 의사는, 적극적인 의욕이 아니라, 소극적인 인식으로써 충분하다. 채무자의 악의의 증명책임은 채권자에게 있다. 이 입증은 채무자의 자산상태·처분행위의 대가·처분상대방 등으로부터 쉽게 할 수 있다.

2) 수익자 또는 전득자의 악의

선의에 관한 증명책임은 수익자 또는 전득자에게 있다. 따라서 채권자가 수익자나 전득자의 악의를 입증할 필요는 없다. 이와 관련해서 학설은 나뉘고 있는데, 먼저 제1설(수익자 부담설; 통설)은 민법 제406조 제1항 단서로서 수익자 또는 전득자가 행위 당시에 채권자를 해함을 알지 못한 경우에는 채권자취소의 대상이 되지 않는다고 규정한 것을 근거로 수익자 또는 전득자 쪽에서 사해의 인식이 없음을 입증해야 한다고 해석한다. 제2설(채권자 부담설)은 수익자의 사해인식은 원고인 채권자가 증명해야 한다는 입장이다.[240]

---

240) 그 근거로서, 첫째, 수익자의 악의추정은 입증책임의 기본원칙에도 어긋난다는 점이다. 어떤 법률행위의 취소를 주장하는 자가 그 취소요건을 입증할 책임을 지는 것이 원칙이다. 채권자취소권에서 취소대상이 되는 사해행위는 언제나 객관적으로 어떤 행위가 당연히 사해행위가 되는 것이 아니라 채무자와 수익자의 사해인식이 개재되어 있기 때문에 비로소 사해행위가 되는 경우가 많다. 둘째, 만약 취소대상이 되는 법률행위를 가장행위에 한정한다면 그 행위 자체로서 사해행

우리 판례는 일찍부터 수익자 또는 전득자의 악의는 추정된다 할 것으로, 이들이 선의였음을 입증할 책임이 있다는 입장이다.241)

관련판례

대판 2010. 2. 25, 2007**다**28819, 28826

[1] 사해행위에 해당하는 법률행위가 언제 있었는가는 실제로 그러한 사해행위가 이루어진 날을 표준으로 판정할 것이되, 이를 판정하기 곤란한 경우 등에는 처분문서에 기초한 것으로 보이는 등기부상 등기원인일자를 중심으로 그러한 사해행위가 실제로 이루어졌는지 여부를 판정할 수 있다.

[2] 사해행위취소에 있어서 수익자가 악의라는 점에 대하여는 그 수익자 자신에게 선의임을 증명할 책임이 있다.

[3] 어느 부동산에 관한 법률행위가 사해행위에 해당하는 경우에는 원칙적으로 그 사해행위를 취소하고 소유권이전등기의 말소 등 부동산 자체의 회복을 명하여야 할 것이나, 사해행위를 취소하여 그 부동산 자체의 회복을 명하게 되면 당초 일반 채권자들의 공동담보로 되어 있지 아니하던 부분까지 회복을 명하는 것이 되어 공평에 반하는 결과가

위가 될 것이지만, 채권자 취소에 있어서 사해행위는 반드시 가장행위일 필요는 없다고 보는 데에 견해가 일치한다. 그렇다면 가장행위 아닌 사해행위는 쌍방당사자의 사해의 인식이 증명되기 전까지는 정당한 법률행위로서 인정될 수밖에 없을 것이다. 셋째, 일방 당사자인 채무자의 사해인식만 가지고 사해행위라고 단정하고 수익자의 악의를 추정하는 것은 거래안전을 해치게 되어 부당하다. 수익자의 악의를 추정한다면 거래당사자가 혹시 상대방이 채무초과의 상태에 있는지 조사해 보아야 취소당하지 않게 될 것인데, 이는 불합리하다. 그리고 어떤 법률행위 당사자에게 과실이 없는 경우에까지 악의를 추정한다면 이는 민법의 기본정신에 어긋나게 될 것이다. 넷째, 민법 제406조 제1항 단서는 증명책임을 전환하는 규정이 아니라, 수익자나 전득자의 악의를 요건으로 한다는 점을 규정한 것이라고 해석된다. 제406조 제1항 본문에서 「법률행위」라고 표현할 뿐 「사해행위」라고 표현하지 않는 점을 주목할 필요가 있다고 한다; 이은영, 472~473면.

241) 대판 1988. 4. 25, 87다카 1380; "채권자가 채무자의 악의만 증명하면(채무자의 선의추정), 피고인 수익자·전득자의 악의가 사실상 추정된다. 채무자가 제3자(수익자)에 대하여 실제로는 아무런 채무도 부담하고 있지 않으면서 구상채무의 대물변제라는 명목으로 그 소유의 유일한 재산인 부동산을 위 제3자에게 매매의 형식으로 양도하여 무자력이 되었다면 그 재산의 양도행위는 채권자취소권의 대상이 되는 사해행위에 해당한다 할 것이고, 이 경우 수익자의 악의는 추정되는 것이므로 수익자가 그 법률행위 당시 선의였다는 사실의 입증을 다하지 못하는 한 채권자는 그 매매를 취소하고 원상회복을 청구할 수 있다".

되는 경우에는 그 부동산의 가액에서 공동담보로 되어 있지 아니하던 부분의 가액을 공제한 잔액의 한도에서 사해행위를 취소하고 그 한도에서 가액의 배상을 명함이 상당하다.

[4] 사해행위취소소송의 수익자가 건물의 원시취득자로부터 기존의 채권액 상당의 가치 범위 내에서 건물 부분을 양도받기로 약정하였고, 그 건물이 아직 완공되지 않은 상태에서 수익자가 매매계약에 따라 추가공사비를 투입하여 건물을 완공함으로써 그의 비용으로 건물의 객관적 가치를 증대시키고 그 가치가 현존하고 있는 경우, 당해 매매계약 전부를 취소하고 그 원상회복으로서 소유권이전등기의 말소등기절차의 이행을 명하게 되면 당초 일반채권자들의 공동담보로 되어 있지 아니하던 부분까지 회복을 명하는 것이 되어 공평에 반하는 결과가 된다는 이유로, 위 건물의 가액에서 공동담보로 되어 있지 아니한 부분의 가액을 산정하여 이를 공제한 잔액의 한도에서 사해행위를 취소하고 그 한도에서 가액의 배상을 명함이 상당하다고 한 사례.

[5] 부동산의 매매계약 등이 사해행위에 해당되어 취소되고 수익자에게 그에 따른 원상회복으로서 원물반환이 아닌 가액배상을 명하는 경우, 그 부동산에 대한 가액은 특별한 사정이 없는 한 당해 사해행위취소소송의 사실심 변론종결 당시를 기준으로 산정하여야 한다.

4. 행　사

(1) 행사의 방법

1) 채권자의 이름으로 행사

취소에 의하여 채무자는 아무런 권리도 취득하지 않으며, 채권자만이 직접 인도를 청구할 수 있다.

2) 재판상 행사

채권자취소권은 반드시 재판상 행사하여야 한다. 따라서 사해행위 취소를 청구하지 않고서 다만 항변만으로 주장할 수는 없다.

3) 취소소송의 상대방

채권자취소권의 행사의 상대방 즉, 취소 소송의 피고는 언제나 이득반환 청구의 상대방, 즉 수익자 또는 전득자이며, 채무자를 피고에 포함시키지 못한다.

4) 소송절차와 채무자의 파산

사해행위의 취소의 소송이 계속하는 경우에 채무자가 파산을 선고당한 때에는 그 소송절차는 수계 또는 파산절차의 해지가 있을 때까지 중단되고, 파산관재인이 그 소송절차를 수계할 수 있다.

(2) 행사의 범위

채권자취소권은 사해행위로 생긴 채무자의 일반 재산의 감소를 막고 채권의 만족을 얻는 것을 목적으로 하는 것이므로, 그 취소의 범위로 그러한 목적에 필요한 한도를 넘지 못한다. 채권자취소권의 행사범위와 관련하여 일부취소의 허용 여부와 관련하여 학설이 나뉘고 있다. 먼저 제1설(긍정설)은 취소채권액 초과의 불가분물에 대한 원물반환은 허용될 수 없고 취소채권액의 범위 내에서 일부취소하고 가액반환을 청구해야 한다는 입장이다. 채권자취소권은 수익자를 희생시켜 채권자를 보호하는 제도인데, 채권자에 대한 보호목적에 초과하는 희생을 강요하는 것은 부당하기 때문이라고 한다.[242] 제2설(부정설)은 전부취소와 목적물 전부의 원물반환만을 인정하는 입장이다.[243]

---

242) 김용한; 269면; 민법주해(9). 839면; 이은영, 476면.
243) 김상용, 263면; 김형배(2판). 417면.

▣ 반환물의 수령권자 ▣

채권자 수령설	채무자의 수령거절이나 그 수령물의 소비·은닉의 경우에, 채권자는 채권자취소권의 행사에도 불구하고 아무 이익을 얻지 못하게 된다는 이유로 채권자의 수령을 허용하는 견해이다. 그리고 취소채권자가 수익자나 전득자를 피고로 하여 사해행위의 취소와 목적물을 자기에게 반환할 것을 소구하여 반환물을 수령한 후, 그가 채무자에 대하여 갖는 채권과 채무자에 대한 반환물을 수령한 후, 그가 채무자에 대항할 수 있는 채권과 채무자에 대한 반환물의 인도채무를 상계함으로써 사실상의 우선변제를 받을 수 있다고 한다.	곽윤직; 김용한; 김증한·김학동
채무자 수령설	압류나 지급명령 없이 채권자에의 직접적인 인도청구는 허용될 수 없다는 입장이다. 채권자는 취소 및 원상회복의 청구와 병합하여 채무자에 대한 이행청구 및 그 회복재산에 대한 강제집행을 청구함으로써 자기 채권의 만족을 얻을 수 있다. 만약 회복할 재산이 채무자의 수령행위를 반드시 필요로 하며 채무자가 원상회복할 재산을 수령하려고 하지 않는 경우에는 채무자를 위하여 그 재산을 공탁해야 할 것이다. 민법은 채권자가 변제를 받지 않거나 받을 수 없는 때에 변제공탁을 허용한다(제487조).	이은영
판 례	판례에 의하면 부동산을 원물로 반환받는 경우에 일단 등기명의를 채무자에게 회복시켜야 한다(등기말소 또는 이전등기의 방법). 그 이후에 채권자는 자기 명의로의 이전등기를 하게 할 수 있다. 취소채권자는 채무자명의로 회복한 부동산에 대하여 다른 채권자가 배당요구하는 위험을 감수하여야 한다.	대판 2001. 2. 9, 2000다57139

우리 판례는 일부취소를 인정하는 입장이다. 즉 사해행위 당시 부동산에 저당권이 설정되어 있었던 경우에는 그 부동산 가액에서 저당권의 피담보채권액을 공제한 잔액만이 취소(일부취소) 및 원상회복(가액배상) 될 수 있다. 수익자가 채무자를 위하여 대위변제한 경우에 채권자는 부동산의 가액에서 매수인이 대위변제한 채무액을 공제한 잔액의 한도 내에서 매매계약의 일부 취소와 그 가액의 배상을 청구 할 수밖에 없다. 따라서 수익자는 자기도 채무자의 채권자로서 배당요구를 할 것이라는 이유로 원상회복을 거절할 수 없다.[244]

생각건대 채권자취소권은 수익자를 희생시켜 채권자를 보호하는 제도이므로 채권자에 대한 보호목적에 초과하는 희생을 강요하는 것은 부당하다. 따라서 취소채권액의 범위 내에서 일부취소와 가액배상을 인정하는 것이 타당하다고 하겠다.

5. 효 과

채권자취소권 행사의 효과는 모든 권리자의 이익을 위하여 그 효력이 있다(제407조). 수익자 또는 이득자로부터 찾아 온 재산 또는 재산에 갈등하는 손해배상은 채무자의 일반 재산으로서 회복되고, 총채권자를 위하여 공동담보가 되는 것이며, 취소채권자가 그것으로부터 우선 변제를 받는 권리를 취득하지는 않는다.

취소의 효과는 상대적이다. 즉 취소판결의 기판력은 소송에 참가하지 않은 채무자에게는 미치지 않고, 또한 채무자와 수익자 · 수익자와 이득자 사이의 법률단계에는 아무런 영향이 없다. 즉 소송의 상대방인 수익자 또는 전득자 사이에 있어서만 사해를 목적으로 한 법률행위를 무효로 할 따름이고 소송의 상대방이 아닌 채무자에 대해서는(채무자와 수익자 또는 수익자와 전득자 사이의 법률행위의 효력은) 취소권의 행사로 영향을 받지 않는다. 따라서 채권자의 취소권행사에 그 상대방이 되어 목적물을 반환하거나 손해배상을 한 수익자 또는 전득자는 이로 인하여 채무자가 이득을 본 범위 안에서 그 채무자에게 부당이득반환청구권을 행사할 수 있다.[245]

---

244) 대판 2001. 2. 27, 2000다 44348; 대판 1999. 11. 9, 99다 50101; 대판 1996. 10. 29, 96다 23207.

245) 대판 1990. 10. 30, 89다카35421; "사해행위의 취소는 상대적 효과밖에 없는 것이므로 원심판시와 같이 이건 사해행위의 목적 부동산에 수익자 소외 A의 채권자인 피고의 가압류등기가 경료되었고 그 후 채무자 소외 B와 수익자 소외 A 사이의 위 부동산에 관한 매매계약이 사해행위라는 이유로 취소되어 소외 A의 소유권 이전 등기가 말소되었다 하더라도 특단의 사정이 없는 한 피고의 가압류의 효력이 당연히 소멸되는 것은 아니므로 채무자 B로부터 위 부동산을 전전하여

채권자취소권의 효과와 관련하여서는 학설상 그 입장이 나뉘고 있다. 먼저 제1설(상대적 효력설)은 채권자취소권의 행사로 인한 사해행위의 취소와 일탈재산의 원상회복은 원칙적으로 취소소송의 당사자 사이에서 상대적 효력을 가질 뿐이므로, 채권자가 원고로서 수익자(전득자)를 피고로 취소소송을 제기한 경우에 그 취소 및 원상회복의 효과는 채권자와 수익자 사이에서만 효력이 있을 뿐, 채권자와 채무자 및 채무자와 수익자 사이에서는 효력이 없다고 하는 입장이다.[246] 제2설(책임설)은 채권자취소권의 행사 이후에도 사해행위에 의해 일탈되었던 재산은 그대로 수익자(전득자)의 소유로 남아 있으면서 취소채권자는 그 재산에 대해 강제집행할 수 있는 가능성만을 보유하게 된다는 입장이다.[247] 제3설(취소효

인도받은 원고들은 가압류의 부담이 있는 소유권을 취득하였다 할 것이다. 원심이 이 건 부동산에 관한 소외 A 명의의 소유권이전등기가 원인 무효라는 이유만으로 그 가압류권자인 이 건에 대한 부동산의 강제 집행을 불허한 조치는 사해행위취소의 효력에 관한 법리를 오해한 위법이 있다".

246) 취소의 결과 행해지는 원상회복은 소송당사자인 채권자와 수익자(전득자)사이의 상대적 관계에서만 행해지며, 채무자가 직접 반환재산에 대한 권리를 취득하지 못한다고 한다. 취소소송의 기판력은 소송에 참가하지 않은 채무자에게는 미치지 않으므로, 취소소송은 채무자와 수익자 사이의 법률관계에 아무 영향을 미치지 않는다고 한다(피고가 전득자인 경우는 수익자 · 전득자 사이도 같음). 상대적 효력설에 의하면 채무자 · 수익자 사이의 매매계약이 취소되고 수익자가 인도받은 매매목적물을 원상회복당한 경우에, 그의 효력은 소송당사자인 채권자 · 수익자 사이에서만 발생하므로 채무자 · 수익자 사이에서는 매매계약이 유효하게 존재하고 수익자, 채무자에 대하여 자기가 지급한 매매대금의 반환을 청구할 수 없게 된다. 취소 및 원상회복에 따른 불이익은 피고(수익자 또는 전득자)가 스스로 감수하여야 하며, 이를 이유로 채무자에 대하여 손해배상을 청구하지 못한다고 한다. 단 채무자가 그로 인하여 이득을 얻은 때에는 수익자가 채무자에 대하여 그 부당이득의 반환을 청구할 수 있지만, 수익자는 그 부당이득반환청구권을 갖고 취소채권자에게 대항할 수 없다고 한다(곽윤직; 김상용; 김증한 · 김학동).

247) 원래 채권자취소권제도 강제집행의 대상이 되는 책임재산의 유지를 목적으로 하므로 일탈재산에 대한 강제집행가능성을 고려하는 것으로 충분하며, 책임재산이 누구에게 귀속되는가는 문제삼을 필요가 없다고 한다. 그러므로 민법 제406조 제1항 본문의 「취소」는 책임관계상의 취소를 의미하고, 「원상회복」은 일탈재산이 채권자에 대한 관계에서 책임재산의 지위로 회복된다는 것을 의미한다고 해석한다. 상대적 효력설은 일탈재산을 반환받지 않으면 그에 대한 집행을 할 수 없다는 사고를 전제로 하는데, 그것은 채권자취소권의 목적을 넘는 불필요한 효과를 요구하는 것이라고 비판한다. 그리고 상대적 효력설에 따를 경우 일탈재산이 채무자의 책임재산으로 환원되어 강제집행의 대상이 되는 점을 이론적으로 설명할 수 없는 난점이 생긴다고 비판한다. 즉 상대적 효력설에 의하면 일탈재산이 채무자에게 반환되더라도 취소 및 원상회복의 효과가 채무자에게 미치지 않는다고 하는데, 취소채권자가 회복된 채무자의 책임재산에 대해 강제집행하는 것은 어떠한 이론적 근거로 가능한지 의문이라고 한다. 실무상 이 같은 이론적 결함이 표면화되지 않는 이유는 집행법원이 형식적인 채무명의를 갖고 집행할 뿐 실체법 관계를 심사하지 않기 때문이라고 한다. 책임설은 채권자취소권이 사해행위를 책임관계의 측면에서 무효로 하는 형성권의 성격을 갖지만, 취소권행사의 소송에서 채권자는 특정법률행위의 취소를 표시하고 일탈재산이 자기채권을 위하여 책임재산으로서의 지위에 있음을 확인 해 줄 것을 구하는 「확인의 소」를 제기해야 한다고 주장한다. 채권자가 승소판결을 받으면 당해 일탈재산은 피고의 소유와 명의로 되어있는 상태대로 취소채권자를 비롯한 모든 채권자를 위하여 책임재산의 지위에 놓인

과설)은 채권자취소권의 행사에 의한 법률행위의 취소는 민법상 취소의 법리에 의하고, 원상회복의 효과 역시 취소된 법률행위가 없었던 상태로의 복귀라고 실체법적으로 해석한 후에 민사소송법의 기판력의 원칙을 적용하여야 한다는 입장이다.[248)]

우리 판례는 상대적 효력설을 취해 왔다. 즉 채무자와 수익자만을 상대로 한 사해행위취소소송에서 채무자와 수익자 간의 법률행위를 취소하고 수익자 명의로 된 소유권이전등기의 말소를 명하는 판결이 확정되었다고 하여도 그 판결의 효력은 전득자에게 미칠 수 없다고 한다.[249)]

생각건대 채권자취소권의 행사로 인한 사해행위의 취소와 일탈재산의 원상회복은 원칙적으로 취소소송의 당사자 사이에서 상대적 효력을 가질 뿐이므로, 채권자가 원고로서 수익자(전득자)를 피고로 취소소송을 제기한 경우에 그 취소 및 원상회복의 효과는 채권자와 수익자 사이에서만 그 효력이 있을 뿐이다.

6. 소 멸

채권자취소권은 「채권자가 취소원인을 안 날부터 1년, 법률행위 있는 날로부터 5년 내에」 행사하여야 한다. 채권자취소권은 보통의 취소권과는 달라서 법률행위의 성립요건에 하자가 있다는 것이 아니라, 일단 유효하게 성립한 법률행위를 공동담보의 보전을 위하여 취소하는 것이므로, 제3자에게 미치는 영향이 크기 때문에 특히 단기소멸기간을 두어 법률관계를 빨리 확정하려는 것이다.

1년·5년의 기간은 시효기간이 아니라, 이른바 제척기간이다. 그 기산점이 되는 '채권자가 취소원인을 안 날'이라 함은 채무자가 채권자를 해하게 됨을 알면서 법률행위를 한 사실을 채무자가 알게 된 때를 말하고, 단순히 사해행위의 객관적 사실을 안 것만으로는 부족하다. '법률행위가 있은 날'은 사해행위에 해당하는 법률행위가 실제로 이루어진 날을 가리킨다.

다고 한다. 그 결과 사해행위의 처분 자체는 유효한 채로 있지만, 채권자와 채무자 사이의 책임관계의 변경은 소급하여 회복된다고 한다; 김형배, 388면 이하.

248) 이은영, 481면 이하.

249) 대판 1990, 10, 30, 89다카 35421; 대판 1988. 2. 23, 83다카 1989.

▣ 채권자취소권과 피보전채권의 성립시기 ▣

채권자취소권에 의하여 보호될 수 있는 채권은 원칙적으로 사해행위라고 볼 수 있는 행위가 행하여지기 전에 발생된 것임을 요하지만, 그 사해행위 당시에 이미 채권 성립의 기초가 되는 법률관계가 발생되어 있고, 가까운 장래에 그 법률관계에 기하여 채권이 성립되리라는 점에 대한 고도의 개연성이 있으며, 실제로 가까운 장래에 그 개연성이 현실화되어 채권이 성립된 경우에는, 그 채권도 채권자취소권의 피보전채권이 될 수 있다.[250)]

관련판례

대판 2007. 7. 12, 2007다18218

"사해행위취소소송에 있어서 채무자가 악의라는 점에 대하여는 그 취소를 주장하는 채권자에게 입증책임이 있으나 수익자 또는 전득자가 악의라는 점에 관하여는 채권자에게 입증책임이 있는 것이 아니라 수익자 또는 전득자 자신에게 선의라는 사실을 입증할 책임이 있다고 할 것이다(대법원 1991. 2. 12. 선고 90다16276 판결, 1997. 5. 23. 선고 95다51908 판결, 2006. 9. 28. 선고 2004다35465 판결 등 참조).

민법 제406조 제1항에 따라 채권자의 사해행위취소 및 원상회복청구가 인정되면, 수익자는 원상회복으로서 사해행위의 목적물을 채무자에게 반환할 의무를 지게 되고, 만일 원물반환이 불가능하거나 현저히 곤란한 경우에는 원상회복의무의 이행으로서 사해행위 목적물의 가액 상당을 배상하여야 하며, 여기에서 원물반환이 불가능하거나 현저히 곤란한 경우라 함은 원물반환이 단순히 절대적·물리적으로 불능인 경우가 아니라 사회생활상의 경험법칙 또는 거래상의 관념에 비추어 그 이행의 실현을 기대할 수 없는 경우를 말하는 것이다(대법원 2006. 12. 7. 선고 2004다54978 판결 등 참조)"

250) 대판 1995. 11. 28, 95다27905; 채권자취소권의 피보전채권은 채권자대위권에서와 달리, 사해행위 이전에 성립되어 있어야 한다는 것이 통설의 입장이다. 채권자는 채권이 발생할 당시의 채무자의 자력을 신용의 기초로 하는 것이며, 사해행위 당시에 아직 존재하지 않는 채권이 사해행위에 의하여 침해된다는 일은 있을 수 없기 때문이다. 본 판결은 통설의 입장을 취하여 사해행위로 인하여 사해행위 이후에 권리를 취득한 채권자를 해친다고 할 수 없으므로 취소채권자의 채권은 사해행위가 있기 이전에 발생하고 있어야 함은 채권자취소권의 성질상 당연하다 하겠다.

제8절

다수당사자의 채권관계 - 수인의 채권자 및 채무자

Ⅰ. 개 설

'다수당사자의 채권관계'란 하나의 급부에 관하여 다수의 채권자나 채무자가 있는 경우이다. 민법은 다수당사자의 채권관계를 제3편에서 '수인의 채권자 및 채무자'라는 제목 아래 규율하고 있다. 민법이 규율하고 있는 다수당사자의 채권관계로는 분할채권관계(분할채권·분할채무), 불가분채권관계(불가분채권·불가분채무), 연대채무, 보증채무의 네 가지가 있다. 이는 오늘날 채권담보의 기능을 수행하는 인적 담보제도라는 점에서 그 의의가 있다.

다수당사자의 채권관계에서 주된 포인트는 그 효력이라 할 수 있는데, 대외적 효력과 대내적 효력이 바로 그것이다. 대외적 효력은 두 가지로 나뉘는데, 먼저, ⅰ) 각 채권자, 채무자와 상대방 사이에 이행의 청구나 이행이 어떠한 효력이 있는지, 즉 복수 주체와 상대방 사이에 이행청구나 이행을 어떻게 하느냐 하는 것이다. 다른 하나는 ⅱ) 채권자 또는 채무자 1인에 대하여 생긴 사유가 다른 채권자 또는 채무자에게 영향을 미치는지에 관한 것이다. 대내적 효력은 복수의 채권자들 또는 채무자들 사이의 내부관계로서 채권자로서 수령한 것을 나누어주거나 또는 채무자로서 출연한 것을 다른 채무자로부터 상환받는 문제와 관련한 것이다.

Ⅱ. 분할채권관계

1. 개　념

3

균등한 비율로 분할 된 채권·채무를 부담하는 것으로, 각각의 독립된 채권·채무가 된다. 따라서 다른 채권자나 채무자가 그에 대해 영향을 미치지 않는다. 구성원 간에 보상관계나 구상관계는 원칙적으로 발생하지 않는다. 분할채권은 채권의 공동상속, 공유물 매각, 임대의 경우 발생하며, 분할채무는 채무의 공동 상속 수인이 공동으로 물건을 매수한 경우 및 소비대차 등의 경우에 발생한다.

2. 분할채권관계의 효력

(1) 대외적 효력

특별한 의사표시가 없으면 균등한 비율로 분할된 채권·채무가 된다(제408조). 특별한 의사표시란 불가분채권관계, 연대채무 등을 발생시키는 의사표시뿐만 아니라 채권, 채무의 분할에 관한 의사표시도 포함한다. 각 채권자, 채무자의 채권·채무는 독립한 것이므로, 1인의 채권자 또는 채무자와 상대방과 사이에 생긴 사유(예 : 이행청구 또는 채무면제)는 다른 채권자나 채무자에 대하여 영향을 미치지 않는다. 다만, 계약의 해제, 해지에 대하여는 해제, 해지의 불가분성 때문에 예외가 인정된다(제547조).

각 채권자는 자기가 가지는 채권액 이상의 것을 이행하도록 청구할 수 없고, 각 채무자도 자기가 부담하는 채무액 이상의 것을 변제할 수 없다. 하나의 채권자가 분할액을 넘는 변제를 받은 경우에는 부당이득이 되므로 채무자에게 반환하여야 하며, 하나의 채무자가 분할액을 넘어서 변제한 경우에는 변제에 이해관계 없는 타인의 변제로 된다(제469조).

(2) 대내적 효력

민법 제408조는 분할채권자, 분할채무자와 그의 상대방과의 관계만을 규정한 것이며, 분할채권자·분할채무자 상호 간의 내부관계까지 규정하고 있는 것은 아니라 할 것이나, 내부관계에도 준용된다고 할 것이다. 따라서 특별한 약정이 있으면 그에 의하되, 약정이 없으면 내부적으로도 그 비율은 균등하게 된다.

관련판례

1) **대판** 2008. 2. 29, 2007다89494

"공동불법행위자는 채권자에 대한 관계에서는 부진정연대책임을 지되, 공동불법행위자들 내부관계에서는 일정한 부담 부분이 있고, 이 부담 부분은 공동불법행위자의 과실의 정도에 따라 정하여지는 것으로서 공동불법행위자 중 1인이 자기의 부담 부분 이상을 변제하여 공동의 면책을 얻게 하였을 때에는 다른 공동불법행위자에게 그 부담 부분의 비율에 따라 구상권을 행사할 수 있고, 공동불법행위자 중 1인에 대하여 구상의무를 부담하는 다른 공동불법행위자가 여럿인 경우에는 그들 상호간에 사용자와 피용자 등과 같은 대체적인 책임관계 또는 이에 유사한 관계가 있어서 다른 공동불법행위자에 대한 관계에서도 일체를 이루어 구상에 응해야 하는 등의 특별한 사정이 없는 이상 그들의 구상권자에 대한 채무는 이를 부진정연대채무로 보아야 할 근거가 없으며, 오히려 다수당사자 사이의 분할채무의 원칙이 적용되어 각자의 부담 부분에 따른 분할채무로 봄이 상당하고(대법원 2002. 9. 27. 선고 2002다15917 판결 등 참조), 공동불법행위자 중 1인과 체결한 보험계약에 따라 보험자가 손해배상금을 보험금으로 모두 지급하여 공동불법행위자들이 공동면책된 경우, 그 보험자는 보험자대위의 법리에 의하여 다른 공동불법행위자들에게 그 부담 부분의 비율에 따른 구상권을 행사할 수 있다(대법원 1998. 12. 22. 선고 98다40466 판결 등 참조).

2) **대판** 1992. 10. 27, 90다13628

"민법상 다수당사자의 채권관계는 원칙적으로 분할채권관계이고 채권의 성질상 또는 당사자의 약정에 기하여 특히 불가분으로 하는 경우에 한하여 불가분채권관계로 되는 것이다"

Ⅲ. 불가분채권 · 채무관계

1. 개 념

이는 불가분의 급부를 목적으로 하는 다수당사자의 채권관계이다. 불가분채권관계에는 채권자가 복수인 불가분채권과 채무자가 복수인 불가분채무가 있다. 불가분채권관계는 급부가 불가분인 경우에 성립하는데, 급부가 불가분인 경우는 급부의 성질상 불가분인 경우도 있고, 성질상으로는 가분이지만 당사자의 의사표시에 의하여 불가분으로 된 경우도 있다(제409조). 불가분채권관계의 경우에는 각 채권자 또는 채무자 수만큼 복수의 채권 · 채무자가 존재한다. 그리고 불가분채권 · 채무가 가분채권 · 채무로 변경된 때에는 분할채권 · 채무로 변하게 된다(제412조).

2. 불가분채권

(1) 대외적 효력

대외적 효력으로 각 채권자는 모든 채권자를 위해 자기에게 급부전부를 이행할 것을 청구할 수 있으며(제409조 전단), 채무자는 모든 채권자를 위해 각 채권자에게 급부 전부를 이행하는 것이 가능하다(제409조 후단). 이는 다시 절대적 효력이 인정되는 경우와 상대적 효력이 인정되는 경우로 나눌 수 있다. 절대적 효력이 인정되는 경우는 1인의 채권자의 청구에 의한 시효중단, 이행지체의 효과나 채무자가 1인의 채권자에 대해 한 변제, 변제의 제공, 채권자지체의 효과는 모든 다른 채권자에게 미친다. 상대적 효력은 경개, 면제 등의 경우이다.

(2) 대내적 효력

민법은 채권자들 사이의 내부관계에 대하여는 규정을 두고 있지 않다. 그러나 변제받은 채권자는 다른 채권자에게 정하여진 비율에 따라 급부받은 것을 분급하여야 한다. 그리고 그 비율은 균등한 것으로 추정하여야 한다.

3. 불가분채무

(1) 대외적 효력

민법은 불가분채무에 관하여는 불가분채권에 관한 제410조와 연대채무와 관련한 여러 규정을 준용하고 있다(제411조). 대외적 효력은 절대적 효력이 인정되는 경우와(변제・변제의 제공・채권자지체), 상대적 효력이 인정되는 경우(경개・면제)로 나눌 수 있다.

(2) 대내적 효력

대내적 효력은 연대채무의 규정이 준용된다(제411조). 따라서 변제를 한 채무자는 다른 채무자에 대하여 그들의 부담부분에 관한 구상권 행사가 가능하다(제424조 내지 427조).

관련판례

1) 대판 2001. 12. 11, 2000다13948

"여러 사람이 공동으로 법률상 원인 없이 타인의 재산을 사용한 경우의 부당이득 반환채무는 특별한 사정이 없는 한 불가분적 이득의 반환으로서 불가분채무이고, 불가분채무는 각 채무자가 채무 전부를 이행할 의무가 있으며, 1인의 채무이행으로 다른 채무자도 그 의무를 면하게 된다"

2) 대판 1998. 12. 8, 98다43137

"건물의 공유자가 공동으로 건물을 임대하고 보증금을 수령한 경우, 특별한 사정이 없는 한 그 임대는 각자 공유지분을 임대한 것이 아니고 임대목적물을 다수의 당사자로서 공동으로 임대한 것이고 그 보증금 반환채무는 성질상 불가분채무에 해당된다고 보아야 할 것이다"

Ⅳ. 연대채무

1. 개 념

(1) 의 의

연대채무란 수인의 채무자가 동일한 내용의 급부에 대하여 각각 독립하여 전부의 급부를 하여야 할 채무를 부담하고, 그 가운데에 1인의 채무자가 전부의 급부를 하면 모든 채무자의 채무가 소멸하는 다수당사자 간의 채무이다(제413조).

연대채무의 본질을 어떻게 볼 것인가와 관련하여서는 학설이 나뉘고 있는데, 먼저, 제1설(주관적 공동관계설)은 연대채무에 있어서는 채무자 상호 간에 긴밀한 주관적 공동관계가 있으므로, 목적 도달 이외의 사유에 대해서도 어느 정도 절대적 효력을 인정하는 것이 당사자 간의 법률관계를 간이하게 결제하고 공평하다는 입장이다. 우리 민법에서의 연대채무는 복수채무를 발생시키므로 독일 보통법상의 공동연대에 해당하는 것으로 보고, 절대적 효력사유는 채무자간의 주관적 공동관계에 입각한 공동 연대주의의 입법정책에 기하여 규정된 것이라 설명한다.[251]

제2설(상호보증관계설)은 연대채무자 상호 간에 있어서 각자 자기의 부담부분에 관해서는 실질적으로 주채무자의 지위에 있고 다른 채무자의 부담부분에 관하여는 보증인의 지위에 있는 등 연대채무자들이 상호보증관계로 맺어져 있다고 보는 입장이다. 주관적 공동관계설이 말하는 「채무자 사이의 주관적 공동목적」이라든가 또는 「채무 사이의 긴밀한 관계」가 어떤 것인지 불분명하며, 절대적 효력을 설명하기에는 그러한 주관적 공동관계만으로는 설명이 부족하다고 하여 주관적 공동관계설을 비판한다. 민법의 연대채무 규정은 고

251) 곽윤직, 162면; 김용한, 303면; 김증한・김학동, 228면; 송덕수, 896면.

유채무와 상호보증채무의 이중구조를 바탕으로 한다고 한다.[252)]

제3설(변제공동체설)은 채권자에 대하여 각자가 전부 급부를 하여야 하는 변제를 공동의 목적으로 한다는 입장이다.[253)]

생각건대 연대채무의 본질은 채무자 상호 간에 있어서의 긴밀한 주관적 공동관계에서 찾아야 할 것이다.

(2) 법적 성질

연대채무는 채무자 수만큼의 복수의 독립한 채무이고, 그 채무들 사이에 주종관계는 존재하지 아니 한다. 따라서 연대채무를 발생시키는 법률행위가 어느 연대채무자에 대하여 무효 또는 취소 가능한 것일지라도 다른 연대채무자의 채무에는 영향을 미치지 아니 한다(제415조). 각 채무자의 채무는 그 모습을 달리할 수 있으며(조건・기한・이행기 등), 채무자 1인을 위하여 보증채무를 성립시킬 수 있다(제447조). 채무자의 1인 또는 수인에 의하여 1개의 전부급부가 있으면 모든 채무자의 의무는 소멸한다. 이는 각 채무자의 채무가 1개의 급부를 달성하기 위한 목적의 것이기 때문이다.

채무자의 1인에 관하여 생긴 사유는 일정한 범위에서 다른 채무자에게도 영향을 미친다(제416조 내지 제422조). 채무자가 출재를 하여 공동면책이 되면 다른 채무자에 대하여 구상할 수 있다(제424조 내지 제427조). 이는 연대채무자들 사이에 결합관계가 존재하기 때문이다.

2. 연대채무의 성립

연대채무는 법률행위 또는 법률의 규정에 의하여 성립한다.

(1) 법률행위에 의한 성립

252) 이은영, 506~507면.
253) 김상용, 290면.

연대채무를 성립시키는 법률행위는 보통의 경우 계약이지만, 유언과 같은 단독행위에 의해서도 가능하다. 계약으로 연대채무가 성립하는 경우 그 계약은 1개일 필요가 없다. 법률행위에 의해 연대채무를 성립시키는 경우 연대의 표시가 있어야 하는데, 그 표시는 반드시 명시적일 필요는 없고 묵시적이어도 무방하다.

(2) 법률의 규정에 의한 성립

연대채무가 법률의 규정에 의하여 성립하는 경우도 있는데, 민법(제35조 제2항; 제616조; 제654조; 제760조; 제832조), 상법(제24조; 제81조; 제138조; 제212조; 제321조; 제323조; 제333조; 제399조; 제567조) 등에 존재한다. 법률이 수인에게 객관적으로 동일한 배상책임을 인정하는 경우 그것을 연대책임으로 규정하지 않은 때에는 부진정연대채무로 해석하여야 한다.

관련판례

1) 대판 2009. 8. 20, 2009다32409

"중첩적 채무인수에서 인수인이 채무자의 부탁 없이 채권자와의 계약으로 채무를 인수하는 것은 매우 드문 일이므로 채무자와 인수인은 원칙적으로 주관적 공동관계가 있는 연대채무관계에 있고, 인수인이 채무자의 부탁을 받지 아니하여 주관적 공동관계가 없는 경우에는 부진정연대관계에 있는 것으로 보아야 한다"

2) 대판 1987. 5. 26, 85다카1146

"수인의 채권자가 채무자에게 별개로 금전을 차용하여 주고서 2필지의 토지에 대하여 공동으로 담보목적의 소유권이전등기를 경료받았다가 담보권을 실행함에 있어 합의에 의한 공유물분할 방법으로 각 채권자들의 대여금 비율에 따라 각 단독소유로 소유권이전등기를 마친 다음 각각 따로 자기 몫의 담보부동산을 처분하였다면, 공전소비대차에 있어서 수인의 채권자가 각기 일정한 돈을 빌려주는 경우에 특별한 의사표시가 없으면 이 채권은 분할채권인 점에 비추어 그 정산금을 채무자에게 반환함에 있어서는 위 각 채권자들이 공동으로 담보목적의 소유권이전등기를 경료받은 사유를 가지고 연대에 관한 특별한 의사표시로 풀이 할 수 없을 뿐만 아니라 그와 같은 사유가 연대채무를 발생시키는 법률상 요인이 된다고도 볼 수 없다"

3. 연대채무의 대외적 효력

(1) 채권자의 이행청구 · 채무자의 이행

채권자는 연대채무자 가운데 임의의 1인에 대하여 채무의 전부 또는 일부의 이행을 청구할 수 있고, 또한 모든 채무자에 대하여 동시에 또는 순차로 전부나 일부의 이행을 구할 수 있다(제414조). 이러한 이행의 청구는 재판 외에서 뿐 아니라 재판상으로도 가능하다. 또한 다른 채무자에 대하여 승소 또는 패소의 판결을 받은 후에도 가능하다.

채무자 1인 또는 수인이 채무의 전부를 이행하면 모든 채무자의 채무가 소멸하게 된다.

(2) 연대채무자 1인에 관하여 생긴 사유의 효력

어느 연대채무자에게 생긴 사유가 다른 연대채무자에게도 효력이 인정되는 경우, 이를 절대적 효력이 있는 사유라 한다. 민법은 제416조 내지 제422조에서 7가지의 사유에 대하여 절대적 효력을 인정하고 있다. 절대적 효력이 있는 사유는 다음과 같다.

1) 변제 · 대물변제 · 공탁

채권자에게 만족을 주는 경우 명문규정이 없이도 당연히 절대적 효력이 있다.

2) 이행의 청구

어느 연대채무자에 대한 이행의 청구는 다른 연대채무자에게도 효력이 있다(제416조). 그 청구에 의한 이행지체, 시효의 중단도 마찬가지이다.

3) 채권자지체

어느 연대채무자에 대한 채권자지체는 다른 연대채무자에게도 효력이 있다(제422조).

4) 상 계

어느 연대채무자가 채권자에 대하여 채권을 가지는 경우에, 그 채무자가 상계를 한 경우 채권은 모든 연대채무자의 이익을 위하여 소멸한다(제418조 제1항). 이 경우 채권이 있는 연대채무자가 상계하지 않는 때에는 '그 채무자의 부담부분에 한하여' 다른 연대채무자가 상계할 수 있다(제418조 제2항). 이는 반대채권을 가지는 채무자를 보호하고 구상관계를 간편하게 처리하기 위함이다.

5) 경 개

어느 연대채무자와 채권자 사이에 경개가 있는 때에는 채권은 모든 연대채무자의 이익을 위하여 소멸한다(제417조).

6) 면 제

어느 연대채무자에 대한 채무면제는 '그 채무자의 부담부분에 한하여' 다른 연대채무자의 이익을 위하여 효력이 있다(제419조).

7) 혼 동

어느 연대채무자와 채권자 사이에 혼동이 있는 때에는, '그 채무자의 부담부분에 한하여' 다른 연대채무자도 의무를 면한다(제420조).

8) 시효의 완성

어느 연대채무자에 대하여 소멸시효가 완성한 때에는 '그 부담부분에 한하여' 다른 연대채무자도 의무를 면한다(제421조).

9) 계약의 해제 · 해지

계약의 당사자 일방 또는 쌍방이 수인인 경우에는 계약의 해제나 해지는 전원이 전원에게 하여야 하고, 또 해제권이나 해지권이 당사자 1인에 대해 소멸하면 다른 당사자에 대해서도 소멸하게 된다(제547조).

(2) 상대적 효력이 있는 사유

앞서의 절대적 효력이 인정되는 경우 이외에는 어느 연대채무자에 관한 사항은 연대채무자에게는 효력이 없다(제423조). 즉 상대적 효력만이 있을 뿐이다. 그 예로서, ⅰ) 이행청구에 의하지 않는 시효중단, ⅱ) 시효의 정지, ⅲ) 채무자의 과실과 채무불이행, ⅳ) 확정판결 등을 들 수 있다.

4. 연대채무의 대내적 효력(구상관계)

어느 연대채무자가 변제 기타 자기의 출재로 공동면책이 된 때에는 다른 연대채무자의 부담부분에 대하여 구상권을 행사할 수 있다(제425조 제1항). 연대채무자의 부담부분이란 연대채무자가 내부관계에서 출재를 분담하는 비율을 말하는데, 연대채무에 있어 구상관계는 이 부담부분을 전제로 한다. 부담부분의 비율은 당사자의 특약으로 정할 수 있으며, 특약이 없는 경우에는 민법상 부담부분이 균등한 것으로 추정된다(제424조).

자기의 부담부분을 초과하여 출재한 경우의 효과와 관련하여 학설이 나뉘고 있다. 먼저 제1설(초과출재설)은 각 채무자는 자기의 부담부분을 고유채무로서 부담하므로 그 범위 내의 출재로 다른 채무자에 대한 구상권이 발생하지 않으며, 자기의 부담부분을 초과한 출재의 경우에 그 초과부분에 대해서 구상권이 발생한다고 보는 입장이다. 그 근거로서, 첫째 민법 제448조 제1항에 의하면 공동보증인의 경우에 명문으로 자기의 부담부분을 넘는 변제를 하는 것을 구상권의 요건으로 하는데 연대채무에 있어서도 성질상 같다는 점, 둘째 구상관계에 복잡성을 피하기 위해 자기의 부담부분을 초과해야 하며, 셋째, 채무자 1인과 채권자 사이에 면제나 소멸시효의 사유가 있는 경우에 구상을 불허하는데, 그 이유는 자기의 부담부분을 초과하는 공동면책이 없기 때문이라는 점을 든다.254)

제2설(초과불요설)은 자기의 부담부분을 초과한 출재를 하였을 것은 구상권의 요건이 아니라는 입장이다. 채무자 1인이 자기의 부담부분의 범위 내에서 출재한 경우에도 그 출재액을 모든 채무자가 정해진 비율로 나누어 부담해야 하므로 출재자는 다른 채무자에 대하여 구상권을 갖는다고 본다. 이 견해는 부담부분을 각 채무자가 부담할 채무액이 아니라 채무자 상호간의 비율이라고 보아 어떤 경우의 출재이든 구상권을 인정한다.255)

제3설(절충설)은 채무가 확정액인 경우에는 초과출재설이 타당하지만, 채무가 확정액이 아닌 경우에는 초과불요설이 타당하다는 입장이다. 확정채무에 있어서는, 자기 고유채무를 초과하는 부분에 관하여만 구상권을 인정하는 것이 상호보증채무적 성격에 맞으며, 구상청구의 소가 남발되는 것을 방지할 수 있다. 그러나 공동불법행위 등으로 인한 부진정연대채무에서는 채무액이 불확실하므로 공동면책액에 대한 자기의 과실비율에 해당하는 금액을 부담토록 하는 편이 구체적 타당성을 가진다고 한다.256)

우리 판례는 연대채무와 부진정연대채무에서 모두 초과출재설을 취한다. 공동불법행위자는 채권자에 대한 관계에서는 연대책임(부진정연대채무)을 지되, 공동불법행위자들 내부관계에서는 일정한 부담부분이 있고, 이 부담부분은 공동불법행위자의 과실의 정도에 따라 정하여지는 것으로서 공동불법행위자 중 1인이 자기의 부담부분의 비율에 따라 구상권을 행사할 수 있다. 공동불법행위자 중 1인인 다른 공동불법행위자에게 변제하여 공동의 면책을 얻었음을 주장·입증하여야 하며, 위와 같은 법리는 피해자의 다른 공동불법행위자에

254) 김상용, 311면.
255) 곽윤직, 171면; 김용한, 321면; 김형배, 473면; 송덕수, 902면; 정기웅, 285면.
256) 이은영, 532~533면.

대한 손해배상청구권이 시효소멸한 후에 구상권을 행사하는 경우라고 하여 달리 볼 것이 아니다. 공동불법행위자 간 구상권의 발생시점은 구상권자가 현실로 피해자에게 손해배상금을 지급한 때이다.[257]

생각건대 확정채무에 있어서는, 자기 고유채무를 초과하는 부분에 관하여만 구상권을 인정하는 것이 상호보증채무적 성격에 맞다고 하겠다. 그러나 공동불법행위 등으로 인한 부진정연대채무에서는 채무액이 불확실하므로 공동면책액에 대한 자기의 과실비율에 해당하는 금액을 부담토록 하는 편이 구체적 타당성을 가진다고 하겠다. 제3설(절충설)의 입장을 취한다.

▣ 연대 추정의 여부 ▣

연 대 추정설	당사자 간에 채무자 전원의 자력을 종합적으로 고려하였다고 볼 수 있는 특별한 사정이 있는 때에는 연대를 추정하여야 한다는 입장이다. 가분급부의 경우에 특별한 의사표시가 없으면 분할채무를 원칙으로 한다는 민법 제408조가 채권자에게 불리하다는 이유로 타당치 않다고 보고, 연대의 약정을 확대하여 인정함으로써 연대채무의 발생을 유도하려고 한다.	곽윤직; 김증한・김학동
부정설	연대채무자는 각자 전부의 급부를 해야 하는 무거운 의무를 지므로 특히 법으로 규정하지 않는 한 연대를 추정해서는 안 된다는 입장이다. 우리 민법은 독일과 같이 명문의 추정 규정을 두지 않고 분할채무를 원칙으로 하므로, 그에 대한 예외가 인정되기 위해서는 특별한 의사표시가 필요하다고 한다. 연대의 추정은 소송에 있어서 채무자에게 연대 약정이 없었음을 증명할 의무를 지우는 증명책임의 전환을 가져오는데, 법률에 추정규정이 없는 경우까지 연대 약정을 추정하는 것은 채무자의 의사 없이 무거운 연대채무를 부과하는 것이 되어 사적자치의 원칙에 위반한다. 연대의 추정을 부정하더라도 당사자가 총채무자의 자력을 종합적으로 고려하였다고 볼 수 있	김상용

257) 대판 1997. 12. 12, 96다50896.

	는 특별한 사정이 있는 경우는 묵시적 연대약정의 존재를 인정할 수 있으므로 거래실정에 어긋나는 결과는 생기지 않을 것이다.	
판 례	판례는 연대채무의 추정을 부정한다.	부정설/ 대판 1969. 4. 25, 67다328; 대판 1981. 8. 20, 80다2587

V. 부진정연대채무

1. 개 념

수인의 채무자가 채무 전부를 각각 이행할 의무가 있고, 채무자 1인의 이행으로 다른 채무자도 그 의무를 면하게 되는 연대채무의 일종이다(제413조). 채권자에 대한 관계에서 각자의 부담부분이 인정되지 않고, 채무자 1인에게 관한 사유는 변제와 그에 준하는 것을 제외하고는 다른 채무자에게 영향을 미치지 않는 경우를 말한다.

2. 특 징

1) 통상 불법행위에 의해 발생한다. 따라서 법률행위의 무효·취소에 관한 제415조가 적용되지 않는다. 그러나 특약에 의해 부진정연대채무가 발생한 경우에는 제415조가 적용된다.

2) 채권자에 대한 관계에서 각자의 부담부분은 인정되지 않는다. 내부관계에서의 부담부분은 각 책임원인에 비추어 결정된다. 민법상의 균등추정 규정은(제424조) 적용되지 아니한다.

3) 이행청구·채권자지체의 경우는 절대적 효력이 인정되지 않는다(제416조, 제422조가 적용되지 않음).

4) 변제와 같이 채권자가 만족을 얻는 경우에만 모든 채무가 소멸한다. 상계의 경우 다수설은 절대적 효력을 인정하나, 소수설과 판례는 이를 부정한다. 그 밖의 채권소멸사유는 당해 채무자에 대한 관계에서만 채권이 소멸한다.

5) 채무자 상호 간에 경합관계가 없는 경우에는 변제에 관한 사전·사후 통지의무가 적용되지 아니 한다.

관련판례

대판 2009. 8. 20, 2007다7959

"부진정연대채무 관계는 서로 별개의 원인으로 발생한 독립된 채무라 하더라도 동일한 경제적 목적을 가지고 있고 서로 중첩되는 부분에 관하여 일방의 채무가 변제 등으로 소멸할 경우 타방의 채무도 소멸하는 관계에 있으면 성립할 수 있고, 반드시 양 채무의 발생원인, 채무의 액수 등이 서로 동일할 것을 요한다고 할 수는 없다(대법원 2009. 3. 26. 선고 2006다47677 판결 등 참조). 한편, 채무의 변제는 원칙적으로 채무자뿐만 아니라 제3자도 할 수 있는바, 제3자가 상호 부담부분이 인정되는 부진정연대채무 관계에 있는 채무자 중 1인을 위하여 채무를 변제한 경우 그와 중첩되는 다른 채무자의 채무도 소멸하게 되므로, 제3자는 그 다른 채무자에 대하여 그의 부담부분에 한하여 구상권을 취득할 수 있고, 그와 같은 제3자의 변제는 이행보조자 내지 이행대행자에 의하여 이루어질 수도 있다(대법원 2001. 6. 15. 선고 99다13515 판결 등 참조)"

Ⅵ. 연대채권

연대채권이란 수인의 채권자가 동일한 내용의 급부에 관하여 각각 독립하여 전부 또는 일부의 급부를 청구하는 권리를 가지고, 그 중 1인이 전부 급부를 수령하면 모든 채권이 소멸하는 다수당사자의 채권을 말한다. 민법은 이러한 연대채권에 대하여 규정을 두고 있지는 않으나, 통설은 계약자유의 원칙상 연대채권도 성립할 수 있다는 입장이다. 연대채권은 당사자의 계약에 의해 성립하므로, 그 내용이나 효력도 당사자 간의 계약에 의해 정해지며, 그밖에는 연대채무 규정이 유추 적용된다.

분할채권 · 채 무	① 균등한 비율로 분할 된 채권·채무 부담 ② 각각의 독립된 채권·채무 : 다른 채권자나 채무자에 대해 영향을 미치지 않음 ③ 구성원 간에 보상관계나 구상관계가 원칙적으로 발생하지 않음
불 가 분 채권·채무	▣ 불가분채권 1. **대외적 효력** : ① 절대적 효력 : 시효중단, 이행지체의 효과, 변제. 변제의 제공, 채권자지체의 효과 등 ② 상대적 효력 : 이 이외의 것 2. **대내적 효력** : 내부관계의 비율에 따라 분급(分給) ▣ 불가분채무 1. **대외적 효력** : ① 절대적 효력 → 변제, 공탁, 변제의 제공, 채권자지체 ② 상대적 효력 → 경개, 면제 2. **대내적 효력** : 연대채무의 규정 준용 → ∴ 다른 채무자의 부담 부분에 대해 구상권 행사
연 대 채 무	1. **대외적 효력** : ① 절대적 효력 → 변제, 대물변제, 공탁, 이행청구, 경개, 상계, 면제, 혼동, 소멸시효, 채권자지체 ② 상대적 효력 → 청구 이외의 시효 중단사유, 시효이익의 포기, 과실과 채무불이행, 확정판결 2. **대내적 효력** : 구상권(출재, 부담)

부 진 정 연대채무	주관적 공동관계 없음(목적 없음) ∴ ① 채무자의 한사람에 생긴 사유가 다른 채무자에게 영향을 미치지 않음 ② 채무자 상호 간에 원칙적으로 구상관계가 생기지 않음 예) 임치물 도난시 수치인의 채무불이행에 의한 손해배상의무와 도둑의 불법행위에 의한 손해배상의무, 피용자의 불법행위로 인한 손해배상의무와 사용자의 배상의무 **대외적 효력** : 절대적 효력 → 변제, 대물변제, 공탁, 상계 이외에는 모두 상대적 효력 **대내적 효력** : 원칙적으로 구상관계가 발생하지 않음

Ⅶ. 보증채무

1. 개 념

(1) 의 의

보증채무란 타인이 그의 채무를 이행하지 않는 경우에 이를 이행하여야 할 채무를 말한다(제428조 제1항). 이는 주채무와 함께 경제적, 실질적으로는 1개의 급부를 하면 충분한 점에서 다수당사자의 채무로서 규율될 수도 있고, 그것이 보증계약에 의해 성립된다는 점에서 하나의 전형계약으로 규율될 수도 있다.

민법상 보증채무는 다수당사자 간의 채무이나 그 작용은 채권을 담보하는 데 있다. 즉 보증채무는 보증인이 주채무자의 채무와 같은 채무를 부담함으로써 그의 모든 재산을 책임재산으로 되도록 하고, 그 결과 채권자의 주채무자에 대한 채권을 담보하는 일종의 인적 담보이다.

(2) 법적 성질

1) 채무의 독립성

보증채무는 주채무와는 별개의 독립한 채무이다.

2) 주채무와 동일한 내용의 채무

보증채무의 내용은 주채무의 내용과 동일하다. 따라서 주채무는 원칙적으로 대체적 급부를 목적으로 한다. 만약 보증인이 부대체적 급부를 목적으로 하는 채무에 관하여 보증한 경우에는 주채무가 불이행으로 인하여 손해배상채무로 변하는 것을 정지조건으로 하여 보증을 한 것이다.

3) 부종성

보증채무는 주체무의 이행을 담보하는 것이므로 주채무에 종속하는 성질, 즉 부종성을 갖는다. 따라서 주채무가 무효이거나 취소된 때에는 보증채무도 무효이다(제436조). 주채무가 소멸하면 보증채무도 소멸한다. 주채무의 내용에 변경이 생기면 보증채무의 내용도 변경된다(제429조 제1항). 보증채무는 그 내용 또는 모습에 있어서 주채무보다 무거울 수 없다(제430조). 보증인은 주채무자가 가지는 항변권으로서 채권자에게 대항할 수 있다(제433조 제1항).

4) 수반성

주채무자에 대한 채권이 이전하는 때에는 원칙적으로 보증인에 대한 채권도 이전한다. 다만, 당사자는 주채무자에 대한 채권만을 이전하기로 특약을 할 수 있으며, 그러한 경우에는 그 채권만 이전하고, 보증채무는 소멸한다. 보증인에 대한 채권만을 이전하는 특약은 무효이다.

5) 보충성

보증채무는 주채무가 이행되지 않는 경우에 이행할 채무이다(제428조 제1항). 이는 주채무자가 이행하지 않는 경우에만 청구할 수 있다는 것이 아니라, 채권자는 보증인에 대하여 자유롭게 청구할 수 있되, 보증인은 최고·검색의 항변권을 가진다는 의미이다.

(3) 종 류

보증에는 보통의 보증 외에, 연대보증·공동보증·근보증(신용보증)·부보증·구상보증(역보증)·배상보증 등이 있다.

2. 보증채무의 성립

(1) 보증계약

보증채무는 채권자와 보증인 사이에 체결되는 보증계약에 의하여 성립한다.

(2) 보증채무의 성립요건

보증채무는 보증계약에 의하여 성립하므로 보증계약이 계약의 일반적 성립요건을 갖추어야 한다(일반 성립요건). 또한 보증채무와 주채무와의 관계에서 그리고 보증인의 자격과 관련하여 갖추어야 할 요건이 있다(특별 성립요건).

1) 주채무에 관한 요건

가. 주채무가 존재할 것 : 보증채무는 주채무의 이행을 담보하는 채무이므로, 보증채무가 성립하려면 주채무가 존재하여야 한다.

나. 주채무는 대체적 급부를 내용으로 할 것 : 보증채무는 주채무와 내용상 같아야 하므로 주채무는 대체적 급부를 내용으로 하여야 한다. 그러나 객관적으로 대체성이 없음에도 불구하고 당사자가 대체성을 인정하면 보증채무가 성립할 수 있다.

다. 장래의 채무, 조건부 채무의 보증 : 보증은 현재의 채무에 대해서 뿐만 아니라 장래의 채무에 대해서도 가능하다(제428조 제2항). 장래의 채무에는 장래의 특정의 채무뿐만 아니라 장래의 불특정의 채무도 포함된다.

2) 보증인에 대한 요건

보증인이 될 수 있는 자격에 대해서는 원칙적으로 제한이 없다. 당사자 사이의 계약, 법률규정 또는 법원의 명령에 의하여 채무자가 보증인을 세울 의무가 있는 때에는 그 보증인은 행위능력 및 변제자력이 있어야 한다(제431조 제1항). 보증인이 변제자력이 없게 된 때에는 채권자는 보증인의 변경을 청구할 수 있다(제431조 제2항). 그런데 이 두 가지는 채권자가 스스로 보증인을 지명한 경우에는 적용되지 않는다(제431조 제3항). 채무자는 다른 상당한 담보를 제공함으로써 보증인을 세울 의무를 면할 수 있다(제432조).

이상의 보증인의 자격은 보증인을 세울 의무의 요건일 뿐 보증계약의 성립요건은 아니다. 따라서 보증인이 무자격자일지라도 일단 그와 보증계약을 체결하였다면 그 계약은 유효하다. 다만 그러한 경우에는 채무자가 보증인을 세울 의무를 이행하지 않은 것으로 되고, 그 결과 기한의 이익을 상실하게 된다(제388조 제2호).

3. 보증채무의 내용

보증채무의 내용은 보증채무의 부종성과 보증계약에 의하여 정하여 진다.

(1) 보증채무의 목적

보증채무의 목적, 즉 급부는 보증채무의 부종성으로 인해 주채무의 목적과 동일하다. 주채무의 목적이 동일성을 유지한 채 변경된 때에는 보증채무도 그에 따라 변경된다.

(2) 보증채무의 범위

보증채무의 범위는 주채무의 범위보다 클 수 없으며, 만일 더 큰 때에는 주채무의 한도로 줄어든다(제430조). 보증채무의 범위가 주채무의 범위보다 작은 것은 무방하다. 보증채무의 범위에 관하여 당사자 사이에 특약이 없는 경우에는 민법의 보충규정(제429조 제1항)에 의하여 범위가 정하여 진다. 보증채무는 주채무의 이자, 위약금, 손해배상 기타 주채무에 종속한 채무를 포함한다(제429조 제1항). 여기의 손해배상채무는 주채무의 손해배상에 대한 것이며, 보증채무의 이행지체로 인한 것은 아니다. 이행지체로 인한 지연배상은 보증채무와는 별도로 부담하여야 한다.

(3) 보증채무에 대한 손해배상액의 예정

보증인은 보증채무에 대하여 위약금 기타 손해배상액을 예정할 수 있다(제429조 제2항).

관련판례

대판 2006. 8. 24, 2004다26287, 26294

"채권자와 주채무자 사이의 확정판결에 의하여 주채무가 확정되어 그 소멸시효기간이 10년으로 연장되었다 할지라도 그 보증채무까지 당연히 단기소멸시효의 적용이 배제되어 10년의 소멸시효기간이 적용되는 것은 아니고, 채권자와 연대보증인 사이에 있어서 연대보증채무의 소멸시효기간은 여전히 종전의 소멸시효기간에 따른다"

4. 보증채무의 대외적 효력

(1) 채권자의 이행청구와 채무자의 이행

1) 채권자의 이행청구

주채무와 보증채무의 이행기가 모두 도래한 때에는 채권자는 주채무자의 보증인에 대하여 따로따로 또는 동시에 채무의 전부나 일부의 이행을 청구할 수 있다. 이때 만약 채권자가 주채무자에게 청구하지 않고 보증인에게 청구하는 경우에는 보증인은 일정한 항변권 기타의 권리를 행사할 수 있다.

보증인은 주채무자가 가지는 항변권을 가지고 채권자에게 대항할 수 있으면(제433조 제1항), 주채무자가 항변권을 포기하더라도 보증인에게는 효력이 없다(제433조 제2항). 보증인이 행사할 수 있는 항변권으로는 기한유예의 항변권, 동시이행의 항변권, 주채무 부존재의 항변권, 주채무 소멸의 항변권 등이며, 주채무가 시효로 소멸한 후에 주채무자가 시효이익을 포기한 경우에도 같다.

보증채무의 보충성에 기한 권리로 민법은 제437조에서 보증인의 최고, 검색의 항변권을 규정하고 있다.

가. 최고의 항변권 : 최고의 항변권은 채권자가 보증인에게 채무의 이행을 청구하는 경우에 보증인이 일정한 요건을 증명하여 먼저 주채무자에게 청구할 것을 항변할 수 있는 권리로서(제437조), 연기적 항변권에 해당한다. 최고의 항변권을 행사하기 위해서는, ⅰ) 채권자가 주채무자에게 청구하지 않은 상태에서 보증인에게 청구하였어야 하며, ⅱ) 보증인이 주채무자에게 변제자력이 있다는 사실과 그 집행이 용이하다는 사실을 증명하여야 한다. 주채무자의 변제자력은 채무 전액을 완전히 변제할 정도일 필요는 없고 채무액에 대하여 거래상 상당하다고 인정되는 정도이면 충분하다. 그리고 집행이 용이하다는 것은 채권자가 집행을 위하여 많은 시일과 비용을 들임이 없이 쉽게 집행할 수 있음을 말한다.

최고 항변의 행사시 그 효과는, ⅰ) 채권자가 주채무자에게 최고하지 않는 한 다시 보증인에게 이행을 청구할 수 없다. 그러나 최고는 재판 외의 것이라도 무방하며, 효과가 없더라도 무방하다. ii) 최고의 항변권이 행사되었음에도 채권자가 최고를 게을리 하여 주채무자로부터 채무의 전부나 일부의 변제를 받지 못한 경우에는 보증인은 채권자가 최고를 게을리 하지 않았으면 변제받았을 한도에서 그 의무를 면한다(제438조). 보증인이 최고의 항변권을 가지지 못하는 경우도 있는데, i) 보증인이 연대보증인인 때(제437조 단서), ii) 주채무자가 파산선고, 개인회생절차 개시결정을 받거나 주채무자에 대하여 회생절차가 개시된 때, iii) 주채무자의 행방을 알 수 없을 때 등이다.

나. 검색의 항변권 : 검색의 항변권은 채권자가 보증인에게 채무의 이행을 청구한 경우에 보증인이 일정한 요건을 증명하여 먼저 주채무자의 재산에 대하여 집행할 것을 항변할 수 있는 권리로서(제437조), 연기적 항변권에 해당한다. 이 항변권이 행사되면 채권자는 먼저 주채무자의 재산에 대하여 집행하지 않으면 보증인에 대하여 다시 이행을 청구하지 못한다. 보증인이 검색의 항변권을 행사하였음에도 채권자가 집행을 게을리 하여 주채무자로부터 채무의 전부 또는 일부의 변제를 받지 못한 때에는, 보증인은 채권자가 집행을 게을리 하지 않았다면 변제받았을 한도에서 그 의무를 면한다(제438조).

2) 채무자의 이행

보증인이 보증채무의 전부를 이행하면 보증채무뿐만 아니라 주채무도 소멸한다. 주채무가 이행된 경우에도 마찬가지이다.

(2) 주채무자 또는 보증인에게 생긴 사유의 효력

1) 주채무자에게 생긴 사유의 효력

채권자와 주채무자와의 사이에서 주채무자에 관하여 생긴 사유는 모두 보증인에 대하여 그 효력이 미친다(절대적 효력). 다만 보증채무를 가중하는 합의는 효력을 미치지 못한다(제430조). 주채무의 소멸은 그 원인이 무엇이든 언제나 보증인에게 효력이 있다.

2) 보증인에 대하여 생긴 사유의 효력

채권자와 보증인 사이에서 보증인에게 생긴 사유는 원칙적으로 주채무자에게 효력이 미치지 않는다(상대적 효력). 다만 변제, 대물변제, 공탁, 상계와 같이 채권을 만족시키는 사유는 절대적 효력이 있다.

5. 보증채무의 대내적 효력(구상관계)

보증인이 자기의 출재로 공동의 면책을 얻은 때에는 그는 당연히 주채무자에 대하여 구상권을 갖는다. 구상의 범위는 보증인이 주채무자로부터 부탁을 받았는지의 여부에 따라 다르다.

(1) 수탁보증인의 구상권

1) 면책행위에 의한 구상권

수탁보증인이 과실 없이 변제 기타의 출재로 주채무를 소멸하게 한 때에는 주채무자에 대하여 구상권이 있다(제441조 제1항).

2) 사전구상권

수탁보증인은 다음과 같이 일정한 경우에는 사전구상권을 갖는다(제442조). 즉 ⅰ) 보증인이 과실 없이 채권자에게 변제할 재판을 받은 때(제442조 제1항 제1호), ⅱ) 주채무자가 파산선고를 받은 경우에 채권자가 파산재단에 가입하지 않은 때(제2호), ⅲ) 채무의 이행기가 확정되지 않고 그 최장기도 확정할 수 없는 경우에 보증계약 후 5년을 경과한 때(제3호), ⅳ) 채무의 이행기가 도래한 때(제4호) 등이다. 그러나 이 경우에는 보증계약 후에 채권자가 주채무자에게 허여한 기한으로 보증인에게 대항하지는 못한다(제442조 제2항).

수탁보증인이 사전구상권을 행사하여 주채무자가 보증인에게 배상하는 경우에 주채무자는 자기를 면책하게 하거나 자기에게 담보를 제공할 것을 보증인에게 청구할 수 있다(제443조 전단). 또한 주채무자는 배상할 금액을 공탁하거나 담보를 제공하거나 보증인을 면책하게 함으로써 배상의무를 면할 수 있다(제443조 후단).

3) 구상권의 범위

수탁보증인의 구상권의 범위는 출재한 연대채무자의 구상권의 범위와 같다.

4) 구상권의 제한

민법 제445조와 제446조에서는 연대채무에 관한 제426조와 유사한 규정을 두고 있다. 즉 제445조 제1항에서는 "보증인이 주채무자에게 통지하지 아니 하고 변제 기타 자기의 출재로 주채무를 소멸하게 한 경우에 주채무자가 채권자에게 대항할 수 있는 사유가 있었을 때에는 이 사유로 보증인에게 대항할 수 있고 그 대항사유가 상계인 때에는 상계로 소멸할 채권은 보증인에게 이전된다"고 규정하고 있고, 제2항에서는 "보증인이 변제 기타 자기의 출재로 면책되었음을 주채무자에게 통지하지 아니 한 경우에 주채무자가 선의로 채권자에게 변제 기타 유상의 면책행위를 한 때에는 주채무자는 자기의 면책행위의 유효를 주장할 수 있다"고 규정하고 있다. 제446조에서는 "주채무자가 자기의 행위로 면책하였음을 그 부탁으로 보증인이 된 자에게 통지하지 아니 한 경우에 보증인이 선의로 채권자에게 변제 기타 유상의 면책행위를 한 때에는 보증인은 자기의 면책행위의 유효를 주장할 수 있다"고 규정하고 있다.

(2) 부탁 없는 보증인의 구상권

주채무자의 부탁 없이, 그러나 그의 의사에 반하지 않고 보증인이 된 자가 변제 기타 자기의 출재로 주채무를 소멸하게 한 때에는, 주채무자는 '그 당시에 이익을 받은 한도에서' 배상하여야 한다(제444조 제1항). 면책된 날 이후의 법정이자와 손해배상은 제외된다.

주채무자의 부탁을 받지도 않고 또 그의 의사에 반하여 보증인이 된 자가 변제 기타 자기의 출재로 주채무를 소멸하게 한 때에는, 주채무자는 '현존이익의 한도에서' 배상하여야 한다(제444조 제2항). 이 경우 주채무자가 구상한 날 이전에 상계원인이 있었음을 주장한 때에는 그 상계로 소멸한 채권은 보증인에게 이전된다(제444조 제3항).

부탁을 받지 않고 보증인이 된 자에게는 사전구상권이 없다. 부탁 없이 보증인이 된 자도 수탁보증인과 마찬가지로 일정한 경우에 통지를 하여야 하나(제445조), 주채무자는 수탁보증에 있어서와는 달리 부탁 없이 보증인이 된 자에게는 면책행위를 한 뒤에 통지를 할 필요가 없다(제446조).

(3) 주채무자가 수인 있는 경우의 구상관계

주채무자가 수인 있는 경우에 그 전원을 위하여 보증인이 된 경우의 구상관계는 주채무의 성질에 따라 달라진다. 주채무가 분할채무인 경우에는 구상권도 각 채무자에 대하여 분할채무로 되고, 주채무가 불가분채무 또는 연대채무인 때에는 구상권도 각 채무자에 대하여 불가분채무 또는 연대채무로 된다.

(4) 보증인의 변제에 의한 대위권

보증인은 – 부탁 없이 보증인이 된 자도 – 변제할 정당한 이익이 있는 자이므로 변제로 당연히 채권자를 대위한다(제481조).

▣ 보증 해제에 따른 원상회복의무 ▣

긍정설	해제·해지로 인한 원상회복의무(제548조 제1항)에 관해서도 보증책임을 진다는 입장이다. 주계약에서 생기는 특정의 채무만을 보증하는 취지인 경우는 예외이며, 보통 보증인은 그 계약당사자가 부담하는 모든 채무를 보증하려는 취지로 보증계약을 체결한다고 한다. 해제·해지에 따른 원상회복의무와 손해배상의무에 대하여	곽윤직; 이은영

	도 보증의 효력이 미친다고 해석한다. 해제의 효과에 관하여 청산관계설을 취할 경우 해제에 의해 계약이 소급적으로 소멸하는 것이 아니라 본래의 채무가 청산의무로 변형되어 청산이 완료될 때까지 유지된다고 보며, 그 결과 본래의 채무에 관한 보증은 청산의무에 관해서 그대로 유지·존속된다고 본다, 또한 해제·해지시의 손해배상의무는 해제·해지의 효과로서 발생하는 것이 아니라 이미 채무자의 채무불이행을 이유로 발생하고 있던 것이 해제·해지 이후에도 존속하고 있는 것이므로 보증채무의 범위에 관한 민법 제429조 제1항에 의해 보증범위 내에 있게 된다. 그러나 해제의 효과에 관한 직접효과설은 해제 이후에는 계약당사자 간의 모든 채무가 소멸하고 부당이득반환의 성질을 갖는 원상회복의무가 발생한다고 보므로, 보증의 효력이 계약의 소급적 소멸 이후에도 미친다는 논지는 직접효과설과는 조화되기 어렵다는 이론적 어려움을 갖는다.	
부정설	해제·해지로 인한 원상회복의무는 본래의 채무와 동일성이 없는 별개의 채무이므로 원칙적으로 보증의 책임을 인정한다.	김현태; 이태재
판 례	해제에 따른 원상회복의무를 보증범위 내로 본다. 물품의 제조·공급계약에 있어서 공급인을 위한 보증인은 특단의 사정이 없는 한 그 공급인이 채무불이행으로 상대방에게 부담할 채무에 관하여 책임진다는 취지로 볼 것이다. 그러므로 공급인의 채무불이행을 이유로 계약이 해제된 경우, 공급인이 이미 수령한 대금을 반환하여야 하는 등 원상회복의무에 관하여도 보증인의 책임이 있다.	대판 1967. 9.19, 67다카1482

Ⅷ. 특수한 보증

1. 연대보증

연대보증이란 보증인이 주채무자와 연대하여 채무를 부담하는 것을 말한다. 연대보증채무도 보증채무이므로 부종성이 있으나, 주채무자와 연대하여 채무를 부담하므로 보충성은 없다. 연대보증인이 수인 있더라도 분별의 이익이 없어서 채권자는 어느 연대보증인에 대하여서도 전액을 청구할 수 있다.

이와 구별되는 개념으로 보증연대가 있는데, 보증연대는 보증인 상호 간에 연대의 특약이 있는 경우이다. 이 둘은 모두 보증인이 여럿 있는 경우에 분별의 이익이 없다는 점에서는 같으나, 연대보증에서는 보충성이 없는데 반하여, 보증연대에 있어서는 보충성이 있다는 점에서 그 차이가 있다.

관련판례

1) 대판 2009. 6. 25, 2007다70155

[1] 수인의 보증인이 있는 경우에는 그 사이에 분별의 이익이 있는 것이 원칙이지만, 그 수인이 연대보증인일 때에는 각자가 별개의 법률행위로 보증인이 되었고 또한 보증인 상호간에 연대의 특약(보증연대)이 없었더라도 채권자에 대하여는 분별의 이익을 갖지 못하고 각자의 채무의 전액을 변제하여야 하나, 연대보증인들 상호간의 내부관계에서는 주채무에 대하여 출재를 분담하는 일정한 금액을 의미하는 부담부분이 있고, 그 부담부분의 비율, 즉 분담비율에 관하여는 그들 사이에 특약이 있으면 당연히 그에 따르되 그 특약이 없는 한 각자 평등한 비율로 부담을 지게 된다. 그러므로 연대보증인 가운데 한 사람이 자기의 부담부분을 초과하여 변제하였을 때에는 다른 연대보증인에 대하여 구상을 할 수 있는데, 다만 다른 연대보증인 가운데 이미 자기의 부담부분을 변제한 사람에 대하여는 구상을 할 수 없으므로 그를 제외하고 아직 자기의 부담부분을 변제하지 아니한 사람에 대하여만 구상권을 행사하여야 한다.

[2] 연대보증인 가운데 한 사람이 자기의 부담부분을 초과하여 변제하여 다른 연대보증인에 대하여 구상을 하는 경우의 부담부분은 수인의 연대보증이 성립할 당시 주채무액에 분담비율을 적용하여 산출된 금액으로 일단 정하여지지만, 그 후 주채무자의 변제 등으로 주채무가 소멸하면 부종성에 따라 각 연대보증인의 부담부분이 그 소멸액만큼 분담비율에 따라 감소하고 또한 연대보증인의 변제가 있으면 당해 연대보증인의 부담부분이 그 변제액만큼 감소하게 된다. 그러므로 자기의 부담부분을 초과한 변제를 함으로써 그 초과 변제액에 대하여 다른 연대보증인을 상대로 구상권을 행사할 수 있는 연대보증인인지 여부는 당해 변제시를 기준으로 판단하되, 구체적으로는 우선 그때까지 발생·증가하였던 주채무의 총액에 분담비율을 적용하여 당해 연대보증인의 부담부분 총액을 산출하고 그 전에 앞서 본 바와 같은 사유 등으로 감소한 그의 부담부분이 있다면 이를 위 부담부분 총액에서 공제하는 방법으로 당해 연대보증인의 부담부분을 확정한 다음 당해 변제액이 위 확정된 부담부분을 초과하는지 여부에 따라 판단하여야 한다. 한편, 이미 자기의 부담부분을 변제함으로써 위와 같은 구상권 행사의 대상에서 제외되는 다른 연대보증인인지 여부도 원칙적으로 구상의 기초가 되는 변제 당시에 위와 같은 방법에 의하여 확정되는 그 연대보증인의 부담부분을 기준으로 판단하여야 한다.

2) 대판 1993. 5. 27, 93다4656

가. 수인의 보증인이 있는 경우에는 그 사이에 분별의 이익이 있는 것이 원칙이지만, 그 수인이 연대보증인일 때에는 각자가 별개의 법률행위로 보증인이 되었으므로 보증인 상호간에 연대의 특약(보증연대)이 없었더라도 채권자에 대하여는 분별의 이익을 갖지 못하고 각자의 채무 전액을 변제하여야 하고, 다만 보증인들 상호간의 내부관계에 있어서는 일정한 부담부분이 있고 그 부담부분의 비율에 관하여는 특약이 없는 한 각자 평등한 비율로 부담한다.

나. 연대보증인 가운데 한 사람이 채무의 전액이나 자기의 부담부분 이상을 변제하였을 때에는 다른 보증인에 대하여 구상을 할 수 있고 다만 다른 보증인 가운데 이미 자기의 부담부분을 변제한 사람에 대하여는 구상을 할 수 없다.

2. 공동보증

공동보증이란 동일한 주채무에 대하여 수인이 보증채무를 부담하는 경우로서, 보통의 보증, 연대보증, 보증연대의 세 가지가 있다. 공동보증인은 주채무를 균등하게 나눈 액에 관하여 보증채무를 부담하는데(제439조), 이를 분별의 이익이라 한다.

공동보증인 중 1인이 자기의 출재로 주채무자를 면책하게 한 때에는 그는 그 전액에 대하여 주채무자에게 구상할 수 있다. 또한 그가 자기의 부담부분을 넘는 변제를 한 때에는 다른 공동보증인에 대하여도 구상할 수 있다.

관련판례

대판 1988. 10. 25, 86다카1729

가. 수인의 보증인이 각자 채무자와 연대하여 채무를 부담하는 경우에 있어서는 보증인 상호간에 연대의 특약이 없는 경우에도 채권자에 대하여 분별의 이익이 없는 것이므로 각자 채무전액 또는 각자가 약정한 보증한도액 전액을 변제할 책임이 있는 것이라 하겠으나 보증인 상호간의 내부관계에 있어서는 일정한 부담부분이 있고 일정한 분할액에 한정하여 보증인의 지위에 놓이게 된다.

나. 위의 경우 연대보증인 중의 한 사람이 채무를 변제하고 다른 연대보증인에게 구상권을 행사하려면 자기의 부담부분을 초과하여 변제를 하여 공동의 면책을 얻은 경우라야 가능한 것이므로 다른 보증인 중 이미 자기의 부담부분을 변제한 사람에 대해서는 구상을 할 수 없다.

3. 계속적 보증

(1) 개 념

계속적 보증은 일시적 보증에 대응하는 개념으로 일정기간 또는 부정기간 동안 계속하여 채무를 보증하는 것으로, 신용보증(근보증)과 신원보증 및 임차인채무의 보증 등을 예로 들 수 있다.

관련판례

1) 대판 2010. 6. 10, 2010다1791

"회사의 이사 등이 회사의 제3자에 대한 계속적 거래로 인한 채무를 연대보증한 경우 이사 등에게 회사의 거래에 대하여 재직 중에 생긴 채무만을 책임지우기 위하여는 그가 이사의 지위 때문에 부득이 회사의 계속적 거래로 인하여 생기는 회사의 채무를 연대보증하게 된 것이고 또 회사의 거래상대방이 거래할 때마다 거래 당시의 회사에 재직하고 있던 이사 등의 연대보증을 새로이 받아 오는 등의 특별한 사정이 있어야 하고, 그러한 사정이 없는 경우의 연대보증에까지 그 책임한도가 위와 같이 제한되는 것으로 해석할 수는 없다고 할 것이다(대법원 1998. 12. 22. 선고 98다34911 판결 등 참조).
그리고 일반적으로 계속적 보증계약에 있어서 보증인의 부담으로 돌아갈 주채무의 액수가 보증인이 보증 당시에 예상하였거나 예상할 수 있었던 범위를 훨씬 상회하고, 그 같은 주채무 과다 발생의 원인이 채권자가 주채무자의 자산상태가 현저히 악화된 사실을 익히 알거나 중대한 과실로 알지 못한 탓으로 이를 알지 못하는 보증인에게 아무런 통보나 의사타진도 없이 고의로 거래규모를 확대함에 비롯되는 등 신의칙에 반하는 사정이 인정되는 경우에 한하여 보증인의 책임을 합리적인 범위 내로 제한할 수 있을 것이다(대법원 2005. 10. 27. 선고 2005다35554, 35561 판결 등 참조)"

2) 대판 2001. 11. 27, 99다8353

[1] 어음거래약정서에 보증기간과 보증한도를 명시하지 않은 계속적 보증의 경우 연대보증인은 그 보증한도에 관하여 채권자와 주채무자 사이에서 결정되는 어음거래한도액이 얼마로 결정되든지 아무런 제한 없이 이에 따르기로 한 것으로 보기는 어렵고 어음거래약정과 함께 이루어진 연대보증 당시에 연대보증인이 예상할 수 있는 증액 범위 내에서만 연대보증인의 개별적 동의 없이도 그 증액된 거래한도에 따라 보증책임을 부

담하기로 하였던 것으로 봄이 상당하다고 한 사례.

[2] 약관의 규제에 관한 법률의 규제 대상인 약관이라 함은 그 명칭이나 형태 또는 범위를 불문하고 계약당사자가 다수의 상대방과 계약을 체결하기 위하여 일정한 형식에 의하여 미리 마련한 계약의 내용이 되는 것으로서 구체적인 계약에서의 개별적 합의는 그 형태에 관계없이 약관에 해당한다고 할 수 없으므로, 어음거래약정서와 같이 일반적으로 약관을 포함하고 있는 정형적인 계약서 중 계약기간이나 거래금액 등에 관한 조항이라고 하더라도 그 존속기간과 거래금액을 보충하여 기재할 수 있는 난을 마련하여 두어 당사자의 구체적 합의에 의하여 그 내용이 결정될 것이 예정되어 있는 경우에는 이를 바로 무기한의 존속기간 및 무한도의 거래한도를 정한 약관에 해당한다고 볼 수는 없다 할 것이고, 따라서 합의에 의해 보충예정된 연대보증의 보증기간이나 보증한도액의 정함이 없다 하여 약관 형식의 어음거래약정이 같은 법 제6조, 제9조 제5호에 위반되어 무효라고 볼 것은 아니다.

[3] 계속적 보증의 경우 보증에 이르게 된 경위, 상당기간의 경과, 주채무자에 대한 신뢰의 상실, 주채무자의 자산상태의 변화, 보증인의 지위의 변동 기타 채권자측의 사정 등 여러 사정을 고려하여 사회통념상 그 보증을 계속 존속시키는 것이 상당하지 않다고 볼 수 있는 경우에는 상대방인 채권자에게 신의칙상 묵과할 수 없는 손해를 입게 하는 등의 특별한 사정이 없는 한 보증인에게 그 해지권이 인정된다고 할 것이나, 기간을 정하지 않은 계속적 보증계약이라고 하여 상당한 기간이 경과하였다는 사정만으로 바로 그 해지권이 발생한다고 할 수 없다.

(2) 신용보증(근보증)

1) 의 의

신용보증은 당좌대월계약, 어음할인계약 기타 계속된 거래관계로부터 발생하는 불확정의 채무를 보증하는 것을 말하며, 근보증이라고도 한다.

2) 책임의 범위

신용보증의 경우에 당사자는 보증한도액을 미리 정할 수도 있고 정하지 않을 수도 있다. 전자의 경우는 보증인은 그 한도만큼만 책임을 지게 된다. 이 경우 그 한도액은 특별한 사정이 없는 한 보증한도의 범위 안에서 확정된 주채무 및 그 이자, 위약금, 손해배상 기타 주채무에 종속한 채무를 모두 포함한다.

당사자가 보증한도액을 정하지 않은 경우에는 특별한 사정이 없는 한 무제한으로 채무를 부담한다고 볼 것은 아니며 여러 사정을 종합적으로 고려하여 채무의 범위를 합리적인 범위로 제한하는 것이 옳을 것이다.

3) 해 지

우리 판례는 신용보증 기타 계속적 보증의 경우 보증에 이르게 된 경위, 상당기간의 경과, 주채무자에 대한 신뢰의 상실, 주채무자의 자산상태의 변화, 보증인의 지위의 변동 기타 채권자 측의 여러 사정을 고려하여 사회통념상 그 보증을 계속 존속시키는 것이 상당하지 않다고 볼 수 있는 경우에는, 상대방인 채권자에게 신의칙상 묵과할 수 없는 손해를 입게 하는 등의 특별한 사정이 없는 한 보증인에게 그 해지권이 인정된다.[258)]

4) 보증인이 사망한 경우

보증인이 사망한 경우 보증인의 지위가 그 상속인에게 승계된다고 할 것이나, 보증기간과 보증한도액이 정해져 있지 않은 경우에는 보증인의 지위가 상속인에게 승계되지 않고, 이미 발생한 보증채무만이 승계된다.[259)]

---

258) 대판 2001. 11. 27, 99다8353.
259) 대판 2003. 12. 26, 2003다30784; 대판 2001. 6. 12, 2000다47187.

관련판례

1) 대판 2000. 4. 11, 99다12123

[1] 보증한도액을 정한 근보증에 있어 보증채무는 특별한 사정이 없는 한 보증한도 범위 안에서 확정된 주채무 및 그 이자, 위약금, 손해배상 기타 주채무에 종속한 채무를 모두 포함한다.

[2] 보증채무는 주채무와는 별개의 채무이기 때문에 보증채무 자체의 이행지체로 인한 지연손해금은 보증한도액과는 별도로 부담하고 이 경우 보증채무의 연체이율에 관하여 특별한 약정이 없는 경우라면 그 거래행위의 성질에 따라 상법 또는 민법에서 정한 법정이율에 따라야 하며, 주채무에 관하여 약정된 연체이율이 당연히 여기에 적용되는 것은 아니지만, 특별한 약정이 있다면 이에 따라야 한다.

2) 대판 2002. 7. 9, 99다73159

"채권자와 주채무자 사이의 계속적 거래관계에 대한 보증인의 근보증행위가 이루어진 시점에 대한 판단은 그 보증의 의사표시 당시를 기준으로 하여야 할 것이고, 주채무가 실질적으로 발생하여 구체적인 보증채무가 발생한 때를 기준으로 할 것은 아니다"

4. 신원보증

(1) 개 념

신원보증은 주로 고용계약에 부수하여 체결되는 계약으로서 다음의 유형이 있다. 즉 ⅰ) 피용자가 장차 고용계약상의 손해배상의무를 부담하는 경우에 그 이행을 담보하는 일종의 신용보증, ⅱ) 피용자의 채무 유무를 묻지 않고 사용자의 모든 손해를 담보하는 일종의 손해담보계약, ⅲ) 사용자의 모든 손해 외에 피용자의 의무위반이 없을 것도 담보하는 경우 등이다. 이들 가운데 ⅰ)의 경우만이 본래의 신원보증에 해당한다.

(2) 신원보증법 개관

1) 적용범위

신원보증법 제2조는 신원보증계약을 "피용자가 업무를 수행하는 과정에서 그의 책임 있는 사유로 사용자에게 손해를 입힌 경우에 그 손해를 배상할 채무를 부담할 것을 약정하는 계약"이라고 정의하고 있다. 따라서 동법은 이러한 신원보증계약에 미치게 된다.

2) 존속기간

당사자가 존속기간을 정한 경우에는 그 기간이 존속기간이 된다. 그러나 이러한 경우에도 그 기간은 2년을 초과하지 못하며, 그보다 장기로 정한 때에는 그 기간은 2년으로 단축된다(제3조 제2항). 당사자가 기간을 정하지 아니 한 경우에는 존속기간은 계약성립일로부터 2년이다(제3조 제1항). 신원보증계약은 갱신할 수 있으나, 그 기간은 갱신한 때로부터 2년을 초과하지 못한다(제3조 제3항).

3) 사용자의 통지의무

사용자는 ⅰ) 피용자가 업무상 부적격자이거나 불성실한 행적이 있어 이로 말미암아 신원보증인의 책임을 야기할 염려가 있음을 안 때, ⅱ) 피용자의 업무 또는 업무수행의 장소를 변경함으로써 신원보증인의 책임을 가중하거나 그 감독이 곤란하게 될 때에는 지체 없이 신원보증인에게 통지하여야 한다(제4조 제1항). 만약 사용자가 고의 또는 중과실로 이 통지의무를 게을리 하여 신원보증인이 동법 제5조에 의한 해지권을 행사하지 못한 경우 신원보증인은 그로 인하여 발생한 손해의 한도에서 의무를 면한다(제4조 제2항).

4) 신원보증인의 계약해지권

신원보증인은, ⅰ) 사용자로부터 동법 제4조 제1항의 통지를 받거나, 신원보증인이 스스로 제4조 제1항 각호의 1에 해당하는 사유가 있음을 안 때, ii) 피용자의 고의 또는 과실이 있는 행위로 발생한 손해를 신원보증인이 배상한 경우, iii) 기타 계약의 기초되는 사정에 중대한 변경이 있는 경우에는 계약을 해지할 수 있다(제5조).

5) 신원보증인의 책임

신원보증인은 피용자의 고의 또는 중과실로 인한 행위로 인하여 발생한 손해에 대하여 배상할 책임이 있으며(제6조 제1항), 경과실에 대하여는 책임을 지지 않는다. 신원보증인이 2인 이상인 경우에는 특별한 의사표시가 없으면 각 신원보증인은 균등한 비율로 의무를 부담한다(제6조 제2항). 법원은 신원보증인의 손해배상액을 산정함에 있어 피용자의 감독에 관한 사용자의 과실의 유무, 신원보증을 하게 된 사유 및 이를 함에 있어서 주의를 한 정도, 피용자의 업무 또는 신원의 변화 등 그 밖의 사정을 참작하여야 한다(제6조 제3항).

6) 신원보증채무의 비상속성

신원보증계약은 신원보증인의 사망으로 종료하게 된다(제7조). 신원보증인이 사망하면 그의 지위가 상속인에게 승계되지 않는다. 그러나 신원보증인이 사망하기 전에 발생한 신원보증계약상의 보증채무는 상속된다.

7) 불이익금지

신원보증법의 규정은 강행규정으로서 이에 반하는 특약은 어떠한 명칭이나 내용이든지 신원보증인에게 불리한 것은 그 효력이 없다(제8조).

관련판례

1) 대판 2009. 11. 26, 2009다59671

[1] 구 신원보증법(2002. 1. 14. 법률 제6592호로 전부 개정되기 전의 것) 제6조는 "법원

은 신원보증인의 손해배상의 책임과 그 금액을 정함에 있어 피용자의 감독에 관한 사용자의 과실의 유무, 신원보증인이 신원보증을 하게 된 사유 및 이를 함에 있어서 주의를 한 정도, 피용자의 임무 또는 신원의 변화 기타 일체의 사정을 참작한다"라고 규정하고 있다. 위 법의 제정 취지가 신원보증 제도의 사회적 기능을 해하지 않는 한도 내에서 신원보증인의 부담을 경감함을 목적으로 하고 있음에 비추어 보면, 법원은 위 조항에 따라 필요적으로 위 조항에 의한 일체의 사정을 참작하여 신원보증인의 손해배상의 책임과 그 금액을 정하여야 한다. 한편, 신원보증인의 책임은 피보증인이 배상해야 할 손해액을 기초로 그 책임원인이 되는 사유발생 전후의 일체의 사정을 참작하여 정해야 하므로, 이미 피보증인의 배상책임액 일부가 변제되어 신원보증인에 대하여 그 잔액의 지급이 청구된 경우라면 그 잔액을 기준으로 그 변제의 사정까지 참작하여 보증책임의 유무 및 한도를 정해야 한다.

[2] 신원보증인의 채무는 피보증인의 불법행위로 인한 손해배상채무 그 자체가 아니고 신원보증계약에 기하여 발생한 채무로서 이행기의 정함이 없는 채무이므로 채권자로부터 이행청구를 받지 않으면 지체의 책임이 생기지 않는다.

2) 대판 2004. 2. 27, 2003다46277

"구 신원보증법(2002. 1. 14. 법률 제6592호로 전문 개정되기 전의 것) 제5조에 의하면, 신원보증인은 같은 법 제4조의 통지를 받은 때에는 신원보증계약을 해지할 수 있도록 규정하고 있는바, 사용자가 위 통지의무를 이행하지 않은 경우에 신원보증인과 피보증인의 관계가 그러한 통지를 받았더라면 신원보증계약을 해지하였을 것이라는 특수한 사정이 인정된다면 신원보증인의 책임이 부정된다고 할 것이나, 신원보증계약의 특수성과 함께 같은 법 제4조 제2호, 제5조, 제6조의 취지에 비추어 보면, 위와 같은 특수한 사정은 신원보증을 하게 된 경위 등을 포함한 신원보증인과 피용자의 관계, 임무 또는 임지를 변경함에 따라 변화하게 된 업무의 내용과 피용자에 대한 책임의 가중 또는 감독의 어려움의 정도, 임무 또는 임지 변경에 대한 신원보증인의 예측가능성, 가중된 책임에 대한 신원보증인의 변제가능성 등을 종합적으로 고려하여 결정하여야 할 것이다"

손해담보계약

손해담보계약은 당사자의 일방이 상대방에 대하여 일정한 사항에 대한 위험을 인수하고 그로부터 생기는 손해를 담보하는 것을 목적으로 하는 계약을 말한다. 이는 채권자가 채무자의 행위로 입게 될 손해를 담보한다는 점에서 보증과 유사하다고 할 것이나, 주채무의 존재를 전제로 하지 않아 부종성과 보충성이 없다는 점에서 구별된다고 하겠다.

관련판례

1) 서울고판 2002. 4. 10, 2001나16502

[1] 을이 실질적으로 병에게 물품을 공급하기로 하였으나 병이 물품대금을 일시에 지불할 능력이 없으므로 렌탈회사인 갑으로부터 금융이익을 먼저 취하기 위해 갑이 을로부터 위 물품을 매수하는 것으로 하여 그 물품대금을 갑으로부터 모두 지불받고, 병이 이를 다시 갑으로부터 임차하기로 하는 형식을 취한 경우, 병의 채무불이행 등으로 인해 갑에게 발생하는 위험을 을이(위 물품을 갑으로부터 재매입하는 방법 등으로, 단, 재매입대금에는 연체렌탈료 등 병이 부담하는 모든 채무를 포함한다.) 부담하겠다는 취지의 약정은 당사자의 일방(담보자)이 상대방(수익자)에 대하여 일정한 사항에 관하여 위험을 인수하고, 이로 인하여 발생할지도 모르는 손해를 담보할 것을 목적으로 하는 일종의 손해담보계약(손해담보계약)이라 할 것이다.

[2] 손해담보계약으로 담보자는 수익자인 채권자에게 목적한 일이 성취된 것과 같은 혹은 손해가 발생하지 않은 것과 같은 상태에 놓이게 해 줄 의무를 부담하게 되고, 손해담보계약에 있어 담보자의 채무는 주채무의 존속과 관계없이 성립하는 하나의 독립된 계약으로서, 보증채무와는 달리 담보채무는 주채무의 성립·존속·채무내용에 부종적 성질이 없다.

2) 서울고판 1972. 12. 20, 72나2267(**제9민사부**)

"피고가 피보증인의 재직중 고의 과실로 인하여 사용 중인 원고가 입게 될 손해를 배상하겠다는 것은 피보증인의 사용주에 대한 변상책임에 부종되는 보통의 보증채무가 아니라, 피보증인의 사용주에 대한 상환채무의 유무에 관계없이 사용주가 피보증인의 고의 과실로 인하여 입게 될 일체의 손해를 보증인이 독립하여 변상하겠다는 손해담보계약이라고 볼 것이다"

제9절

채권양도·채무인수

Ⅰ. 채권양도

1. 개　념

(1) 의　의

채권양도라 함은 계약에 의하여 채권을 동일성을 유지하면서 이전하는 것을 말한다. 채권의 이전은 법률의 개정으로 발생하거나 법원의 명령 또는 이자채권이나 보증채권과 같이 수반성에 기하여 발생하는 경우도 있지만 법률행위에 의해 발생하는 것이 일반적이다. 채권은 개별적으로 이전하는 것이지만 상속이나 포괄유증 등에서처럼 다른 권리의무와 같이 포괄적으로 이전하기도 한다. 법률행위시는 계약이 원칙이나 유언에 의한 채권양도도 가능하며 의사표시 또는 법률행위에 의한 채권이전의 경우를 모두 채권양도라 할 수 있다.

민법은 채권양도 편에서는 지명채권의 양도에 대해서만 규정하고 증권적 채권의 양도에 관하여는 따로 지시채권과 무기명채권으로 하여 독립적으로 규정하고 있다.

(2) 법적 성질

채권양도는 채권이 귀속하는 주체를 직접 변경시키는 것이다. 채권을 하나의 재화로서 다루고, 양도계약으로 이를 처분하는 것이므로 채권양도는 처분행위이다. 그러나 물권이 아닌 채권을 이전시키는 법률행위이므로 준물권행위이다.

(3) 양도행위의 방식

1) 지명채권의 양도

채권자와 양수인 사이의 낙성·불요식의 계약이며 채무자는 계약의 당사자가 아니다. 채권의 양도성을 가지는 한 채무자의 의사에 반하는 양도도 유효하다. 그러나, 민법은 채무자에 대한 통지 또는 채무자의 승낙을 대항요건으로 한다.

2) 증권적 채권의 양도

당사자 사이의 양도계약만에 의하여서는 채권은 이전하지 않으며, 그밖에 증서의 배서, 교부 또는 단순한 교부가 있어야만 양도의 효력이 생긴다. 증권적 채권의 양도방식은 배서, 교부 또는 교부가 채권양도의 양도방식으로 되어있어서 요식계약이다.

3) 양도행위의 독자성과 무인성

채권양도는 채권의 이전 그 자체를 목적으로 하는 계약이므로 그 원인행위인 채권행위의 채무를 발생케 하는 데에 지나지 않는 채권계약과는 이론상 별개의 것이다.

4) 동일성 유지의 원칙

채권양도가 그 효력을 발생하면 채권은 그 동일성을 잃지 않고서 양수인에게 이전한다.

따라서 그 채권에 부종하고 있었던 이자채권, 위약금채권, 보증채권 등의 종된 권리는 당사자 사이의 특별한 약정이 없는 한 당연히 양수인에게 이전한다.

(3) 채권양도의 모습

1) 추심을 위한 채권양도

추심을 위한 채권양도에는 단순히 추심권능만을 수여하는 경우와 채권을 신탁적으로 양도하는 경우가 있다. 단순히 추심을 위한 채권양도에 있어서는 그 당사자인 양도인과 양수인 사이의 추심을 목적으로 하는 추심권능만이 주어질 뿐이고 진정한 의미의 채권양도는 행하여지지 않는다.

2) 채권의 양도담보

채권의 양도담보는 담보목적을 위하여 채무자의 제3채무자에 대한 채권을 채권자에게 이전하는 것으로서 일종의 신탁적 양도이다.

3) 연장된 소유권유보

연장된 소유권유보는 매도인이 공급한 물건의 대금채권을 담보하기 위하여 매수인이 장래 취득하게 될 판매대금 채권, 가공에 의하여 새로 생길 소유권 등을 미리 양도하는 것이다.

4) 일괄양도

채권의 일괄양도는 장래채권의 양도담보의 특수한 형태로서 금전채권을 담보하기 위하여 수신자인 채무자가 일정한 사업 분야에서 발생되는 다수 또는 전부의 채권을 여신자인 채권자에게 총괄적으로 양도하는 것을 의미한다.

2. 지명채권의 양도

(1) 개 설

채권자가 특정되어 있는 채권을 지명채권이라 하는데, 이는 그 채권의 성립·존속·행사·양도 등을 위하여 증서 즉 증서의 작성·교부 등을 필요로 하지 않는다. 채권은 원칙적으로 양도성이 있으나, 지명채권은 광범위하게 그 양도성이 제한된다. 즉 채권의 성질이 양도를 허용하지 않는 때에는 그 채권은 양도하지 못한다(제449조 제1항 단서). 또 채권의 양도성에 대하여 당사자가 반대의 의사표시를 할 수 있다(제449조 제2항 본문).

(2) 지명채권의 양도성

1) 지명채권의 의의

채권자가 특정되어 있는 채권이 지명채권이다. 그 채권의 성립양도를 위해서 증서의 작성·교부를 필요로 하지 않은 채권으로서 증권적 채권과 구별되는 보통의 채권이다.

2) 양도성의 원칙

지명채권은 원칙적으로 양도성을 가진다(민법 제449조 제1항). 이것은 오늘날 채권이란 점에 바탕하며, 채권의 성질이나 법률의 규정 또는 당사자의 특정이 없는 한 양도성을 가진다.

3) 지명채권의 양도제한

가. 채권의 성질에 의한 제한 : 채권의 성질이 양도를 허용하지 않을 때에는 그 채권은 양도하지 못한다. 그 예로서, ⅰ) 채권자가 변경되면 당연히 그 급부의 내용이 전혀 달라지는 채권, ⅱ) 채권자가 변경되면 권리의 행사에 뚜렷한 차이가 생기는 채권, ⅲ) 특정의 채

권자와의 사이에서 절제되어야 할 특별한 사유가 있는 채권, iv) 채권사이의 주종관계가 있는 때의 종된 채권(기본이자 채권) 등을 들 수 있다

나. 당사자의 의사표시에 의한 제한 : 채권의 양도성에 대하여는 당사자가 반대의 의사표시를 할 수 있다. 즉 채권이 계약에 의하여 발생할 것이면 채권자, 채무자 사이의 계약으로, 또한 단독행위에 의하여 그 채권을 양도할 수 없는 것으로 할 수 있다.[260)]

다. 법률에 의한 제한 : 법률은 공익상의 이유로 특정의 채권자에게 변제시킬 필요가 있는 채권에 대해서는 양도를 금지하고 있다. 민법에 의한 부양청구권(제979조), 근로기준법에 의한 재해보상청구권(제86조), 국가배상법에 의한 국가배상청구권(제4조), 각종의 연금청구권(공무원연금법 제32조; 국민연금법 제58조; 군인연금법 제7조) 등은 양도가 금지된다.[261)]

(3) 지명채권 양도의 대항요건

지명채권의 양도는 당사자인 양도인과 양수인의 합의(낙성계약)에 의해 행하여지는바, 양도의 당사자가 아닌 채무자와 기타의 제3자는 채권양도의 사실을 알지 못하여 예측하지 못한 손해를 입을 가능성이 있다. 따라서 민법은 채무자와 기타의 제3자를 보호하기 위하

---

260) 대판 1996. 6. 28, 96다18281; "민법 제449조 제2항이 채권양도 금지의 특약은 선의의 제3자에게 대항할 수 없다고만 규정하고 있어서 그 문언상 제3자의 과실의 유무를 문제 삼고 있지는 아니하지만, 제3자의 중대한 과실은 악의와 같이 취급되어야 하므로, 양도금지 특약의 존재를 알지 못하고 채권을 양수한 경우에 있어서 그 알지 못함에 중대 한 과실이 있는 때에는 악의의 양수인과 같이 양도에 의한 채권을 취득할 수 없다고 해석하는 것이 상당하다".

261) 대판 1993. 6. 25, 93다13131; "주택건설촉진법에 의하여 아파트 분양 후 일정기간 동안 임차권의 양도가 금지되어 있다 하더라도 이는 매수인이 분양자에게 양도사실로 대항할 수 없다는 것이지 당사자 사이의 사법상의 임차권의 양도계약의 효력까지 무효로 한다는 것은 아니다. 위의 경우 임차권의 양도가 금지된다 하더라도 임차보증금반환채권의 양도마저 금지되는 것은 아니므로 양도인은 양수인에 대하여 그 채권의 양도에 관하여 임대인에게 통지를 하거나 그에 대한 승낙을 받아 주어야 할 의무를 부담한다. 임차보증금반환채권의 양도는 유상계약으로서 임차보증금반환채권의 양도에 대하여 임대인이 동의하지 아니하는 것으로 확정되는 경우 민법 제567조에 의하여 매매에 있어서의 매도인의 담보책임에 관한 규정이 준용된다 할 것이므로 양도인은 자신의 의무가 이행불능으로 확정됨에 귀책사유가 없다 할지라도 담보책임의 법리상 이행불능으로 인한 양수인의 손해를 배상하여야 할 것이고 이로 인한 양수인의 손해는 임차보증금 상당액이다".

여 일정한 요건을 갖추지 못하면 채권양도를 가지고 이들에게 대항하지 못하도록 하고 있다(제450조)

민법이 정하고 있는 대항요건은 양도인의 통지 또는 채무자의 승낙이다(제450조 제1항). 이들의 법적 성격을 어떻게 볼 것인가와 관련하여 채무자 이외의 제3자에 대한 대항요건은 강행규정이라 할 것이나, 채무자에 대한 대항요건에 관한 규정은 임의규정이다.[262)]

1) 채무자에 대한 대항요건

가. 채무자에 대한 통지 : 채권자의 채무자에의 통지는 채권양도의 사실을 알리는 행위로서 그 법적 성질은 관념의 통지이다. 이때 통지의 방법에는 제한이 없으나 채무자에 대한 의사로 양도인의 통지이어야 한다. 따라서 양수인의 통지는 대항력을 갖지 못한다.

i) 통지시기 : 채권양도와 동시일 필요는 없고 그 후라도 무방하나, 미리 하는 것은 양도의 통지가 아니다.

ii) 대위통지의 금지 : 채권양도의 통지는 채권자가 채무자에 대하여만 하여야 하고 양수인이 양도인의 지위에서 대위 통지하지 못한다.

iii) 통지의 철회 여부 : 양수인의 동의를 얻어 철회할 수 있는 것으로 본다(제452조 제2항 근거). 판례도 같은 입장을 취하고 있다.[263)]

나. 채무자의 승낙 : 채무자의 '승낙'이라 함은 채무자가 채권양도의 사실을 승인하는 행위로 일종의 관념의 통지이다. 그 방법으로 양도인 또는 양수인의 어느 쪽에도 무방하다. 승낙은 보통 채권양도 후에 하게 될 것이나, 사전통지와 달리 채권양도가 있기 전에 하는 사전승낙은 유효하다고 하겠다. 또한 양수인이 특정되어 있지 않아도 같다.

다. 채권양도의 해제·취소의 대항요건 : 채권양도가 해제·취소되면 채권은 당연히 양도인에게 복귀하게 되지만 해제나 취소의 사실을 채무자에게 통지하지 않으면 양도인은 채

262) 이와 관련하여 우리 판례는, 채무자는 채권양도의 통지를 받거나 그 승낙을 할 이익을 미리 포기할 수 있다는 입장을 취하고 있다; 대판 1987. 3. 24, 86다카908.

263) 대판 1993. 7. 13, 92다4178.

무자에게 대항하지 못한다.[264)]

라. 통지나 승낙이 없는 동안의 효력 : 채권양도의 통지나 승낙이 없는 동안의 양수인은 선악을 묻지 않고 채무자에 대하여 채권양수의 효력을 주장하지 못한다. 따라서 채무자는 양수인에 대하여 변제를 거절할 수 있다.

마. 통지·승낙의 효력 : 통지 및 승낙의 효력은 다음과 같다.

i) 통지의 효력 : 채권양도가 있으면 채권은 동일성을 유지하면서 양수인에게 이전한다. 따라서 채권에 관한 항변사유는 채권양도 후에도 그대로 존속한다. 다만, 채무자에 대한 대항요건을 갖춘 후에는 채무자가 양도인에 대하여 가지는 항변사유는 행사할 수 없다고 할 것이다. 민법은 양도인이 양도통지만을 한 때에는 채무자는 그 통지를 받은 때까지 양도인에 대하여 생긴 사유로서 양수인에게 대항할 수 있다고 규정하고 있다(제451조 제2항). 따라서 채무자는 변제 기타의 사유로 채권이 소멸하였다는 항변, 동시이행의 항변, 채무의 불성립·무효·취소의 항변을 할 수 있다.

양도인의 통지는 채권양도가 유효한 경우에만 효력이 생기게 하여야 할 것이나, 민법은 선의의 채무자를 보호하기 위해 특별규정을 두고 있다. 즉 양도인이 채무자에게 채권양도를 통지한 때에는, 아직 양도하지 않았거나 그 양도가 무효인 경우에도 선의의 채무자는 양수인에게 대항할 수 있는 사유로 양도인에게 대항할 수 있다(제452조 제1항). 그러나 통지가 양수인의 동의를 얻어 철회된 후에 생긴 사유로는 대항하지 못한다(제452조 제2항).

---

264) 민법 제452조 제2항에 채권양도의 통지는 양수인의 동의가 없으면 철회하지 못한다고 규정되어 있으므로 채권양도인과 양수인과의 채권양도계약이 해제되었고 채권양도인이 채무자에게 양도철회통지를 하였다고 하더라도 채무자는 이것을 채권양수인에게 대항할 수는 없다. 이 경우 채권양도계약은 적법하게 해제되었고 오직 채무자에 대한 적법한 해제통지만 없을 뿐이므로 채권은 해제와 동시에 양도인에게 복귀되고 양수인은 채권을 가지지 않으며, 이 관계는 양도인·양수인 사이에서만 그러한 것이 아니고 채무자에 대해서도 같다. 따라서 양수인은 채무자에 대하여 채무이행을 청구할 수 없으며, 이러한 청구는 오히려 신의칙에 반한다 할 수 있고, 경우에 따라서 양도인· 채무자에 대하여서도 불법행위를 구성할 수 있다. 즉 동 조항은 표현양수인에 대한 소극적인 최소한도의 보호를 목적으로 하는 것임에도 대법원은 이를 적극적으로 해석하고 있는 것으로 보인다; 서울고판 1978. 2. 3, 77나1583.

ii) 승낙의 효력 : 민법은 승낙의 효력에 관해 이의를 보류하지 않고 행한 승낙에 대해서만 규정하고 있다. 먼저, 이의를 보류하고 행한 승낙이란 채무자가 채권양도를 승낙함에 있어서 양도인에게 주장할 수 있는 항변을 유보하고 그것을 가지고 양수인에게 주장할 수 있음을 밝히면서 행하는 승낙을 의미한다. 이에 대해 민법은 명문의 규정을 두고 있지는 않으나, 이 경우의 효력을 통지의 경우와 동일하게 인정하려는 취지로 이해된다.

이의를 보류하지 않고 행한 승낙이란 채무자가 채권양도를 승낙함에 있어서 그 채권의 불성립, 일부면제 기타의 항변사유를 양도인에 대하여 가지고 있음을 밝히지 않고서 행한 단순한 승낙을 의미한다. 이러한 승낙이 있는 경우 양수인은 그 채권에 아무런 항변이 없을 것으로 믿게 되므로, 이 경우는 양도인에게 대항할 수 있는 사유로써 양수인에게 대항하지 못한다고 하겠다(제451조 제1항). 제451조 제1항 본문은 양수인의 신뢰보호를 위한 규정이므로 양수인은 선의이어야 한다.

2) 제3자에 대한 대항요건

채권양도의 제3자에 대한 대항요건도 채무자에 대한 것과 마찬가지로 양도인의 통지 또는 양수인의 승낙이다(제450조 제1항). 양수인이 채권양도의 효력을 채무자 이외의 제3자에게 대항하기 위해서는 양도인의 통지 또는 채무자의 승낙은 확정일자 있는 증서로써 하여야 한다. 다만 단순한 통지·승낙만으로 대항할 수 있게 하면 제3자의 지위가 불안할 수 있기 때문에, 민법은 제3자에 대항하기 위해서는 통지 또는 승낙을 확정일자 있는 증서로써 하도록 규정하고 있다(제450조 제2항).

가. 확정일자 : 확정일자란 증서에 대하여 그 작성한 일자에 관한 완전한 증거가 될 수 있는 것으로 법률상 인정되는 일자를 말하며, 당사자가 후에 변경하는 것이 불가능한 확정된 일자를 말한다. 확정일자는 사문서에 공증인 또는 법원서기가 일정한 절차에 따라(부칙 제3조 제2항) 확정일자인을 찍은 경우의 일자, 공정증서에 기입한 일자, 그리고 공무소에서 사문서에 어느 사항을 증명하고 기입한 일자(부칙 제3조 제1항, 제4항) 등이 그에 해당한다.

통지나 승낙을 확정일자 있는 증서로 하라는 것은 통지행위나 승낙행위 자체를 확정일자 있는 증서로 하여야 한다는 의미이며, 통지나 승낙이 있었음을 확정일자 있는 증서로 증명하라는 것이 아니다. 만약에 통지나 증서를 확정일자 없는 증서로 한 경우 그 증서에 확정일자를 받으면 그 이후 확정일자 있는 증서로 대항력을 가진다.

나. '제3자'란 : '제3자'란 채권양도의 당사자와 채무자를 제외한 모든 자를 가리키는 것이 아니고, 그 채권에 관하여 양수인의 지위와 양립할 수 없는 법률상의 지위를 취득한 자만을 의미한다. 그 예로서, 채권의 2중양수인, 채권 위의 질권자, 양도인, 파산한 경우의 파산채권자 등을 들 수 있다.

다. '대항한다'의 의미 : 확정일자 있는 통지로 인하여 제3자에 대하여 대항력을 갖게 되는데, 이는 동일한 채권에 대하여 양립할 수 없는 법률상의 지위를 취득한 자 사이에서 우열을 정하는 것을 말한다.

관련판례

대판 2010. 5. 13, 2010다8310

"지명채권의 양도는 이를 채무자에게 통지하거나 채무자의 승낙이 없으면 채무자 기타 제3자에 대항하지 못하고, 이 통지와 승낙은 확정일자 있는 증서에 의하지 아니하면 채무자 이외의 제3자에게 대항할 수 없다(민법 제450조). 여기서 '확정일자'란 증서에 대하여 그 작성한 일자에 관한 완전한 증거가 될 수 있는 것으로 법률상 인정되는 일자를 말하며 당사자가 나중에 변경하는 것이 불가능한 확정된 일자를 가리키고, '확정일자 있는 증서'란 위와 같은 일자가 있는 증서로서 민법 부칙(1958. 2. 22.) 제3조에 정한 증서를 말하며, 지명채권의 양도통지가 확정일자 없는 증서에 의하여 이루어짐으로써 제3자에 대한 대항력을 갖추지 못하였으나 그 후 그 증서에 확정일자를 얻은 경우에는 그 일자 이후에는 제3자에 대한 대항력을 취득한다"

▣ 제3자 및 채무자에 대한 대항력의 취득 ▣

제3자에 대한 대항력 취득의 경우 제3자란 채권에 대하여 양수인의 지위와 양립할 수 없는 권리를 취득한 자를 말하며, 이중양도의 제2양수인 · 채권의 질권자 · 압류채권자 · 파산채권자 등이 이에 해당한다. 양도인의 통지나 채무자의 승낙이 있는 양도행위는 그 통지나 승낙이 확정일자 있는 증서에 의한 경우에만 제3자에 대해 대항할 수 있다(제450조 제2항).

채무자에 대한 대항력 취득의 경우에 있어 통지자는 양도인이고, 그의 수령자는 채무자이다. 양수인은 양도인을 대위하여 통지할 수 없고, 사후통지나 사후승인을 원칙으로 하며, 사전통지나 사전동의시 그 후 그에 상응하는 양도행위가 있으면 양도행위시에 채권이전의 효과 및 대항력이 동시에 발생한다. 양수인은 특정되어야 하며, 상대방에 도달되어야 효력이 발생한다. 양도통지는 양수인의 동의를 얻어 철회할 수 있으며, 채권양도의 승낙에는 조건을 붙일 수 있다. 채무자는 통지나 승낙의 이익을 포기할 수 있다.[265] 신채권자의 채무자에의 이행청구시 이를 거절할 수 있으며, 시효중단 · 저당권실행 · 강제집행 · 파산신청의 경우도 동일하다.

채무자는 통지를 받을 때까지 양도인에 대해 생긴 사유로서 양수인에게 대항할 수 있다(제451조 제1항). 그 사유로서 계약의 불성립, 무효, 취소, 해제, 동시이행의 항변권, 변제, 공탁, 상계 등을 들 수 있다.

265) 우리 판례는 채권자에 대한 채무변제를 위하여 다른 채권을 채권자에게 양도한 경우에, 특단의 사정이 없는 한 그 채권양도는 채무변제를 위한 담보 또는 변제의 방법으로 양도되는 것이지 채무변제에 갈음하여 양도되는 것이 아니므로 채권은 소멸되지 않는다는 입장이다. 또한 채권양도시 채무자에 대한 대항요건으로서 하는 채권양도의 통지는 양도인이 채무자에 대하여 당해 채권을 양수인에게 양도하였다는 사실을 알리는 관념의 통지인데, 채권의 성질상 또는 당사자의 의사표시에 의하여 권리의 양도가 제한되어 그 양도에 채무자의 동의를 얻어야 하는 경우에는, 통상의 채권양도와 달리 양도인의 채무자에 대한 대항력이 생기지 않으며 반드시 채무자의 동의를 얻어야 대항력이 생긴다고 한다; 대판 1996. 2. 9, 95다49325.

3. 증권적 채권의 양도

(1) 증권적 채권의 의의

증권적 채권은 채권의 성립, 존속, 양도, 행사 등이 그 채권의 존재를 표상하는 증권과 함께 운명을 같이 하는 채권을 말한다. 이는 채권의 양도성을 증가시키고 채권거래의 안전을 꾀하기 위하여 있는 것이므로 양도성을 그 본질로 하며 그것을 박탈하는 것은 허용하지 않는다. 그러므로 증권적 채권에 있어서는 그 유동성 및 안정성이 특히 고려된다.

증권적 채권에는 기명채권 · 지시채권 · 지명소지인출급채권 · 무기명채권의 네 가지가 있는데 이 중 기명채권을 제외한 나머지에 대해 살펴보기로 한다.

(2) 지시채권의 양도

1) 의 의

지시채권은 특정인 또는 그가 지시한 자에게 변제하여야 하는 증권적 채권을 말한다. 화물상환증, 창고증권, 선하증권, 어음, 수표 등 상법 · 어음법 · 수표법이 규정하는 전형적인 유가증권은 배서금지의 기재가 없는 한 법률상 당연한 지시채권이다.

2) 양도방법

지시채권의 양도는 그 증서에 배서하여 양수인에게 교부하는 방식으로 할 수 있다.

3) 배 서

가. 배서의 방식 : 배서는 증권 또는 그 보충지에 그 뜻을 기재하고 배서인이 서명 또는 기명날인 하여야 한다.

나. 배서의 모습 : 배서는 피배서인을 지정해서하는 기명배서를 원칙으로 하나 피배서인을 지정함이 없이 배서인의 서명 또는 기명날인만으로 할 수 있다. 배서에는 증서의 소지인에게 지급하라는 뜻을 기재하는 소지인출급배서도 있는데, 이러한 배서는 약식배서와 같은 효력이 있다(제512조). 지시채권은 그 채무자에 대해서도 배서하여 양도할 수 있는데(제509조 제1항), 이를 환배서라고 한다. 채무자가 지시채권을 환배서에 의하여 양수하더라도 채권은 혼동으로 소멸하지 않으며(제507조), 그 채무자는 다시 배서하여 이를 양도할 수 있다(제509조 제2항).

다. 배서의 효력 : 민법상 배서의 효력으로는 권리이전적 효력과 자격수여적 효력이 인정되며 담보적 효력은 인정되지 않는다. 권리이전적 효력이란 증서에 배서하여 양수인에게 교부함으로서 증서에 화체된 권리를 피배서인에게 이전하는 배서의 효력을 의미한다. 그리고 자격수여적 효력이란 증서의 점유자가 배서의 연속으로 구 권리를 증명하는 때에는 그 점유자를 적법한 소지인으로 추정하는 배서의 효력을 의미한다(제513조).

4) 양수인의 보호

가. 인적 항변의 제한 : 채권양도의 일반원칙에 채무자는 그가 양도인에게 대항할 수 있는 모든 사유로서 양수인에게 대항할 수 있다. 여기서 민법은 채무자의 항변을 제한하여 지시채권의 채무자는 소지인의 전자에 대한 인적 관계의 항변으로 소지인에게 대항하지 못한다고 규정하고 있다(제515조 본문). 대개의 경우 증서의 기재로부터 명백한 것(변제기의 도래, 시효소멸)과 채무자의 이익에 중대한 관계가 있는 것(증서의 위조, 변조)은 물적 항변이고 그 밖의 것은 인적 항변이다.

나. 선의취득 : 배서의 연속이 있는 지시채권증서를 취득한 자는 적법한 소지인으로 추정되므로 소지인이 무권대리인 또는 무처분권자로부터 취득한 경우에도 악의나 중과실이 없는 한 소지인은 권리를 원시취득하게 된다(제514조). 이 때 소지인의 선의, 중과실 없음은 소지인이 입증할 필요가 없으며, 선의취득을 막으려는 자가 악의 또는 중과실을 주장, 입증하여야 한다(제514조 단서).

5) 채무자의 보호

지시채권의 채무자는 배서의 연속 여부를 조사할 의무가 없으며, 배서인의 서명 또는 날인의 진위나 소지인의 진위를 조사할 권리는 있으나 의무는 없다(제518조 본문). 여기서 진위를 조사할 권리가 있다는 것은 진위를 조사하는 데 필요한 기간 동안에는 이행지체가 되지 않는다는 뜻이고, 의무를 지지 않는다는 것은 조사를 하지 않고 변제를 하더라도 변제가 유효함을 말한다. 따라서 채무자는 소지인이 증서를 제시하여 이행을 청구한 때로부터 지체책임을 부담하며(제517조) 증서와 교환하여야만 변제할 의무가 있다(제519조). 그리고 증권에 지시되어 있는 자에게 변제를 하면 비록 증권 상의 기명날인이나 증권의 소지인이 진정한 권리자가 아니라 하더라도 그 채무를 면하게 된다. 단 채무자가 변제하는 때에 소지인이 권리자가 아님을 알았거나 중대한 과실로 알지 못한 때에는 그 변제는 무효로 된다(제518조 단서).

채무자보호를 위한 그 밖의 규정으로는 다음이 것이 있다. i) 증서에 변제장소를 정하지 않은 때에는 현영업소를 변제장소로 하고, 영업소가 없는 때에는 현주소를 변제장소로 한다(제516조). ii) 채무자는 변제하는 때에 소지인에 대하여 증서에 영수를 증명하는 기재를 할 것을 청구할 수 있고(제520조 제1항), 일부변제의 경우에 채무자의 위의 청구가 있으면 채권자는 증서에 그 뜻을 기재하여야 한다(제520조 제2항).

6) 증권의 멸실 · 상실

멸실된 증서나 소지인의 점유를 이탈한 증서는 공시 최고의 절차에 의하여 무효로 할 수 있다(제521조).

(3) 지명소지인 출급채권의 양도

1) 의 의

지명소지인 출급채권이란 증서에 특정한 채권자를 지명하는 한편 그 증서의 소지인에 대해서도 변제할 수 있다는 뜻을 기재한 증권적 채권이다.

2) 지명소지인 출급채권의 양도

무기명 채권과 동일한 효력을 지닌다.

(4) 무기명 채권의 양도

1) 의 의

특정의 채권자의 이름을 기재하지 않고, 그 증권의 정당한 소지인에게 변제하여야 하는 증권적 채권을 말한다.

2) 양도의 요건

무기명 채권은 그 증서를 양수인에게 교부함으로서 양도의 효력이 생긴다(제523조). 따라서 배서나 대항의 요건은 필요하지 않다.

3) 효 과

지시채권에 관한 규정이 준용된다(제524조)

가. 양도의 보호 : 지시채권과 같이 채무자의 항변권이 제한되고 선의취득이 인정된다.

나. 채무자의 변제보호 : 채무자가 무기명 채권의 준점유자에 대하여 선의로 변제하면 그 변제는 유효하다.

(5) 면책증서(자격증서)

1) 의 의

채무자가 증서의 소지인에게 변제를 하면 소지인이 적당한 권리자가 아닌 경우에도 채권자에게 악의 또는 중대한 과실이 없는 한 면책되는 효력을 가지는 증서를 의미한다.

관련판례

대판 1970. 10. 23, 70다1985

"출고지시서는 피고 회사가 소외 oo유리사에 대하여 경유 102드럼을 출고하라는 지령서로서 그 지령서를 지참하는 자에게 출고지령서와 교환하여 물품을 인도하는 것으로서 출고지령서의 소지인은 출고지령서와 교환으로 지령서 기재의 물건을 받으므로써 목적을 달성하고 피고회사는 출고지령서와 교환으로 물건을 소지인에게 인도하면 정당한 소지인이 아닐 경우에도 인도책임을 면하는 소위 면책증권으로서의 작용을 하는 것임을 알 수 있으므로 실질관계인 매매계약에 의하여 영향을 받는 유인증권이라고 할 것이며 따라서 출고지령서의 양수인은 증권을 양도받았다는 사실만으로써는 지령서표시 물건의 인도청구권을 취득할 수 없으며 또 지령서의 양도는 그 표시물건의 양도와 같은 효력이 없다고 해석함이 상당하다"

2) 면책증권의 인정사유

면책증서는 그 소지인이 인정한 권리자이냐의 여부를 조사한다는 것이 곤란할 뿐 아니라, 채무자에게 조사의무를 지운다는 것이 타당하지 않은 경우에 발생되는 것에 있고, 증서의 유통성을 확보하기 위한 것은 아니다.

관련판례

1) 대판 2010. 2. 11, 2009다90740

"채권양도가 있기 전에 미리 하는 채권양도통지는 채무자로 하여금 양도의 시기를 확정할 수 없는 불안한 상태에 있게 하는 결과가 되어 원칙으로 허용될 수 없다 할 것이지만 이는 채무자를 보호하기 위하여 요구되는 것이므로 사전통지가 있더라도 채무자에게 법적으로 아무런 불안정한 상황이 발생하지 않는 경우에까지 그 효력을 부인할 것은 아니라 할 것이다"

2) 대판 2008. 9. 11, 2008다38400

"민법 제450조는 지명채권의 양도는 양도인이 확정일자 있는 증서에 의하여 채무자에게 통지하거나 채무자가 승낙하지 아니하면 채무자 이외의 제3자에게 대항하지 못한다고 규정하고 있는바, 여기서 확정일자란 증서에 대하여 그 작성한 일자에 관한 완전한 증거가 될 수 있다고 법률상 인정되는 일자로서 당사자가 나중에 변경하는 것이 불가능한 확정된 일자를 가리키고, 확정일자 있는 증서란 위와 같은 일자가 있는 증서로서 민법 부칙(1958. 2. 22. 법률 제471호, 이하 '부칙'이라고만 한다) 제3조 소정의 증서를 말하며 (대법원 1988. 4. 12. 선고 87다카2429 판결, 대법원 2000. 4. 11. 선고 2000다2627 판결 등 참조), 채권자가 채권양도통지서에 공증인가 합동법률사무소의 확정일자 인증을 받아 이를 채무자에게 통지한 경우에도 확정일자 있는 증서에 의한 채권양도의 통지가 있었다고 해석하는 것이 당원의 판례이다(대법원 1986. 12. 9. 선고 86다카858 판결 참조)"

3) 대판 2004. 2. 13, 2003다43490

[1] 민법 제450조에 의한 채권양도통지는 양도인이 직접하지 아니하고 사자를 통하여 하거나 대리인으로 하여금 하게 하여도 무방하고, 채권의 양수인도 양도인으로부터 채권양도통지 권한을 위임받아 대리인으로서 그 통지를 할 수 있다.

[2] 채권양도통지 권한을 위임받은 양수인이 양도인을 대리하여 채권양도통지를 함에 있어서는 민법 제114조 제1항의 규정에 따라 양도인 본인과 대리인을 표시하여야 하는 것이므로, 양수인이 서면으로 채권양도통지를 함에 있어 대리관계의 현명을 하지 아니한 채 양수인 명의로 된 채권양도통지서를 채무자에게 발송하여 도달되었다 하더라도 이는 효력이 없다고 할 것이다.

[3] 대리에 있어 본인을 위한 것임을 표시하는 이른바 현명은 반드시 명시적으로만 할 필요는 없고 묵시적으로도 할 수 있는 것이고, 채권양도통지를 함에 있어 현명을 하지 아니한 경우라도 채권양도통지를 둘러싼 여러 사정에 비추어 양수인이 대리인으로서 통지한 것임을 상대방이 알았거나 알 수 있었을 때에는 민법 제115조 단서의 규정에 의하여 유효하다.

[4] 채권양도통지서 자체에 양수받은 채권의 내용이 기재되어 있고, 채권양도양수계약서가 위 통지서에 첨부되어 있으며, 채무자로서는 양수인에게 채권양도통지 권한이 위임되었는지 여부를 용이하게 알 수 있었다는 사정 등을 종합하여 무현명에 의한 채권양도통지를 민법 제115조 단서에 의해 유효하다고 본 사례.

Ⅱ. 채무인수

1. 개 념

(1) 의 의

채무인수란 채무가 동일성을 유지하면서 채무자로부터 제3자(인수인)에게 이전되는 것을 말하며, 낙성·불요식의 계약이다. 이에 의해 채무자는 채무에서 벗어나고, 인수인이 신채무자가 된다는 점에서 경개와 구별된다(동일성 상실).

(2) 법적 성질

채무인수의 법적 성질은 채무인수의 종류에 따라 다르다. 먼저, 채권자, 채무자, 인수인의 3면계약에 의하는 경우와 채권자, 인수인이 당사자인 경우는 채권행위와 준물권행위의 성질을 갖는다. 채무자, 인수인이 당사자인 경우는 처음에는 채권행위로서의 성질만을 가지고 있다가 채권자의 승낙이 있으면 준물권행위로 된다.

(3) 구별 개념

이와 구별되는 개념으로 병존적 채무인수, 이행인수와 계약인수 등을 들 수 있다.

1) 병존적 채무인수

병존적 채무인수란 제3자(인수인)가 종래의 채무자와 함께 그와 동일한 내용의 채무를 부담하는 계약으로서, 중첩적 채무인수라고도 한다. 이는 면책적 채무인수와는 달리 종래의 채무자가 채무를 면하지 않고 인수인이 그와 별도로 같은 내용의 채무를 부담하게 된다는 점에서 엄격한 의미에서는 채무인수가 아니라 그 기능면에서 보증채무나 연대채무와 같이 인적 담보로서 의미를 갖는다. 병존적 채무인수는 처분행위로서의 성질은 없으며, 단순한 채권행위 내지 의무부담행위이다.

병존적 채무인수는 ⅰ) 채권자·채무자·인수인의 3면계약으로, ⅱ) 채무자와 인수인 사이의 계약으로도 할 수 있으며, 그리고 ⅲ) 채권자와 인수인 간의 계약에 의해서도 가능하다. 문제는 ⅲ)의 경우 채무자의 의사에 반하여서도 가능한가 하는 것이다. 이에 대해 학설은 나뉘고 있는데, 먼저 제1설(긍정설)은 병존적 채무인수가 보증과 유사하다는 점을 그 근거로 하고 있다.[266] 제2설(부정설)은 제3자의 변제를 제한하는 제469조 제2항의 취지를 그 근거로 하고 있다.[267] 우리 판례는 긍정설의 입장을 취하고 있다.[268] 생각건대 병존적 채무인수는 채권자를 보호하는 측면이 강하다 할 것으로 단순한 제3자의 변제와는 그 성격을

266) 곽윤직, 232면; 김상용, 424면; 김증한·김학동, 327면; 김형배, 631면.
267) 이은영, 640면.
268) 대판 1988. 11. 22, 87다카1836.

달리하므로 채무자의 의사에 반해서도 가능하다.

병존적 채무인수의 효과와 관련해서도 학설상의 대립이 있는바, 제1설(부진정연대채무설)은 연대채무는 절대적 효력사유가 많으므로 부진정연대채무로 추정하여 절대적 효력사유를 축소해야 한다는 입장이다. 이 견해는 연대채무의 발생을 배제하는 것이 아니고 계약해석에 의해 연대채무 또는 부진정연대채무가 발생할 수 있으나 후자로 추정해야 한다고 주장함으로써 연대채무의 발생을 억제하려 하고 있다.[269] 제2설(연대채무설)은 채무자의 채무와 인수인의 채무는 동일한 내용의 이행의무이면서 1인의 이행으로 모두 소멸하게 되므로 연대채무의 관계에 놓인다는 입장이다. 인수인이 채무자와 함께 책임을 진다는 것은 주관적 공동관계가 있다는 것을 의미하므로 연대채무로 보는 것이 타당하다고 한다.[270]

우리 판례는 연대채무설을 취하는 것으로 이해된다. 중첩적 채무인수인이 채권자에 대한 손해배상채권을 자동채권으로 하여 채권자의 자신에 대한 그 채권에 대하여 대등액에서 상계의 의사표시를 하였다면, 연대채무자 1인이 한 상계의 절대적 효력을 규정하고 있는 민법 제418조 제1항의 규정에 의하여, 다른 연대채무자인 원채무자의 채권자에 대한 채무도 상계에 의하여 소멸되었다고 본다.[271]

생각건대 인수인이 채무자와 함께 책임을 진다는 것은 주관적 공동관계가 있다는 것을 의미하므로 연대채무로 보는 것이 타당하다.

2) 이행인수

이행인수는 인수인이 계약에 따라 채무자에 대해 채무를 변제할 의무를 부담하는 것으로 직접 채권자에 대해서는 의무를 지지 않는다(∴ 채권자는 인수인에 대해 이행청구권이 없다).[272]

---

269) 김상용, 426면; 김증한·김학동, 328면.

270) 김형배, 633면; 이은영, 641~642면: 근거로서, 첫째, 타인의 채권관계에 개입하는 자에게 채무자와의 사이에 공동관계를 인정하는 것이 타당하다고 한다. 둘째, 당사자의 계약을 기초로 발생하는 연대관계를 부진정연대채무로 보는 것은 부진정연대채무의 개념 및 성질에 혼란을 가져올 우려가 있다. 셋째, 연대채무규정에 있어서 의용민법보다 훨씬 합리적으로 절대적 효력사유를 축소한 우리 민법 아래에서 이 경우를 부진정연대채무로 보아야 할 실익이 없다고 한다.

271) 대판 1997. 4. 22, 96다56443.

272) 판례는 부동산의 매수인이 매매목적물에 관한 금전저당권의 피담보채무, 가압류채무, 임대차보증금 반환의무를 인수하면서 그 채무액을 매매대금에서 공제하기로 한 경우에는, 특별한 사정이 없는 한 채무인수가 아니고 이행인수라는 입장이다; 대판 2007. 9. 21, 2006다69479, 69486.

3) 계약인수

계약인수는 계약당사자의 지위(예: 임차인의 지위)의 승계를 목적으로 하는 계약을 말한다. 이로 인해 종래 계약당사자 일방이 가지고 있던 권리, 의무가 모두 그대로 승계인에게 이전된다.

2. 인수행위

(1) 인수인과 채권자의 합의에 의한 인수

인수인과 채권자의 인수합의는 직접 채무 이전의 효과를 발생시킨다. 이는 제3자를 위한 계약 및 그의 이행행위로 볼 수 있다(제539조). 채무자의 동의는 요건이 아니다(제453조 제1항). 이해관계 없는 제3자는 채무자의 의사에 반하여 채무를 인수하지 못한다(제453 제2항). 판례는 채무자의 의사에 반하는 가는 인수당시를 표준으로 결정하며, 채무자의 의사에 반한다고 주장하는 자가 그를 입증하여야 한다는 입장이다.

(2) 인수인과 채무자 사이의 합의와 채권자의 승낙

인수인은 채무자외의 인수합의만으론 채무를 이전받을 수 없다. 이는 채권자에의 불이익이 우려되기 때문이다. 채권자의 승낙은 인수행위의 구성요소이며 채무인수의 효력요건이다(제454조). 채권자의 승낙 또는 거절의 의사는 채무자나 인수인을 상대로 하여 표시되어야 한다(제454조 제2항). 승낙을 얻지 못한 인수합의는 인수행위로서는 효력이 없으나, 이행인수계약으로서의 의미를 갖는다. 인수인과 채무자 사이의 내부적 효력이 인정된다.

3. 인수의 요건

(1) 채무에 관한 요건

1) 채무의 유효성

채무인수는 유효한 채무의 존재를 전제로 하나, 불완전채무·장래의 채무 등도 인수될 수 있다.

2) 채무의 이전가능성

채무인수가 유효하기 위하여서는 인수되는 채무가 이전할 수 있는 것이어야 한다.

(2) 인수계약의 당사자

가. 채권자·채무자·인수인이 당사자로 되는 경우 : 이에 관한 명문의 규정은 없으나 계약자유의 원칙상 유효하다.

나. 채권자와 인수인이 당사자로 되는 경우 : 이 경우는 채무인수의 기본적인 모습이라 하겠다. 이 경우에 채무자의 동의 또는 수익의 의사표시는 필요하지 않다. 다만 이해관계 없는 제3자는 채무자의 의사에 반하여 채무를 인수하지 못한다(제453조 제2항). 채무자의 의사에 반하는지의 여부는 인수 당시를 기준으로 하여 결정한다.

다. 채무자와 인수인이 당사자로 되는 경우 : 이 경우는 채권자의 승낙이 있어야 효력이 생긴다(제454조 제1항). 채권자의 승낙 또는 거절은 채무자나 인수인 가운데 누구에게 하여도 무방하다(제454조 제2항). 승낙은 묵시적으로도 가능하며, 채권자가 채무인수인에게 지급을 청구한 것은 묵시적인 승낙에 해당한다. 인수인이나 채무자는 상당한 기간을 정하여 승낙 여부의 확답을 채권자에게 최고할 수 있고(제455조 제1항), 만약 채권자가 그 기간 내에 확답을 발송하지 않은 때에는 거절한 것으로 본다(제455조 제2항). 채권자의 승낙이 있을 때까지는 당사자가 이를 철회하거나 변경할 수 있다(제456조). 채무인수에 채권자의 승낙이 있은 후에는 철회나 변경에 다시 채권자의 승낙이 있어야 그것이 유효하게 된다.

4. 인수의 효과

(1) 채무의 이전

동일성이 유지되며(전채무자와 동일한 채무부담), 인수합의 즉시 이전된다.

(2) 항변사유의 존속

인수인은 전채무자의 항변할 수 있는 사유로 채권자에게 대항할 수 있다(제458조). 동일성이 상실되지 않으므로 채무에 수반된 항변사유도 존속하게 된다.

(3) 보증 · 담보의 소멸

제3자가 제공한 담보는 그것이 보증이든 물상보증이든 채무인수로 모두 소멸하는 것이 원칙이다(제459조). 그러나 보증인이나 물상보증인이 채무인수에 동의한 때에는 소멸하지 않는다(제459조 단서). 물상보증인이 인수인으로 된 경우는 그가 제공한 담보는 그대로 존속한다.

채무자가 설정한 담보(물적 담보)는 명문의 규정은 없으나 채권자 · 인수인 사이의 채무인수시에는 소멸하고, 채무자 · 인수인 사이의 경우에는 제459조 단서를 유추하여 존속한다고 새겨야 한다.

(4) 종된 채무의 이전

주채무의 이전에 의해 종된 권리, 의무도 이전하게 된다.

관련판례

1) 대법원 2010.2.11. 선고 2009다73905

"부동산을 매수하는 사람이 근저당채무 등 그 부동산에 결부된 부담을 인수하고 그 채무액만큼 매매대금을 공제하기로 약정하는 경우에, 매수인의 그러한 채무부담의 약정은 채권자의 승낙이 없는 한 매도인 측을 면책시키는 이른바 면책적 채무인수라고 볼 수는 없으나, 나아가서 그러한 약정이 이행인수에 불과한지 아니면 병존적 채무인수 즉 제3자를 위한 계약인지를 구별함에 있어서 그 판별 기준은, 계약 당사자에게 제3자 또는 채권자가 계약 당사자 일방 또는 채무인수인에 대하여 직접 채권을 취득하게 할 의사가 있는지 여부에 달려 있다 할 것이고, 구체적으로는 계약 체결의 동기, 경위 및 목적, 계약에 있어서의 당사자의 지위, 당사자 사이 및 당사자와 제3자 사이의 이해관계, 거래 관행 등을 종합적으로 고려하여 그 의사를 해석하여야 하는 것인데(대법원 1997. 10. 24. 선고 97다28698 판결 참조), 인수의 대상으로 된 채무의 책임을 구성하는 권리관계도 함께 양도된 경우이거나 채무인수인이 그 채무부담에 상응하는 대가를 얻을 때에는 특별한 사정이 없는 한 원칙적으로 이행인수가 아닌 병존적 채무인수로 보아야 할 것이다 (대법원 2008. 3. 13. 선고 2007다54627 판결 참조)"

2) 대판 2009. 8. 20, 2009다32409

"중첩적 채무인수에서 인수인이 채무자의 부탁 없이 채권자와의 계약으로 채무를 인수하는 것은 매우 드문 일이므로 채무자와 인수인은 원칙적으로 주관적 공동관계가 있는 연대채무관계에 있고, 인수인이 채무자의 부탁을 받지 아니하여 주관적 공동관계가 없는 경우에는 부진정연대관계에 있는 것으로 보아야 한다"

3) 대판 2008. 3. 27, 2006다40515

"채무자와 인수인의 계약으로 체결되는 병존적 채무인수는 채권자로 하여금 인수인에 대하여 새로운 권리를 취득하게 하는 것으로 제3자를 위한 계약의 하나로 볼 수 있는바,

이와 비교하여 이행인수는 채무자와 인수인 사이의 계약으로 인수인이 변제 등에 의하여 채무를 소멸하게 하여 채무자의 책임을 면하게 할 것을 약정하는 것으로 인수인이 채무자에 대한 관계에서 채무자를 면책하게 하는 채무를 부담하게 될 뿐 채권자로 하여금 직접 인수인에 대한 채권을 취득하게 하는 것이 아니므로, 결국 제3자를 위한 계약과 이행인수의 판별 기준은 계약 당사자에게 제3자 또는 채권자가 계약 당사자 일방 또는 인수인에 대하여 직접 채권을 취득하게 할 의사가 있는지 여부에 달려 있다 할 것이고, 구체적으로는 계약 체결의 동기·경위 및 목적, 계약에 있어서의 당사자의 지위, 당사자 사이 및 당사자와 제3자 사이의 이해관계, 거래 관행 등을 종합적으로 고려하여 그 의사를 해석하여야 한다(대법원 1997. 10. 24. 선고 97다28698 판결 등 참조)"

4) 대판 2008. 9. 11, 2008다39663

"부동산의 매수인이 매매목적물에 관한 임대차보증금 반환채무 등을 인수하는 한편 그 채무액을 매매대금에서 공제하기로 약정한 경우, 그 인수는 특별한 사정이 없는 이상 매도인을 면책시키는 면책적 채무인수가 아니라 이행인수로 보아야 하고, 면책적 채무인수로 보기 위해서는 이에 대한 채권자 즉 임차인의 승낙이 있어야 한다(대법원 1995. 8. 11. 선고 94다58599 판결, 대법원 1997. 6. 24. 선고 97다1273 판결, 대법원 2001. 4. 27. 선고 2000다69026 판결, 대법원 2006. 9. 22. 선고 2006다135 판결 참조). 이 경우 임차인의 승낙은 반드시 명시적 의사표시에 의하여야 하는 것은 아니고 묵시적 의사표시에 의하여서도 가능하다고 할 것이나, 주택의 임차인이 제3자에 대한 대항력을 갖추기 전에 임차주택의 소유권이 양도되어 당연히 양수인이 임대차보증금 반환채무를 면책적으로 인수한 것으로 볼 수 없는 경우 주택임차인의 어떠한 행위를 임대차보증금 반환채무의 면책적 인수에 대한 묵시적 승낙의 의사표시에 해당한다고 볼 것인지 여부는 그 행위 당시 임대차보증금의 객관적 회수가능성 등 제반 사정을 고려하여 신중하게 판단하여야 한다"

5) 대판 2002. 9. 24, 2002다36228

“채무인수가 면책적인가 중첩적인가 하는 것은 채무인수계약에 나타난 당사자 의사의 해석에 관한 문제이고, 채무인수에 있어서 면책적 인수인지, 중첩적 인수인지가 분명하지 아니한 때에는 이를 중첩적으로 인수한 것으로 볼 것이다”

제10절

변제와 그 이외의 채권의 소멸원인

Ⅰ. 채권의 소멸

채권의 소멸이란 채권이 객관적으로 존재하지 않게 되는 것을 말한다. 채권은 채무자에 대하여 급부를 청구할 수 있는 권리이므로 채무자의 급부행위를 통하여 이루어진 급부이익을 취득하는 것을 목적으로 한다. 따라서 채무자의 급부행위를 통하여 채권의 내용이 실현되면 채권은 그 목적을 달성함으로써 소멸하게 된다.

Ⅱ. 채권의 소멸원인

민법이 채권에 고유한 일반적 소멸원인으로서 규정하고 있는 것은 변제·대물변제·공탁·상계·경개·면제 및 혼동이다. 그러나 이 밖에도 채무자에게 책임 없는 이행불능, 목적의 소멸, 소멸시효의 완성, 채권의 존속기간의 만료 등에 의해서도 소멸한다. 이하에서는 채권 편에 규정되어 있는 7가지의 채권소멸원인을 중심으로 살펴보기로 한다.

1. 변　제

변제(辨濟)는 채무자 또는 제3자의 급부행위에 의하여 채권의 만족을 얻는 것을 말한다. 즉 변제는 채무의 내용인 급부를 실현하는 채무자 기타의 자의 행위를 말하며, 변제가 있으면 채권자는 그 목적을 달성하고 채권은 소멸하게 된다. 변제는 채무자, 변제권한이 주어진 자 그리고 제3자에 의해서도 가능하다.

변제 중 일부제공의 법적 효과를 어떻게 볼 것인가와 관련하여 학설이 나뉘고 있다. 먼저 제1설(부정설)은 일부제공은 원칙적으로 채무내용에 따른 제공이 되지 못한다는 입장이다.[273] 단지 변제제공을 무효로 하는 것이 신의칙에 어긋날 정도로 부족액이 매우 근소한 경우에 한해서 전부에 대한 변제제공의 효과가 생긴다고 한다. 제2설(제한적 긍정설)은 가분급부의 경우에 분할하여 일부씩 이행하는 것이 거래관행에 비추어 부당하지 않고 채권자에게 불이익을 주지 않는 경우에는 그 제공된 부분에 대하여 변제제공의 효과가 생긴다는 입장이다.[274] 금전채무 등의 가분급부에서 채무자가 일부만을 제공한 경우에 채권자는 특별히 일부수령을 거절할 사정이 없는 한 이를 수령해야 한다고 한다.[275]

우리 판례는 일부제공으로는 그 제공된 부분에 대한 변제제공효과가 발생할 뿐 전부에 대한 변제제공효과가 생기지 않는다는 입장이다.[276] 어음채무나 수표채무의 경우에는 일부지급이 허용되며(어음법 제39조 제3항, 수표법 제34조 제2항). 채권자는 급부의 일부를 수령했다는 이유로 전부에 관해 계약해제권을 상실하지 않는다. 또한 잔여부분의 이행지체로 해제권을 취득한 채권자는 계약 전부의 해제 또는 지체부분만의 해제 중 하나를 선택할 수 있다는 입장이다. 즉 채무의 일부 변제제공은 채무의 본지에 따른 이행의 제공이라고 할 수 없고 이행제공의 효력이 발생할 수 없는 것이어서, 그 채무의 일부를 공탁했더라도 변

273) 곽윤직, 253면; 김용한, 499면; 김증한・김학동, 341면; 김형배, 653면.

274) 이은영, 673~674면.

275) 그 근거로서, 첫째 보통 일부변제는 채무자의 불이행 및 무자력에 따르는 채권자의 위험을 줄이는 이익을 주며 그로 인하여 채권자에게 불이익이 생기지 않으므로, 채권자는 반대약정이 있거나 일부변제가 그를 불이익하게 하는 다른 사정이 없으면 일부제공이라도 그를 수령하여야 한다. 둘째, 일부제공의 효과를 부정한다면 채무자를 부당하게 불리하게 만들기 때문에, 일부제공의 효과를 인정하여 그 부분의 지체책임을 면하게 해주는 것이 타당하다. 원금・이자・비용・지연배당금 등 채무자가 지급할 전액이 제공되어야만 변제제공의 효과가 생긴다고 하는 것은 채무자에게 가혹하다. 셋째, 금전채무의 경우에는 거래관행상 일부제공을 수령거절하는 것이 부당한 것으로 취급되므로, 거래관행에 맞추어 해석하는 것이 바람직하다고 한다.

276) 대판1984. 9. 11, 84다카781.

제의 효력이 발생할 수 없다. 채무담보의 목적으로 경료된 채권명의의 소유권이전등기나 그 청구권보전의 가등기의 말소를 구하려면 먼저 채무를 변제하여야 하고, 피담보채무의 변제와 교환적으로 말소를 구할 수는 없다.277)

생건건대 가분급부의 경우에 있어서 분할하여 일부씩 이행하는 것이 거래관행에 비추어 부당하지 않고 채권자에게 불이익을 주지 않는 경우라면 그 제공된 부분에 대하여 변제제공의 효과를 인정하여도 무방할 것이다.

2. 대물변제

(1) 의 의

대물변제(代物辨濟)라 함은 채무자가 부담하고 있는 본래의 급부에 갈음하여 다른 급부를 현실적으로 함으로써 채권을 소멸시키는 채권자・채무자 사이의 계약으로서 변제와 같은 효력을 갖는다(제466조). 이로서 채권은 소멸하게 된다. 대물변제의 예로서는, 1,000만원의 금전채무를 부담하는 자가 채권자의 승낙을 얻어 1,000만원의 금전지급에 갈음하여 특정 토지의 소유권을 이전한 경우를 들 수 있다.

대물변제와 구별되는 개념으로 대물변제의 예약을 들 수 있다. 대물변제의 예약은 본래의 의미와는 달리 채권담보의 목적으로 이용되고 있는데, 금전소비대차를 하면서 당사자 사이에 장차 채무불이행시에 특정부동산의 소유권을 이전하기로 하는 예약으로서의 의미를 갖는다. 이 때 대개의 경우장차 취득할 소유권이전청구권 보전의 가등기를 하게 되는데, 이를 가등기담보라고 한다. 대물변제의 예약 내지 가등기담보의 경우에는 채권자의 폭리 취득이 문제로 되는바, 우리 민법은 제607조, 제607조의 특별 규정을 두고 있으며, 특별법으로서 '가등기담보 등에 관한 법률'을 제정, 시행하고 있다.

277) 대판 1956. 7. 12,4298민상220(이행제공에서 은행보증수표는 현금과 같이 취급된다); 대판 1960. 5. 19, 4292민상784(은행의 수표를 제공하는 것은 현실제공이다).

관련판례

1) 대판 2003. 9. 5, 2002다40456

"채무를 담보하기 위하여 체결된 집합채권의 양도예약이 당연히 대물변제의 예약으로서의 성질을 갖는 것이라고 할 수는 없고, 당사자의 계약내용이 장차 선택권과 예약완결권의 행사로 채권양도의 효력이 발생하는 경우에 그 채권이 다른 채무의 변제를 위한 담보로 양도되는 것을 예정하고 있는지 또는 다른 채무의 변제에 갈음하여 양도되는 것을 예정하고 있는지에 따라 집합채권의 양도담보의 예약 또는 대물변제의 예약으로서의 성질을 가질 수 있고, 그 계약내용이 명백하지 아니한 경우에는 일반적인 채권양도에서와 마찬가지로 특별한 사정이 없는 한 채무변제를 위한 담보로 양도되는 것을 예정하고 있는 집합채권의 양도담보의 예약으로 추정된다"

2) 대판 1997. 6. 27, 97다12488

[1] 대물변제예약 완결권은 일종의 형성권으로 당사자 사이에 그 행사기간을 약정한 때에는 그 기간 내에, 그러한 약정이 없는 때에는 그 권리가 발생한 때로부터 10년 내에 이를 행사하여야 하고, 이 기간을 도과한 때에는 예약 완결권은 제척기간의 경과로 인하여 소멸한다.

[2] 대물변제예약 완결의 의사표시는 특별한 방식을 요하는 것이 아니고 예약 의무자에 대한 의사표시로 할 수 있다.

(2) 법적 성질

대물변제는 반드시 채권자의 승낙이 있어야 하므로 이는 하나의 계약이라 할 수 있다. 대물변제는 경개와 유사하나, 본래의 급부와 다른 급부를 현실적으로 하여야 한다는 점에서 새로이 단순한 채무를 부담하는데 불과한 경개와는 구별된다. 또한 대물변제는 변제가 아니지만 민법은 이에 변제와 같은 효력을 인정하고 있다(제466조). 그 결과 변제에 관한 규정은 그 성질이 허용하는 한 대물변제에도 적용된다고 하여야 할 것이다(예: 제3자의 변제규정인 제469조를 들 수 있다).

(3) 요 건

1) 당사자

대물변제에는 변제와 같은 효력이 있으므로(제466조), 그 당사자도 변제에 준한다고 할 것이다. 따라서 대물변제의 당사자는 원칙적으로 채권자와 변제자이다. 즉 채무자 외에 제3자도 원칙적으로 당사자가 될 수 있다(제469조). 채권자는 당연히 일방 당사자가 될 수 있으나, 채권이 압류되거나 입질된 경우 등에는 그 자격이 제한된다. 또한 채권자가 아니지만 당사자가 되는 때도 있다.

2) 당사자 사이에 합의 내지 계약이 있을 것

채권자나 채무자는 누구도 일방적으로 급부를 변경할 수 없다. 따라서 대물변제가 성립하려면 당사자 사이에 대물변제에 관한 합의가 있어야 한다.

3) 채권이 존재할 것

대물변제는 본래의 급부에 갈음하여 다른 급부를 함으로써 채권을 소멸하게 하는 것이므로, 대물변제가 가능하려면 당연히 채권이 존재하고 있어야 한다. 만약 채권이 존재하지 않거나 무효 또는 취소된 때에는 대물변제의 목적물의 소유권이전의 효과는 물권행위의 무인성을 인정하는지에 따라 달라지게 된다. 유인성을 인정하는 경우에는 목적물의 소유권이전이 일어나지 않으며, 따라서 변제자는 소유권에 기한 물권적 청구권을 행사할 수 있게 될 것이다. 우리 판례의 입장도 또한 그러하다.[278]

---

278) 대판 1993. 4. 23, 92다19163.

4) 본래의 급부와 다른 급부를 할 것

대물변제가 성립하려면 본래의 급부와 다른 급부가 행하여져야 한다. 따라서 본래의 급부와 다른 것이면 동산 또는 부동산의 소유권이든 금전의 지급이든 상관없다. 대물변제는 요물계약이므로, 그것이 성립하려면 본래의 급부와 다른 급부를 단순히 약속하는 것만으로는 부족하며, 그 다른 급부를 현실적으로 하여야 한다. 따라서 다른 급부가 부동산소유권의 이전인 경우에는 당사자의 의사표시 이외에 등기까지도 완료하여야만 대물변제가 성립한다. 물론 그 등기는 유효하여야 하며, 등기가 되었더라도 그것이 원인무효의 등기로서 말소되었다면 대물변제의 효과가 생기지 않는다.

본래의 급부와 다른 급부는 가치가 같을 필요는 없다. 대물급부의 가치가 채무액보다 크더라도 초과액이 이자에 충당되지 않으며, 거기에 제607조, 제608조가 적용되지도 않는다. 대물급부의 가치가 채무액보다 적더라도 일부의 대물변제라는 취지가 표시되어 있지 않는 한, 채권 전부가 소멸한다. 단, 대물급부와 본래의 급부 사이에 현저한 불균형이 있는 때에는 제104조의 폭리행위로 될 수도 있다.

5) '본래의 채무이행에 갈음하여' 다른 급부가 행하여 질 것

대물변제가 성립하려면 '다른 급부'가 '이행(변제)을 위하여'가 아니라 '이행(변제)에 갈음하여' 행하여져야 한다. 단순히 '이행을 위하여' 대물급부가 행하여진 때에는 대물변제로 되지 못하여 채권은 소멸하지 않는다. 만약 채무자가 어음이나 수표를 변제수단으로 교부한 경우라면, 어음, 수표의 교부가 '변제를 위하여' 한 것이면 대물변제가 아니어서 채권은 소멸하지 않고 새로운 채무가 추가되는 결과가 될 것이나, 그것이 '변제에 갈음하여' 한 것이면 대물변제로 되어 채권은 소멸하게 된다.[279] 이들 중 어느 것에 해당하는 지의 여부는

279) 어음, 수표를 '변제를 위하여' 교부한 경우에는 본래의 채무 외에 어음, 수표에 기한 새로운 의무가 추가되어 두 채무가 병존하게 된다. 이 경우 채권자는 새로운 채권을 행사하여야 하는가에 대해, 판례는 과거에는 두 권리 가운데 선택적으로 행사할 수 있다는 입장이다. 그러나 근래에는 기존채무의 이행을 위하여 제3자 발행의 어음을 교부한 경우에 관하여, 어음채권을 먼저 행사하여야 하고 그에 의하여 만족을 얻을 수 없을 때 비로소 기존의 원인채권을 행사할 수 있다는 입장을 취하고 있다(대판 1996. 11. 8, 95다25060). 학설 중 다수설은 채권자에게 선택권을 인정하고 있다.

여러 사정을 종합적으로 고려하여 판단하여야 할 것이나, 특별한 약정이 없다면 '변제를 위하여' 행하여진 것으로 추정하여야 할 것이다.[280] 이는 금전취득이 확실하지 않기 때문이다.

(4) 효 과

대물변제에는 변제와 같은 효력이 있다(제466조). 따라서 대물변제가 있으면 채권이 소멸하게 되고 그 채권을 위한 담보권도 소멸한다. 대물변제는 채무의 일부에 대하여도 가능하다.

관련판례

대판 1995. 9. 15, 95다13371

가. 대물변제가 효력을 발생하려면 채무자가 본래의 이행에 갈음하여 행하는 다른 급여가 현실적이어야 하고 등기나 등록을 요하는 경우 그 등기나 등록까지 경료하여야 한다.

나. 채무자가 채권자에게 채무변제와 관련하여 다른 채권을 양도하는 것은 특단의 사정이 없는 한 채무변제를 위한 담보 또는 변제의 방법으로 양도되는 것으로 추정할 것이지 채무변제에 갈음한 것으로 볼 것은 아니어서, 채권양도만 있으면 바로 원래의 채권이 소멸한다고 볼 수는 없다.

280) 통설 및 판례도 같은 입장을 취하고 있다.

3. 공 탁

(1) 의 의

공탁(供託)은 채권자가 변제를 받지 아니하거나 받을 수 없는 경우에 변제자가 채권자를 위하여 변제의 목적물 즉, 금전·유가증권 기타의 물건을 공탁소에 임치함으로써 채무를 면하는 제도이다.

(2) 법적 성질

법적 성질과 관련하여, i) 사법관계설, ii) 공법관계설, iii) 양면설(다수설의 입장)의 학설이 대립하고 있다. 우리 판례는 공법관계로 보고 있다.[281]

(3) 요 건

1) 일정한 공탁원인의 존재

공탁에 의하여 채무를 면하려면 다음의 공탁원인 가운데 어느 하나가 있어야 하며, 그 중에 어느 것도 없는 경우에는 설사 채무자가 공탁을 하였다 하더라도 그는 채무를 면하지 못한다.

가. '채권자가 변제를 받지 아니 하거나 받을 수 없는 때'(제487조 제1문) : 제487조 제1문은 '채권자가 변제를 받지 아니 하거나 받을 수 없는 때'에는 공탁을 인정하고 있다.

나. '변제자가 과실 없이 채권자를 알 수 없는 경우'(제487조 제2문) : 이는 객관적으로 채권자 또는 변제수령권자가 존재하고 있으나 채무자가 선관주의를 다하여도 채권자가 누구인지를 알 수 없는 경우를 말하며, 이 경우에도 공탁을 할 수 있다.

---

281) 대법원 1972. 5. 15. 자 72마401 결정.

관련판례

대판 2000. 12. 22, 2000다55904

[1] 민법 제487조 후단의 '변제자가 과실 없이 채권자를 알 수 없는 경우'라 함은 객관적으로 채권자 또는 변제수령권자가 존재하고 있으나 채무자가 선량한 관리자의 주의를 다하여도 채권자가 누구인지를 알 수 없는 경우를 말한다.

[2] 채권양도금지특약에 반하여 채권양도가 이루어진 경우, 그 양수인이 양도금지특약이 있음을 알았거나 중대한 과실로 알지 못하였던 경우에는 채권양도는 효력이 없게 되고, 반대로 양수인이 중대한 과실 없이 양도금지특약의 존재를 알지 못하였다면 채권양도는 유효하게 되어 채무자로서는 양수인에게 양도금지특약을 가지고 그 채무이행을 거절할 수 없게 되어 양수인의 선의, 악의 등에 따라 양수채권의 채권자가 결정되는바, 이와 같이 양도금지의 특약이 붙은 채권이 양도된 경우에 양수인의 악의 또는 중과실에 관한 입증책임은 채무자가 부담하지만, 그러한 경우에도 채무자로서는 양수인의 선의 등의 여부를 알 수 없어 과연 채권이 적법하게 양도된 것인지에 관하여 의문이 제기될 여지가 충분히 있으므로 특별한 사정이 없는 한 민법 제487조 후단의 채권자 불확지를 원인으로 하여 변제공탁을 할 수 있다.

2) 공탁의 당사자

공탁은 제3자를 위한 임치계약으로서 그 당사자는 공탁자와 공탁소이다. 따라서 피공탁자인 채권자는 당사자가 아니며, 제3자를 위한 계약에 의하여 채권을 취득할 뿐이다.

가. 공탁자 : 공탁자는 변제자이며, 채무자 이외의 제3자일 경우도 있다.

나. 공탁소 : 공탁하여야 할 장소는 채무이행지의 공탁소이며(제488조 제1항), 공탁소는 각 지방의 지방법원에 두며, 지방법원장의 감독 하에 그가 지정하는 소속 공무원이 공탁사

무를 집행한다(공탁 제2조).

다. 피공탁자 : 공탁은 피공탁자를 특정하여야 하며, 피공탁자는 채권자가 된다.

3) 공탁의 목적물

변제의 목적물이 공탁의 목적물이 된다. 공탁법상 유가증권, 금전 기타의 동산이 목적물이 된다(공탁 제3조 제1항).

4) 공탁의 내용

가. 일부의 공탁 : 채무액(또는 목적물)의 일부의 공탁은 채무를 변제함에 있어 일부의 제공이 유효한 제공이라고 시인될 수 있는 특별한 사정이 있는 경우를 제외하고는 채권자가 이를 수락하지 않는 한 그에 상응하는 효력을 발생할 수 없다. 만약 채권자가 공탁금을 채권의 일부에 충당한다는 유보의 의사표시를 하고 이를 수령한 때에는 그 공탁금은 채권의 일부의 변제에 충당된다. 채무자가 채무액의 일부만을 공탁하였으나 그 후 부족분을 추가로 공탁하였다면 그때부터는 전 채무액에 대하여 유효한 공탁이 이루어진 것으로 볼 수 있다.

나. 조건부 공탁 : 공탁이 채무의 내용에 좇은 것이라 할지라도, 채권자에게 반대급부 또는 기타의 조건의 이행의무가 없음에도 불구하고 채무자가 이를 조건으로 공탁한 때에는 채권자가 이를 수락하지 않는 한 그 공탁은 효력이 없다. 무효인 조건부 공탁이 있은 후 공탁자가 조건 표시의 정정청구를 하고 공탁공무원이 이를 인가한 경우에는, 공탁은 인가결정시부터는 조건 없는 공탁으로서 유효하다. 조건이 이미 성취되어 공탁물수령에 아무런 지장이 없으면 그 공탁은 효력이 발생한다.

(4) 절 차

공탁의 절차는 공탁규칙에 규정되어 있다. 공탁을 하려는 자는 공탁관에게 일정한 사항을 기재한 공탁서 2통을 제출하여야 한다. 이 때 공탁자는 피공탁자에게 송부할 공탁통지서를 피공탁자의 수만큼 첨부하여야 한다(동 규칙 제23조). 공탁관이 공탁신청을 수리할 때에는 공탁서에 일정한 사항을 적고 기명날인 한 다음 1통을 공탁자에게 내주어 공탁물을 공탁물보관자에게 납입하게 하여야 한다(동 규칙 제26조 제1항). 이 때 공탁관은 주요사항을 전산등록하고 공탁물보관자에게 그 내용을 전송하되, 다만 물품공탁의 경우에는 공탁물보관자에게 전송하는 대신 공탁자에게 공탁물품납입서 1통을 주어야 한다(동 규칙 제26조 제2항).

(5) 효 과

1) 채권의 소멸

공탁이 있으면 변제가 있었던 경우와 마찬가지로 채권이 소멸한다(제487조). 채권이 소멸하는 시기는 공탁관의 수탁처분과 공탁물보관자의 공탁물수령이 있는 때이며, 채권자에 대한 공탁통지나 채권자의 수익의 의사표시가 있는 때가 아니다. 채권자가 인도청구를 하였는지 여부와도 무관하다.

2) 채권자의 공탁물인도(출급)청구권

채권자는 공탁소에 대하여 공탁물인도(출급)청구권을 취득한다. 채권자의 공탁물인도청구권은 본래의 급부청구권에 갈음하는 것이어서 그 권리의 성질, 범위는 본래의 급부청구권의 그것과 같아야 한다. 그 결과 본래의 급부청구권에 동시이행의 항변권이 붙어 있는 경우에는 채권자는 반대급부를 이행하지 않으면 공탁물을 수령하지 못한다(제491조; 공탁 제10조).[282]

---

282) 대판 2008. 9. 25, 2008다34668; "공탁자가 착오로 공탁한 때 또는 공탁의 원인이 소멸한 때에는 공탁자가 공탁물을 회수할 수 있을 뿐 피공탁자의 공탁물출급청구권은 존재하지 않으므로, 이러한 경우 공탁자가 공탁물을 회수하기 전에 위 공탁물출급청구권에 대한 전부명령을 받아 공탁물을 수령한 자는 법률상 원인 없이 공탁물을 수령한 것이 되어 공탁자에 대하여 부당이득반환의무를 부담한다".

3) 공탁물소유권의 이전

공탁물의 소유권이 채권자에게 이전하는 시기는 경우에 따라 다르다. 공탁물이 금전인 경우에는 공탁물의 소유권은 일단 공탁물보관자에게 귀속하고, 채권자가 공탁물보관자로부터 금전을 수령하는 때에 채권자가 그 소유권을 취득한다. 공탁물이 금전 이외의 소비물인 경우에는 소비임치가 성립하므로 공탁물의 소유권은 일단 공탁소에 귀속하고, 채권자가 공탁소로부터 동종, 동량, 동질의 물건을 수령하는 때에 채권자가 그 소유권을 취득한다. 공탁물이 특정물인 경우에는 학설은 공탁소가 소유권을 취득하지 않고 공탁자로부터 직접 채권자에게 소유권이 이전된다고 한다. 이전 시기는 그 특정물이 동산이면 공탁소로부터 채권자가 목적물을 취득하는 때이고, 부동산이면 등기를 갖춘 때라고 한다.

공탁금수령자가 공탁금을 이의 없이 수령하였다면 특단의 사정이 없는 한 공탁의 취지에 의하여 수령한 것이 되어 그에 대한 법률효과가 발생하는 것이나, 하자보수가 가능함을 전제로 하자보수비 상당 금액을 공탁한 데 대하여 공탁금수령자가 하자보수만으로는 건물의 원상회복이 불가능하다 하여 건물철거 및 신축비용 상당의 배상을 구하는 소송을 제기하여 그 소송계속 중 공탁금을 수령한 바 있으나, 감정결과 하자보수만으로는 원상회복이 불가능한 것으로 밝혀졌다면 공탁금을 수령하였다는 것만으로는 손해배상채권이 전부 소멸한다고 볼 수 없다.[283)]

(6) 공탁물의 회수

1) 민법상의 회수

민법은 변제자의 공탁물의 회수를 인정하고 있다(제489조). 이 회수의 법적 성질은 임치계약의 해지라 하겠다. 다음의 경우에는 회수가 인정되지 않는데, 즉 i) 채권자가 변제자에 대한 의사표시로 공탁을 승인하거나 공탁소에 대하여 공탁물을 받기로 통고한 때(제489조 제1항 제1문), ii) 공탁 유효의 판결이 확정된 때(제489조 제1항 제1문), iii) 공탁으로 질권 또는 저당권이 소멸한 때(제489조 제2항) 등이다.

283) 대판 1992. 4. 28, 92다10067.

2) 공탁법상의 회수

공탁법은 ⅰ) 착오로 공탁을 한 때, ⅱ) 공탁의 원인이 소멸한 때에도 공탁물의 회수를 인정하고 있다(공탁 제9조 제2항).

관련판례

1) 대판 2009. 10. 29, 2008다51359

"변제공탁이 유효하려면 채무 전부에 대한 변제의 제공 및 채무 전액에 대한 공탁이 있음을 요하고 채무 전액이 아닌 일부에 대한 공탁은 그 부분에 관하여서도 효력이 생기지 않으나, 채권자가 공탁금을 채권의 일부에 충당한다는 유보의 의사표시를 하고 이를 수령한 때에는 그 공탁금은 채권의 일부의 변제에 충당되고, 그 경우 유보의 의사표시는 반드시 명시적으로 하여야 하는 것은 아니다"

2) 대판 2008. 7. 10, 2008다10051

"채무자가 공탁원인이 있어서 공탁에 의하여 그 채무를 면하려면 채무액 전부를 공탁하여야 할 것이고, 일부의 공탁은 그 채무를 변제함에 있어서 일부의 제공이 유효한 제공이라고 시인될 수 있는 특별한 사정이 있는 경우를 제외하고는 채권자가 이를 수락하지 아니하는 한 그에 상응하는 효력을 발생할 수 없다고 할 것이다(대법원 1977. 9. 13. 선고 76다1866 판결 등 참조)"

3) 대판 2008. 5. 15, 2006다74693

[1] 공탁은 공탁자가 자기의 책임과 판단 하에 하는 것으로서 공탁자는 나름대로 누구에게 변제하여야 할 것인지를 판단하여 그에 따라 변제공탁이나 집행공탁 또는 혼합공탁을 선택하여 할 수 있고, 제3채무자가 변제공탁을 한 것인지, 집행공탁을 한 것인지 아니면 혼합공탁을 한 것인지는 피공탁자의 지정 여부, 공탁의 근거조문, 공탁사유, 공탁사유신고 등을 종합적·합리적으로 고려하여 판단하는 수밖에 없다.

[2] 민사집행법 제248조 제1항은 "제3채무자는 압류에 관련된 금전채권의 전액을 공탁할 수 있다"고 규정하여 채권자의 공탁청구, 추심청구, 경합 여부 등을 따질 필요 없이 당해 압류에 관련된 채권 전액을 공탁할 수 있도록 규정하고 있는바, 이에 따라 금전채권의 일부만이 압류되었음에도 그 채권 전액을 공탁한 경우에는 그 공탁금 중 압류의 효력이 미치는 금전채권액은 그 성질상 당연히 집행공탁으로 보아야 하나, 압류금액을 초과하는 부분은 압류의 효력이 미치지 않으므로 집행공탁이 아니라 변제공탁으로 보아야 한다.

[3] 집행공탁은 공탁 이후 행해질 배당 등 절차의 진행을 전제로 한 것인데, 처분금지가처분은 그것이 설령 금전채권을 목적으로 하더라도 이러한 배당 등 절차와는 관계가 없으므로 제3채무자로서는 이를 이유로 집행공탁을 할 수는 없고, 다만 채권자불확지에 의한 변제공탁을 할 수 있다.

4. 상 계

(1) 의 의

상계(相計)라 함은 채무자가 그의 채권자에 대하여 자기도 또한 동종의 채권을 가지는 경우에 그 채권과 채무를 대등액에서 소멸케 하는 일방적 의사표시를 말한다. 예컨대, 甲이 乙에 대하여 10만원의 채권을 가지고 있고, 또 乙이 甲에 대하여 5만원의 채권을 가지고 있는 경우에, 甲 또는 乙의 상대방에 대한 일방적 의사표시로써 5만원의 한도에서 쌍방의 채권 · 채무를 소멸케 하는 것이다.

(2) 기 능

상계제도는 채무의 간편한 결제방법인 동시에 거래관계의 공평을 유지하고 채권담보의 기능을 가지고 있다.

1) 간이결제기능

상계에 의하여 각자가 가지는 채권 채무에 의하여 청구하고 이행하는 번거로움을 피할 뿐만 아니라 시간과 비용을 줄여 간편하게 결제할 수 있다. 따라서 상계를 하기 위하여서는 자기도 변제를 하고, 상대방도 자기에게 강제적으로 변제하게 할 요건이 갖추어 져야 한다.

2) 공평유지기능

상계는 당사자 일방의 자력이 악화된 경우에도 각기 따로 이행함으로써 생기는 불공평을 제거하고 당사자 사이의 신뢰를 유지 할 수 있다.

3) 담보적 기능

상계는 간접적으로 채권담보의 작용을 한다. 즉, 위의 예에서 甲이 파산하였더라도 乙의 甲에 대한 5만원의 채권은 상계를 함으로써 손실을 면할 수 있다는 점이다. 이러한 점에서 상계는 경제거래 상의 커다란 의의를 가지는 것이다. 그러나, 이 담보적 기능은 당사자 사이에서는 타당성을 갖지만, 반면에 채권의 존재를 믿은 제3자에게는 뜻하지 않는 손해를 줄 위험성이 있다. 더욱이 甲이 파산에 직면하는 경우에 甲의 채무자 乙이 거의 가치가 없게 된 甲에 대한 채권을 싼값으로 사들여 그것을 대등액으로 상계하는 때에는, 甲의 다른 채권자는 부당한 손해를 입게 된다.

(3) 구 별

1) 상계계약

민법상 상계는 독립행위이다. 그러나 당사자 사이의 대립되는 채권·채무를 대등액에서 소멸시키는 것을 계약에 위해서도 할 수 있다. 이것을 상계계약이라고 하는데 상계계약이 민법상의 상계와 구별되는 점은 아래와 같다.

가. 낙성·유상계약 : 상계계약은 합의에 의하여 당사자 간의 대립되는 채권·채무를 대등액내지 대등평가액으로 소멸 시키는 낙성·유상계약이다.

나. 상계적상의 불요 : 상계계약은 민법이 정하는 상계의 요건을 갖출 필요가 없다. 따라서 쌍방의 채무가 이행기에 있을 필요도 없으며, 같은 종류일 필요도 없다.

다. 다자계약의 가능성 여부 : 상계계약은 당사자의 계약에만 한정되지 않고, 당사자 쌍방과 제3자와의 3면 계약으로 당사자 일방이 상대방에 대하여 가지는 채권으로 제3자에 대한 채권을 상계할 수도 있다.

라. 상계금지채권의 가능성 여부 : 민법상 상계가 금지되는 불법행위에 의한 손해배상채권(제496조)도 상계계약은 할 수 있는 것으로 해석된다. 다만 상계금지의 경우가 당사자의 의사에 의하여 그러한 상계금지를 배제 할 수 없는 취지의 규정인 경우에는 상계계약이 허용되지 않는다.

마. 조건·기한부 상계계약의 가능성 여부 : 민법상 상계는 조건과 기한을 붙일 수 없으나, 상계계약에는 조건과 기한을 붙일 수 있다.

2) 과실상계

과실상계라 함은 채무불이행 또는 불법행위에 따른 손해배상 책임의 유무 또는 그 범위를 정함에 있어서 채권자 측도 과실이 있을 때 이를 참작하여 면책 또는 감경시키는 것을 말한다. 따라서 상계와 같이 독립한 채권이 상호 대립하여 존재하는 것이 아니고 또한 당사자의 일방적 의사표시에 의하는 것이 아니하는 점에서 상계와 구별된다.

3) 손익상계

단순히 손해배상액의 범위를 제한하는 문제에 불과 할 뿐, 2개의 서로 대립하는 채권간의 관계가 아니고 또 의사표시에 의하여 효력이 발생하는 점이 아닌 점에서 상계와 구별된다.

(4) 요 건

1) 쌍방의 채권이 상계적상에 있을 것

상계가 유효하기 위해서는 다음과 같은 요건을 갖추어야 하는데, 이 요건을 갖춘 상태를 상계적상이라 한다.

가. 채권이 대립하고 있을 것: 상계를 하고자 하는 자의 채권을 자동채권 또는 능동채권이라 하고, 상계를 당하는 상대방의 채권은 반대채권 또는 수동채권이라 한다.

ⅰ) 자동채권은 원칙적으로 상계자 자신이 피상계자에 대하여 가지는 채권이어야 한다. 그러나 이 원칙에는 예외가 있을 수 있다. 즉, 연대채무(제8조 제2항)·보증채무(제434조)의 경우에는 타인이 가지는 채권으로써 상계할 수 있고, 또한 연대채무(제26조 제1항)·보증채무(제445조 제1항)·채권양도(제451조 제2항)의 경우에는 타인에 대한 채권으로써 상계할 수 있다.

ⅱ) 수동채권은 피상계자가 상계자에게 대하여 가지는 채권이어야 한다. 따라서 피상계자가 제3자에 대하여 가지는 채권과는 상계하지 못한다. 또한 제3자는, 채무자를 위하여 변제는 할 수 있으나, 채무자를 위하여 상계하지는 못한다.

ⅲ) 위와 같은 자동채권과 수동채권이 서로 대립하고 있어야 한다. 바꾸어 말해서, 자동채권·수동채권의 어느 하나가 없는 때에는 상계하지 못한다.

나. 쌍방의 채권이 동종의 목적을 가질 것: 쌍방의 채권이 그 목적에 있어서 동종의 것이 아닌 때에는 상계 할 수 없다. 상계를 할 수 있는 것은 주로 금전 밖의 대체물의 급부를 내용으로 하는 채권에 관하여서 이다. 채권액, 이행지 등이 동일할 것을 요하지 않는다.

▣ 채권압류와 제3채무자의 채무자에 대한 반대채권에 기한 상계 ▣

가압류명령을 받은 제3채무자가 가압류채무자에 대한 반대채권을 가지고 있는 경우에 상계로써 가압류채권자에게 대항하기 위하여는 가압류의 효력발생 당시에 양 채권이 상계적상에 있거나, 반대채권이 압류 당시 변제기에 이르지 않는 경우에는 피압류채권인 수동채권의 변제기와 동시에 또는 보다 먼저 변제기에 도달하는 경우여야 한다(대판 1982. 6. 22. 82다카200)

가압류를 받은 제3채무자가 가압류채무자에 대한 반대채권을 가지고 있는 경우에 상계로써 가압류채권자에게 대항하기 위한 요건에 대하여 학설은 대립하고 있다. 먼저, 제1설(상계적상설)은 상계적상에 있었던 경우에 한하여 제3채무자는 상계로써 압류채권자에게 대항할 수 있다는 견해이다. 제2설(완화된 상계적상설)은 제3채무자의 채무자에 대한 자동채권이 변제기에 이르렀다면 수동채권인 피압류채권이 아직 변제기에 이르지 못하였다 하더라도 상계로써 압류채무자에게 대항할 수 있다는 견해이다. 제3설(변제기준설)은 압류 당시 양 채권이 이미 상계적상에 있는 경우는 물론이고 그렇지 않은 경우라도 자동채권의 변제기가 수동채권인 피압류채권의 변제기보다 먼저 도래하는 때에는 제3채무자는 자기의 자동채권으로써 장래 상계할 기대이익을 가지고 있는 것이고, 또 그러한 기대이익은 정당하고도 합리적인 것이어서 당연히 보호되어 상계할 수 있으나 그와 반대로 자동채권의 변제기가 피압류채권의 변제기보다 나중에 도래하는 경우에는 제3채무자의 상계를 인정하지 않는 견해이다. 제4설(실질관계기준설)은 변제기뿐만 아니라 양 채권 간의 상호의존성 및 견련성의 유무, 그 강도 등 거래의 실질적 관계도 고려하여 판단하여야 한다는 견해이다. 제5설(무제한설)은 본조의 규정을 있는 그대로 반대 해석하여 압류 당시 반대채권이 성립 또는 취득되어 있는 한 제3채무자의 반대채권에 터 잡은 상계에 대한 기대이익은 정당하기 때문에 양 채권의 변제기의 선후를 가릴 필요 없이 양 채권이 상계적상에 있기만 하면 상계로써 압류채권자에게 대항할 수 있다는 견해이다. 우리 판례는 상계적상설을 취하였다가, 이후 변제기준설을 채택하고 있다.

다. 양 채권이 변제기에 있을 것: 자동채권은 반드시 변제기에 있어야 한다. 변제기가 도래하지 않은 채권을 자동채권으로 하여 허용한다면, 상대방은 이유 없이 기한의 이익을 잃는 것이 되기 때문이다. 이에 반하여, 수동채권은 반드시 변제기가 도래하고 있어야 하는 것은 아니다. 즉 상계자가 기한의 이익을 포기할 수 있는 때에는, 이를 포기해서 상계 할 수 있다.

라. 채권의 성질이 상계를 허용하는 것일 것: 서로 현실의 이행을 하지 않으면 채권의 목적을 달성할 수 없는 채권은 상계하지 못한다. 부작위 채무(예; 서로 소음을 내지 않기로 한 경우)나 하는 채무(예; 같은 종류의 노무를 제공하기로 한 경우) 등이 이에 속한다. 그리고 자동채권에 대하여 항변권, 예컨대 최고 및 검색의 항변권, 동시이행의 항변권이 붙어 있는 경우에도 마찬가지로 상계하지 못한다. 그러나 수동채권에 항변권이 붙어 있는 경우에는 채무자는 항변권을 포기하면서 상계할 수 있다.

마. 상계가 금지되지 않은 채권일 것: 상계가 금지되지 아니 한 채권이어야 한다.

ⅰ) 당사자의 의사표시에 의한 금지 : 당사자는 상계를 금하는 특약을 할 수 있다. 그러나 이 상계금지의 의사표시는 선의의 제3자에게 대항하지 못한다(제492조 제2항).

ⅱ) 법률에 의한 금지

① 고의의 불법행위에 의한 손해배상채권: 예컨대, 甲이 방화로 乙이 500만원의 손해를 입었으나, 한편 甲은 乙에 대하여 500만원의 금전채권을 가지고 있고, 그 변제기가 도래하고 있다고 가정한다면, 甲(불법행위자)은 乙(피해자)에 대한 금전채권을 자동채권으로 하여 乙의 손해배상채권(수동채권)과 상계하지 못한다. 이는 불법행위의 피해자로 하여금 현실의

변제를 받게 하는 동시에, 불법행위의 유발을 방지하려는 취지이다.

피해자의 과실과 가해자의 과실이 경합하여 사고가 발생하였고 그 피해자의 과실이 상대방에 대한 주의의무 위반으로 불법행위의 책임요건을 충족하는 것이라면 위 사고로 제3자가 입은 손해에 대하여 피해자 및 가해자는 각자 이를 배상할 책임이 있고 가해자가 그 손해를 배상하였을 때는 각자의 과실비율에 따른 피해자의 부담부분에 대하여 피해자에게 구상권을 행사할 수 있으므로, 가해자는 이러한 구상권을 가지고 피해자의 가해자에 대한 손해배상청구권과 상계할 수 있다.[284)]

② 압류금지의 채권 : 채권이 압류하지 못한 것인 때에는 그 채무자는 상계로 채권자에게 대항하지 못한다. 이는 압류금지의 취지, 즉 채무자 보호를 관철하기 위한 것이다. 압류금지채권은 민사집행법 제246조, 공무원연금법 제32조, 사립학교교직원연금법 제40조, 국민연금법 제58조, 군인연금법 제7조, 근로기준법 제86조, 국가배상법 제4조 등에서 규정하고 있는 채권이다. 이러한 채권을 수동채권으로 하는 경우에만 상계가 금지되므로, 이를 자동채권으로 하여서는 상계가 가능하다.

문제는 임금채권의 경우인데, 민사집행법은 급료, 연금, 봉급, 상여금, 퇴직연금 등의 급여채권에 대하여 원칙적으로 그 2분의 1의 압류를 금지하고 있다(제246조 제1항 제4호 본문). 따라서 이러한 급여채권의 2분의 1은 상계의 수동채권으로 할 수 없다. 그런데 근로기준법에는 임금에 관한 특별규정을 두고 있는데, 즉 사용자는 전차금 기타 근로할 것을 조건으로 하는 전대채권과 같은 임금을 상계하지 못한다고 하고 있고(제21조), 또 임금은 통화로 직접 근로자에게 그 전액을 지급하여야 한다고 규정하고 있다(제43조). 여기서 임금은 전액에 관하여 상계가 금지되는가 하는 것인데, 그 전액에 관하여 상계가 금지된다.

③ 지급금지채권 : 지급금지명령을 받은 채권이라 함은 압류 또는 가압류를 당한 채권을 말하며, 그 채무자는 지급금지 전에 자기의 채권자에 대하여 취득한 채권으로써 상계 할 수 있으나, 지급금지 후에 취득한 채권으로써 상계하여도 이를 가지고 압류채권자에게 대항하지 못한다.

상계시 지급금지채권을 수동채권으로 하는 경우 학설이 나뉘고 있다. 먼저, 제1설(상계적

---

284) 대판 1991. 5. 14, 91다513.

상설)은 상대방 채무의 변제기가 압류 당시에 도래해야 한다는 입장이다.[285] 제2설(변제기 선도래설)은 압류 당시에 상대방채무의 변제기가 도래하지 않았더라도 그 후에 자기채무의 변제기보다 먼저 도래하면 된다는 입장이다.[286] 제3설(무제한설)은 상계자가 압류 이전에 취득한 채권이라면 변제기에 관계 없이 상계할 수 있다는 입장이다.[287]

이에 대해 우리 판례는 과거에는 주로 상계적상설을 취했으나, 입장을 바꾸어 상대방 채무의 변제기가 자기채무보다 동시 또는 먼저 도래한다면 압류 당시에 변제기가 도래하더라도 무방하다고 한다. 가압류명령을 받은 제3채무자가 채무자에 대한 채권으로 상계하여 가압류채권자에게 대항할 수 있는 요건은 가압류의 효력발생 시에 상계적상에 있거나 아니면 그 채권이 압류 당시에 변제기에 이르지 않았더라도 피압류채권보다 동시 또는 먼저 변제기에 도달해야 한다는 것이다.[288]

생각건대 압류 당시에 상대방 채무의 변제기가 도래하지 않았더라도 그 후에 자기채무의 변제기보다 먼저 도래한다면 상계가 가능하다.

④ 질권이 설정된 채권: 질권이 설정된 채권은 질권의 효력으로서 지급금지의 효력이 생기므로, 전술한 지급금지명령을 받은 채권으로서 다루어야 한다.

⑤ 특별법상 상계가 금지되는 채권: 특별법에서 상계를 금지하는 경우도 있다. 예를 들어 상법(제334조, 제596조), 근로기준법(제21조), 신탁법(제20조) 등에서 이를 규정하는 경우

---

285) 과거 판례의 입장이다.

286) 김형배, 772면; 이은영, 756~757면. 그 근거로서, 첫째, 상계자는 자기채무의 변제기가 도래하지 않았더라도 변제기 전에 변제할 권리를 가지므로(제468조) 그를 변제하는 대신 상계로써 이행하여도 무방하다. 그러나 상계로써 상대방채무의 이행을 강제하는 것은 허용되지 않으므로 압류시에 변제기 미도래의 상대방 채무와 상계할 수는 없으며, 압류이후에 변제기도래를 기다려 상계하는 수밖에 없다. 만약 제3채무자에 대한 압류명령과 전부명령이 1월 1일 행해지고 그 명령을 받은 제3채무자의 채무변제기가 2월 1일에 도래하고 상대방(압류채무자)의 채무변제기가 그 후 3월1일에 도래했다면, 제3채무자는 자기채무의 변제기가 도래한 2월 1일에 압류채권자에게 변제해야 하며 3월 1일에 상계를 하도록 기다려 달라고 하는 것은 옳지 않다. 둘째, 무제한설은 상계적상 이전의 기한부상계를 허용하지 않는 한 제3채무자가 압류채권자를 물리칠 수 있는 근거를 설명하기 곤란하다. 다른 한편 상계적상설은 민법 제492조를 지나치게 경직되게 해석하여 상계의 기대권을 해한다. 그러므로 양자의 절충적인 입장인 변제기도래설이 제3채무자와 압류채권자의 이해관계를 공정히 조정하는 이론이라고 한다; 대판 1982. 6. 22, 82다카200. 같은 취지: 대판 1997. 7. 7, 86다카2762.

287) 주석 채권총칙(하), 693면 이하(이태희 집필부분).

288) 대판 2003. 6. 27, 2003다7623.

이다.

2) 상계적상이 현존할 것

원칙적으로 상계의 의사표시가 행하여지는 당시에 현존해야 한다. 다만 민법은 자동채권이 시효에 관하여 예외를 인정하고 있다. 즉, 소멸시효가 완성된 채권이 그 완성 전에 상계할 수 있었던 것이라면, 그 채권자는 상계할 수 있다. 이는 상계적상에 있는 채권의 상대자는 서로 채권관계가 결제된 것과 같이 생각함으로써 시효에 의한 채권의 소멸을 의식하지 않고 시일을 경과하는 것이 일반적이기 때문에 상대방의 의사 내지 신뢰를 보호하고자 하는데, 그 취지가 있다. 따라서 이미 소멸시효가 완성된 타인의 채권을 양수받아 이것을 자동채권으로써 상계하는 것은 허용되지 않는다.

연대보증인에 대한 채권과 연대보증인의 채권자에 대한 채권이 상계적상에 있었으나 후에 주 채무자에 대한 채권이 시효로 소멸한 상계는 허용되는가에 관하여 견해가 나뉘고 있다. 다수설은 이를 긍정하고 있으나, 소수설은 연대보증인에 대한 채권의 소멸은 주채무자에 대한 채권이 시효로 소멸되어 그 결과 보증채무의 부종성에 기인한 것이고 보증채권 자체가 시효로 소멸되기 때문은 아니며, 또한 보증인에 대한 채권자의 상계기대를 보호하는 것은 보증인의 기대에 어긋나게 되어 보증인의 이익을 해치게 된다고 한다.

(5) 방법과 효과

1) 상계의 방법

우리 민법에 있어서는, 상계는 법률상 당연히 생기지 않고, 의사표시를 요한다. 이 상계의 의사표시에는 상계하는 채권을 표시하여야 한다. 즉, 어느 것이 자동채권이고, 어느 수동채권과 상계하느냐를 명백히 하여야 한다. 상계의 의사표시는 재판 외에서 뿐만 아니라 재판상으로도 할 수 있으며, 재판상의 상계는 변론이 종결될 때까지 법원에 대하여 이를 하여야 하는 것으로 해석된다. 또한 상계의 의사표시에는 조건과 기한을 붙이지 못한다.

2) 상계의 효과

가. 채권의 소멸 : 상계에 의하여 당사자 쌍방의 채권은 그 대등액에 있어서 소멸한다(제492조 제1항). 즉 양 채권의 액수가 동일하지 않은 때에는 일부의 상계가 있게 되고, 다액의 채권은 그 차액만이 남게 된다. 피상계자가 수개의 상계적상에 있는 수동채권을 가지고 있고, 자동채권이 그 전부를 소멸케 하는 데에 부족한 때에는 변제충당에 관한 규정을 준용하여 상계되는 채권을 결정한다(제499조). 이를 「상계충당」이라고 한다.

나. 상계의 소급효 : 상계의 의사표시는 「각 채무가 상계할 수 있는 때」에 소급하여 대등액에서 소멸한 것으로 본다(제493조 제2항). 이를「상계의 소급효」라고 한다. 소급효의 결과, 상계적상의 생긴 이후에는 이자는 생기지 않고, 또 이행지체는 없었던 것으로 된다. 그러나 상계의 소급효라 하더라도 상계의 의사표시를 하기 전에 적법하게 한 행위의 효력에는 영향을 미치지 않는다.

다. 이행지를 달리하는 채무의 상계와 손해배상 : 여기서 말하는 손해란 이행지를 달리하기 때문에 생긴 가격차이·환시세의 차이에 의한 손해, 운송비·환요금과 같은 손해는 물론, 이행지에서 이행을 받지 않았기 때문에 제3채권자에 대하여 부당한 위약금·지연이자와 같은 손해도 포함된다.

관련판례

1) 대판 2010. 9. 16, 2008다97218

“부진정연대채무자 중 1인이 자신의 채권자에 대한 반대채권으로 상계를 한 경우에도 채권은 변제, 대물변제, 또는 공탁이 행하여진 경우와 동일하게 현실적으로 만족을 얻어 그 목적을 달성하는 것이므로, 그 상계로 인한 채무소멸의 효력은 소멸한 채무 전액에 관하여 다른 부진정연대채무자에 대하여도 미친다고 보아야 한다. 이는 부진정연대채무자 중 1인이 채권자와 상계계약을 체결한 경우에도 마찬가지이다. 나아가 이러한 법리는 채권자가 상계 내지 상계계약이 이루어질 당시 다른 부진정연대채무자의 존재를 알았는지 여부에 의하여 좌우되지 아니한다.
[대법관 이홍훈, 대법관 전수안의 반대의견] 연대채무의 경우에는 민법 제418조 제1항에서 채무자 1인이 상계를 함으로써 다른 연대채무자의 채무도 상계한 금액만큼 소멸한다는 이른바 절대적 효력의 취지를 규정하고 있으나, 부진정연대채무의 경우에는 그러한 명문의 규정이 없으므로 이에 관하여는 합리적인 해석에 의하여 해결할 수밖에 없다. 공동불법행위 등의 경우에 연대채무와 구별되는 부진정연대채무가 인정되는 취지와 사용자 책임, 공작물의 점유자 등의 특수한 책임을 인정하고 특히 고의의 불법행위채권을 수동채권으로 하는 상계를 금지하는 민법의 태도로부터 알 수 있는 바는, 민법은 채권자의 이중의 채권만족의 위험을 감수하면서까지도 불법행위 피해자로 하여금 현실적으로 채권의 만족을 얻게 하여 피해를 실질적으로 회복할 수 있도록 배려하고 있다는 것이다. 이상과 같은 여러 사정을 모두 고려하여 보면, 부진정연대채무자 중 1인의 상계에는 절대적 효력을 인정하지 아니함이 타당하고, 나아가 부진정연대채무자 중 1인이 채권자와 상계계약을 한 경우에도 상계와 달리 볼 것이 아니다"

2) **대판** 2009. 12. 10, 2007**다**30171

"양도 또는 대위되는 채권이 원래 압류가 금지되는 것이었던 경우에는, 처음부터 이를 수동채권으로 한 상계로 채권자에게 대항하지 못하던 것이어서 그 채권의 존재가 채무자의 자동채권에 대한 담보로서 기능할 여지가 없고 따라서 그 담보적 기능에 대한 채무자의 합리적 기대가 있다고도 할 수 없으므로, 그 채권이 양도되거나 대위의 요건이 구비된 이후에 있어서도 여전히 이를 수동채권으로 한 상계로써 채권양수인 또는 대위채권자에게 대항할 수 없다고 봄이 상당하다"

3) **대판** 2008. 3. 2, 2005**다**75002

"공동불법행위자와 같은 부진정연대채무자 상호간에 있어서 채권의 목적을 달성시키는 변제와 같은 사유는 채무자 전원에 대하여 절대적 효력을 발생하나, 그 밖의 사유는 상대적 효력을 발생하는 데에 그치는 것으로서 연대채무에 관한 민법 제418조 제1항은 부진정연대채무에는 적용되지 않으므로, 부진정연대채무자 중 1인이 채권자에 대한 반대채권으로 채무를 대등액에서 상계하더라도 그 상계로 인한 채무소멸의 효력은 다른 부진정연대채무자에게 미치지 않는다(대법원 1996. 12. 10. 선고 95다24364 판결 등 참조)"

4) 대판 2006. 7. 28, 2004다54633

"상계제도는 서로 대립하는 채권·채무를 간이한 방법에 의하여 결제함으로써 양자의 채권·채무 관계를 원활하고 공평하게 처리함을 목적으로 하고 있으므로, 상계의 대상이 될 수 있는 자동채권과 수동채권이 동시이행관계에 있다고 하더라도 서로 현실적으로 이행하여야 할 필요가 없는 경우라면 상계로 인한 불이익이 발생할 우려가 없고 오히려 상계를 허용하는 것이 동시이행관계에 있는 채권·채무 관계를 간명하게 해소할 수 있으므로 특별한 사정이 없는 한 상계가 허용된다"

5. 경 개

(1) 의 의

경개(更改)는 채무의 중요한 부분을 변경함으로써 새로운 채무를 성립시키는 동시에 구채무를 소멸시키는 계약이다(제500조). 예를 들면, 1,000만원의 금전채무를 소멸시키고 특정 부동산의 소유권이전채무를 발생시키는 계약을 들 수 있다. 구채무의 소멸과 신채무의 성립은 서로 인과관계를 가지며, 구채권이 소멸하지 않는 때에는 신채권이 성립하는 일이 없고, 반대로 신채권이 성립하지 않는 때에는 구채권은 소멸하지 않게 된다(제504조).

(2) 법적 성질

경개는 당사자의 합의에 의하여 성립하는 계약이다. 경개는 신채권을 성립시키고 구채권을 소멸시키는 처분행위이다. 경개는 구채권을 소멸시키는 점에서 하나의 채권소멸원인이다.

(3) 요 건

1) 소멸할 채권(구채무)의 존재

경개가 유효하려면 소멸할 채권, 즉 구채무가 존재하여야 하며, 구채무가 없으면 경개는 무효로 되고 신채권도 성립하지 않는다. 구채무를 발생시킨 계약에 취소원인이 있는 경우에 당사자가 이의를 보류하지 않고 경개를 한 때에는 법정추인에 의하여 그 경개는 유효하게 된다(제145조 제3호). 그러나 이의를 보류하여 경개를 한 때에는 그 후에 계약이 취소될 수 있고 그 취소가 있으면 경개도 무효로 된다. 다만 채권자의 변경에 의한 경개에는 제451조 제1항이 준용되어(제503조), 채권이 소멸하고 있음에도 불구하고 이의를 보류하지 않고 경개를 한 경우에는 채권소멸을 항변할 수 없게 되고, 그 결과 신채권은 유효하게 성립한다.

2) 신채무의 성립

신채무가 성립하지 않으면 경개는 무효이고 구채무도 소멸하지 않는다. 이와 관련하여 민법 제504조에서는, i) 신채무가 그 원인의 불법으로 성립하지 않은 때, ii) 신채무가 그 밖의 사유(예: 급부의 불능)로 성립하지 않았고 당사자가 그 사유를 알지 못한 때, iii) 신채무가 취소된 때에는 구채무는 소멸하지 않는다.

3) 채무의 중요한 부분의 변경

채무의 중요한 부분의 변경이 있어야 한다(제500조). 채무의 중요부분은 채무의 동일성을 결정하는 부분을 가리키며, 채권의 발생원인, 채권자, 채무자, 채권의 목적을 말한다. 채무의 중요부분에 변경이 있다하여 언제나 경개로 되는 것은 아닌바, 경개가 인정되려면 당사자 사이에 구채무를 소멸시키고 신채무를 발생시키려는 경개의사의 합치가 있어야 하며 신·구채무 간에 동일성이 없어야 한다.

4) 경개계약의 당사자

채권자 변경에 의한 경개의 경우는 구 채권자, 신 채권자, 채무자의 3면계약에 의한다. 채무자 변경에 의한 경개는 3면계약에 의할 수도 있으나 채권자와 신 채무자 간의 계약에 의해서도 가능하다(제501조 본문). 목적 또는 발생원인의 변경에 의한 경개는 채권자와 채무자 사이의 계약에 의한다.

(4) 효 과

경개에 의하여 구채무는 소멸하고 신채무가 성립한다(제500조). 경개의 당사자가 특약으로써 구채무의 담보를 그 목적의 한도에서 신채무의 담보로 할 수 있다(제505조 본문). 그러나 그 담보가 제3자가 제공한 것일 때에는 그 제3자의 승낙을 얻어야 한다(제505조 단서). 채권자변경에 의한 경개의 경우 채무자가 이의를 보류한 때에는 구채무에 관한 항변권은 존속한다(제503조, 제451조 제1항).

민법 제504조에 의하면, 경계계약에 의하여 구채무는 소멸하게 된다. 그러나 경개계약에 실효조건이 붙어있고 그 실효조건이 성취되어 경개계약이 무효로 된 경우 경계계약 체결이전의 상태가 되므로 구채무가 부활하게 된다. 대법원은 경개계약의 법정해제를 인정하지 않고 있는데, 그 근거로 경계계약은 신채권을 성립시키고 구채권을 소멸시키는 처분행위로서 신채권이 성립하면 그 효과는 완결되고 경계계약 그 자체의 이행문제는 발생할 여지가 없으므로 경개에 의하여 성립된 신채무의 불이행을 이유로 경계계약을 해제할 수 없다는 입장이다.[289]

---

289) 대판 1977. 11. 11, 96다36579; "경개계약의 당사자가 경개에 의해 이미 소멸한 공사대금채권을 계약 상대방의 채권자들이 양수하였다는 채권양도통지서를 받자 상대방에게 계약을 해제한다는 의사표시를 하였고 상대방 역시 자신이 계약을 이행할 자력이 없음을 들어 계약 해제의 의사표시를 한 경우, 각 해제의 의사표시가 적법한 요건을 갖추지 못하였다고 하여 계약이 유효하게 존속한다고 단정할 것이 아니라 양 당사자 사이에 적어도 계약을 무효로 하려는 점에 있어서 의사의 합치가 있었다고 볼 수 있는지 여부를 더 심리해 보아야 한다. 합의서 중 "본 합의서 내용

이와 관련한 학설 및 판례의 입장을 소개하면 다음과 같다. 먼저 학설 중 제1설(해제불가설)은 경계계약을 채무불이행을 이유로 해제하는 것은 허용되지 않는다는 입장이다. 경개가 신채무의 유효한 성립으로 완결하고 경개계약이 이행이라는 문제는 발생시키지 않으므로 신채무의 불이행을 경개계약의 불이행으로 볼 수 없기 때문이라고 한다. 이 견해는 경개의 해제로 구채무가 부활해야 한다는 전제에 서 있다.[290] 제2설(해제가능설)은 경개계약도 일방당사자의 채무불이행이 있는 경우에 해제할 수 있다는 입장이다. 해제불가설과의 견해 차이는 경계계약해제의 효과를 어떻게 파악하는가에서 비롯된다.[291]

우리 판례는 해제불가설의 입장을 취한다. 경개는 신채권을 성립시키고 구채권을 소멸시키는 처분행위로서, 신채권이 성립되면 그 효과가 완결되고 경개계약 자체의 이행의 문제는 생길 여지가 없으므로 경개에 의해 성립된 신채무의 불이행을 이유로 경개 계약을 해제할 수 없다고 한다.

생각건대 경개는 신채권을 성립시키고 구채권을 소멸시키는 처분행위로서, 신채권이 성립되면 그 효과가 완결되고 경개계약 자체의 이행의 문제는 생길 여지가 없다. 따라서 경개에 의해 성립된 신채무의 불이행을 이유로 경개계약을 해제할 수 없다.

이 불이행된 때는 합의 내용 전부 무효로 소멸함"이라는 부분은 합의서 내용대로 이행이 되지 아니하는 경우 합의는 무효가 된다는 취지임이 문언상 명백하므로, 당사자 일방이 채무를 불이행한 경우 이를 이유로 타방 당사자에게 계약을 해제할 권리를 유보한 것이라고 볼 수 없다. 합의 내용이 이행되지 않을 경우 합의를 무효로 하기로 한 경우, 계약당사자가 부도가 난 후 상대방에게 합의서상의 채무를 이행할 수 없다고 통고하였다면, 그 계약당사자는 그 의사표시에 의하여 합의서상의 채무가 이행될 수 없음을 명백히 한 것이니, 이로써 '합의서 내용이 불이행된 때'라는 조건이 성취되었다고 보는 것이 상당하다".

290) 곽윤직, 287면; 김상용, 538면; 김증한・김학동, 404면; 김형배, 785면.

291) 이은영, 769면; 근거로서는, 첫째, 해제권의 발생원인으로 대표적인 것이 채무불이행인데, 경개계약에 관해서만 채무불이행의 경우에도 해제를 인정하지 않는 것은 부당하다고 한다. 둘째, 법리상 경개계약의 해제도 가능하다고 한다. 이는 경개가 구채권의 처분행위와 신채무의 의무부담행위로서의 양 측면을 갖기 때문이라고 한다. 셋째, 해제의 효과로서는 다른 약정이 없는 한 구채무가 부활하지 않는다고 해석된다. 일반적으로 계약의 해제란 그 계약에 의한 구속력을 소멸시키는 것이므로 경개계약의 해제에 있어서도 신채권관계의 구속력을 해소시키는 효과만이 발행한다고 한다. 당사자가 해제의 효과로서 구채권관계의 부활을 약정한 경우에는 그 의사에 따라 구채권관계가 부활하게 되지만, 이 경우도 제3자의 이익을 해치게 되어서는 안 된다는 입장이다.

관련판례

1) 대판 2007. 11. 15, 2005**다**31316

"경개계약은 구채무를 소멸시키고 신채무를 성립시키는 처분행위로서 구채무의 소멸은 신채무의 성립에 의존하므로, 경개로 인한 신채무가 원인의 불법 또는 당사자가 알지 못한 사유로 인하여 성립하지 아니하거나 취소된 때에는 구채무는 소멸하지 않는 것이며(민법 제504조), 특히 경개계약에 조건이 붙어 있는 이른바 조건부 경개의 경우에는 구채무의 소멸과 신채무의 성립 자체가 그 조건의 성취 여부에 걸려 있게 된다"

2) 대판 2003. 2. 11, 2002**다**62333

[1] 경개계약은 신채권을 성립시키고 구채권을 소멸시키는 처분행위로서 신채권이 성립되면 그 효과는 완결되고 경개계약 자체의 이행의 문제는 발생할 여지가 없으므로 경개에 의하여 성립된 신채무의 불이행을 이유로 경개계약을 해제할 수는 없다.

[2] 계약자유의 원칙상 경개계약의 성립 후에 그 계약을 합의해제하여 구채권을 부활시키는 것은 적어도 당사자 사이에서는 가능하다.

6. 면 제

(1) 의 의

면제(免除)는 채무자에 대한 채권자의 일방적 의사표시로 채무를 소멸시키는 채권소멸행위이다(제506조). 즉 채권자의 의한 권리(채권)의 포기이다. 우리 민법은 면제를 단독행위로 규정하고 있다. 면제는 채권자의 상대방 있는 일방적 의사표시로 행하여 진다.

(2) 법적 성질

채무의 면제는 무상행위인 채권의 포기이다. 채권자가 본래 급부와 다른 대가를 받고 채무를 소멸시키는 것은 대물변제에 해당한다. 상대방의 채무를 소멸시키는 대가로 자기채무를 소멸시키거나 신채무를 발생시키는 경우에는 면제가 아니라 상계 또는 경개에 해당한다. 그러므로 면제는 면제의 대가를 받지 않고 채무를 소멸시키는 경우만을 가리킨다. 면제 속에는 채권자의 채무자에 대한 증여의 의사가 포함되어 있어야 한다.

(3) 요 건

1) 면제자의 처분권한

면제는 일종의 처분행위이므로, 정당한 처분권한 있는 채권자만이 할 수 있다. 따라서 채권이 압류되었거나 질권의 목적으로 되어 있는 경우에는 처분권한이 제한되므로 면제로서 압류채권자 또는 질권자에게 대항하지 못한다.

2) 면제자의 의사표시가 있을 것

면제는 구두 또는 서면 등의 방법으로 할 수 있으며, 특별한 방식이 요구되지는 않는다(명시적이던 묵시적이든 상관 없다. 그러나 묵시적인 의사표시로서 면제할 때에는 어떤 것을 면제의 묵시적 의사표시로 해석할 것인가는 신중히 판단하여야 한다). 단 증권적 채무를 면제할 때에는 증서를 파손하거나 채무자에게 교부할 것을 요건으로 한다.

3) 단독행위이지만 조건을 붙여도 된다.

면제는 채권자가 채무자에 대한 일방적 의사표시로써 하는 단독행위 이지만, 상대방인 채무자에게 손해를 줄 염려가 없으므로 조건이나 기한을 붙일 수 있다(다만 그 조건이 대가로서의 성격을 갖는 경우는 면제가 아니다).

4) 특별요건

주식회사에 대한 발기인 및 이사의 책임은 총주주의 동의로만 면제할 수 있다(상법 제400조, 제324조).

(4) 효 과

면제의 효과로서 채권은 소멸한다. 또 일부 면제도 유효하므로 그 범위 내에서(해당 부분만) 채권은 소멸한다. 채권이 전부 소멸한 때에는 이에 수반하는 담보물권, 보증채무 등의 종된 권리도 소멸한다(부종성). 채권이 제3자의 권리의 목적이 되어 있는 때에는 물론이고, 제3자가 그 채권에 관하여 정당한 이익을 갖는 경우에는 면제로서 그 제3자에게 대항하지 못한다(제506조 단서). 채권자를 사해할 목적으로 면제한 때에는 면제가 채권자취소권의 대상이 될 수 있음은 물론이다(제406조 참조).

7. 혼 동

혼동(混同)이란 채권과 채무가 동일인에게 귀속하는 사실을 말한다. 즉 채권자가 채무자를 상속하거나, 채권자인 회사와 채무자인 회사가 합병할 때, 채무자가 채권을 양수받은 경우 등에 혼동이 일어난다. 이 같은 혼동이 있으면 채권은 원칙적으로 소멸한다(제507조). 그러나 채권의 존속을 인정하여야 할 정당한 이익이 있는 때에는 채권을 존속시켜야 한다. 그 예로서 '그 채권이 제3자의 권리의 목적인 때'를 들 수 있는데(제507조 단서), 예를 들어, 갑의 을에 대한 채권에 병의 질권이 설정된 경우에는 을이 갑을 상속하여도 갑의 채권은 소멸하지 않게 된다.

민법 제507조 본문에서 이른바 혼동에 의한 채권의 소멸을 인정하는 취지는 주로 채권·채무가 동일인에게 귀속되는 경우 권리의무 관계를 간소화하려는 것이므로, 채권과 채무가 동일한 주체에 귀속되더라도 그 채권의 존속을 인정하여야 할 특별한 이유가 있는 때에는 그 채권은 혼동에 의하여 소멸되지 아니한다고 해석함이 상당하다.

관련판례

1. 면제(권리포기)가 인정되는 경우

1) 대판 1979. 6. 5, 79다572

"관습상의 법정지상권자가 새로운 임대차계약을 체결하면서 차임이 5개월 이상 연체되었을 때에는 계약은 무효로 하고 건물을 철거하기로 특약을 한 경우에는, 위 관습상의 법정지상권은 포기한 것으로 보아야 한다"

2. 면제가 인정되지 않는 경우

1) 대판 1987. 3. 24, 86다카1907

"채권의 포기(또는 채무의 면제)는 반드시 명시적인 의사표시만에 의하여 하는 것이 아니고 채권의 어떠한 행위 내지 의사표시의 해석에 의하여 그것이 채권의 포기라고 볼 수 있는 경우에도 이를 인정하여야 할 것이기는 하나 이와 같이 인정하기 위해서는 당해 권리관계의 내용 따라 이에 대한 채권자의 행위 내지 의사표시의 해석을 엄격히 하여 그 적용여부를 결정하여야 하는 것이며, 상대방에 대한 반대채권이 있음에도 불구하고 자신의 채무이행을 약정하였다는 사실만으로 반대채권을 포기한 것으로 볼 수는 없으므로 건물매도인이 매수인의 매매계약불이행으로 인한 손해배상채권에 충당할 수 있는 계약금을 매수인에게 반환하기로 약정한 사실만으로 그 손해배상채권을 포기하였다고 단정할 수 없다"

2) 대판 1991. 7. 9, 90다15501

"회사의 이사가 채무액과 변제기가 특정되어 있고 다만 채무의 이행기만 수년에 걸쳐 있는 회사채무에 대하여 연대보증계약을 체결한 경우 채권자가 이사직 적임통보를 받고 담보로 보관하고 있던 이사 명의의 백지당좌수표를 반환하였다는 사정만으로 채권자가 이사의 연대보증채무를 면제하였다고 볼 수 없다"

자동차운행 중 교통사고가 일어나 자동차의 운행자나 동승한 그의 친족의 일방 또는 쌍방이 사망하여 자동차손해배상보장법 제3조에 의한 손해배상 채권과 채무가 상속으로 동일인에게 귀속하게 되는 사안에서 교통사고를 일으킨 차량의 운행자가 자동차손해배상 책임보험에 가입하고 있는 경우에는, 가해자가 피해자의 상속인이 되는 등의 특별한 경우를 제외하고는 생존한 교통사고 피해자나 사망한 피해자의 상속인에게 책임보험에 의한 보험의 혜택을 부여하여 이들을 보호할 사회적 필요성이 있는 점은 다른 교통사고와 다를 바 없고, 다른 한편 원래 자동차 손해배상 책임보험의 보험자는 상속에 의한 채권 · 채무의 혼동 그 자체와는 무관한 제3자일 뿐 아니라 이미 자신의 보상의무에 대한 대가인 보험료까지 받고 있는 처지여서 교통사고의 가해자와 피해자 사이에 상속에 의한 혼동이 생긴다는 우연한 사정에 의하여 자기의 보상책임을 면할 만한 합리적인 이유가 없으므로, 자동차 책임보험의 약관에 의하여 피해자가 보험회사에 대하여 직접 보험금의 지급 청구를 할 수 있는 이른바 직접청구권이 수반되는 경우에는, 그 직접청구권의 전제가 되는 자동차손해배상보장법 제3조에 의한 피해자의 운행자에 대한 손해배상청구권은 상속에 의한 혼동에 의해서는 소멸되지 않는다고 보아야 한다.[292)]

민법 제507조의 규정은 채권과 채무가 동일한 주체에 귀속한 때에 채권과 채무의 존속하여서는 안 될 적극적인 이유가 있어서가 아니고, 그러한 경우에 채권과 채무의 존속을 인정하는 것에 대한 의미를 가지지 않기 때문에, 채권 · 채무의 소멸을 인정함으로써 그 후의 권리 · 의무관계를 간소화 하려는데 그 목적이 있다. 따라서 채권과 채무가 동일한 주체에 귀속하게 된다고 하더라도 그 채권의 존속을 인정하여야 할 특별한 이유가 있는 때에는 그 채권은 혼동에 의하여 소멸하지 않고 그대로 존속하게 된다.

---

292) 대판 1995. 7. 14, 94다36698.

민법 기초 II -채권법 일반론(총론편)-

초판 1쇄 발행 2011년 2월 15일
초판 1쇄 발행 2011년 2월 17일

지은이 | 류 승 훈
발행인 | 김 봉 태
발행처 | 선문대학교 출판부
등록번호 | 제9호
출판등록 | 1998년 09월 25일
주소 | 충남 아산시 탕정면 갈산리 100번지(336-708)
전화 | 041-530-2827 팩시밀리 | 041-530-2979
판매가 | 20,000원

ISBN 978-89-8423-690-5